高职高专公共基础课“十四五”规划教材
“互联网+”新形态一体化系列精品教材

经济数学

JINGJI SHUXUE

主　编 ◎ 杨　光　何　潇
副主编 ◎ 李科峰　王妙婷

华中科技大学出版社
http://www.hustp.com
中国·武汉

内 容 简 介

本书共分10章，内容包括：函数与极限、导数与微分、导数的应用、不定积分、定积分、微分方程、多元函数微分学、线性代数、概率论、数学建模等．本书可作为高职高专院校经管类专业学生的基础课教材，对数学要求不高的理工类专业学生也可以使用本书．

图书在版编目(CIP)数据

经济数学/杨光，何潇主编．—武汉：华中科技大学出版社，2021.7
ISBN 978-7-5680-7392-9

Ⅰ.①经… Ⅱ.①杨… ②何… Ⅲ.①经济数学-教材 Ⅳ.①F224.0

中国版本图书馆CIP数据核字(2021)第144601号

经济数学
Jingji Shuxue

杨 光 何 潇 主编

策划编辑：张 毅
责任编辑：张 毅
封面设计：孢 子
责任监印：朱 玢
出版发行：华中科技大学出版社(中国·武汉)　电话：(027)81321913
武汉市东湖新技术开发区华工科技园　邮编：430223
录　排：武汉市洪山区佳年华文印部
印　刷：武汉市籍缘印刷厂
开　本：787mm×1092mm 1/16
印　张：16
字　数：400千字
版　次：2021年7月第1版第1次印刷
定　价：55.00元

本书若有印装质量问题，请向出版社营销中心调换
全国免费服务热线：400-6679-118 竭诚为您服务

前言

“经济数学”是重要的基础课程，它不仅为后续的专业课程提供了必要的工具，同时也是专业技术人才素质教育的重要组成部分.结合高职高专教育的特点和要求，本书在内容取舍上不追求理论上的完整性和系统性，在取各家之长与精选的基础上，以“必需、够用”为原则.编写时编者有意识地引导学生了解数学与社会的关系，注意从学生身边的各种社会、生活及科学的问题出发，展开数学理论和应用的学习.在教学观念上，本书不过分强求学生如何去更深刻地理解数学概念、原理及研究的过程，而是注重让学生体会数学的本质及数学的价值，让学生感受到“数学为人人”的思想.

全书语言流畅，内容深入浅出，通俗易懂，可读性强，书中列举的应用问题与社会经济紧密结合，能够激发学生的学习兴趣，提高学生应用数学的能力.

本书配有大量练习题，除每节配有紧扣本节内容的习题外，每章还配有本章内容的复习题，习题的配置注意到知识点的覆盖面及题型的多样性.

本书由陕西财经职业技术学院杨光、何潇担任主编，陕西财经职业技术学院李科峰、王妙婷担任副主编.其中，王妙婷编写第 1 章、第 2 章，杨光编写第 3 章、第 4 章、第 10 章，李科峰编写第 5 章、第 6 章、第 9 章，何潇编写第 7 章、第 8 章.

在编写过程中，编者所在学校的领导与教务处给予了大力支持与帮助，同时华中科技大学出版社的编辑也做了卓有成效的组织工作，在此一并表示衷心的感谢.

由于编者水平有限，书中难免有错误和不妥之处，敬请广大读者批评指正.

编　者

2021 年 7 月

目录

第 1 章　函数、极限与连续

高等数学以变量为研究对象，函数关系是变量与变量之间最基本的一种依赖关系．极限作为一种解题思路和研究工具，它是高等数学的重要概念之一．高等数学中的一些重要概念都是用极限来描述的，而函数的连续性又是函数的重要性质之一，在刻画函数的性态中有着举足轻重的地位．本章将介绍函数、极限和连续等基本概念，以及它们的一些性质．

1.1　函　　数

一、变量

1．变量与常量

我们在研究实际问题时，经常会遇到两类不同的量：一类是在过程中保持不变的、取一个固定数值的量，称为常量．常量的例子很多，如圆周率 π、重力加速度 g，等等；另一类是在过程中会发生变化的、取不同数值的量，称为变量．变量的例子也很多，如温度、时间、某种商品的价格和需求量，等等．

需要指出的是，变量与常量的概念是相对的，同一个量在一定条件下是常量，而在另外的条件下则可能是变量．例如，人民币的存款利率，在 2015 年第一季度没有调整，可以看做常量，若考察从 2010 年至 2015 年之间的人民币存款利率，它经过了多次调整，就是一个变量．

2．集合

一般地，集合是具有某种属性的事物的全体，或者说是一些特定对象的总体，通常用大写英文字母 $A,B,C,\cdots$ 表示，常见的有 $\mathbf{N},\mathbf{Z},\mathbf{Q},\mathbf{R}$ 等集合．构成集合的事物或对象称为集合的元素，通常用小写英文字母 $a,b,c,\cdots$ 表示．

表示集合的方法通常有列举法和描述法．列举法是将集合中的元素一一列举出来，写在一个大括号内．例如，1 到 10 的所有偶数所组成的集合可以表示为

$$A=\{2,4,6,8,10\}.$$

用列举法表示集合时，必须列出集合的所有元素，不得遗漏和重复．

描述法是把集合中各元素所具有的共同性质写在大括号内表示这一集合．例如

$$A=\{x\mid a<x<b\}$$

表示满足不等式 $a<x<b$ 的所有 x 的集合．

3. 区间

设 a,b 为实数，且 $a<b$.

(1) 满足不等式 $a<x<b$ 的所有实数 x 的集合，称为以 a,b 为端点的开区间，记作 (a,b)，即

$$(a,b)=\{x|a<x<b\}.$$

(2) 满足不等式 $a\leqslant x\leqslant b$ 的所有实数 x 的集合，称为以 a,b 为端点的闭区间，记作 $[a,b]$，即

$$[a,b]=\{x|a\leqslant x\leqslant b\}.$$

(3) 满足不等式 $a<x\leqslant b$(或 $a\leqslant x<b$)的所有实数 x 的集合，称为以 a,b 为端点的半开区间，记作 $(a,b]$(或 $[a,b)$)，即

$$(a,b]=\{x|a<x\leqslant b\}\ (\text{或}[a,b)=\{x|a\leqslant x<b\}).$$

以上三类区间为有限区间，有限区间的右端点 b 与左端点 a 的差 $b-a$，称为区间的长度.

还有下面几类无限区间：

(4) $(a,+\infty)=\{x|x>a\}$， $[a,+\infty)=\{x|x\geqslant a\}$.

(5) $(-\infty,b)=\{x|x<b\}$， $(-\infty,b]=\{x|x\leqslant b\}$.

(6) $(-\infty,+\infty)=\{x|-\infty<x<+\infty\}$.

区间 $(-\infty,+\infty)$ 即全体实数的集合.

注意：① 记号 $+\infty$、$-\infty$ 都只是表示无限性的一种记号，它们都不是某个确定的数，因此不能像数一样进行运算；② 以后如果遇到所做的论述对不同类型的区间(有限的、无限的、开的、闭的、半开的)都适用，为了避免重复讨论，就用“区间 I”代表各种类型的区间.

4. 邻域

设 δ 和 a 是两个实数，且 $\delta>0$，则数集

$$\{x||x-a|<\delta\}$$

称为点 a 的 δ 邻域，记作 $\cup(a,\delta)$.

其中点 a 称为 $\cup(a,\delta)$ 的中心，δ 称为 $\cup(a,\delta)$ 的半径，若去掉邻域中心，则得到的集合称为 a 的 δ 去心邻域.

二、函数

1. 函数的定义

定义 1 设在某一变化过程中有两个变量 x 和 y，如果对于 x 在某一范围 D 内的每一个取值，按照一定的对应法则 f，变量 y 都有唯一确定的值与它对应，则称 y 是 x 的函数，记作 $y=f(x)$. 其中 x 称为自变量，y 称为因变量或称 y 为 x 的函数，自变量 x 的取值范围 D 称为函数的定义域.

如果 x_0 是 D 内某一值时，我们就说函数 $f(x)$ 在点 $x=x_0$ 处有定义，这时函数的对应值

$f(x_0)$称为 x_0 点的函数值. 例如，$y=\sin x$ 或 $f(x)=\sin x$ 表示 y 为 x 的正弦函数，$x_0=\frac{\pi}{2}$处的函数值为

$$f\left(\frac{\pi}{2}\right)=\sin\frac{\pi}{2}=1,$$

所有函数值的集合称为函数的值域.

例1　设出租车载客的收费标准为3公里以内的路程收费5元，此后每公里加收1.2元. 由此可知，出租车载客时的收费数 F 与行驶的公里数 x 之间的函数关系为

$$F(x)=\begin{cases}5, & 0<x\leqslant 3\\ 5+1.2(x-3), & x>3\end{cases}$$

若出租车载某乘客行驶2公里，则应收费5元，即 $F(2)=5$；行驶8公里时收费为

$$F(8)=[5+1.2(8-3)]\text{ 元}=11\text{ 元}$$

一般来说，在给定一个函数后，其定义域是同时给定的. 在实际问题中，函数的定义域则要由问题的实际意义来决定. 例如，自由落体下落的路程函数中，函数的定义域为$[0,T]$，若把 $s=\frac{1}{2}gt^2$ 只当做关于 t 的二次多项式来看待，那么它的定义域应为$(-\infty,+\infty)$，如果函数是用没有实际背景的数学式子给出的，那么函数的定义域应从理论上使数学式子有意义.

例2　求下列函数的定义域：

(1) $y=\sqrt{4-x^2}$；　　(2) $y=\frac{1}{x-3}+\ln(x-2)-\sqrt[3]{x+1}$

解　(1) 要使 y 有意义，必须有 $4-x^2\geqslant 0$，因此，函数的定义域为 $-2\leqslant x\leqslant 2$，也可以用区间表示为$[-2,2]$；

(2) 要使 y 有意义，必须有 $x-3\neq 0$，且 $x-2>0$，因此，函数的定义域 $x>2$ 且 $x\neq 3$，用区间表示为$(2,3)\cup(3,+\infty)$.

定义域和对应法则是函数概念中的两大要素，两个函数只有当它们的对应法则相同且定义域也相同时，才认为它们是两个相同的函数；否则，就认为它们是两个不同的函数.

例如，$f(x)=|x|$与 $g(x)=\sqrt{x^2}$是两个相同的函数；$f(x)=2\lg x$ 与 $g(x)=\lg x^2$ 的定义域不同，$f(x)$的定义域是$(0,+\infty)$，而 $g(x)$的定义域是$(-\infty,0)\cup(0,+\infty)$，因此，$f(x)$与 $g(x)$是两个不同的函数.

2. 函数的表示法

1) 解析法

用数学式来表示因变量与自变量之间的函数关系的方法称为解析法(或公式法)，表示函数关系的数学式称为解析式. 例如，1.1节例1中的函数关系式、函数 $y=ax^2+bx+c(a\neq 0)$，等等. 解析法是表示函数关系的主要方法，也是最常用的方法，解析法的特点是便于理论分析和数值计算.

2) 图像法

用坐标平面上的图像来表示函数关系的方法称为图像法，其特点是直观性强，例如下面的例子.

例 3 图 1-1 所示为某地气象站的温度记录仪一昼夜之间自动画成的气温曲线，它表示某一天从 $t=0$ 点钟到 $t=24$ 点钟内气温 T(℃)随时间 t(小时)而变化的函数关系.

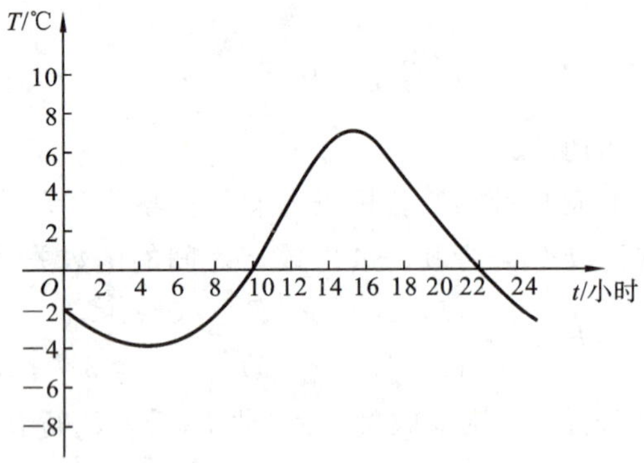

图 1-1

3）列表法

用一个有一系列自变量值与对应函数值的表格来表示函数关系的方法称为列表法. 例如，数学中的对数表、三角函数表，经济工作中的价目表、利率表等都是用函数的列表法表示的.

例 4 某一时期银行的人民币整存整取定期储蓄存期与年利率之间的对应关系如表 1-1 所示. 表 1-1 表示存期和年利率两个变量之间的函数关系.

表 1-1

存期	三个月	六个月	一年	二年	三年	五年
年利率/(%)	2.82	3.06	3.3	4.02	4.8	5.1

3. 分段函数

有些函数，对于其定义域内自变量 x 不同的取值，不能用一个统一的解析式表示，而要用两个或两个以上的式子表示，这类函数称为分段函数. 例如，1.1 节例 1 中的函数关系式. 再如，符号函数(如图 1-2)

$$f(x)=\operatorname{sgn}x=\begin{cases}1, & x>0,\\ 0, & x=0,\\ -1, & x<0,\end{cases}$$

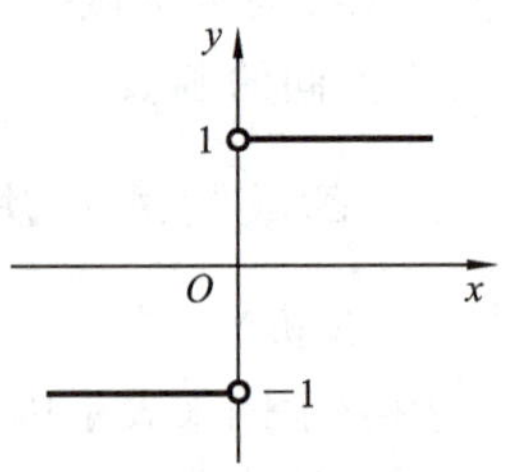

图 1-2

它的定义域为$(-\infty,+\infty)$，值域为$\{-1,0,1\}$.

例 5 设 $f(x)=\begin{cases}x^2+1, & x>0,\\ 0, & x=0,\\ x^2-1, & x<0,\end{cases}$ 求 $f(0)$，$f(-1)$，$f(2)$.

解

$$f(0)=0$$

$$f(-1)=(-1)^2-1=0$$

$$f(2)=2^2+1=5$$

4. 反函数

在函数关系中，自变量与因变量的地位并不是绝对不变的. 例如，正方形的面积 s 与边长 a 之间的函数关系为 $s=a^2$，这里 a 是自变量，s 是因变量，s 是 a 的函数，当边长 a 的值给定后，面积 s 的值就唯一确定. 反过来，若由面积值确定边长值，则有 $a=\sqrt{s}$，这里 a 成了因变量，s 成了自变量，表明边长 a 是面积 s 的函数，这就是反函数的概念.

定义 2　设函数 $y=f(x)$ 的定义域为 D，值域是 M，如果对于 y 的每一个值（$y\in M$），按 f 规定的 x 与 y 间的对应关系，x 都有唯一确定的值（$x\in D$）与它对应，那么就可以确定 x 是 y 的反函数，记作 $x=f^{-1}(y)$，写成 $y=f^{-1}(x)$.

例 6　求 $y=2x+1$ 的反函数.

解　根据 $y=2x+1$ 解出 $x=\frac{1}{2}(y-1)$，再互换 x 和 y 的位置，得到函数 $y=2x+1$ 的反函数是 $y=\frac{1}{2}(x-1)$.

例 7　求 $y=x^2(x\geqslant 0)$ 的反函数.

解　由 $y=x^2(x\geqslant 0)$ 解出 $x=\sqrt{y}$，所以函数 $y=x^2(x\geqslant 0)$ 的反函数为 $y=\sqrt{x}$，如图 1-3 所示. 函数 $y=f(x)$ 的图像和它的反函数 $y=f^{-1}(x)$ 的图像关于直线 $y=x$ 对称，如图 1-4 所示.

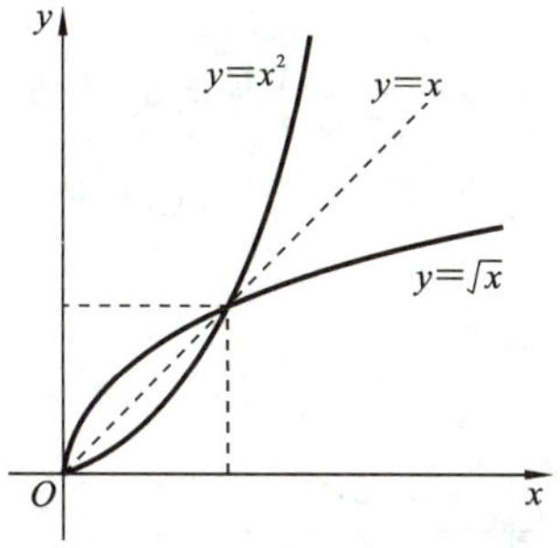

图 1-3

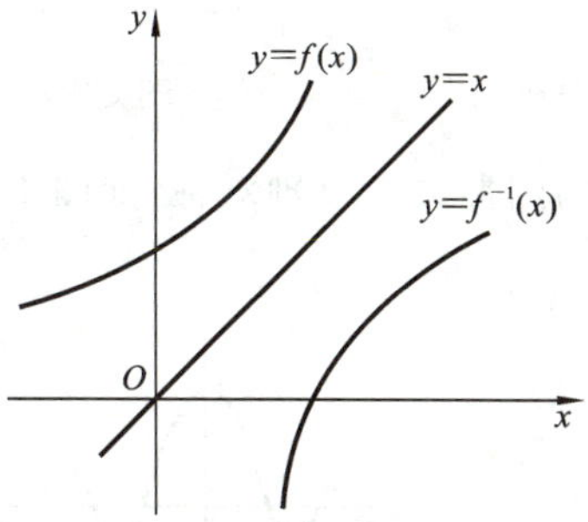

图 1-4

三、具有某些特性的函数

1. 有界函数

定义 3　设函数 $y=f(x)$ 在区间 I 上有定义，若存在两个常数 m 和 M，使得对所有的 $x\in I$ 均满足

$$m\leqslant f(x)\leqslant M,$$

则称函数 $y=f(x)$ 在 I 上有界，或称 $f(x)$ 是 I 上的有界函数，m 和 M 分别称为下界和上界，否则称 $f(x)$ 为无界函数.

例如，$y=\sin x$ 在区间 $(-\infty,+\infty)$ 上是有界函数，因为 $|\sin x|\leqslant 1$，即 $-1\leqslant \sin x\leqslant 1\ (x\in(-\infty,+\infty))$.

需要注意的是，定义中的区间 I 可以是函数 $f(x)$ 的整个定义域，也可以只是定义域的一部分.当然也有可能出现这样的情况:函数在其定义域上的某一部分是有界的,而在另一部分却是无界的.例如,$y=\frac{1}{x}$在$(0,+\infty)$上是无界的,而在$(1,2)$上是有界的,因为$\frac{1}{2}<\frac{1}{x}<1$,$x\in(1,2)$.所以,不能笼统地说函数是有界函数还是无界函数,而应指明其区间.

2. 单调函数

定义 4 设函数$y=f(x)$在区间I上有定义,对于区间I内的任意两点x_1,x_2,当$x_1<x_2$时,总有$f(x_1)<f(x_2)$,则称函数$y=f(x)$在区间I上是单调增加或单调递增;当$x_1<x_2$时,总有$f(x_1)>f(x_2)$,则称函数$y=f(x)$在区间I上是单调减少或单调递减.

与有界性一样,这里的区间I可以是函数的整个定义域,也可以只是定义域的一部分.称函数单调增加或是单调减少,应指出其区间.

例如,函数$y=\sin x$在$\left[0,\frac{\pi}{2}\right]$上是单调增加的,而在$\left[\frac{\pi}{2},\pi\right]$上是单调减少的.

3. 奇函数和偶函数

定义 5 设函数$y=f(x)$的定义域D关于原点对称,如果对于任何$x\in D$,恒有$f(-x)=f(x)$,则称函数$y=f(x)$在D上是偶函数;如果恒有$f(-x)=-f(x)$,则称函数$y=f(x)$在D上是奇函数.

例如,$y=x^2$在$(-\infty,+\infty)$内是偶函数,而$y=\tan x$在$\left(-\frac{\pi}{2},\frac{\pi}{2}\right)$内是奇函数.

偶函数的图形关于y轴对称,如图1-5(a)所示;奇函数的图形关于原点对称,如图1-5(b)所示.

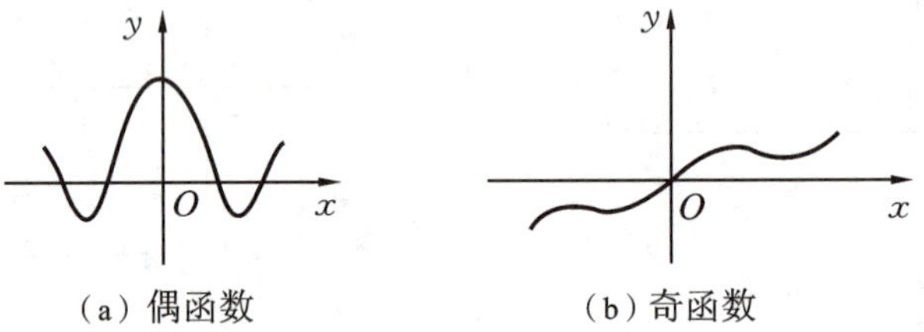

图 1-5

例 8 证明函数$f(x)=\lg(x+\sqrt{1+x^2})$在$(-\infty,+\infty)$内是奇函数.

证明
$$\begin{aligned}f(-x)&=\lg[-x+\sqrt{1+(-x)^2}]\\&=\lg\frac{(-x+\sqrt{1+x^2})(x+\sqrt{1+x^2})}{(x+\sqrt{1+x^2})}\\&=\lg\frac{1}{x+\sqrt{1+x^2}}=-\lg(x+\sqrt{1+x^2})=-f(x)\end{aligned}$$

所以$f(x)$是奇函数.

4. 周期函数

定义 6 设函数$y=f(x)$的定义域是$(-\infty,+\infty)$,若存在一个正数T,使得对一切实数x,

恒有

$$f(x+T)=f(x),$$

则称 $y=f(x)$ 为周期函数.

对于周期函数来说,定义中的 T 有无穷多个,因为如果 $f(x+T)=f(x)$,那么 $f(x+2T)=f[(x+T)+T]=f(x+T)=f(x)$,同样 $f(x+3T)=f(x)$ 等. 我们规定:满足这个等式的最小正数 T 称为函数的周期.

例如,$y=\sin x$ 和 $y=\cos x$ 都是以 2π 为周期的函数;$y=\tan x$ 和 $y=\cot x$ 都是以 π 为周期的函数.

例 9　设函数 $y=f(x)$ 是以 w 为周期的周期函数,试证 $y=f(ax)$($a>0$,且为常数)是以 $\frac{w}{a}$ 为周期的周期函数.

证明　要证的是

$$f(ax)=f\left[a\left(x+\frac{w}{a}\right)\right]$$

因为 $f(x)$ 是以 w 为周期的周期函数,所以

$$f(ax)=f(ax+w)$$

即

$$f(ax)=f\left[a\left(x+\frac{w}{a}\right)\right]$$

运用上面例题的结果,容易知道,$y=\sin 2x$ 和 $y=\cos\frac{x}{2}$ 的周期分别为 π 和 4π.

四、基本初等函数

1. 常值函数

函数 $y=c$(c 为常数)称为常值函数. 其定义域为 $(-\infty,+\infty)$,值域为 $\{c\}$,常值函数的图像是一条平行于 x 轴的直线,如图 1-6 所示.

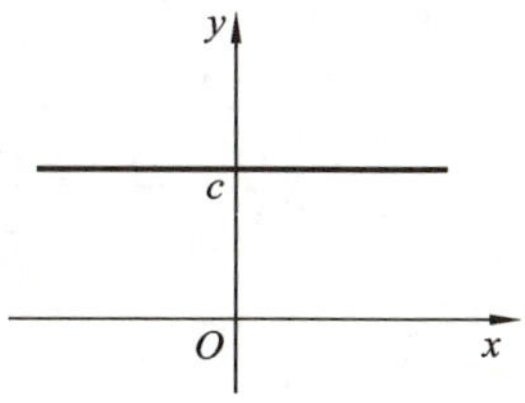

图 1-6

2. 幂函数

函数 $y=x^{\alpha}$(α 为实数)称为幂函数. 其图像和性质随指数 α 的取值而定,以下分三种情况讨论:

(1) 当 $\alpha=0$ 时,$y=1$,它是定义域为 $(-\infty,0)\cup(0,+\infty)$ 的常值函数.

(2) 当 $\alpha>0$ 时,如 $y=x$,$y=x^2$,$y=x^3$,$y=\sqrt{x}$,…(如图 1-7(a)),在 $[0,+\infty)$ 内单调递增.

(3) 当 $\alpha<0$ 时,如 $y=x^{-1}$,$y=x^{-2}$,…(如图 1-7(b)),在 $(0,+\infty)$ 内单调递减.

3. 指数函数

函数 $y=a^x$($a>0$ 且 $a\neq1$)称为指数函数. 它的定义域为 $(-\infty,+\infty)$,值域为 $(0,+\infty)$. 当 $a>1$ 时,函数单调递增;当 $0<a<1$ 时,函数单调递减. 指数函数的图像都经过点((0,1),如图 1-8 所示为 $y=2^x$ 和 $y=\left(\frac{1}{2}\right)^x$ 的图像.

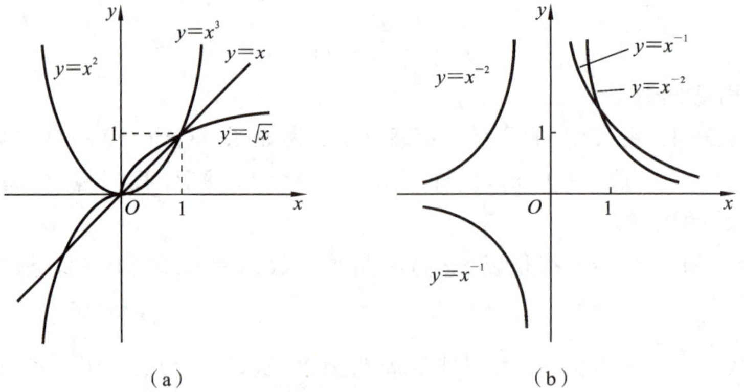

图 1-7

4. 对数函数

指数函数 $y=a^x(a>0$ 且 $a\neq1)$ 的反函数记为

$$y=\log_a x\ (a>0 \text{ 且 } a\neq1).$$

函数 $y=\log_a x\ (a>0$ 且 $a\neq1)$ 称为对数函数. 它的定义域为 $(0,+\infty)$，值域为 $(-\infty,+\infty)$. 当 $a>1$ 时，函数单调递增；当 $0<a<1$ 时，函数单调递减. 对数函数的图像都经过点 $(1,0)$，如图 1-9 所示为 $y=\log_2 x$ 和 $y=\log_{\frac{1}{2}} x$ 的图像.

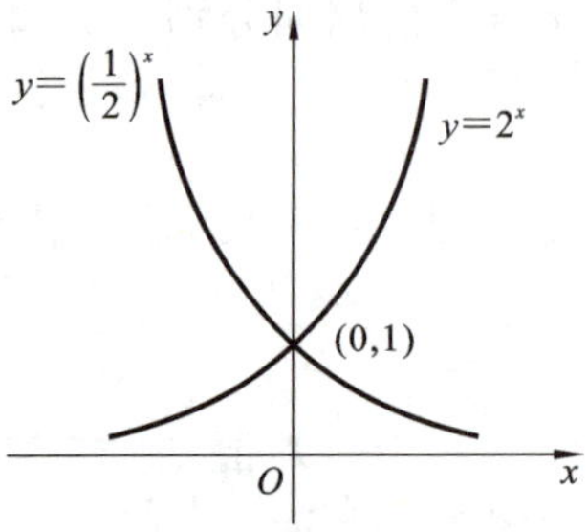

图 1-8

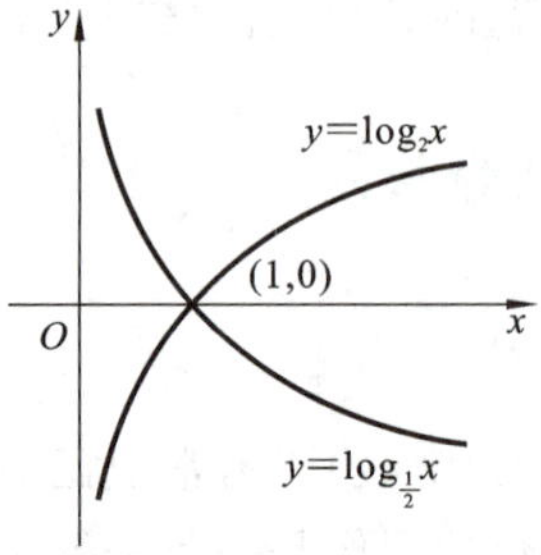

图 1-9

在高等数学中，常使用 $a=\mathrm{e}$ 时的对数函数 $y=\log_2 x=\ln x$，它称为自然对数，这里 $\mathrm{e}=2.71828\cdots$ 它是一个无理数.

5. 三角函数

(1) 正弦函数 $y=\sin x$，其定义域为 $(-\infty,+\infty)$，值域为 $[-1,1]$，它是以 2π 为周期的有界的奇函数，图像如图 1-10 所示.

(2) 余弦函数 $y=\cos x$，其定义域和值域与正弦函数的相同，它是以 2π 为周期的有界的偶函数，图像如图 1-11 所示.

(3) 正切函数 $y=\tan x$，其在 $x=k\pi+\dfrac{\pi}{2}$ (k 为整数) 处无定义，值域为 $(-\infty,+\infty)$，它是以 π 为周期且无界的奇函数，图像如图 1-12 所示.

(4) 余切函数 $y=\cot x$，其在 $x=k\pi$ (k 为整数) 处无定义，值域为 $(-\infty,+\infty)$，它是以 π 为

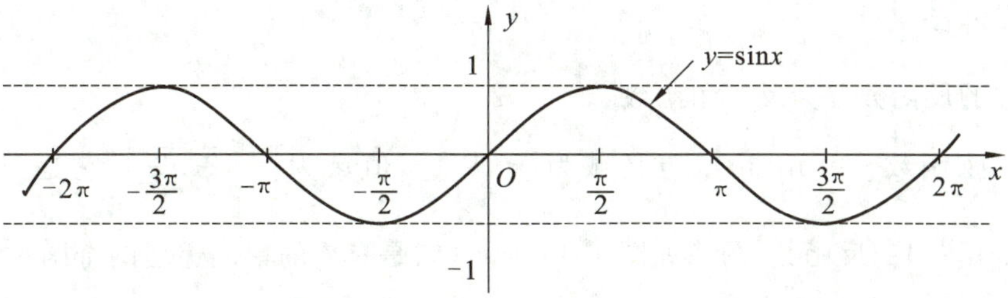

图 1-10

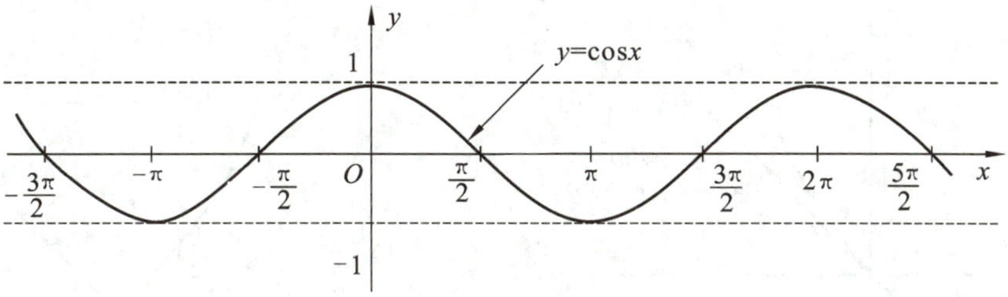

图 1-11

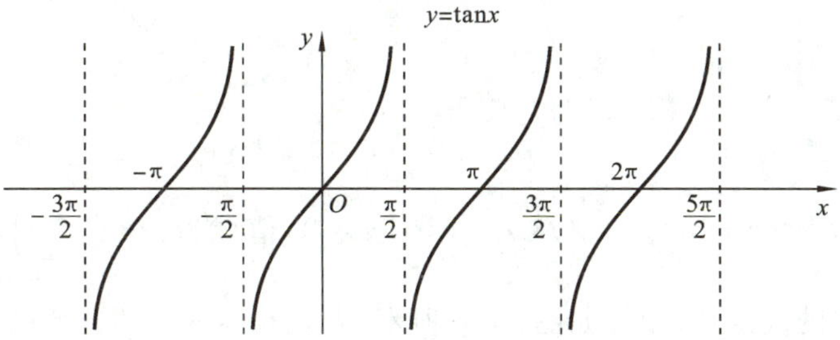

图 1-12

周期且无界的奇函数,图像如图 1-13 所示.

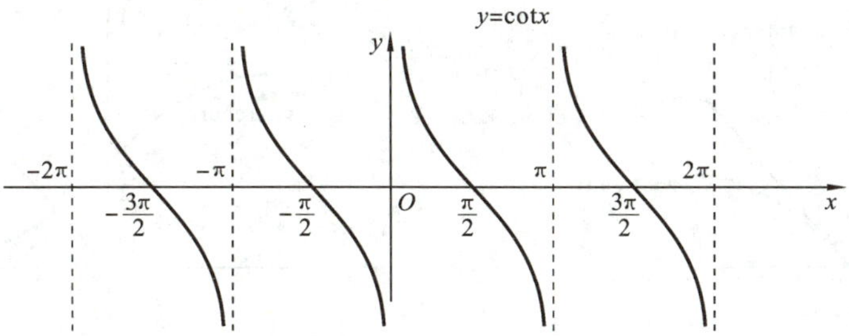

图 1-13

此外,三角函数还有正割函数 $y=\sec x=\dfrac{1}{\cos x}$ 和余割函数 $y=\csc x=\dfrac{1}{\sin x}$,它们的图像和性质略.

6. 反三角函数

三角函数的反函数称为反三角函数.

(1) 反正弦函数 $y=\arcsin x$,定义域为$[-1,1]$,值域为$\left[-\frac{\pi}{2},\frac{\pi}{2}\right]$,它是正弦函数 $y=\sin x\left(-\frac{\pi}{2}\leqslant x\leqslant\frac{\pi}{2}\right)$的反函数,图像如图 1-14 所示,它是有界的单调递增的奇函数.

(2) 反余弦函数 $y=\arccos x$,定义域为$[-1,1]$,值域为$[0,\pi]$,它是余弦函数 $y=\cos x(0\leqslant x\leqslant\pi)$的反函数,图像如图 1-15 所示,它是有界的单调递减函数.

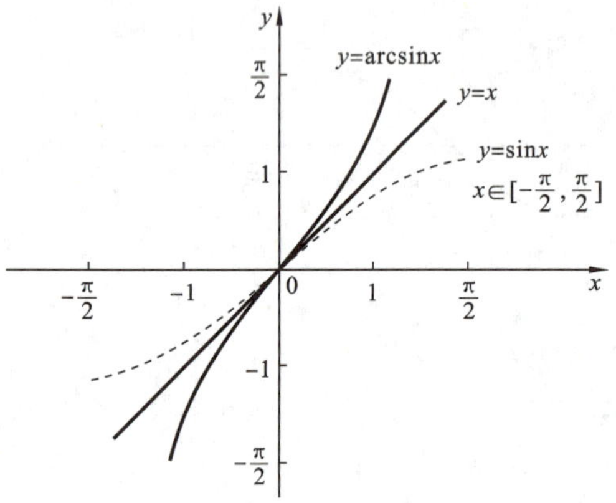

图 1-14

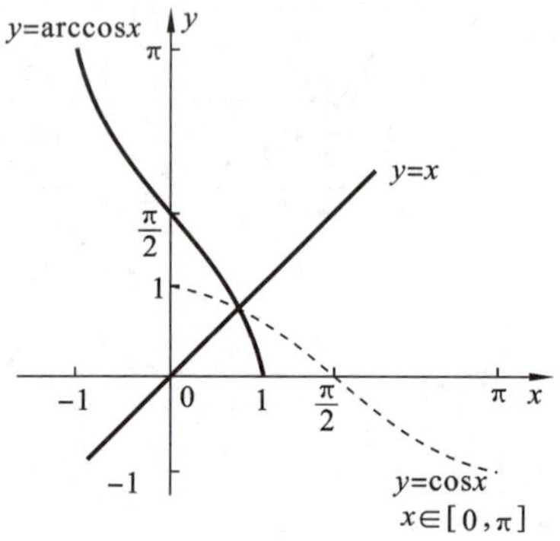

图 1-15

(3) 反正切函数 $y=\arctan x$,定义域为$(-\infty,+\infty)$,值域为$\left(-\frac{\pi}{2},\frac{\pi}{2}\right)$,它是正切函数 $y=\tan x\left(-\frac{\pi}{2}<x<\frac{\pi}{2}\right)$的反函数,图像如图 1-16 所示,它是有界的单调递增的奇函数.

(4) 反余切函数 $y=\operatorname{arccot}x$,定义域为$(-\infty,+\infty)$,值域为$(0,\pi)$,它是余切函数 $y=\cot x$ $(0<x<\pi)$的反函数,图像如图 1-17 所示,它是有界的单调递减函数.

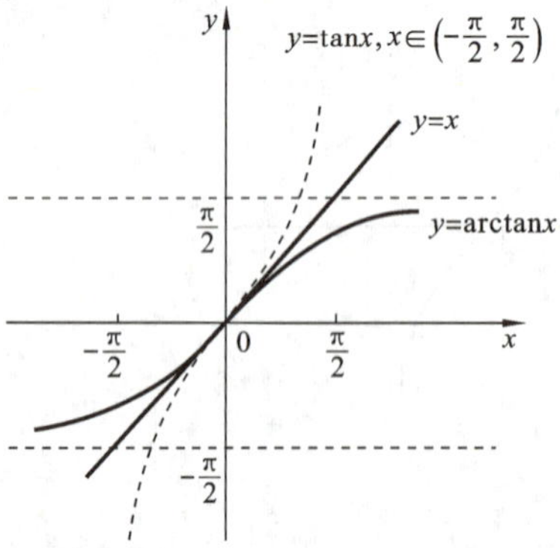

图 1-16

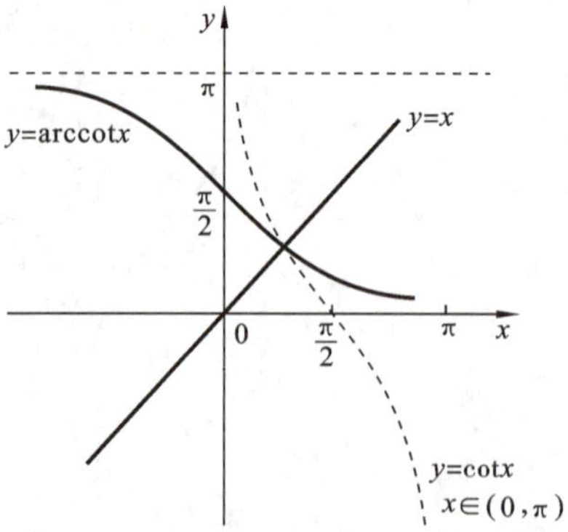

图 1-17

五、复合函数

在高等数学中进行函数研究时，往往把一个比较复杂的函数看成由若干个简单函数的合成，这对函数的研究会带来方便. 例如，考察函数 $y=\ln\sin x$ 的构成情况，若引入辅助变量 u，并且令 $u=\sin x$，那么，函数 $y=\ln\sin x$ 就可以分解为 $y=\ln u$ 和 $u=\sin x$，这时，我们称函数 $y=\ln\sin x$ 是由 $y=\ln u$ 和 $u=\sin x$ 复合而成的函数，也把 u 称为中间变量.

例如，函数 $y=(x+1)^2$ 是由 $y=u^2$ 和 $u=x+1$ 复合而成的；函数 $y=2^{\sin\frac{1}{x}}$ 是由 $y=2^u$、$u=\sin v$ 和 $v=\dfrac{1}{x}$ 复合而成的. 事实上，许多复杂的函数都可以看成几个简单函数经过中间变量复合而成.

定义 7　设变量 y 是变量 u 的函数，变量 u 又是变量 x 的函数，即

$$y=f(u),\quad u=\varphi(x).$$

如果变量 x 的值通过变量 u 可以确定变量 y 的值，则称 y 是 x 的复合函数，记为

$$y=f[\varphi(x)].$$

其中，变量 u 称为中间变量.

必须注意的是，并不是任意两个函数都可以复合成一个复合函数. 例如，$y=\ln u$ 和 $u=-x^2$ 就是两个不能复合的函数，因为 u 总是非正的，$y=\ln u$ 的定义域为 $(0,+\infty)$.

六、初等函数

定义 8　由六类基本初等函数经过有限次四则运算和有限次复合而成，且能用一个解析式表示的函数，称为初等函数.

例如，$y=A\sin(\omega x+\varphi)$，$y=\ln(x+\sqrt{x^2+1})$，等等，都是初等函数，本课程中所讨论的函数绝大多数都是初等函数.

七、经济分析中几种常见函数

1. 需求函数

消费者对某种商品的需求量是受诸多因素影响的，如该商品的市场价格、消费者的收入、消费者的偏好等，其中市场价格是影响需求量的一个十分重要的因素.

为讨论方便，我们忽略其他因素，假定某种商品的市场需求量只与这种商品的市场价格有关，即

$$Q=Q(P),$$

其中，Q 表示商品的需求量，P 表示商品的市场价格.

一般来说，需求量将随着价格的上涨而减少，因此，Q 是单调递减函数. 例如，函数

$$Q=aP+b$$

就是一个线性需求函数，其中 $a<0$，$b>0$，其图像如图 1-18 所示.

常见的需求函数还有二次函数、指数函数等.

2. 供给函数

生产者对某种商品的供给量也是受多种因素影响的，如商品的市场价格、生产成本等，在这里，我们也忽略其他因素，只将供给量看成商品市场价格的函数，即

$$S=S(P),$$

其中，S 表示商品的供给量，P 表示商品的市场价格.

由于生产者向市场提供商品的目的是赚取利润，所以，供给量是随着商品市场价格的上涨而增加的，即供给量是市场价格的单调递增函数. 例如，函数

$$S=aP+b$$

就是一个线性供给函数，其中 $a>0$，$b<0$，其图像如图 1-19 所示.

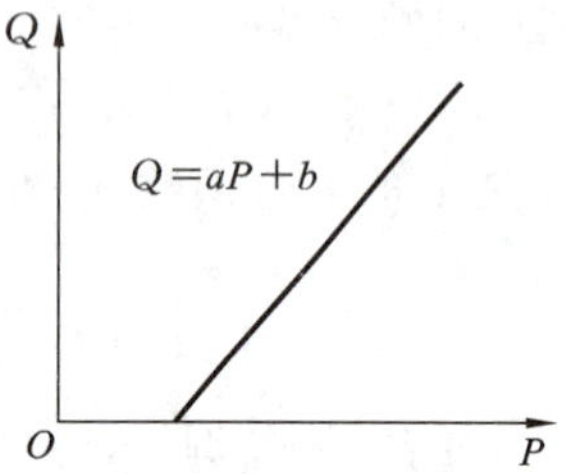

图 1-18

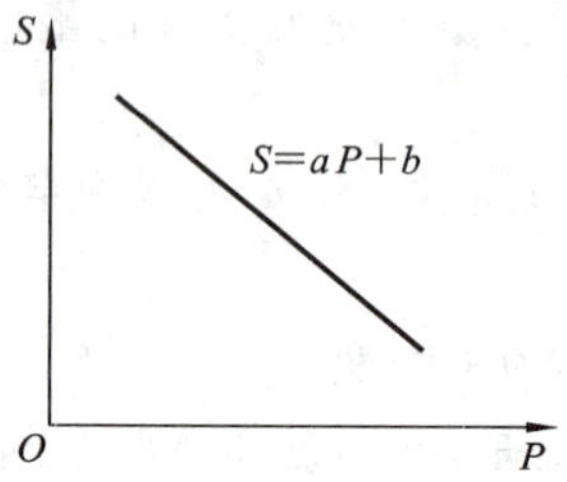

图 1-19

3. 成本函数

成本就是生产者用于生产商品的费用. 成本可分为两类：第一类是厂房、设备等固定资产的折旧等，称为固定成本，用 C_1 来表示；第二类是能源费用、原材料费用、劳动者的工资等，这类成本的特点是随商品产量的变化而变化，称为可变成本，用 C_2 来表示. 这两类成本的总和就是生产者投入的总成本，用 C 来表示，即

$$C=C_1+C_2.$$

一般认为 C_1 是不变的，而 C_2 是产量 Q 的函数，所以，成本 C 也就是产量 Q 的函数，即

$$C=C_1+C_2(Q).$$

这就是成本函数. 显然，成本是随着产量的增加而增加的，所以，成本函数是单调递增函数. 常见的成本函数类型有一次函数、二次函数等.

4. 收入函数

收入是指生产者生产的商品售出后的所得，用 R 来表示. 某种商品的销售总收入取决于该商品的销量 Q 和价格 P，等于二者的乘积

$$R=QP,$$

而价格 P 又随着销量的变化而变化，即 $P=P(Q)$，因此，收入 R 也就是销量的函数，即

$$R=QP(Q).$$

这就是收入函数.

例 10 已知某种商品的需求函数是 $Q=200-5P$，试求该商品的收入函数以及销售 20 件

该商品时的总收入.

解　由需求函数可得

$$5P=200-Q$$

$$P=40-\frac{Q}{5}$$

因此,该商品的收入函数为

$$R=QP=Q\left(40-\frac{Q}{5}\right)=40Q-\frac{Q^2}{5}$$

当销量 $Q=20$ 件时,总收入为

$$R=40\times20-\frac{20^2}{5}=720$$

5. 利润函数

利润是生产者的收入扣除成本后的剩余部分,用 L 来表示,即

$$L=R-C.$$

如果将收入 R 和成本 C 都看做产量 Q 的函数,那么利润 L 也是产量 Q 的函数.

习题 1.1

1. 下列各题中,函数 $f(x)$ 与 $g(x)$ 是否相同?为什么?

(1) $f(x)=\frac{x^2-1}{x-1}$, $g(x)=x+1$;　　(2) $f(x)=x$, $g(x)=(\sqrt{x})^2$.

2. 求下列函数的定义域.

(1) $y=\frac{1}{x^2-3x+2}$;　　(2) $y=\frac{\sqrt[3]{x+1}}{x-1}$;

(3) $y=\ln(x+3)+\sqrt{6-x}$;　　(4) $y=\frac{1}{\sqrt{x^2-1}}$.

3. 设 $f(x)=x^2+1$, $g(x)=\frac{1}{x}$,试求 $f(x+1)$, $f(x)+1$, $f[g(x)]$, $g[f(x)]$.

4. 判断下列函数的奇偶性.

(1) $y=x^2+\cos x$;　　(2) $y=\frac{a^x+a^{-x}}{2}$;

(3) $y=xe^{x^2}$;　　(4) $y=x^3+x$.

5. 试将 y 表示为 x 的复合函数.

(1) $y=\lg u$, $u=\sqrt{v}$, $v=x^2+1$;　　(2) $y=\sqrt{1+u^2}$, $u=\cos x$.

6. 将下列函数分解成较简单的函数.

(1) $y=(\arcsin 2x)^2$;　　(2) $y=\sqrt{\ln\sqrt{x}}$.

7. 旅客乘火车时随身携带的物品,不超过 20 千克的免费,超过 20 千克的部分每千克收费 0.20 元,超过 50 千克的部分每千克加收 50%费用,试列出收费与物品重量的函数关系.

8. 已知某厂生产某种产品的成本函数为 $C=500+2Q$，其中 Q 为该产品的产量，如果该产品的售价定为 6 元，试求该产品的利润函数.

1.2 极限的概念

我们已经知道，研究数列的极限就是讨论数列的变化趋势，那么，函数的极限当然研究的是函数的变化趋势，由于函数是随自变量的变化而变化的，因此，必须根据自变量的变化趋势来讨论函数的变化趋势.

一、数列的极限

在讲述一般的极限概念之前，首先介绍刘徽的"割圆术". 设有一半径为 1 的圆，在只知道直边形的面积计算方法的情况下，要计算其面积. 为此，他先作出圆的内接正六边形，其面积记为 A_1，再作圆的内接正十二边形，其面积记为 A_2，内接正二十四边形，其面积记为 A_3……如此逐次将边数增加. 他说:"割之弥细，所失弥少，以至于不可割，则与圆周合体而无所失矣."用现在的话说，即当 n 无限增大时，正多边形的面积 A_n 无限接近于圆的面积，他计算到圆内接正 3 072 边形的面积，从而得到圆周率 π 的近似值为 3.141 6，比印度数学家得到这个结果早 200 多年.

上面得到的一串数 $A_1, A_2, \cdots, A_n, \cdots$ 就是一个数列. 下面给出数列的一般定义.

定义 1 以正整数 n 为自变量的函数，把它的函数值 $x_n=f(n)$ 依次写出来，就称为一个数列，即 $x_1, x_2, \cdots, x_n, \cdots$，记为 $\{x_n\}$，x_n 称为通项.

例 1 以下都是数列：

(1) $1, \frac{1}{2}, \frac{1}{3}, \cdots, \frac{1}{n}, \cdots$ 通项为 $x_n=\frac{1}{n}$；

(2) $2, \frac{1}{2}, \frac{4}{3}, \cdots, \frac{n+(-1)^{n-1}}{n}, \cdots$ 通项为 $x_n=\frac{n+(-1)^{n-1}}{n}$；

(3) $-1, 1, -1, 1, \cdots, (-1)^n, \cdots$ 通项为 $x_n=(-1)^n$；

(4) $2, 4, 8, \cdots, 2^n, \cdots$ 通项为 $x_n=2^n$.

对于数列，我们最关注的是它在无限变化过程中的发展趋势，即当 n 无限增大时，x_n 是否无限接近于一个常数，如果是，这个常数是什么？怎样计算？

比如对于 1.2 节开头介绍的数列 $A_1, A_2, \cdots$，从几何上可以知道，随着 n 无限增大，A_n 的值也逐渐增大，并且无限接近于圆的面积 A.

定义 2 对于数列 $\{x_n\}$，如果存在一个确定的常数 A，当 n 越来越大时(记为 $n\to\infty$)，x_n 无限接近(或趋近)于 A，则称数列 $\{x_n\}$ 收敛，A 称为数列 $\{x_n\}$ 的极限，或称数列 $\{x_n\}$ 收敛于 A，记作

$$\lim_{n\to\infty} x_n = A \quad 或 \quad x_n \to A\ (n\to\infty).$$

如果这样的常数 A 不存在，则称数列 $\{x_n\}$ 发散或不收敛.

例 2 判断例 1 中的数列是否收敛，若收敛求出其极限.

解 (1) 当 n 无限增大时，$\frac{1}{n}$ 无限接近于 0，故数列 $\left\{\frac{1}{n}\right\}$ 收敛，其极限为 0，即 $\lim\limits_{n\to\infty}\frac{1}{n}=0$；

(2) 数列$\left\{\frac{n+(-1)^{n-1}}{n}\right\}$可化为$\left\{1+\frac{(-1)^{n-1}}{n}\right\}$，数列在点 1 的两侧无限次地来回变动，但当 n 无限增大时，数列无限接近于 1，故数列$\left\{\frac{n+(-1)^{n-1}}{n}\right\}$收敛，其极限为 1，即$\lim\limits_{n\to\infty}\frac{n+(-1)^{n-1}}{n}=1$；

(3) 数列$\{(-1)^n\}$无限次地在 1 和 -1 中来回取值，故不可能存在一个常数 A，使得当 n 无限增大时，$(-1)^n$ 与 A 无限接近，故数列$\{(-1)^n\}$发散；

(4) 随着 n 无限增大，2^n 也无限增大，故数列$\{2^n\}$不收敛，即发散.

为了方便起见，有时也将 $n\to\infty$ 时$|x_n|$无限增大的情形说成是数列$\{x_n\}$的极限为∞，并记为$\lim\limits_{n\to\infty}x_n=\infty$，但这并不表明数列$\{x_n\}$是收敛的. 因此，例 2 中的(4)也可以记为$\lim\limits_{n\to\infty}2^n=\infty$.

注意：常数 A 是某数列的极限，意思是随着 n 的无限增大，数列的项"无限接近(或趋近)于 A"，但并不一定达到 A，极限的思想就是一个无限逼近的过程. 并且这里的"无限接近(或趋近)"不能改成"越来越接近". 比如数列 $0,1,0,\frac{1}{2},0,\frac{1}{3},\cdots$，其通项为 $x_n=\frac{1-(-1)^{n-1}}{n}$，当 n 无限增大时，x_n 无限接近于 0，但 x_n 的值是来回跳跃的，不是越来越接近于 0.

如何用精确的数学语言来刻画"无限接近"这一过程呢？我们引入了希腊字母"ε"，希腊文"误差"的第一个字母来代表任意给定的正数(其小的程度没有限制). 下面就来给出数列极限的精确定义.

定义 3　设有数列$\{x_n\}$，如果存在常数 A，使得对于任意给定的正数 $\varepsilon>0$(无论它多小)，总存在一个正整数 N，使得当 $n>N$ 时，都有

$$|x_n-A|<\varepsilon$$

成立，则称数列$\{x_n\}$收敛，其极限为 A，或称$\{x_n\}$收敛于 A. 如果这样的常数不存在，则称$\{x_n\}$发散.

需要注意的是，这里定义 3 中的正数 ε 是一个任意给定的正数，即 ε 小的程度没有任何限制，这样不等式$|x_n-A|<\varepsilon$ 就表达了 x_n 与 A 无限接近的意思. 另外，定义中的正整数 N 是与 ε 有关的，它随着 ε 的给定而选定.

二、函数的极限

对于函数 $y=f(x)$，自变量 x 的变化趋势有两种情形：一种是自变量 x 的绝对值无限增大(记为 $x\to\infty$)；另一种是自变量 x 的值无限趋近于某一定值 x_0(记为 $x\to x_0$). 下面我们分别考察这两种情况下，函数 $y=f(x)$的变化趋势.

1. 当 $x\to\infty$ 时，函数 $f(x)$的极限

考察函数 $f(x)=\frac{1}{x}$，当 $x\to\infty$ 时的变化趋势. 由表 1-2 可以看出，无论 x 取正值无限增大(记为 $x\to+\infty$)，还是取负值且其绝对值无限增大(记为 $x\to-\infty$)，函数 $f(x)=\frac{1}{x}$ 的变化趋势都是无限趋近于 0.

表 1-2

x	±1	±10	±100	±1000	±1000	$\cdots\to\infty$
$f(x)=\frac{1}{x}$	±1	±0.1	±0.01	±0.001	±0.0001	$\cdots\to0$

从图 1-20 也可看出，当$|x|$无限增大时，函数 $f(x)=\frac{1}{x}$ 的图像无限趋近于 x 轴($y=0$). 可见，0 是函数 $f(x)$当 $x\to\infty$时无限趋近的一个常数.

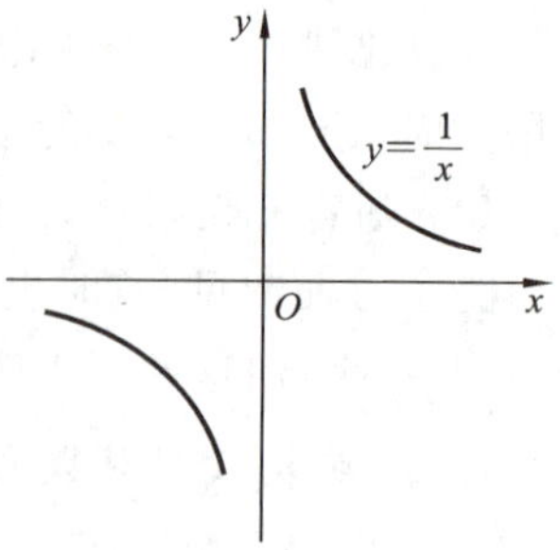

图 1-20

定义 4 如果当$|x|$无限增大($x\to\infty$)时，函数 $f(x)$无限趋近于一个确定的常数 A，则称 A 为函数 $f(x)$当 $x\to\infty$时的极限，记作

$$\lim_{x\to\infty}f(x)=A(\text{或当 } x\to\infty \text{时}, f(x)\to A).$$

根据这一定义，我们有 $\lim\limits_{x\to\infty}\frac{1}{x}=0$，$\lim\limits_{x\to\infty}\frac{1}{x^2}=0$，$\lim\limits_{x\to\infty}\left(1+\frac{1}{x}\right)=1$，等等.

如果当$|x|$无限增大时，函数 $f(x)$不趋近于某一个常数，此时称当 $x\to\infty$时函数 $f(x)$的极限不存在. 例如，$y=\sin x$ 和 $y=x^2$，当 $x\to\infty$时极限都不存在，前者当 $x\to\infty$时函数值始终在-1与 1 之间振动，后者当 $x\to\infty$时函数值是无限增大的.

在这里需要指出的是，研究当自变量 x 的绝对值无限增大时函数的极限，如果一个函数在 $x\to+\infty$和 $x\to-\infty$两种情况的极限都存在且相等，就可以合并写作 $x\to\infty$；如果一个函数在 $x\to+\infty$和 $x\to-\infty$两种情况的极限都存在但不相等，就必须分开表示. 例如，$\lim\limits_{x\to+\infty}\arctan x=\frac{\pi}{2}$和 $\lim\limits_{x\to-\infty}\arctan x=-\frac{\pi}{2}$；如果只有某一方向的极限存在，或者由于函数定义域的限制，只能讨论某一方向的趋势时，要对这一方向明确表示，如 $\lim\limits_{x\to-\infty}e^x=0$，$\lim\limits_{x\to+\infty}\frac{1}{\sqrt{x}}=0$.

2. 当 $x\to x_0$ 时，函数 $f(x)$的极限

我们先看下面的两个例子.

例 3 讨论当 $x\to1$ 时，函数 $f(x)=x+1$ 的变化趋势.

解 由表 1-3 和图 1-21 都可以看出，不论自变量在 x 轴上从 $x=1$ 的左边还是从右边趋近于 1，函数 $f(x)$的值都能无限趋近于 2.

表 1-3

x	1.5	1.1	1.01	1.001	$\cdots\to1$
$f(x)=x+1$	2.5	2.1	2.01	2.001	$\cdots\to2$
x	0.5	0.9	0.99	0.999	$\cdots\to1$
$f(x)=x+1$	1.5	1.9	1.99	1.999	$\cdots\to2$

例 4　考察函数 $f(x)=\dfrac{x^2-1}{x-1}$ 当 $x\to 1$ 时的变化趋势.

解　这个函数的定义域为 $(-\infty,1)\cup(1,+\infty)$，函数在点 $x=1$ 处无定义，但我们讨论当 $x\to 1$ 时函数值的变化趋势，并不是求 $x=1$ 时的函数值. 作出这个函数的图像（如图 1-22），可以直观地看出，无论 x 以任何方式趋近于 1，函数 $f(x)$ 都能趋近于 2.

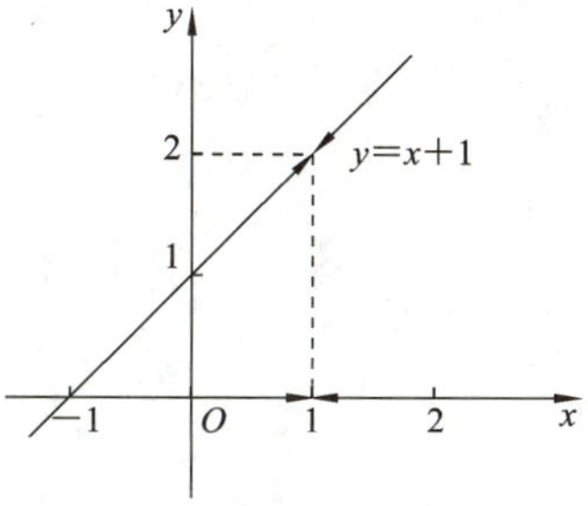

图 1-21

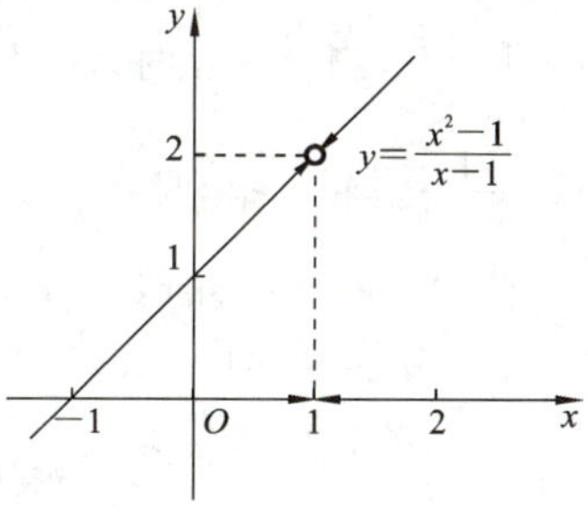

图 1-22

定义 5　设函数 $y=f(x)$ 在 x_0 的一去心邻域内有定义，如果当自变量 x 无限趋近于 x_0（但 $x\neq x_0$）时，函数 $f(x)$ 无限趋近于某个确定的常数 A，则称 A 为函数 $f(x)$ 当 $x\to x_0$ 时的极限，记作

$$\lim_{x\to x_0} f(x)=A\text{（或当 } x\to x_0 \text{ 时，} f(x)\to A\text{）}.$$

根据这个定义可知，$\lim\limits_{x\to 1}(x+1)=2$，$\lim\limits_{x\to 1}\dfrac{x^2-1}{x-1}=2$.

我们在研究当 $x\to x_0$ 时函数 $f(x)$ 的极限时，若仅限于 $x<x_0$（或 $x>x_0$），即自变量 x 只从 x_0 的左侧（或从 x_0 的右侧）趋近于 x_0 时，函数 $f(x)$ 无限趋近于一个常数 A，则 A 就称为函数 $f(x)$ 当 $x\to x_0$ 时的左极限（或右极限），记作

$$\lim_{x\to x_0^-} =A\text{（或 } \lim_{x\to x_0^+} f(x)=A\text{）}.$$

显然，我们有下面的定理.

定理　当 $x\to x_0$ 时，函数 $f(x)$ 的极限存在的充分必要条件是左、右极限都存在并且相等.

例 5　说明符号函数

$$f(x)=\operatorname{sgn}x=\begin{cases}1, & x>0\\ 0, & x=0\\ -1, & x<0\end{cases}$$

当 $x\to 0$ 时极限不存在.

解　因为 $f(x)$ 在点 $x=0$ 处的左极限为

$$\lim_{x\to 0^-} f(x)=\lim_{x\to 0^-}(-1)=-1$$

$f(x)$ 在点 $x=0$ 处的右极限为

$$\lim_{x\to 0^+} f(x)=\lim_{x\to 0^+} 1=1$$

左、右极限虽然都存在但不相等，根据上述定理可知，$\lim\limits_{x\to 0} f(x)$ 不存在.

习题 1.2

1. 在$\lim\limits_{x\to x_0}f(x)=A$中，$x$能否取$x_0$？$f(x)$能否取值$A$？

2. 画出下列函数的图像，并求极限.

(1) $f(x)=1+\dfrac{1}{x}$，当$x\to\infty$时；

(2) $f(x)=\dfrac{1}{x-1}$，当$x\to\infty$时；

(3) $f(x)=2^x$，当$x\to-\infty$时；

(4) $f(x)=x^3$，当$x\to2$时.

3. 设$f(x)=\begin{cases}x^2+1, & x\geqslant0\\ -x^2+1, & x<0\end{cases}$，求$\lim\limits_{x\to0}f(x)$.

4. 已知$f(x)=\dfrac{|x|}{x}$，试证明$\lim\limits_{x\to0}f(x)$不存在.

1.3 极限的运算法则

根据函数极限的定义能确定一些简单函数的极限，由于大多数函数比较复杂，再加上极限概念比较抽象，因此，用定义求极限不仅麻烦，而且往往十分困难，下面介绍函数极限的运算法则.

一、函数极限的四则运算法则

定理 如果$\lim\limits_{x\to x_0}f(x)=A$，$\lim\limits_{x\to x_0}g(x)=B$，则

(1) $\lim\limits_{x\to x_0}[f(x)\pm g(x)]=\lim\limits_{x\to x_0}f(x)\pm\lim\limits_{x\to x_0}g(x)=A\pm B$，

(2) $\lim\limits_{x\to x_0}[f(x)\cdot g(x)]=\lim\limits_{x\to x_0}f(x)\lim\limits_{x\to x_0}g(x)=A\cdot B$，

(3) $\lim\limits_{x\to x_0}\dfrac{f(x)}{g(x)}=\dfrac{\lim\limits_{x\to x_0}f(x)}{\lim\limits_{x\to x_0}g(x)}=\dfrac{A}{B}$ $(B\neq0)$.

这些式子说明两个函数和、差、积、商的极限等于它们极限的和、差、积、商，当然要求这两个函数的极限必须都存在，对商的情形，分母的极限不能为0.

上述法则还可推广到有限个函数的情形.

推论1 $\lim\limits_{x\to x_0}[cf(x)]=c\lim\limits_{x\to x_0}f(x)$ （c为常数）

即常数可以从极限符号里面提出来.

推论2 $\lim\limits_{x\to x_0}[f(x)]^n=[\lim\limits_{x\to x_0}f(x)]^n$ （n为正整数）

即极限运算与乘方运算可交换次序.

下面我们看一些例子，说明极限运算法则的运用.

例1　求$\lim\limits_{x\to 1}\dfrac{x^2-3}{x+1}$.

解　因为$\lim\limits_{x\to 1}(x^2-3)=-2$，$\lim\limits_{x\to 1}(x+1)=2$，分子、分母的极限都存在，并且分母的极限不为0，直接运用函数商的极限运算法则

$$\lim_{x\to 1}\frac{x^2-3}{x+1}=\frac{\lim\limits_{x\to 1}(x^2-3)}{\lim\limits_{x\to 1}(x+1)}=\frac{-2}{2}=-1$$

例2　求$\lim\limits_{x\to 2}\dfrac{x^2-5x+6}{x^2-x-2}$.

解　当$x\to 2$时，分子、分母的极限都是0，于是不能直接使用函数商的极限运算法则. 因分子、分母有公因子$x-2$，即当$x\to 2$时($x-2\neq 0$)，可约去这个不为0的公因子，所以

$$\lim_{x\to 2}\frac{x^2-5x+6}{x^2-x-2}=\lim_{x\to 2}\frac{(x-2)(x-3)}{(x-2)(x+1)}=\lim_{x\to 2}\frac{x-3}{x+1}$$

$$=\frac{\lim\limits_{x\to 2}(x-3)}{\lim\limits_{x\to 2}(x+1)}=-\frac{1}{3}$$

例3　求$\lim\limits_{x\to\infty}\dfrac{x^3+x-2}{8x^2+7x+6}$.

解　将分式的分子、分母同除以x^3，得

$$\lim_{x\to\infty}\frac{x^3+x-2}{8x^2+7x+6}=\lim_{x\to\infty}\frac{1+\dfrac{1}{x^2}-\dfrac{2}{x^3}}{\dfrac{8}{x}+\dfrac{7}{x^2}+\dfrac{6}{x^3}}$$

因为$\lim\limits_{x\to\infty}\left(1+\dfrac{1}{x^2}-\dfrac{2}{x^3}\right)=1$，$\lim\limits_{x\to\infty}\left(\dfrac{8}{x}+\dfrac{7}{x^2}+\dfrac{6}{x^3}\right)=0$，容易得

$$\lim_{x\to\infty}\frac{x^3+x-2}{8x^2+7x+6}=\infty$$

从例3可以看出，在求当$x\to\infty$时有理分式函数的极限时，若分子、分母的极限都是∞，就不能直接使用法则，而是要对分子、分母的各项同除x^n进行变化(n是分子及分母的最高次数)，再求极限，一般地，有下面的结果

$$\lim_{x\to\infty}\frac{a_nx^n+a_{n-1}x^{n-1}+\cdots+a_1x+a_0}{b_mx^m+b_{m-1}x^{m-1}+\cdots+b_1x+b_0}=\begin{cases}0, & n<m\\ \dfrac{a_n}{b_m}, & n=m\\ \infty, & n>m\end{cases}$$

其中，$a_n\neq 0$，$b_m\neq 0$，m和n为非负整数.

例4　求$\lim\limits_{x\to 3}\dfrac{\sqrt{x+1}-2}{x-3}$.

解　因为当$x\to 3$时，分子、分母的极限都等于0，不能直接用函数商的极限运算法则，这里先将分子有理化，再求极限.

$$\lim_{x\to 3}\frac{\sqrt{x+1}-2}{x-3}=\lim_{x\to 3}\frac{(\sqrt{x+1}-2)(\sqrt{x+1}+2)}{(x-3)(\sqrt{x+1}+2)}$$

$$=\lim_{x\to 3}\frac{x-3}{(x-3)(\sqrt{x+1}+2)}$$

$$=\lim_{x\to 3}\frac{1}{\sqrt{x+1}+2}=\frac{1}{4}$$

二、两个重要极限

1. $\lim\limits_{x\to 0}\frac{\sin x}{x}=1$

为了证明这个重要极限，我们首先给出极限存在的一个准则.

准则 1（夹逼定理） 如果在 x_0 的某一邻域内有 $f(x)\leqslant g(x)\leqslant h(x)\,(x\neq x_0)$，且 $\lim\limits_{x\to x_0}f(x)=\lim\limits_{x\to x_0}h(x)=A$，那么极限 $\lim\limits_{x\to x_0}g(x)$ 一定存在，且 $\lim\limits_{x\to x_0}g(x)=A$.

这个定理中的 $x\to x_0$ 可以都改为 $x\to\infty$. 同样，这个定理对数列的情形也成立.

下面用夹逼定理来证明 $\lim\limits_{x\to 0}\frac{\sin x}{x}=1$ 这一个重要极限. 因为 $f(x)=\frac{\sin x}{x}$ 在 $x\neq 0$ 时均有定义，且为偶函数，所以只需讨论当 x 取正值趋向于 0 时的情况.

如图 1-23 所示，圆半径 $R=1$，$OA=OB=1$，圆心角 $x=\angle AOB\left(0<x<\frac{\pi}{2}\right)$，点 A 处的切线为 AD，$|BC|=\sin x$，$\overset{\frown}{AB}=x$，$|AD|=\tan x$. 因为 $S_{\triangle AOB}<S_{扇形AOB}<S_{\triangle AOD}$，而 $S_{\triangle AOB}=\frac{1}{2}\sin x$，$S_{扇形AOB}=\frac{1}{2}x$，$S_{\triangle AOD}=\frac{1}{2}\tan x$，所以

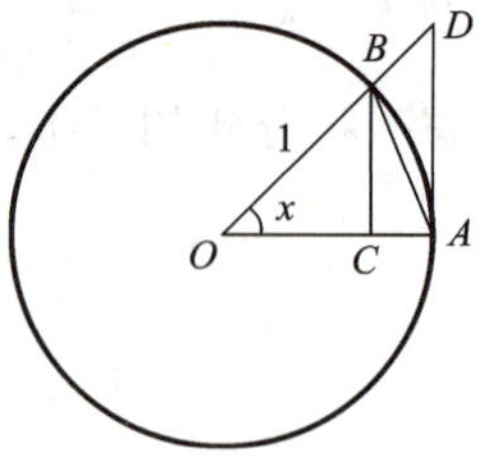

图 1-23

$$\frac{1}{2}\sin x<\frac{1}{2}x<\frac{1}{2}\tan x$$

即

$$\sin x<x<\tan x$$

上式两端同除以 $\sin x$，得

$$1<\frac{x}{\sin x}<\frac{1}{\cos x}\quad 或 \quad \cos x<\frac{\sin x}{x}<1$$

由于 $\cos x$ 和 $\frac{\sin x}{x}$ 均为偶函数，上列不等式对于 $-\frac{\pi}{2}<x<0$ 仍然成立.

因为 $\lim\limits_{x\to 0}\cos x=1$，由夹逼定理知，$\lim\limits_{x\to 0}\frac{\sin x}{x}=1$.

利用这个重要极限公式，便可以求出一些含有三角函数的极限.

例 5 求 $\lim\limits_{x\to 0}\frac{\tan x}{x}$.

解

$$\lim_{x\to 0}\frac{\tan x}{x}=\lim_{x\to 0}\frac{\sin x}{x}\cdot\frac{1}{\cos x}$$

$$=\lim_{x\to 0}\frac{\sin x}{x}\cdot\lim_{x\to 0}\frac{1}{\cos x}=1$$

例 6　求$\lim\limits_{x\to 0}\frac{\sin 2x}{x}$.

解

$$\lim_{x\to 0}\frac{\sin 2x}{x}=\lim_{x\to 0}\frac{\sin 2x}{2x}\cdot 2=2$$

例 7　求$\lim\limits_{x\to\infty}x\sin\frac{1}{x}$.

解　令$\frac{1}{x}=u$,则当$x\to\infty$时,$u\to 0$,于是有

$$\lim_{x\to\infty}x\sin\frac{1}{x}=\lim_{x\to\infty}\frac{\sin\frac{1}{x}}{\frac{1}{x}}=\lim_{u\to 0}\frac{\sin u}{u}=1$$

由例 6、例 7 可以看出,在运用第一个重要极限求极限时,必须化成$\frac{\sin(\ )}{(\ )}$的形式,分子是分母的正弦函数,( )处既可以是x,也可以是$2x$、$\frac{1}{x}$等,但要求在所讨论的极限条件下( )$\to 0$.

2. $\lim\limits_{x\to\infty}\left(1+\frac{1}{x}\right)^x=\mathrm{e}$

这个重要极限可用下面给出的极限存在的第二个准则来证明,但这里我们略去证明.

准则 2(单调有界定理)　单调有界数列必有极限.

在第二个重要极限中,函数$f(x)=\left(1+\frac{1}{x}\right)^x$的形式既像幂函数,又像指数函数,故称之为幂指函数.当$x\to\infty$时,$\left(1+\frac{1}{x}\right)^x$呈“$1^\infty$”型,表 1-4 列出了当自变量$x$取某些正整数时函数$f(x)=\left(1+\frac{1}{x}\right)^x$的值.

表 1-4

x	1	10	10^2	10^3	10^4	10^5	$\cdots\to\infty$
$\left(1+\frac{1}{x}\right)^x$	2	2.59374	2.70481	2.71692	2.71815	2.71827	$\cdots\to\mathrm{e}$

可见,当$x\to\infty$时,$\left(1+\frac{1}{x}\right)^x$无限接近于常数 e.这里 e 是一个无理数,取小数点后 5 位的近似值 $\mathrm{e}\approx 2.71828$.

若令$\frac{1}{x}=u$,则第二个重要极限又可以写成$\lim\limits_{u\to 0}(1+u)^{\frac{1}{u}}=\mathrm{e}$,应记住.

例 8　求$\lim\limits_{x\to\infty}\left(1+\frac{1}{x}\right)^{2x}$.

解

$$\lim_{x\to\infty}\left(1+\frac{1}{x}\right)^{2x}=\lim_{x\to\infty}\left[\left(1+\frac{1}{x}\right)^x\right]^2=\left[\lim_{x\to\infty}\left(1+\frac{1}{x}\right)^x\right]^2=\mathrm{e}^2$$

例 9 求 $\lim\limits_{x\to\infty}\left(\dfrac{x+2}{x+1}\right)^{x-3}$.

解

$$\begin{aligned}\lim_{x\to\infty}\left(\frac{x+2}{x+1}\right)^{x+3}&=\lim_{x\to\infty}\left(1+\frac{1}{x+1}\right)^{x+3}\\&=\lim_{x\to\infty}\left[\left(1+\frac{1}{x+1}\right)^{x+1}\cdot\left(1+\frac{1}{x+1}\right)^{2}\right]=\mathrm{e}\end{aligned}$$

由例 9 可以看出，运用第二个重要极限时，必须化为 $\left(1+\dfrac{1}{(\ )}\right)^{(\ )}$ 的形式，而( )里可以是 x，也可以是 $3x$、$x+1$ 等，要求在所讨论的极限条件下( )$\to\infty$.

习题 1.3

1. 下面的计算过程对不对？为什么？

(1) $\lim\limits_{x\to1}\dfrac{x}{x-1}=\dfrac{\lim\limits_{x\to1}x}{\lim\limits_{x\to1}(x-1)}=\infty$；　(2) $\lim\limits_{x\to\infty}\dfrac{1}{x}\sin x=\lim\limits_{x\to\infty}\dfrac{1}{x}\cdot\lim\limits_{x\to\infty}\sin x=0$.

2. 求下列极限.

(1) $\lim\limits_{x\to\infty}\dfrac{x+3}{x^3+1}$；　(2) $\lim\limits_{x\to\sqrt{2}}\dfrac{x^2-2}{x^2+2}$；

(3) $\lim\limits_{x\to1}\dfrac{x^2-2x+1}{x^2-1}$；　(4) $\lim\limits_{x\to\infty}\dfrac{x+1}{\sqrt{x^2+1}}$；

(5) $\lim\limits_{x\to\infty}\left(\mathrm{e}^{-x}+\dfrac{1}{x^2}\right)$.

3. 求下列极限.

(1) $\lim\limits_{x\to0}\dfrac{\sin x^2}{x^2}$；　(2) $\lim\limits_{x\to0}\dfrac{\sin4x}{\sin5x}$；

(3) $\lim\limits_{x\to0}\dfrac{1-\cos2x}{x\sin2x}$；　(4) $\lim\limits_{x\to1}\dfrac{\tan(x-1)}{x^2-1}$；

(5) $\lim\limits_{x\to+\infty}\left(1+\dfrac{1}{x}\right)^{\frac{x}{2}}$；　(6) $\lim\limits_{x\to0}(1+x)^{\frac{1}{4x}}$；

(7) $\lim\limits_{x\to\infty}\left(\dfrac{x+3}{x+2}\right)^{x}$.

4. 设 $f(x)=\begin{cases}\dfrac{\sin x}{kx}, & x<0\\(1+x)^{\frac{x+1}{x}}, & x>0\end{cases}$，试确定 k 的值，使 $\lim\limits_{x\to0}f(x)$ 存在.

1.4　无穷小与无穷大

无穷小与无穷大是极限定义下两类特殊的变量，讨论这种特殊的变量，对微分学的研究具有重要的意义.

一、无穷小

定义 1　若$\lim\limits_{x\to x_0}f(x)=0$或$\lim\limits_{x\to\infty}f(x)=0$，则称函数$f(x)$是当$x\to x_0$或$x\to\infty$时的无穷小量，简称无穷小. 无穷小常用希腊字母$\alpha$、$\beta$、$\gamma$等来表示.

例如，因$\lim\limits_{x\to 1}f(x^2-1)=0$，所以函数$f(x)=x^2-1$是当$x\to 1$时的无穷小. 又如当$x\to 0$时，函数$\sin x$、$2x$等都是无穷小；当$x\to\infty$时，$\dfrac{1}{x}$、$\dfrac{1}{x^2}$、$\dfrac{1}{1+x^2}$等也是无穷小.

当然，由于数列$\left\{\dfrac{1}{n}\right\}$，$\left\{\dfrac{1}{n^2}\right\}$，当$n\to\infty$时，它们都以 0 为极限，所以它们也都是无穷小量.

根据无穷小的定义，单说一个函数是无穷小还不够，必须针对这个函数的变化过程才是有意义的.

值得注意的是，“无穷小”这个术语并不是表达量的大小，而是用来表达量的变化趋势的，因此，无穷小并不是很小很小的数，例如，0.0001 虽然很小，但它不是无穷小，因为当$x\to x_0$或$x\to\infty$时，0.0001 的极限不是 0. 但零数列$\{0\}$及零函数$y=0$是无穷小.

定理　$\lim\limits_{x\to x_0}f(x)=A$的充要条件是$f(x)=A+\alpha$，其中$\alpha$是当$x\to x_0$时的无穷小.

这个定理说明了函数极限与无穷小之间的关系.

二、无穷大

定义 2　若当$x\to x_0$（或$x\to\infty$）时，函数$f(x)$的绝对值无限增大，则称函数$f(x)$是无穷大量，简称无穷大，记作

$$\lim_{x\to x_0}f(x)=\infty \quad 或 \quad \lim_{x\to\infty}f(x)=\infty.$$

注意：按照极限的定义，无穷大的极限不存在，但为了表示方便起见，我们这样记，此时也称函数的极限为无穷大.

例如，当$n\to\infty$时，n^2是无穷大；当$x\to 0$时，$\dfrac{1}{x}$、$\dfrac{1}{x^2}$等都是无穷大.

在无穷大中，若$\lim\limits_{\substack{x\to x_0\\(x\to\infty)}}f(x)=+\infty$，则称$f(x)$为正无穷大，若$\lim\limits_{\substack{x\to x_0\\(x\to\infty)}}f(x)=-\infty$，则称$f(x)$为负无穷大. 例如，当$x\to+\infty$时，$\ln x$是正无穷大，当$x\to 0^+$时，$\ln x$是负无穷大.

容易看出，无穷小和无穷大有这样的关系：在自变量的同一变化过程中，若$f(x)$是无穷小（$f(x)\neq 0$），则$\dfrac{1}{f(x)}$是无穷大；反之，若$f(x)$是无穷大，则$\dfrac{1}{f(x)}$是无穷小. 换句话说，不取零值的无穷小的倒数是无穷大，而无穷大的倒数是无穷小. 因此，对无穷大的研究可转化为对无穷小的倒数的研究.

三、无穷小的性质

根据函数极限的运算法则及无穷小的定义可知，无穷小有以下性质.

性质 1　在自变量同一变化过程中，有限个无穷小的代数和是无穷小.

例如,当 $x\to 0$ 时,x^2 和 $\sin x$ 都是无穷小,故 $x^2+\sin x$ 也是无穷小.

性质 2 在自变量同一变化过程中,有限个无穷小的乘积是无穷小.

例如,当 $x\to 0$ 时,$x^2\cdot\sin x$ 也是无穷小.

性质 3 常量与无穷小的乘积是无穷小.

性质 4 有界函数与无穷小的乘积是无穷小.

例 1 求 $\lim\limits_{x\to 0}x\sin\dfrac{1}{x}$.

解 因为当 $x\to 0$ 时,x 是无穷小,而 $\left|\sin\dfrac{1}{x}\right|\leqslant 1$,所以 $\sin\dfrac{1}{x}$ 是有界函数,根据性质 4,$x\sin\dfrac{1}{x}$ 是当 $x\to 0$ 时的无穷小,故

$$\lim_{x\to 0}x\sin\frac{1}{x}=0$$

例 2 求 $\lim\limits_{x\to\infty}\dfrac{\sin x}{x}$.

解 因为当 $x\to\infty$ 时,$\dfrac{1}{x}\to 0$,所以 $\dfrac{1}{x}$ 是无穷小,又 $|\sin x|\leqslant 1$,即 $\sin x$ 为有界函数. 根据性质 4,当 $x\to\infty$ 时,$\dfrac{1}{x}\sin x$ 是无穷小量,故

$$\lim_{x\to\infty}\frac{\sin x}{x}=\lim_{x\to\infty}\frac{1}{x}\sin x=0$$

四、无穷小的比较

我们在研究实际问题时,对同一极限过程,有时会涉及几个无穷小,尽管它们都趋向于零,但趋向于零的速度可能不同. 例如,当 $x\to 0$ 时,x、x^2、x^3 都是无穷小,但它们趋向于零的速度不同,当 $x=0.1$ 时,$x^2=0.01$,$x^3=0.001$,说明 x^3 趋向于零的速度较快. 事实上,可以用两个无穷小比值的极限来比较它们趋向于零的快慢. 例如,$\lim\limits_{x\to 0}\dfrac{x^3}{x^2}=\lim\limits_{x\to 0}x=0$,这意味着 x^3 趋向于零的速度比 x^2 的快,或者说 x^2 趋向于零的速度比 x^3 的慢.

定义 3 设在自变量的同一变化过程中,α 和 β 都是无穷小,且 $\alpha\neq 0$,则:

(1) 若 $\lim\dfrac{\beta}{\alpha}=0$,则称 β 是比 α 高阶无穷小,记作 $\beta=o(\alpha)$;

(2) 若 $\lim\dfrac{\beta}{\alpha}=\infty$,则称 β 是比 α 低阶无穷小;

(3) 若 $\lim\dfrac{\beta}{\alpha}=C$($C$ 为不等于零的常数),则称 β 与 α 是同阶无穷小;

(4) 若 $\lim\dfrac{\beta}{\alpha}=1$,则称 β 与 α 是等价无穷小,记作 $\beta\sim\alpha$.

例如,因为 $\lim\limits_{x\to 0}\dfrac{3x^2}{2x}=0$,所以当 $x\to 0$ 时,$3x^2$ 是比 $2x$ 高阶无穷小,即 $3x^2=o(2x)$.

因为$\lim\limits_{x\to\infty}\dfrac{\frac{1}{x^2}}{\frac{1}{x}}=0$，所以当 $x\to\infty$时，$\dfrac{1}{x^2}$是比$\dfrac{1}{x}$高阶无穷小，即$\dfrac{1}{x^2}=o\left(\dfrac{1}{x}\right)$.

因为$\lim\limits_{x\to 2}\dfrac{x^2-4}{x-2}=0$，所以当 $x\to 2$ 时，x^2-4 与 $x-2$ 是同阶无穷小.

因为$\lim\limits_{x\to 0}\dfrac{\sin x}{x}=1$，$\lim\limits_{x\to 0}\dfrac{\tan x}{x}=1$，$\lim\limits_{x\to 0}\dfrac{\ln(1+x)}{x}=1$，所以当 $x\to 0$ 时，x、$\sin x$、$\tan x$、$\ln(1+x)$都是等价无穷小.

关于等价无穷小，有一个很有用的性质：设 $\alpha\sim\alpha'$，$\beta\sim\beta'$，且$\lim\dfrac{\alpha'}{\beta'}$存在，则

$$\lim\frac{\alpha}{\beta}=\lim\frac{\alpha'}{\beta'}.$$

上述性质表明，求极限时，分子、分母的无穷小因子可用其等价无穷小代换，使计算简化.

习题 1.4

1. 指出下列变量中，哪些是无穷小？哪些是无穷大？

(1) e^x，当 $x\to-\infty$时；

(2) 2^x，当 $x\to+\infty$时；

(3) $\ln(1+x)$，当 $x\to 0$ 时.

2. 下列说法是否正确？并说明理由.

(1) 无穷小是 0；

(2) 0 是无穷小；

(3) $-\infty$是无穷小；

(4) 在自变量同一变化过程中，无穷多个无穷小之和不一定是无穷小；

(5) 无穷小的倒数一定是无穷大.

3. 利用无穷小的性质，求下列极限.

(1) $\lim\limits_{x\to 0}x\arcsin x$；　　(2) $\lim\limits_{x\to-\infty}\dfrac{e^x}{1+x^2}$；

(3) $\lim\limits_{x\to 1}(x^2-1)\sin x$.

4. 比较下列各题中的两个无穷小之间的关系(指出是同阶无穷小、等价无穷小还是高阶无穷小).

(1) 当 $x\to 0$ 时，$\tan x-\sin x$ 与 x；

(2) 当 $x\to 0$ 时，$1-\cos x$ 与 x^2；

(3) 当 $x\to\infty$时，$\dfrac{1}{x^2}$与$\dfrac{1}{x}$；

(4) 当 $x\to 0$ 时，$\sin 2x$ 与 $2\sin x$.

1.5　函数的连续性

什么是“连续”？从字面上来讲是不难理解的，例如，自然界中气温的连续变化、动植物的连续生长等. 这些现象在数学上表现为函数的连续变化，从函数图像上直观地看，连续函数的图像是一条连绵不断的曲线，例如，1.1 节图 1-1 所示的气温曲线，它表明气温随时间在连续地变化着.

一、函数的连续性定义

为了准确描述函数连续的概念，我们首先引入函数增量的概念.

1. 函数的增量

为了便于研究函数 $y=f(x)$在点 x_0 附近的变化情况，我们把点 x_0 附近的点 x 记作 $x_0+\Delta x$，称 $\Delta x=x-x_0$ 为自变量由 x_0 变化到 x 的增量(或称改变量). 当自变量由 x_0 变化到 x 时，函数值相应地由 $f(x_0)$ 变化到 $f(x)$，称

$$\Delta y=f(x)-f(x_0)=f(x_0+\Delta x)-f(x_0)$$

为函数 $y=f(x)$在点 x_0 处的增量(或称改变量)，如图1-24所示.

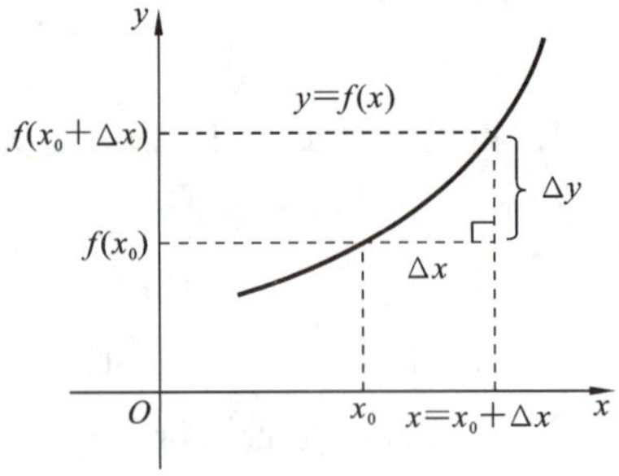

图 1-24

我们说一个函数是连续的，就是当自变量的变化极其微小时，函数的相应变化也极其微小. 对于函数 $y=f(x)$定义域内一点 x_0，当自变量在 x_0 处的改变量越来越小时，函数的相应改变量也越来越小，即当 $\Delta x\to 0$ 时，有 $\Delta y\to 0$，那么就可以说函数 $y=f(x)$在点 x_0 处是连续的.

2. 定义

定义 1　设函数 $y=f(x)$在点 x_0 的某个邻域内有定义，如果$\lim\limits_{\Delta x\to 0}\Delta y=0$，即$\lim\limits_{\Delta x\to 0}[f(x_0+\Delta x)-f(x_0)]=0$，那么称函数 $y=f(x)$在点 x_0 处连续.

例 1　证明函数 $f(x)=x^3$ 在点 $x=1$ 处连续.

证明　因为函数 $f(x)=x^3$ 在点 $x=1$ 处及附近有定义，而

$$\begin{aligned}\Delta y&=f(1+\Delta x)-f(1)=(1+\Delta x)^3-1^3\\&=3\Delta x+3(\Delta x)^2+(\Delta x)^3\end{aligned}$$

显然

$$\lim_{\Delta x\to 0}\Delta y=\lim_{\Delta x\to 0}[3\Delta x+3(\Delta x)^2+(\Delta x)^3]=0$$

所以函数 $f(x)=x^3$ 在点 $x=1$ 处连续.

在定义 1 中，若令 $x=x_0+\Delta x$，则由

$$\lim_{\Delta x\to 0}[f(x_0+\Delta x)-f(x_0)]=0$$

得

$$\lim_{x\to x_0}f(x)=f(x_0)$$

因此，函数 $y=f(x)$ 在点 x_0 处连续也可以如下定义.

定义 2　设函数 $y=f(x)$ 在点 x_0 的某个邻域内有定义，若

$$\lim_{x\to x_0}f(x)=f(x_0),$$

则称函数 $y=f(x)$ 在点 x_0 处连续.

根据这个定义，函数在点 x_0 处连续必须同时满足以下三个条件：

(1) 在点 x_0 的某个邻域内有定义；

(2) $\lim\limits_{x\to x_0}f(x)$ 存在；

(3) $\lim\limits_{x\to x_0}f(x)=f(x_0)$，即极限值等于函数值.

例 2　用定义 2 证明 $f(x)=x^3$ 在点 $x=1$ 处连续.

证明　因为 $f(x)$ 在点 $x=1$ 处及附近有定义，且

$$\lim_{x\to 1}f(x)=\lim_{x\to 1}x^3=(\lim_{x\to 1}x)^3=1=f(1)$$

所以 $f(x)=x^3$ 在点 $x=1$ 处连续.

定义 3　如果函数 $f(x)$ 在处 x_0 的左极限 $\lim\limits_{x\to x_0^-}f(x)=f(x_0)$，则称 $f(x)$ 在点 x_0 处左连续；如果函数 $f(x)$ 在 x_0 处的右极限 $\lim\limits_{x\to x_0^+}f(x)=f(x_0)$，则称 $f(x)$ 在点 x_0 处右连续.

定理 1　函数 $f(x)$ 在点 x_0 处连续的充分必要条件是函数 $f(x)$ 在 x_0 点处既左连续又右连续.

定义 4　如果函数 $f(x)$ 在开区间 (a,b) 内每一点都连续，就称函数 $f(x)$ 在开区间 (a,b) 内连续；如果函数 $f(x)$ 在开区间 (a,b) 内连续，并且在区间的左端点处右连续 $\lim\limits_{x\to a^+}f(x)=f(a)$，在区间的右端点处左连续 $\lim\limits_{x\to b^-}f(x)=f(b)$，就称 $f(x)$ 在闭区间 $[a,b]$ 上连续.

如果一个函数在它的定义域内每一点都连续，就称它是一个连续函数. 例如，$f(x)=x^3$ 在其定义域 $(-\infty,+\infty)$ 内每一点都是连续的，所以它是一个连续函数.

二、函数的间断点

函数的不连续点称为函数的间断点. 显然，如果函数 $f(x)$ 在点 x_0 处有以下三种情形之一，x_0 就是 $f(x)$ 的间断点：

(1) $f(x)$ 在点 x_0 处无定义；

(2) 极限 $\lim\limits_{x\to x_0}f(x)$ 不存在；

(3) 虽然 $\lim\limits_{x\to x_0}f(x)$ 存在，但是 $\lim\limits_{x\to x_0}f(x)\neq f(x_0)$.

例 3　设 $f(x)=\dfrac{x^2-9}{x-3}$，考察 $f(x)$ 在点 $x=3$ 处的连续性.

解　因为 $f(x)$ 在点 $x=3$ 处无定义，所以 $x=3$ 是 $f(x)$ 的间断点（如图 1-25），但 $\lim\limits_{x\to 3}f(x)$

$=6$ 是存在的.

例 4 设 $f(x)=\begin{cases}x+1, & x\neq1\\ 1, & x=1\end{cases}$,考察函数在点 $x=1$ 处的连续性.

解 虽然 $f(x)$在 $x=1$ 有定义,$f(1)=1$,且$\lim\limits_{x\to1}f(x)=2$,但$\lim\limits_{x\to1}f(x)\neq f(1)$,所以 $x=1$ 是 $f(x)$的间断点(如图 1-26).

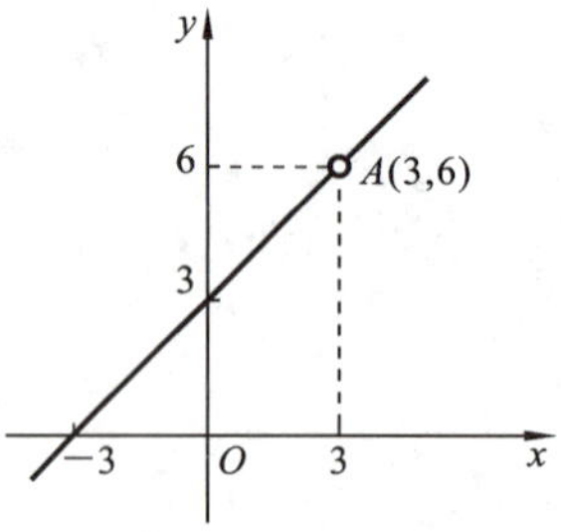

图 1-25

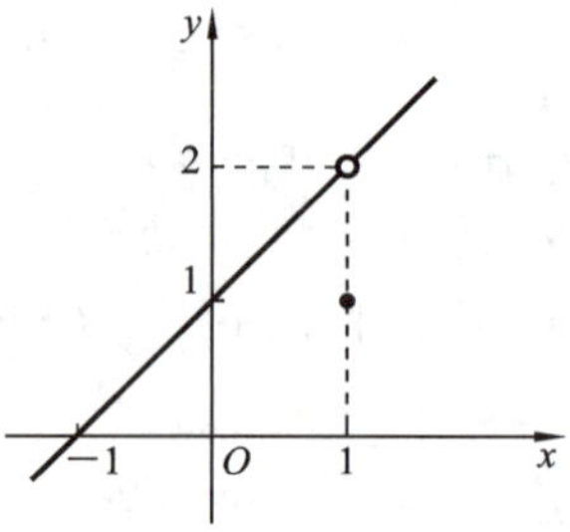

图 1-26

由例 3、例 4 可以看出,如果函数在间断点处的极限存在,那么总可以通过补充或改变函数在间断点的函数值,使 $f(x_0)$等于极限值$\lim\limits_{x\to1}f(x)$,函数在该点就连续了. 这样的间断点称为可去间断点. 例如,在例 3 中只要令 $f(3)=6$,则函数 $f(x)$在 $x=3$ 处就连续了;例 4 中改变 $f(1)=1$ 的值,令 $f(1)=2$,则函数 $f(x)$在 $x=1$ 处也就连续了.

例 5 设 $f(x)=\begin{cases}x+1, & x\geqslant0\\ x-1, & x<0\end{cases}$,讨论 $f(x)$在点 $x=0$ 处的连续性.

解 虽然 $f(x)$在点 $x=0$ 处有定义,且 $f(0)=1$,但由于

$$\lim_{x\to0^-}f(x)=\lim_{x\to0^-}f(x-1)=-1$$

$$\lim_{x\to0^+}f(x)=\lim_{x\to0^+}f(x+1)=1$$

故$\lim\limits_{x\to0}f(x)$不存在,函数 $f(x)$在点 $x=0$ 处间断(如图 1-27),这种间断点称为跳跃间断点.

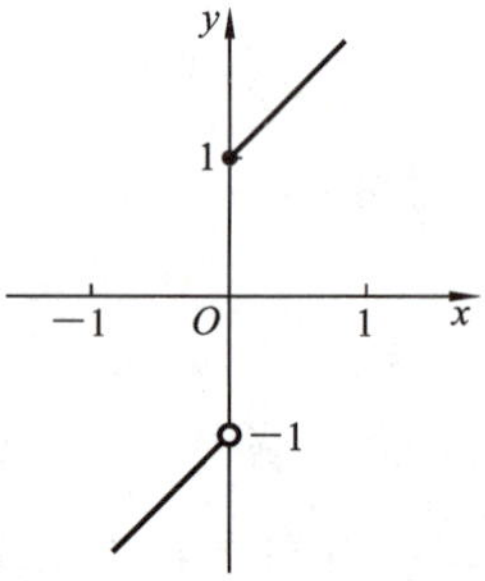

图 1-27

例 6 考察函数 $f(x)=\dfrac{1}{x}$在点处 $x=0$ 的连续性.

解 因为函数 $f(x)=\dfrac{1}{x}$在点 $x=0$ 处无定义,所以 $f(x)=\dfrac{1}{x}$在点 $x=0$ 处间断,这时,由于函数在该点的极限为∞,即

$$\lim_{x\to0}f(x)=\lim_{x\to0}\frac{1}{x}=\infty$$

故称这种间断点为无穷间断点.

三、初等函数的连续性

关于初等函数的连续性,我们有以下定理(证明从略).

定理 2 基本初等函数在其定义域内都连续.

定理 3 若 $f(x)$和 $g(x)$在点 x_0 处连续,则 $f(x)\pm f(x)$、$f(x)\cdot g(x)$、$\dfrac{f(x)}{g(x)}(g(x_0)\neq0)$

在点 x_0 处连续.

定理 4　若函数 $u=\varphi(x)$ 在点 x_0 处连续，$u_0=\varphi(x_0)$，而函数 $y=f(u)$ 在点 u_0 处连续，则复合函数 $y=f(\varphi(x))$ 在点 x_0 处连续.

定理 5　一切初等函数在其定义域区间内都连续.

例 7　求函数 $f(x)=\dfrac{1-\cos x}{x^2}$ 的间断点及连续区间.

解　因为初等函数 $f(x)=\dfrac{1-\cos x}{x^2}$ 在点 $x=0$ 处无定义，所以 $f(x)$ 在 $x=0$ 处间断，这个函数的连续区间就是它的定义域 $(-\infty,0)\cup(0,+\infty)$.

例 8　讨论函数 $f(x)=\begin{cases} e^x, & x<0 \\ 1, & x=0 \\ \cos x, & x>0 \end{cases}$ 在点 $x=0$ 处的连续性.

解　在 $(-\infty,0)$ 上，$f(x)=e^x$ 是基本初等函数，故 $f(x)$ 在 $(-\infty,0)$ 内连续.

在 $(0,+\infty)$ 上，$f(x)=\cos x$ 是基本初等函数，故 $f(x)$ 在 $(0,+\infty)$ 内连续.

在分段点 $x=0$ 处，有

$$\lim_{x\to 0^-} f(x)=\lim_{x\to 0^-} e^x=1$$

$$\lim_{x\to 0^+} f(x)=\lim_{x\to 0^+} \cos x=1$$

$$\lim_{x\to 0} f(x)=1=f(0)$$

即 $f(x)$ 在点 $x=0$ 处连续.

综上所述，函数 $f(x)$ 在 $(-\infty,+\infty)$ 内连续.

由函数在一点连续的定义可知

$$\lim_{x\to x_0} f(x)=f(x_0),$$

因此，对于初等函数，求其在定义域区间内点 x_0 处的极限值 $\lim\limits_{x\to x_0} f(x)$，等于求这一点的函数值 $f(x_0)$.

例 9　求 $\lim\limits_{x\to \frac{\pi}{2}} \ln\sin x$.

解

$$\lim_{x\to \frac{\pi}{2}} \ln\sin x=\ln\sin\frac{\pi}{2}=\ln 1=0$$

例 10　求 $\lim\limits_{x\to 0}\dfrac{\ln(1+x)}{x}$.

解

$$\lim_{x\to 0}\frac{\ln(1+x)}{x}=\lim_{x\to 0}\ln(1+x)^{\frac{1}{x}}$$

又 $\lim\limits_{x\to 0}(1+x)^{\frac{1}{x}}=e$ 且函数 $y=\ln u$ 在 $u=e$ 处连续，所以

$$\lim_{x\to 0}\frac{\ln(1+x)}{x}=\lim_{x\to 0}\ln(1+x)^{\frac{1}{x}}=\ln e=1$$

四、闭区间上连续函数的性质

我们已经知道了函数在闭区间上连续的概念，在闭区间上连续的函数有两个很重要的性

质，现以定理的形式给出，其证明从略，仅从图形上给予直观解释.

定理 6（最大值和最小值定理） 在闭区间上连续的函数在该区间上一定有最大值和最小值.

这个定理的意思是，如果函数 $y=f(x)$ 在闭区间 $[a,b]$ 上连续，则一定存在 $\xi_1\in[a,b]$ 和 $\xi_2\in[a,b]$，使 $f(\xi_1)$ 是 $f(x)$ 在区间 $[a,b]$ 上的最小值，$f(\xi_2)$ 是 $f(x)$ 在区间 $[a,b]$ 上的最大值，如图 1-28 所示.

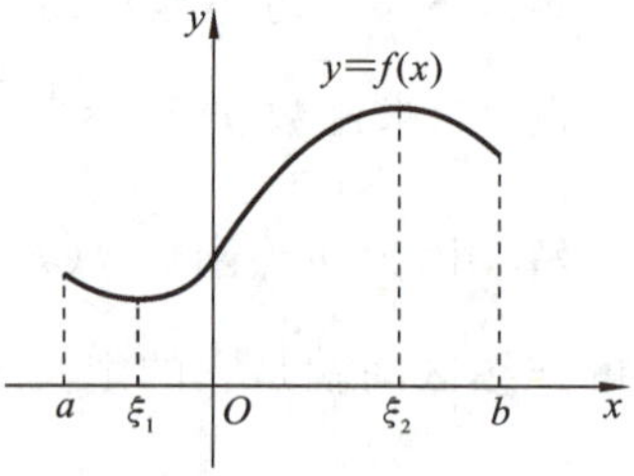

图 1-28

例如，$y=\sin x$ 在闭区间 $[0,\pi]$ 上连续，函数 $y=\sin x$ 在 $[0,\pi]$ 上就有最大值 1 和最小值 0.

这个定理有两个条件，缺一不可：

(1) 区间是闭的；

(2) 函数是连续的.

换句话说，如果函数在开区间内连续，或者函数在闭区间上有间断点，那么函数在该区间上就不一定有最大值和最小值.

如图 1-29 所示，函数

$$f(x)=\begin{cases}x+1, & -1\leqslant x<0\\ 0, & x=0\\ x-1, & 0<x\leqslant 1\end{cases}$$

在闭区间 $[-1,1]$ 上有间断点 $x=0$，容易看出，$f(x)$ 在闭区间 $[-1,1]$ 上既无最大值，也无最小值. 再如图 1-30 所示，在开区间 $(0,1)$ 上考察连续函数 $y=x^2$，它也无最大值和最小值.

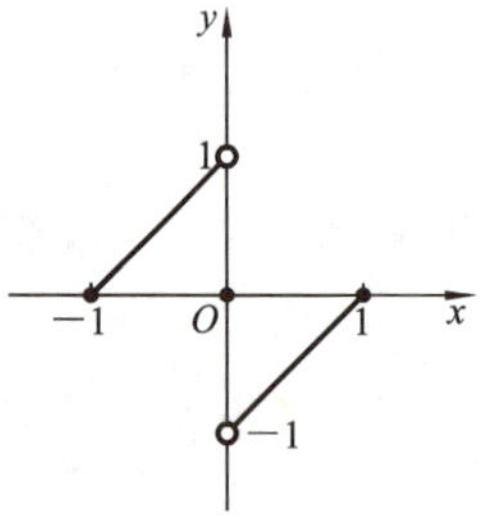

图 1-29

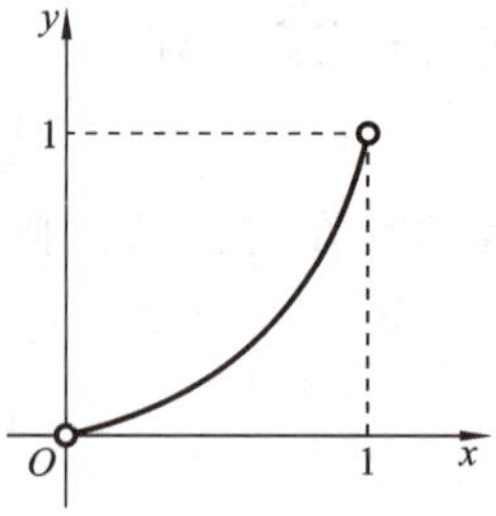

图 1-30

定理 7（零点定理） 设函数 $y=f(x)$ 在闭区间 $[a,b]$ 上连续，且 $f(a)$ 与 $f(b)$ 异号（即 $f(a)\cdot f(b)<0$），则至少有一点 $\xi\in(a,b)$，使得

$$f(\xi)=0.$$

由于 $x=\xi$ 可视为方程 $f(x)=0$ 的根，故此定理又称为根的存在定理.

这个定理在几何上是很显然的，因为 $f(a)$ 与 $f(b)$ 异号，连续曲线 $y=f(x)$ 的两个端点 A 和 B 分别位于 x 轴的两侧，则连续曲线 $y=f(x)$ 与 x 至少有一个交点 ξ，如图 1-31 所示.

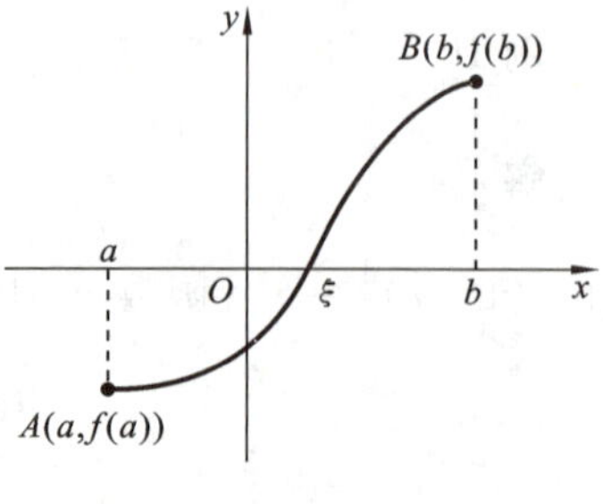

图 1-31

例 11　证明方程 $x^3-3x=1$ 在(1,2)内至少有一实根.

证明　所给方程即

$$x^3-3x-1=0$$

由于函数 $f(x)=x^3-3x-1$ 在闭区间[1,2]上连续,且

$$f(1)=-3<0, \quad f(2)=1>0$$

根据零点定理,在(1,2)内至少有一点 ξ,使得

$$f(\xi)=0$$

即

$$\xi^3-3\xi-1=0 \quad 或 \quad \xi^3-3\xi=1 \quad (1<\xi<2)$$

这个等式说明方程 $x^3-3x=1$ 在(1,2)内至少有一个根是 ξ.

习题 1.5

1. 问答题.

(1) 分段函数一定有间断点吗?

(2) 若 $f(x)$ 在点 x_0 处连续,则 $\lim\limits_{x\to x_0}f(x)$ 一定存在吗?

(3) 若 $f(x)$ 在点 x_0 处不连续,则 $\lim\limits_{x\to x_0}f(x)$ 一定不存在吗?

(4) 初等函数都连续,这句话对吗?

(5) 开区间(a,b)上的不连续函数一定没有最大和最小值吗?

(6) 若 $\lim\limits_{x\to x_0^-}f(x)=\lim\limits_{x\to x_0^+}f(x)$,则 $f(x)$ 一定在 x_0 处连续吗?

2. 求下列函数的间断点和连续区间.

(1) $f(x)=\dfrac{1}{x^2}$;　　(2) $f(x)=x\sin\dfrac{1}{x}$;

(3) $f(x)=\begin{cases} x, & -\infty<x<1 \\ x^2, & 1\leqslant x<4 \\ 2^x, & 4\leqslant x<+\infty \end{cases}$.

3. 利用连续性求极限.

(1) $\lim\limits_{x\to 0}\dfrac{e^x+1}{x^2+\cos x}$;　　(2) $\lim\limits_{x\to\pi}(\sin 2x)^8$;

(3) $\lim\limits_{x\to 1}\sqrt{\sin(\ln x)}$;　　(4) $\lim\limits_{x\to 1}\dfrac{\sqrt{x^2+3x-1}}{e^{x-1}}$.

4. 设 $f(x)=\begin{cases} \dfrac{1}{x}\sin x, & x<0 \\ k, & x=0 \\ 1+x\sin\dfrac{1}{x}, & x>0 \end{cases}$ 在$(-\infty,+\infty)$内连续,求 k 的值.

5. 设函数 $f(x)$ 在$[a,b]$上连续,且 $f(a)>a$,$f(b)<b$,证明在(a,b)内至少存在一点 ξ,使得 $f(\xi)=\xi$.

复习题 1

1. 填空题.

(1) 若 $f\left(\frac{1}{x}\right)=\left(\frac{x+1}{x}\right)^2$,则 $f(x)=$____________.

(2) 若 $\lim\limits_{x\to x_0^+}f(x)=f(x_0)$,则称函数 $f(x)$ 在点 x_0 处____________.

(3) 当 $x\to$____________时,函数 $y=\frac{x^2-1}{x(x-1)}$ 是无穷大.

(4) $\lim\limits_{x\to\frac{\pi}{2}}\frac{\cos x}{x-\frac{\pi}{2}}=$____________.

(5) 设 $f(x)=x^2$,则 $\lim\limits_{x\to a}\frac{f(x)-f(a)}{x-a}=$____________.

(6) 某种产品的成本函数为 $C(Q)=80+2Q$,其中 Q 为产量,则生产该产品的固定成本为____________.

2. 单项选择题.

(1) 设 $f(x)=\frac{1}{x}$,则 $f(f(x))=$(　　).

A. $\frac{1}{x}$　　B. $\frac{1}{x^2}$

C. x　　D. x^2

(2) 当 $x\to+\infty$ 时,下列变量中,(　　)为无穷小.

A. $\ln(1+x)$　　B. $\frac{\sin x}{x}$

C. $\frac{x^2}{x+1}$　　D. e^x-1

(3) 下列式子中,不正确的是(　　).

A. $\lim\limits_{x\to\infty}\frac{\sin x}{x}=0$　　B. $\lim\limits_{x\to 0}\frac{\sin x}{x}=1$

C. $\lim\limits_{x\to\infty}x\sin\frac{1}{x}=0$　　D. $\lim\limits_{x\to 0}x\sin\frac{1}{x}=0$

(4) 当 $x\to 0$ 时,$x+x^2\sin\frac{1}{x}$ 与 x 相比是(　　).

A. 高阶无穷小　　B. 低阶无穷小

C. 同阶无穷小　　D. 等价无穷小

3. 求下列极限.

(1) $\lim\limits_{x\to 0}\frac{\ln(1+x^2)}{\sin(1+x^2)}$;　　(2) $\lim\limits_{h\to 0}\frac{e^h-1}{h}$;

(3) $\lim\limits_{x\to 0}\left(1+\frac{1}{x+1}\right)$;　　(4) $\lim\limits_{x\to\infty}\left(\frac{x+1}{x}+\frac{x}{x+1}\right)$;

(5) $\lim\limits_{x\to 2}\dfrac{x-2}{\sqrt{x}-\sqrt{2}}$;　　(6) $\lim\limits_{x\to 0}\dfrac{x^2\sin\dfrac{1}{x}}{\sin x}$;

(7) $\lim\limits_{x\to \pi}\dfrac{\sin(\pi-x)}{\pi-x}$.

4. 设 $f(x)=\begin{cases}\dfrac{\sin x}{2x}, & x<0\\(1+ax)^{\frac{1}{x}}, & x>0\end{cases}$,试确定 a 的值,使$\lim\limits_{x\to 0}f(x)$存在.

5. 已知某种商品的需求函数为 $Q=100-2P$,试求该商品的收入函数.

复习题 **1** 答案

第 2 章　导数与微分

导数与微分是微分学的基本概念，而求导数是微分学中的基本运算. 在本章中，我们主要学习导数与微分的概念以及它们的计算方法.

2.1　导数的概念

一、两个实例

由于历史的原因，导数概念的形成与下面两个引例有着重要的关系.

1. 变速直线运动的速度

设一物体沿一直线作变速运动，s 表示物体从某一时刻开始到时刻 t 所走的路程，那么 s 就是 t 的函数，即 $s=s(t)$. 如何确定物体在某一时刻 t_0 的即时速度呢？

当时间由 t_0 改变到 $t_0+\Delta t$ 时，物体在 Δt 这段时间内所经过的路程为

$$\Delta s=s(t_0+\Delta t)-s(t_0).$$

如果物体作匀速直线运动，则它在时刻 t_0 的速度为 $\frac{\Delta s}{\Delta t}$. 但是，当物体作变速直线运动时，它的速度随时间而变化，$\frac{\Delta s}{\Delta t}$ 只表明在 t_0 至 $t_0+\Delta t$ 这段时间内物体的平均速度. 由于速度是连续变化的，在很短的时间间隔 Δt 内，速度的变化不大. 因此，可以用平均速度

$$\frac{\Delta s}{\Delta t}=\frac{s(t_0+\Delta t)-s(t_0)}{\Delta t}$$

近似地表示物体在 t_0 时刻的即时速度，Δt 越小，近似程度就越好. 当 $\Delta t\to 0$ 时，如果平均速度 $\frac{\Delta s}{\Delta t}$ 的极限存在，则此极限值就是物体在 t_0 时刻的即时速度

$$v(t_0)=\lim_{\Delta t\to 0}\frac{\Delta s}{\Delta t}=\lim_{\Delta t\to 0}\frac{s(t_0+\Delta t)-s(t_0)}{\Delta t}.$$

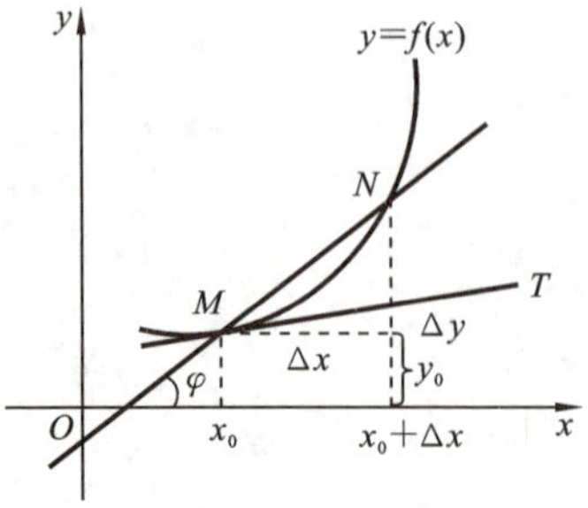

图 2-1

2. 切线问题

对于一般曲线来说，曲线在其上一点 M 处的切线是割线 MN 上的点 N 沿曲线无限地接近于点 M 时的极限位置，如图 2-1 所示.

下面我们来确定切线的斜率. 在图 2-1 中，已知平面曲线

$y=f(x)$，求曲线在 $M(x_0,y_0)$ 处的切线斜率. 为此，在曲线上取一邻近于 M 的点 $N(x_0+\Delta x,y_0+\Delta y)$，连接 MN，则割线 MN 的斜率为

$$\tan\varphi=\frac{\Delta y}{\Delta x}=\frac{f(x_0+\Delta x)-f(x_0)}{\Delta x}.$$

当点 N 沿曲线趋近于点 M，即 $\Delta x\to 0$ 时，割线 MN 的倾角 φ 趋近于切线 MT 的倾斜角 α，割线 MN 的斜率的极限就是曲线在点 M 处的切线的斜率，即

$$\tan\alpha=\lim_{\Delta x\to 0}\tan\varphi=\lim_{\Delta x\to 0}\frac{\Delta y}{\Delta x}=\lim_{\Delta x\to 0}\frac{f(x_0+\Delta x)-f(x_0)}{\Delta x}.$$

上面两个问题虽然来自不同的领域，但是从抽象的数量关系来看，都可归为求当自变量的增量趋近于零时函数增量与自变量增量之比的极限，这种形式的极限在许多实际问题中还会碰到. 抽象出这种形式的极限，我们便引出导数的定义.

二、导数的定义

定义　设函数 $y=f(x)$ 在点 x_0 的某邻域内有定义，给 x_0 一个增量 Δx（点 $x_0+\Delta x$ 仍在该邻域内），函数有相应的增量 $\Delta y=f(x_0+\Delta x)-f(x_0)$. 如果 $\lim\limits_{\Delta x\to 0}\frac{\Delta y}{\Delta x}$ 存在，则称此极限为函数 $y=f(x)$ 在点 x_0 处的导数，记作

$$f'(x_0),\ y'|_{x=x_0} \text{或} \left.\frac{\mathrm{d}y}{\mathrm{d}x}\right|_{x=x_0},\ \left.\frac{\mathrm{d}f}{\mathrm{d}x}\right|_{x=x_0},$$

即

$$f'(x_0)=\lim_{\Delta x\to 0}\frac{\Delta y}{\Delta x}=\lim_{\Delta x\to 0}\frac{f(x_0+\Delta x)-f(x_0)}{\Delta x}. \tag{2-1}$$

此时也称函数 $f(x)$ 在点 x_0 处的导数存在或可导；如果上述极限不存在，则称函数 $f(x)$ 在点 x_0 处的导数不存在或不可导.

如果函数 $y=f(x)$ 在区间 (a,b) 内每一点都可导，就说函数 $y=f(x)$ 在区间 (a,b) 内可导.

如果函数 $y=f(x)$ 在区间 (a,b) 内可导，那么对于任一个 $x\in(a,b)$，都有一个确定的导数值 $f'(x)$ 之对应，所以 $f'(x)$ 也是 x 的函数，称它为函数 $y=f(x)$ 的导函数，记作 y'，$f'(x)$，$\frac{\mathrm{d}y}{\mathrm{d}x}$ 或 $\frac{\mathrm{d}f}{\mathrm{d}x}$. 这时，区间 (a,b) 称为函数 $y=f(x)$ 的可导区间.

在式(2-1)中，把 x_0 换成 x，即得导函数的定义式为

$$f'(x)=\lim_{\Delta x\to 0}\frac{f(x+\Delta x)-f(x)}{\Delta x}. \tag{2-2}$$

以后，在不致混淆的情况下，把导函数也简称为导数. 显然，有

$$f'(x_0)=f'(x)|_{x=x_0}$$

由导数定义可知，变速直线运动的速度就是路程关于时间的导数，即 $v(t)=s'(t)$.

函数的导数也称为函数的变化率，它反映了因变量随自变量的变化而变化的快慢程度. 例如，即时速度反映了物体运动的快慢.

三、利用定义求导数

根据导数的定义，求导数可以分为以下三步：

（1）求增量 $\Delta y=f(x+\Delta x)-f(x)$；

（2）算比值 $\dfrac{\Delta y}{\Delta x}=\dfrac{f(x+\Delta x)-f(x)}{\Delta x}$；

（3）取极限，得 $f'(x)=\lim\limits_{\Delta x\to 0}\dfrac{\Delta y}{\Delta x}=\lim\limits_{\Delta x\to 0}\dfrac{f(x+\Delta x)-f(x)}{\Delta x}$.

例 1 求函数 $y=c$（c 是常数）的导数.

解

$$\Delta y=f(x+\Delta x)-f(x)=c-c=0$$

$$\frac{\Delta y}{\Delta x}=0$$

$$y'=\lim_{\Delta x\to 0}\frac{\Delta y}{\Delta x}=\lim_{\Delta x\to 0}0=0$$

即

$$(c)'=0$$

例 2 求函数 $y=\sin x$ 的导数.

解

$$\begin{aligned}\Delta y&=\sin(x+\Delta x)-\sin x\\&=2\cos\left(x+\frac{\Delta x}{2}\right)\sin\frac{\Delta x}{2}\end{aligned}$$

$$\frac{\Delta y}{\Delta x}=\frac{\sin\dfrac{\Delta x}{2}}{\dfrac{\Delta x}{2}}\cdot\cos\left(x+\frac{\Delta x}{2}\right)$$

$$\begin{aligned}y'&=\lim_{\Delta x\to 0}\frac{\Delta y}{\Delta x}=\lim_{\Delta x\to 0}\frac{\sin\dfrac{\Delta x}{2}}{\dfrac{\Delta x}{2}}\cdot\cos\left(x+\frac{\Delta x}{2}\right)\\&=1\cdot\cos x=\cos x\end{aligned}$$

即

$$(\sin x)'=\cos x$$

类似地，有

$$(\cos x)'=-\sin x$$

例 3 求函数 $y=\log_a x$ 的导数.

解

$$\begin{aligned}\Delta y&=\log_a(x+\Delta x)-\log_a x\\&=\log_a\frac{x+\Delta x}{x}=\log_a\left(1+\frac{\Delta x}{x}\right)\end{aligned}$$

$$\begin{aligned}\frac{\Delta y}{\Delta x}&=\frac{1}{\Delta x}\cdot\log_a\left(1+\frac{\Delta x}{x}\right)\\&=\log_a\left(1+\frac{\Delta x}{x}\right)^{\frac{1}{\Delta x}}=\frac{1}{x}\log_a\left(1+\frac{\Delta x}{x}\right)^{\frac{x}{\Delta x}}\end{aligned}$$

$$\begin{aligned}y'&=\lim_{\Delta x\to 0}\frac{\Delta y}{\Delta x}=\lim_{\Delta x\to 0}\frac{1}{x}\log_a\left(1+\frac{\Delta x}{x}\right)^{\frac{x}{\Delta x}}\\&=\frac{1}{x}\lim_{\Delta x\to 0}\log_a\left(1+\frac{\Delta x}{x}\right)^{\frac{x}{\Delta x}}\end{aligned}$$

$$=\frac{1}{x}\log_a e=\frac{1}{x\ln a}$$

即

$$(\log_a x)'=\frac{1}{x\ln a}$$

特别地，当 $a=e$ 时，有

$$(\ln x)'=\frac{1}{x}$$

利用反函数求导法，还可推论出其他几个基本初等函数的导数公式：$(a^x)'=a^x\ln a$，$(e^x)'=e^x$，$(\arcsin x)'=\frac{1}{\sqrt{1-x^2}}$，$(\arctan x)'=\frac{1}{1+x^2}$，等等.

四、导数的几何意义

根据前面切线斜率的求解和导数的定义不难看出，函数 $y=f(x)$ 在点 x_0 处的导数 $f'(x_0)$，在几何上表示曲线在点 (x_0,y_0) 处的切线的斜率，即 $f'(x_0)=\tan\alpha$，其中 α 是切线的倾角.

知道了切线的斜率，我们很容易求出曲线 $y=f(x)$ 在点 $M(x_0,y_0)$ 处的切线方程为

$$y-y_0=f'(x_0)(x-x_0).$$

过切点 $M(x_0,y_0)$ 且与切线垂直的直线称为曲线在点 M 处的法线. 因此，法线的斜率为 $-\frac{1}{f'(x_0)}$（当 $f'(x_0)\neq 0$），方程为

$$y-y_0=-\frac{1}{f'(x_0)}(x-x_0).$$

如果 $f'(x_0)=0$，显然，法线方程为 $x=x_0$.

例 4　求曲线 $y=\sqrt{x}$ 在点 $(4,2)$ 处的切线方程和法线方程.

解　由于 $y'=(\sqrt{x})'=\frac{1}{2\sqrt{x}}$，于是所求切线斜率为

$$k_1=y'|_{x=4}=\left.\frac{1}{2\sqrt{x}}\right|_{x=4}=\frac{1}{4}$$

从而所求切线方程为

$$y-2=\frac{1}{4}(x-4)$$

即

$$x-4y+4=0$$

又所求法线斜率为

$$k_2=-\frac{1}{k_1}=-4$$

因此，法线方程为

$$y-2=-4(x-4)$$

即

$$4x+y-18=0$$

五、可导与连续的关系

定理 如果函数 $y=f(x)$ 在点 x_0 处可导，则 $f(x)$ 在 x_0 处连续.

证明 因为 $y=f(x)$ 在点 x_0 处可导，所以

$$\lim_{\Delta x\to 0}\frac{\Delta y}{\Delta x}=f'(x_0).$$

由具有极限的函数与无穷小的关系可知

$$\frac{\Delta y}{\Delta x}=f'(x_0)+\alpha.$$

其中，α 是当 $\Delta x\to 0$ 时的无穷小，上式两边同乘以 Δx，得

$$\Delta y=f'(x_0)\Delta x+\alpha\Delta x,$$

因此

$$\lim_{\Delta x\to 0}\Delta y=\lim_{\Delta x\to 0}[f'(x_0)\Delta x+\alpha\Delta x]=0.$$

由函数连续的定义可知，函数 $y=f(x)$ 在点 x_0 处连续.

上面的定理说明了“可导必连续”这样一个简单的结论. 那么，如果函数在某点连续，它在这点是否可导？回答是“函数在该点不一定可导”. 例如，函数 $y=|x|$ 在 $x=0$ 处连续，但在 $x=0$ 处不可导，如图 2-2 所示.

事实上，$\lim\limits_{\Delta x\to 0}y=\lim\limits_{\Delta x\to 0}|x|=0=f(0)$，即 $y=|x|$ 在点 $x=0$ 处连续，但是

$$\lim_{\Delta x\to 0}\frac{\Delta y}{\Delta x}=\lim_{\Delta x\to 0}\frac{|0+\Delta x|-|0|}{\Delta x}=\lim_{\Delta x\to 0}\frac{|\Delta x|}{\Delta x},$$

因为

$$\lim_{\Delta x\to 0^+}\frac{\Delta y}{\Delta x}=\lim_{\Delta x\to 0^+}\frac{|\Delta x|}{\Delta x}=\lim_{\Delta x\to 0^+}\frac{\Delta x}{\Delta x}=1,$$

$$\lim_{\Delta x\to 0^-}\frac{\Delta y}{\Delta x}=\lim_{\Delta x\to 0^-}\frac{|\Delta x|}{\Delta x}=\lim_{\Delta x\to 0^-}\frac{-\Delta x}{\Delta x}=-1,$$

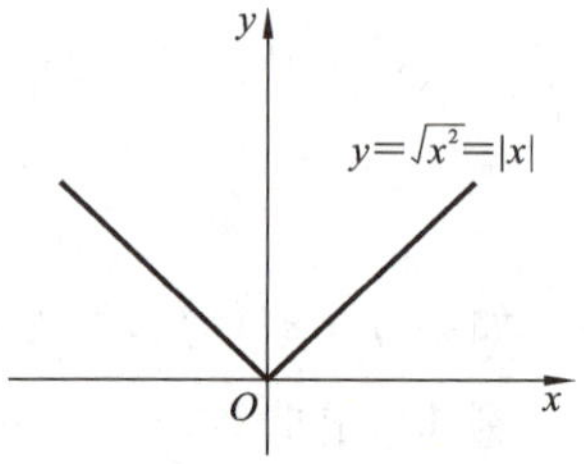

图 2-2

所以 $\lim\limits_{\Delta x\to 0}\frac{\Delta y}{\Delta x}$ 不存在，即函数在 $x=0$ 处不可导，由图 2-2 看出，曲线 $y=|x|$ 在原点 O 处没有切线.

由以上讨论可知，函数连续是函数可导的必要条件，而不是充分条件.

习题 2.1

1. 利用导数的定义求函数 $f(x)=\frac{1}{3}x^3$ 的导数，并求 $f'(0)$，$f'(1)$，$f'(\sqrt{2})$.

2. 求下列函数的导数.

(1) $y=x^4$； (2) $y=\sqrt[3]{x^2}$；

(3) $y=\frac{1}{\sqrt{x}}$； (4) $y=\frac{1}{x^2}$；

(5) $y=x^{1.6}$；　　　　(6) $y=x^3\cdot\sqrt{x}$.

3. 设 $f(x)=\sin x$，求 $f'\left(\frac{\pi}{6}\right)$和 $f'\left(\frac{\pi}{3}\right)$.

4. 求 $y=x^2$ 在(3,9)处的切线方程.

5. 求经过点(2,0)与双曲线 $y=\frac{1}{x}$相切的直线.

6. 求曲线 $y=\ln x$ 在点(1,0)处的切线方程和法线方程.

7. 已知物体的运动规律为 $s=t^3$，求该物体在 $t=2$ s 时的即时速度.

2.2　导数的运算

在 2.1 节中，虽然给出了用定义求导数的一种方法，但是当函数比较复杂时，按定义求导数往往较为烦琐. 在这一节，将介绍一些求导法则及基本初等函数的导数公式，借助于这些法则和公式，将会解决初等函数的求导问题.

一、函数的和、差、积、商的求导法则

定理 1　若函数 $u=u(x)$ 和 $v=v(x)$ 在 x 处都可导，则其和、差、积、商在 x 处也可导并且有：

法则 1
$$(u\pm v)'=u'\pm v'.$$

法则 2
$$(uv)'=u'v\pm uv'.$$

法则 3
$$\left(\frac{u}{v}\right)'=\frac{u'v-uv'}{v^2}\ (v\neq 0).$$

证明　这里只证明法则 1，其余可类似证明.

设 $y=u(x)\pm v(x)$，给 x 一个增量 Δx，相应地，u 有增量 Δu，v 有增量 Δv. 那么

$$\begin{aligned}\Delta y&=[u(x+\Delta x)\pm v(x+\Delta x)]-[u(x)\pm v(x)]\\&=[u(x+\Delta x)-u(x)]\pm[v(x+\Delta x)-v(x)]\\&=\Delta u\pm\Delta v\end{aligned}$$

$$\frac{\Delta y}{\Delta x}=\frac{\Delta u\pm\Delta v}{\Delta x}=\frac{\Delta u}{\Delta x}\pm\frac{\Delta v}{\Delta x}$$

由已知条件 $\lim\limits_{\Delta x\to 0}\frac{\Delta u}{\Delta x}=u'$，$\lim\limits_{\Delta x\to 0}\frac{\Delta v}{\Delta x}=v'$ 及极限的和、差运算法则，得

$$\begin{aligned}y'&=\lim_{\Delta x\to 0}\frac{\Delta y}{\Delta x}=\lim_{\Delta x\to 0}\left(\frac{\Delta u}{\Delta x}\pm\frac{\Delta v}{\Delta x}\right)\\&=\lim_{\Delta x\to 0}\frac{\Delta u}{\Delta x}\pm\lim_{\Delta x\to 0}\frac{\Delta v}{\Delta x}\\&=u'\pm v'\end{aligned}$$

即
$$(u\pm v)'=u'\pm v'$$

法则 1 可推广到有限个函数代数和的情形.

下面有几个推论：

推论 1 在法则 2 中，当 $v(x)=c$（c 为常数）时，可得 $(cu)'=cu'$.

推论 2 在法则 3 中，当 $u=1$ 时，可得 $\left(\frac{1}{v}\right)'=-\frac{v'}{v^2}$ $(v\neq 0)$

例 1 求下列各函数的导数.

(1) $f(x)=2x+\sqrt[3]{x}-3\sin x$；　　(2) $f(x)=x^3\cos x$.

解 (1)
$$\begin{aligned}f'(x)&=(2x+\sqrt[3]{x}-3\sin x)'\\&=2(x)'+(\sqrt[3]{x})'-3(\sin x)'\\&=2+\frac{1}{3\cdot\sqrt[3]{x^2}}-3\cos x\end{aligned}$$

(2)
$$\begin{aligned}f'(x)&=(x^3\cos x)'\\&=(x^3)'\cos x+x^3(\cos x)'\\&=3x^2\cos x-x^3\sin x\\&=x^2(3\cos x-x\sin x)\end{aligned}$$

例 2 求 $y=\tan x$ 的导数.

解
$$\begin{aligned}y'=(\tan x)'&=\left(\frac{\sin x}{\cos x}\right)'\\&=\frac{(\sin x)'\cos x-\sin x(\cos x)'}{\cos^2 x}\\&=\frac{\cos^2 x+\sin^2 x}{\cos^2 x}\\&=\frac{1}{\cos^2 x}=\sec^2 x\end{aligned}$$

因此
$$(\tan x)'=\sec^2 x$$
同理有
$$(\cot x)'=-\csc^2 x$$

例 3 求 $y=\sec x$ 的导数.

解
$$\begin{aligned}y'=(\sec x)'&=\left(\frac{1}{\cos x}\right)'\\&=-\frac{(\cos x)'}{\cos^2 x}\\&=\frac{\sin x}{\cos^2 x}=\sec x\tan x\end{aligned}$$

因此
$$(\sec x)'=\sec x\tan x$$
同理
$$(\csc x)'=-\csc x\cot x$$

二、反函数的求导法则

定理 2 设函数 $y=f(x)$ 在区间 I_x 上单调可导，且 $f'(x)\neq 0$，则它的反函数 $x=f^{-1}(y)$ 在对应区间 I_y 上也单调可导，且

$$[f^{-1}(y)]'=\frac{1}{f'(x)} \quad 或 \quad \frac{dx}{dy}=\frac{1}{\frac{dy}{dx}},$$

即反函数的导数等于直接函数导数的倒数.

注意：$y=f(x)$的反函数是以 y 为自变量的，即$[f^{-1}(y)]'$是对 y 求导，而 $f'(x)$是对 x 求导.

例 4　$y=\arcsin x, x\in(-1,1)$，求 y'.

解　$y=\arcsin x$ 的反函数是 $x=\sin y, y\in\left(-\frac{\pi}{2},\frac{\pi}{2}\right)$，故

$$y'=\frac{1}{(\sin y)'}=\frac{1}{\cos y}$$
$$=\frac{1}{\sqrt{1-\sin^2 y}}=\frac{1}{\sqrt{1-x^2}}$$

$\left(\text{因为当 } y\in\left(-\frac{\pi}{2},\frac{\pi}{2}\right)\text{时}, \cos y>0, \text{故根号前只取正号}\right)$,

从而得到

$$(\arcsin x)'=\frac{1}{\sqrt{1-x^2}}$$

类似地，可得下列导数公式

$$(\arccos x)'=-\frac{1}{\sqrt{1-x^2}}, \quad (\arctan x)'=\frac{1}{1+x^2}, \quad (\text{arccot}\, x)'=-\frac{1}{1+x^2}$$

三、复合函数的求导法则

定理 3　设函数 $u=\varphi(x)$在 x 处可导，$y=f(u)$在对应的 u 处也可导，则复合函数 $y=f[\varphi(x)]$在 x 处也可导，且$\frac{dy}{dx}=\frac{dy}{du}\cdot\frac{du}{dx}$或 $y'=f'(u)\cdot\varphi'(x)$.

证明　给 x 一个增量 Δx，相应地，u 有增量 Δu，从而 y 有增量 Δy，由于 $u=\varphi(x)$可导，所以必连续. 故当 $\Delta x\to 0$ 时，必有 $\Delta u\to 0$，于是当 $\Delta u\neq 0$ 时，有

$$\lim_{\Delta x\to 0}\frac{\Delta y}{\Delta x}=\lim_{\Delta x\to 0}\frac{\Delta y}{\Delta u}\cdot\frac{\Delta u}{\Delta x}$$
$$=\lim_{\Delta x\to 0}\frac{\Delta y}{\Delta u}\cdot\lim_{\Delta x\to 0}\frac{\Delta u}{\Delta x}$$
$$=\lim_{\Delta u\to 0}\frac{\Delta y}{\Delta u}\cdot\lim_{\Delta x\to 0}\frac{\Delta u}{\Delta x}$$
$$=\frac{dy}{du}\cdot\frac{du}{dx}$$

即

$$\frac{dy}{dx}=\frac{dy}{du}\cdot\frac{du}{dx}$$

上式对 $\Delta u=0$ 仍成立(证明从略).

例 5　求 $y=\sin 3x$ 的导数$\frac{dy}{dx}$.

解 函数 $y=\sin 3x$ 是由 $y=\sin u$ 和 $u=3x$ 复合而成，因此

$$\frac{dy}{dx}=\frac{dy}{du}\cdot\frac{du}{dx}=(\sin u)'(3x)'$$
$$=\cos u\cdot 3=3\cos 3x$$

例 6 函数 $y=\ln\cos x$，求 y'.

解 函数 $y=\ln\cos x$ 是由 $y=\ln u$ 和 $u=\cos x$ 复合而成，因此

$$y'=f'(u)\cdot u'=(\ln u)'\cdot(\cos x)'$$
$$=\frac{1}{u}\cdot(-\sin x)=-\tan x$$

复合函数的求导法则可以推广到多个中间变量的情形. 例如，$y=f(u)$，$u=\varphi(v)$，$v=g(x)$，则 $y=f\{\varphi[g(x)]\}$ 的导数为 $\frac{dy}{dx}=\frac{dy}{du}\cdot\frac{du}{dv}\cdot\frac{dv}{dx}$

例 7 求 $y=\ln\sin e^x$ 的导数 $\frac{dy}{dx}$.

解 $y=\ln\sin e^x$ 由 $y=\ln u$，$u=\sin v$ 和 $v=e^x$ 复合而成，因此

$$\frac{dy}{dx}=\frac{dy}{du}\cdot\frac{du}{dv}\cdot\frac{dv}{dx}=(\ln u)'\cdot(\sin v)'\cdot(e^x)'$$
$$=\frac{1}{u}\cdot\cos v\cdot e^x=\frac{\cos e^x}{\sin e^x}\cdot e^x=e^x\cot e^x$$

由以上几个例子可知，求复合函数的导数时，关键在于正确分析复合结构. 对于复合函数的分析比较熟练后，中间变量不必写出，按照复合关系从外向里层层求导，直到最后对自变量求导.

例 8 $y=\sqrt[3]{1-2x^2}$，求 $\frac{dy}{dx}$.

解
$$\frac{dy}{dx}=[(1-2x^2)^{\frac{1}{3}}]'$$
$$=\frac{1}{3}(1-2x^2)^{-\frac{2}{3}}\cdot(1-2x^2)'$$
$$=\frac{-4x}{3\cdot\sqrt[3]{(1-2x^2)^2}}$$

例 9 $y=e^{\sin\frac{1}{x}}$，求 y'.

解
$$y'=(e^{\sin\frac{1}{x}})'=e^{\sin\frac{1}{x}}\cdot\left(\sin\frac{1}{x}\right)'$$
$$=e^{\sin\frac{1}{x}}\cdot\cos\frac{1}{x}\cdot\left(\frac{1}{x}\right)'$$
$$=-\frac{1}{x^2}\cdot e^{\sin\frac{1}{x}}\cdot\cos\frac{1}{x}$$

例 10 $y=\ln(x+\sqrt{1+x^2})$，求 y'.

解
$$y'=[\ln(x+\sqrt{1+x^2})]'$$

$$=\frac{1}{x+\sqrt{1+x^2}}\cdot(x+\sqrt{1+x^2})'$$

$$=\frac{1}{x+\sqrt{1+x^2}}\cdot\left[1+\frac{1}{2\sqrt{1+x^2}}\cdot(1+x^2)'\right]$$

$$=\frac{1}{x+\sqrt{1+x^2}}\cdot\left[1+\frac{x}{\sqrt{1+x^2}}\right]$$

$$=\frac{1}{\sqrt{1+x^2}}$$

四、隐函数的导数

两个变量之间函数关系的表达形式多种多样，如果具有形式 $y=f(x)$（即因变量 y 可由自变量 x 的表达式表示）的函数称为显函数，例如 $y=\sin x$、$y=\sqrt{1-x^2}$ 等，那么由含两个变量 x、y 的方程 $F(x,y)=0$ 所确定的 y 关于 x 的函数则称为隐函数. 例如，由方程 $xy^3-3e^y=0$ 就确定了一个 y 关于 x 的函数.

如何计算隐函数的导数？习惯上，首先把隐函数化成显函数，然后按照求导公式和导数的运算法则求导数. 但隐函数的显化往往很困难，甚至不可能，例如，方程 $y^5+2y-x-3x^7=0$ 就很难化成显函数. 因此，我们求隐函数的导数时，可把方程中的 y 看成是 x 的函数，不显化，方程两边同时对 x 求导数，然后从中解出 y'. 这种不显化而直接求导数的方法，很有效地解决了隐函数的求导问题. 下面用实例加以说明.

例 11　求由方程 $e^y+xy-e=0$ 所确定的隐函数的导数.

解　方程两边同时对 x 求导数，注意 y 是 x 的函数，得

$$e^y\cdot y'+y+xy'=0$$

于是

$$y'=-\frac{y}{x+e^y}$$

例 12　求椭圆 $\frac{x^2}{16}+\frac{y^2}{9}=1$ 在点 $\left(2,\frac{3\sqrt{3}}{2}\right)$ 处的切线方程.

解　方程两边同时对 x 求导数，注意 y^2 是关于 x 的复合函数，得

$$\frac{x}{8}+\frac{2}{9}y\cdot y'=0$$

从而

$$y'=-\frac{9x}{16y}$$

由导数的几何意义知，所求切线的斜率为

$$k=y'\Big|_{\substack{x=2\\ y=\frac{3\sqrt{3}}{2}}}=-\frac{9\cdot 2}{16\cdot\frac{3}{2}\sqrt{3}}=-\frac{\sqrt{3}}{4}$$

于是所求的切线方程为

$$y-\frac{3\sqrt{3}}{2}=-\frac{\sqrt{3}}{4}(x-2)$$

即

$$\sqrt{3}x+4y-8\sqrt{3}=0$$

有些函数求导数时，如果两边先取对数，再按隐函数求导法求导数，往往可使运算简化. 通常称这种方法为对数求导法，请看下面的例子.

例 13 求 $y=\sqrt{\dfrac{(x-1)(x-2)}{(x+1)(x+2)}}$ 的导数 y'.

解 方程两边同时取对数，得

$$\ln y=\frac{1}{2}[\ln(x-1)+\ln(x-2)-\ln(x+1)-\ln(x+2)]$$

上式两边对 x 求导，注意到 y 是 x 的函数，得

$$\begin{aligned}\frac{1}{y}\cdot y'&=\frac{1}{2}\left(\frac{1}{x-1}+\frac{1}{x-2}-\frac{1}{x+1}-\frac{1}{x+2}\right)\\&=\frac{1}{2}\left(\frac{2}{x^2-1}+\frac{4}{x^2-4}\right)\\&=\frac{1}{x^2-1}+\frac{2}{x^2-4}\end{aligned}$$

于是

$$\begin{aligned}y'&=y\left(\frac{1}{x^2-1}+\frac{2}{x^2-4}\right)\\&=\sqrt{\frac{(x-1)(x-2)}{(x+1)(x+2)}}\left(\frac{1}{x^2-1}+\frac{2}{x^2-4}\right)\end{aligned}$$

例 14 求 $y=x^{\sin x}$ 的导数 y'.

解 这个函数是属于 $y=u(x)^{v(x)}$ 形式的函数，称为幂指函数. 用对数求导法求解，可以先在方程两边取对数，得

$$\ln y=\sin x\cdot\ln x$$

两边对 x 求导数，则有

$$\frac{1}{y}\cdot y'=\cos x\cdot\ln x+\sin x\cdot\frac{1}{x}$$

于是

$$\begin{aligned}y'&=y\left(\cos x\cdot\ln x+\frac{\sin x}{x}\right)\\&=x^{\sin x}\left(\cos x\cdot\ln x+\frac{\sin x}{x}\right)\end{aligned}$$

五、由参数方程所确定的函数的导数

有些函数关系可以由参数方程

$$\begin{cases}x=\varphi(t),\\y=\psi(t),\end{cases}\quad(\alpha\leqslant t\leqslant\beta)\tag{2-3}$$

来确定. 例如，以原点为圆心、以 2 为半径的圆可由参数方程

$$\begin{cases}x=2\cos t,\\y=2\sin t,\end{cases}\quad(0\leqslant t\leqslant 2\pi)$$

来表示，其中 t 是圆上的点 $M(x,y)$ 与原点连线 OM 与 x 轴正向的夹角. 通过参数 t 确定了变量 x 与 y 之间的函数关系.

求解由参数方程所确定的函数的导数时，因为由参数方程消去参数 t 有时会有困难，所以

我们希望有一种方法能直接由参数方程(2-3)求出它所确定的函数的导数.

一般地,设 $x=\varphi(t)$ 具有连续的反函数 $t=\varphi^{-1}(x)$,则变量 y 与 x 构成复合函数

$$y=\psi[\varphi^{-1}(x)].$$

假定 $x=\varphi(t)$ 和 $y=\psi(t)$ 都可导,且 $\varphi'(t)\neq 0$,则根据复合函数及反函数的求导法则,就有

$$\frac{dy}{dx}=\frac{dy}{dt}\cdot\frac{dt}{dx}=\frac{dy}{dt}\cdot\frac{1}{\frac{dx}{dt}}=\frac{\psi'(t)}{\varphi'(t)},$$

即

$$\frac{dy}{dx}=\frac{\frac{dy}{dt}}{\frac{dx}{dt}}=\frac{\psi'(t)}{\varphi'(t)}. \tag{2-4}$$

式(2-4)就是由参数方程(2-3)所确定的 y 对 x 的函数的求导公式.

例 15　设 $\begin{cases} x=t+\dfrac{1}{t}, \\ y=t-\dfrac{1}{t} \end{cases}$ 确定了函数 $y=y(x)$,求 $\dfrac{dy}{dx}$.

解

$$\frac{dy}{dx}=\frac{\frac{dy}{dt}}{\frac{dx}{dt}}=\frac{1+\frac{1}{t^2}}{1-\frac{1}{t^2}}=\frac{t^2+1}{t^2-1}$$

例 16　已知椭圆的参数方程为 $\begin{cases} x=a\cos t, \\ y=b\sin t, \end{cases}$ $(0\leqslant t\leqslant 2\pi)$,求椭圆在 $t=\dfrac{\pi}{4}$ 处的切线方程.

解　$t=\dfrac{\pi}{4}$ 时,椭圆上的相应点 M_0 的坐标是

$$x_0=a\cos\frac{\pi}{4}=\frac{\sqrt{2}}{2}a,\quad y_0=b\sin\frac{\pi}{4}=\frac{\sqrt{2}}{2}b$$

而

$$\frac{dy}{dt}=b\cos t,\quad \frac{dx}{dt}=-a\sin t$$

$$\frac{dy}{dx}=\frac{\frac{dy}{dt}}{\frac{dx}{dt}}=-\frac{b}{a}\cot t,\quad \left.\frac{dy}{dx}\right|_{t=\frac{\pi}{4}}=-\frac{b}{a}$$

从而椭圆在点 M_0 处的切线方程为

$$y-\frac{\sqrt{2}}{2}b=-\frac{b}{a}\left(x-\frac{\sqrt{2}}{2}a\right)$$

即

$$bx+ay-\sqrt{2}ab=0$$

六、基本求导公式和求导法则

本节讨论了基本初等函数的导数公式和导数运算的基本法则,从而解决了初等函数的求导问题,这些公式和法则都是微积分运算的基础,要求熟练掌握,现归纳如下,以便参考,如表2-1、表 2-2 所示.

表 2-1　基本初等函数的导数公式

(1)	$(c)'=0$（c 为常数）	(9)	$(a^x)'=a^x\ln a$
(2)	$(x^\alpha)'=\alpha x^{\alpha-1}$	(10)	$(e^x)'=e^x$
(3)	$(\sin x)'=\cos x$	(11)	$(\log_a x)'=\dfrac{1}{x\ln a}$
(4)	$(\cos x)'=-\sin x$	(12)	$(\ln x)'=\dfrac{1}{x}$
(5)	$(\tan x)'=\sec^2 x$	(13)	$(\arcsin x)'=\dfrac{1}{\sqrt{1-x^2}}$
(6)	$(\cot x)'=-\csc^2 x$	(14)	$(\arccos x)'=-\dfrac{1}{\sqrt{1-x^2}}$
(7)	$(\sec x)'=\sec x\tan x$	(15)	$(\arctan x)'=\dfrac{1}{1+x^2}$
(8)	$(\csc x)'=-\csc x\cot x$	(16)	$(\text{arccot}\, x)'=-\dfrac{1}{1+x^2}$

表 2-2　求导法则

四则运算法则	$(u\pm v)'=u'\pm v'$（$u=u(x)$，$v=v(x)$，以下同）
	$(uv)'=u'v\pm uv'$，$(cu)'=cu'$（c 为常数）
	$\left(\dfrac{u}{v}\right)'=\dfrac{u'v-uv'}{v^2}(v\neq 0)$，$\left(\dfrac{1}{v}\right)'=-\dfrac{v'}{v^2}$
复合函数求导法则	设 $y=f(u)$，$u=\varphi(x)$，则 $y'=f'(u)\cdot\varphi'(x)$ 或 $\dfrac{dy}{dx}=\dfrac{dy}{du}\cdot\dfrac{du}{dx}$

习题 2.2

1. 求下列函数的导数.

(1) $y=x^3-3x^2+1$；

(2) $y=2\sqrt{x}-\dfrac{1}{x}$；

(3) $y=x^3\ln x$；

(4) $y=x\sin x+\cos x$；

(5) $y=e^x\sin x\cdot\ln x$；

(6) $y=\dfrac{x^2}{x}+\dfrac{2}{x^2}$；

(7) $y=\dfrac{1-x^3}{\sqrt{x}}$；

(8) $y=\dfrac{1-\ln x}{1+\ln x}$；

(9) $y=(2x+1)^{10}$；

(10) $y=\ln(1+x^2)$；

(11) $y=e^x-x^{-x}$；

(12) $y=\tan e^x$；

(13) $y=e^{\sec x}$；

(14) $y=\arcsin\dfrac{x}{2}$；

(15) $y=\arctan\sqrt{x}$;

(16) $y=\ln[\ln(\ln x)]$;

(17) $y=e^x(\sin 2x+\cos x)$;

(18) $y=\dfrac{\arcsin x}{\sqrt{1-x^2}}+\ln\dfrac{1-x}{1+x}$;

(19) $y=x^x$;

(20) $y=\dfrac{\sqrt{x+2}(3-x)^4}{(x+1)^5}$.

2. 求由下列方程所确定的隐函数的导数$\dfrac{dy}{dx}$.

(1) $x^3+y^3-3xy=0$;

(2) $y=x+\ln y$;

(3) $xy=1+xe^y$;

(4) $\cos(x+y)=x$.

3. 求由下列参数方程所确定的函数的导数$\dfrac{dy}{dx}$.

(1) $\begin{cases}x=at^2,\\ y=bt^3;\end{cases}$

(2) $\begin{cases}x=2e^t,\\ y=e^{-t};\end{cases}$

(3) $\begin{cases}x=\theta(1-\sin\theta),\\ y=\theta\cos\theta.\end{cases}$

4. 曲线 $y=x^3+x-2$ 上哪一点的切线与直线 $y=4x-1$ 平行?

5. 求曲线 $y=x(\ln x-1)$在点 $x=e$ 处的切线方程.

6. 求曲线 $x^2+y^2=16$ 在点$(-2\sqrt{3},2)$处的切线方程和法线方程.

2.3　高阶导数

一、高阶导数的定义

在 2.1 节中说过,如果函数 $y=f(x)$在区间(a,b)内可导,则其导数 $f'(x)$也是 x 的函数.如果这个函数 $f'(x)$仍可导,则其导数称为原来函数 $f'(x)$的二阶导数,记作 y'',$f''(x)$或$\dfrac{d^2y}{dx^2}$.

类似地,二阶导数 $f''(x)$的导数称为 $f(x)$的三阶导数,记作 y''',$f'''(x)$或$\dfrac{d^3y}{dx^3}$;三阶导数 $f'''(x)$的导数称为 $f(x)$的四阶导数,记作 $y^{(4)}$,$f^{(4)}$或$\dfrac{d^4y}{dx^4}$;一般地,$n-1$ 阶导数 $f^{(n-1)}(x)$的导数称为 $f(x)$的 n 阶导数,记作 $y^{(n)}$,$f^{(n)}(x)$或$\dfrac{d^ny}{dx^n}$.

二阶及二阶以上的导数称为高阶导数,而 $f'(x)$称为 $y=f(x)$的一阶导数.

二、高阶导数的运算

由高阶导数的定义可知,求高阶导数时,就是应用以前学过的求导方法,对函数 $y=f(x)$多次接连地求一阶导数.

下面举例说明.

例 1 求下列函数的二阶导数.

(1) $y=x^3+5x^2-\sqrt{2}x+7$; (2) $y=\sin^2 x$.

解 (1)
$$y'=3x^2+10x-\sqrt{2}$$
$$y''=6x+10$$

(2)
$$y'=2\sin x\cdot(\sin x)'=2\sin x\cos x=\sin 2x$$
$$y''=(\sin 2x)'=\cos 2x(2x)'=2\cos 2x$$

例 2 求指数函数 $y=\mathrm{e}^x$ 的 n 阶导数.

解
$$y'=\mathrm{e}^x, y''=\mathrm{e}^x, \cdots, y^{(n)}=\mathrm{e}^x$$

即

$$(\mathrm{e}^x)^{(n)}=\mathrm{e}^x$$

例 3 求对数函数 $y=\ln x$ 的 n 阶导数.

解
$$y'=\frac{1}{x}=x^{-1}$$
$$y''=(-1)x^{-2}$$
$$y'''=(-1)(-2)x^{-3}=(-1)^2 1\cdot 2x^{-3}$$
$$y^{(4)}=(-1)^3 1\cdot 2\cdot 3x^{-4}$$
$$\cdots$$

从而发现

$$y^{(n)}=(-1)^{n-1}1\cdot 2\cdot 3\cdots(n-1)x^{-n}=(-1)^{n-1}\frac{(n-1)!}{x^n}$$

即

$$(\ln x)^{(n)}=(-1)^{n-1}\frac{(n-1)!}{x^n}$$

例 4 求 $y=\sin x$ 及 $y=\cos x$ 的 n 阶导数.

解
$$y'=\cos x=\sin\left(x+\frac{\pi}{2}\right)$$
$$y''=\left[\sin\left(x+\frac{\pi}{2}\right)\right]'=\cos\left(x+\frac{\pi}{2}\right)=\sin\left(x+2\cdot\frac{\pi}{2}\right)$$
$$y'''=\cos\left(x+2\cdot\frac{\pi}{2}\right)=\sin\left(x+3\cdot\frac{\pi}{2}\right)$$
$$\cdots$$

从而发现

$$y^{(n)}=\sin\left(x+n\cdot\frac{\pi}{2}\right)$$

即

$$(\sin x)^{(n)}=\sin\left(x+n\cdot\frac{\pi}{2}\right)$$

用类似方法,可得

$$(\cos x)^{(n)}=\cos\left(x+n\cdot\frac{\pi}{2}\right)$$

例 5　设 $y=x^n$(n 为正整数),求 $y^{(n)}$.

解

$$y'=nx^{n-1}$$

$$y''=n(n-1)x^{n-2}$$

$$y'''=n(n-1)(n-2)x^{(n-3)}$$

$$\cdots$$

$$y^{(n-1)}=n(n-1)(n-2)\cdots 2x$$

$$y^{(n)}=n!$$

$$y^{(n+1)}=y^{(n+2)}=\cdots=0$$

由此看到,函数 x^n 每求导一次,幂次降低 1,第 n 阶导数为常数,大于 n 阶的导数皆等于 0.

例 6　求由参数方程 $\begin{cases}x=a\cos t\\y=b\sin t\end{cases}$ 所确定的函数的二阶导数 $\dfrac{d^2y}{dx^2}$.

解一

$$\frac{dy}{dx}=\frac{\dfrac{dy}{dt}}{\dfrac{dx}{dt}}=\frac{b\cos t}{-a\sin t}=-\frac{b}{a}\cot t$$

$$\frac{d^2y}{dx^2}=\frac{d}{dx}\left(\frac{dy}{dx}\right)=\frac{d}{dt}\left(\frac{dy}{dx}\right)\cdot\frac{dt}{dx}=\frac{\dfrac{d}{dt}\left(\dfrac{dy}{dx}\right)}{\dfrac{dx}{dt}}$$

$$=\frac{\left(-\dfrac{b}{a}\cot t\right)'}{(a\cos t)'}=\frac{-\dfrac{b}{a}(-\csc^2 t)}{-a\sin t}=-\frac{b}{a^2\sin^3 t}$$

一般地,对由参数方程 $\begin{cases}x=\varphi(t),\\y=\psi(t)\end{cases}$ $(\alpha\leqslant t\leqslant\beta)$ 表示的函数有

$$\frac{dy}{dx}=\frac{\psi'(t)}{\varphi'(t)}$$

如果二阶导数存在,注意到 $\dfrac{dy}{dx}$ 仍为 t 的函数,因此

$$\frac{d^2y}{dx^2}=\frac{d}{dt}\left(\frac{dy}{dx}\right)\cdot\frac{1}{\dfrac{dx}{dt}}$$

$$=\frac{\psi''(t)\varphi'(t)-\psi'(t)\varphi''(t)}{[\varphi'(t)]^2}\cdot\frac{1}{\varphi'(t)}$$

$$=\frac{\psi''(t)\varphi'(t)-\psi'(t)\varphi''(t)}{[\varphi'(t)]^3}\tag{2-5}$$

注意:虽然 $\dfrac{dy}{dx}=\dfrac{\psi'(t)}{\varphi'(t)}$,但 $\dfrac{d^2y}{dx^2}\neq\dfrac{\psi''(t)}{\varphi''(t)}$,而且 $\dfrac{d^2y}{dx^2}\neq\left(\dfrac{\psi'(t)}{\varphi'(t)}\right)'$. 因为 $\dfrac{d^2y}{dx^2}$ 是 $\dfrac{dy}{dx}$ 再对 x 求导,而不是对 t 求导,这里 t 仍是中间变量,x 是自变量.

有了式(2-5),例 6 还可以按下面的方式来求解.

解二　设 $\varphi(t)=a\cos t$,$\psi(t)=b\sin t$,则

$$\varphi'(t)=-a\sin t,\quad \varphi''(t)=-a\cos t,\quad \psi'(t)=b\cos t,\quad \psi''(t)=-b\sin t$$

由式(2-5)有

$$\frac{d^2y}{dx^2}=\frac{(-b\sin t)(-a\sin t)-b\cos t(-a\cos t)}{(-a\sin t)^3}$$

$$=-\frac{ab}{a^3\sin^3 t}=-\frac{b}{a^2\sin^3 t}$$

习题 2.3

1. 求下列函数的二阶导数.

(1) $y=\frac{1}{2}x^2+\ln x$； (2) $y=x\cos x$；

(3) $y=\ln(1-x^2)$； (4) $y=\tan x$；

(5) $y=\frac{e^x}{x}$； (6) $y=(1+x^2)\arctan x$.

2. 设 $f(x)=(x+1)^6$，求 $f''(2)$.

3. 求由下列参数方程所确定的函数的二阶导数$\frac{d^2y}{dx^2}$.

(1) $\begin{cases}x=\frac{t^2}{2},\\ y=1-t;\end{cases}$ (2) $\begin{cases}x=a(t-\sin t),\\ y=a(1-\cos t).\end{cases}$

4. 验证函数 $y=e^x\sin x$ 满足关系式 $y''-2y'+2y=0$.

5. 求下列函数的 n 阶导数.

(1) $y=e^{-x}$； (2) $y=\frac{1}{1-x}$；

(3) $y=x^n+a_1x^{n-1}+a_2x^{n-2}+\cdots+a_{n-1}x+a_n$（$a_1,a_2,\cdots,a_n$ 都是常数）；

(4) $y=xe^x$.

2.4 微 分

一、微分的定义

先分析一个实际问题. 一块正方形金属薄片，受热膨胀，其边长由 x_0 变到 $x_0+\Delta x$（如图 2-3)，问此薄片面积增加了多少？

设金属薄片受热前的面积为 A，当边长增加 Δx 时，面积增加量为 ΔA，则

$$\Delta A=(x_0+\Delta x)^2-x_0^2=2x_0\Delta x+(\Delta x)^2$$

ΔA 由两部分组成：第一部分 $2x_0\Delta x$ 是 Δx 的线性函数，即图中带有斜线的两矩形面积之和；而第二部分$(\Delta x)^2$ 是图中带有交叉斜线的小正方形的面积. 当 $\Delta x\to 0$ 时，第二部分$(\Delta x)^2$ 是比 Δx 高阶无穷小，即$(\Delta x)^2=o(\Delta x)(\Delta x\to 0)$. 由此可见，如果边长改变量很微小，即$|\Delta x|$很小

时，面积的改变量 ΔA 可近似地用第一部分来代替，故

$$\Delta A \approx 2x_0\Delta x$$

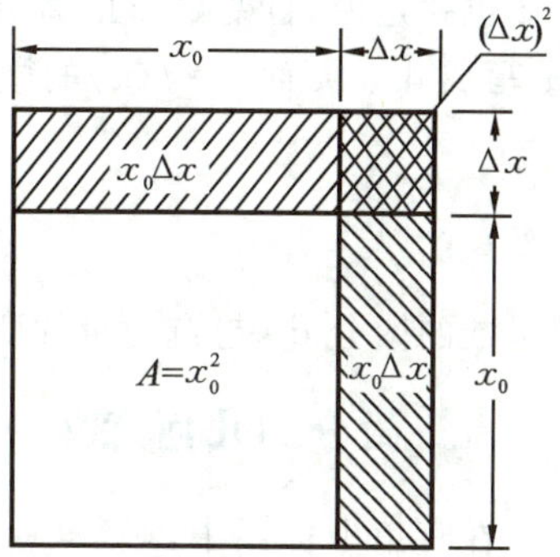

图 2-3

对于一般函数，有下面定义：

定义　设函数 $y=f(x)$ 在某区间内有定义，x_0 及 $x_0+\Delta x$ 在这区间内，如果函数的增量 $\Delta y=f(x_0+\Delta x)-f(x_0)$ 可表示为

$$\Delta y=A\Delta x+o(\Delta x),$$

其中，A 与 Δx 无关，只与 x_0 有关，而 $o(\Delta x)$ 是 $\Delta x\to 0$ 时比 Δx 高阶的无穷小，那么称函数 $y=f(x)$ 在点 x_0 处可微，并称 $A\Delta x$ 为函数 $y=f(x)$ 在点 x_0 处的微分，记作 $\mathrm{d}y$，即

$$\mathrm{d}y=A\Delta x.$$

下面讨论函数可微的条件.

定理　函数 $y=f(x)$ 在点 x_0 处可微的充要条件是函数 $f(x)$ 在点 x_0 处可导.

证明　(1) 必要性.

如果函数 $y=f(x)$ 在点 x_0 处可微，则 $\Delta y=A\Delta x+o(\Delta x)$，于是 $\dfrac{\Delta y}{\Delta x}=A+\dfrac{o(\Delta x)}{\Delta x}$. 当 $\Delta x\to 0$ 时取极限，得

$$\lim_{\Delta x\to 0}\frac{\Delta y}{\Delta x}=A+\lim_{\Delta x\to 0}\frac{o(\Delta x)}{\Delta x}=A+0=A.$$

因此，函数 $y=f(x)$ 在点 x_0 处可导，且 $f'(x)=A$.

(2) 充分性.

设函数 $y=f(x)$ 在点 x_0 处可导，则有 $\lim\limits_{\Delta x\to 0}\dfrac{\Delta y}{\Delta x}=f'(x_0)$，根据极限与无穷小量的关系，可知

$$\frac{\Delta y}{\Delta x}=f'(x_0)+\alpha,$$

其中，α 是当 $\Delta x\to 0$ 时的无穷小量，故有

$$\Delta y=f'(x_0)\Delta x+\alpha\Delta x.$$

由于 $f'(x_0)$ 与 Δx 无关，$\alpha\Delta x=o(\Delta x)$，所以 $f(x)$ 在 x_0 处可微，即

$$\mathrm{d}y=f'(x_0)\Delta x. \tag{2-6}$$

当 $f'(x_0)\neq 0$ 时，由于 $\mathrm{d}y=f'(x_0)\Delta x$ 是 Δx 的线性函数，而且是 Δy 的主要部分，所以在 $f'(x_0)\neq 0$ 的条件下，称 $\mathrm{d}y$ 是 Δy 的线性主部，从而，当 $|\Delta x|$ 很小时，有 $\Delta y\approx \mathrm{d}y$.

例 1　求函数 $y=x^3$ 在 $x=2$ 处对应于 $\Delta x=0.01$ 时的微分.

解　由式(2-6)可得

$$\mathrm{d}y=(x^3)'|_{x=2}\cdot 0.01=3x^2|_{x=2}\cdot 0.01=3\cdot 2^2\cdot 0.01=0.12$$

函数 $y=f(x)$ 在任意点 x 的微分称为函数的微分，记作 $\mathrm{d}y$ 或 $\mathrm{d}f(x)$，即

$$\mathrm{d}y=f'(x)\Delta x.$$

例如，函数 $y=\ln x$ 的微分为 $\mathrm{d}y=(\ln x)'\Delta x=\dfrac{1}{x}\cdot\Delta x$，函数 $y=\mathrm{e}^x$ 的微分为 $\mathrm{d}y=(\mathrm{e}^x)'\Delta x=\mathrm{e}^x\Delta x$，函数 $y=x$ 的微分为 $\mathrm{d}y=\mathrm{d}x=(x)'\Delta x=\Delta x$，即 $\mathrm{d}x=\Delta x$.

也就是说，自变量 x 的微分 $\mathrm{d}x$ 等于它的增量 Δx. 因此，习惯上将函数 $y=f(x)$ 微分中的 Δx 写成 $\mathrm{d}x$，从而 $y=f(x)$ 的微分可写成

$$\mathrm{d}y=f'(x)\mathrm{d}x, \tag{2-7}$$

故有

$$\frac{\mathrm{d}y}{\Delta x}=f'(x),$$

即函数的微分 $\mathrm{d}y$ 与自变量的微分 $\mathrm{d}x$ 之比等于该函数的导数. 因此，导数也称为“微商”.

二、微分的几何意义

在直角坐标系中，函数 $y=f(x)$ 的图像是一条曲线，如图 2-4 所示. 在该曲线上取一定点 $M(x_0,y_0)$，过 M 作曲线的切线 MT，设切线的倾角为 α，则切线的斜率为

$$\tan\alpha=f'(x_0).$$

当自变量 x 在 x_0 处有一个微小的增量 Δx 时，就得到曲线上另一点 $N(x_0+\Delta x,y_0+\Delta y)$. 由图可知：$MQ=\Delta x$，$QN=\Delta y$，$QP$ 是曲线在点 M 的切线方向上的纵坐标的增量，且

$$QP=MQ\tan\alpha=\Delta x f'(x_0)=\mathrm{d}y.$$

由此可见，函数 $y=f(x)$ 在点 x_0 处的微分，在几何上表示曲线在点 $M(x_0,y_0)$ 处沿切线方向上的纵坐标的增量.

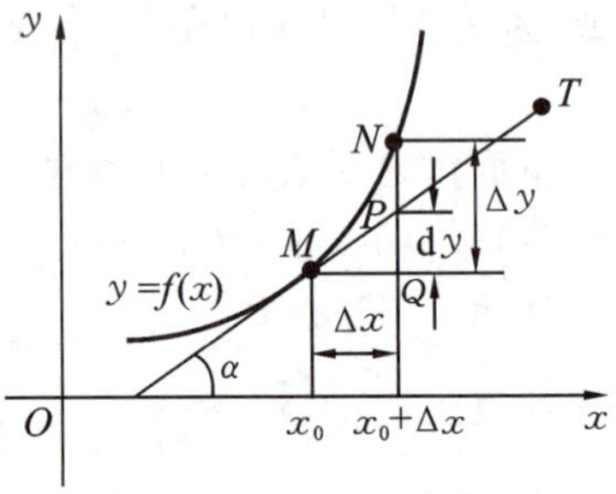

图 2-4

三、微分公式及微分法则

由函数的微分表达式 $\mathrm{d}y=f'(x_0)\mathrm{d}x$ 可以看出，要计算函数的微分，只要求出函数的导数与自变量的微分乘积即可. 因此，由导数的基本公式和运算法则，相应地可以得出微分的基本公式和运算法则，如表 2-3、表 2-4 所示.

表 2-3　微分基本公式

(1)	$\mathrm{d}c=0$（c 为常数）	(9)	$\mathrm{d}(a^x)=a^x\ln x\mathrm{d}x$
(2)	$\mathrm{d}(x^\alpha)=\alpha x^{\alpha-1}\mathrm{d}x$	(10)	$\mathrm{d}(\mathrm{e}^x)=\mathrm{e}^x\mathrm{d}x$
(3)	$\mathrm{d}(\sin x)=\cos x\mathrm{d}x$	(11)	$\mathrm{d}(\log_a x)=\frac{1}{x\ln a}\mathrm{d}x$
(4)	$\mathrm{d}(\cos x)=-\sin x\mathrm{d}x$	(12)	$\mathrm{d}(\ln x)=\frac{1}{x}\mathrm{d}x$
(5)	$\mathrm{d}(\tan x)=\sec^2 x\mathrm{d}x$	(13)	$\mathrm{d}(\arcsin x)=\frac{1}{\sqrt{1-x^2}}\mathrm{d}x$
(6)	$\mathrm{d}(\cot x)=-\csc^2 x\mathrm{d}x$	(14)	$\mathrm{d}(\arccos x)=-\frac{1}{\sqrt{1-x^2}}\mathrm{d}x$
(7)	$\mathrm{d}(\sec x)=\sec x\tan x\mathrm{d}x$	(15)	$\mathrm{d}(\arctan x)=\frac{1}{1+x^2}\mathrm{d}x$
(8)	$\mathrm{d}(\csc x)=-\csc x\cot x\mathrm{d}x$	(16)	$\mathrm{d}(\mathrm{arccot} x)=-\frac{1}{1+x^2}\mathrm{d}x$

表 2-4　微分四则运算法则

(1)	$(u\pm v)'=u'\pm v'$	$\mathrm{d}(u\pm v)=\mathrm{d}u\pm \mathrm{d}v$
(2)	$(uv)'=u'v+uv'$	$\mathrm{d}(uv)=u\mathrm{d}v+v\mathrm{d}u$
(3)	$(cu)'=cu'$	$\mathrm{d}(cu)=c\mathrm{d}u$
(4)	$\left(\frac{u}{v}\right)'=\frac{u'v-uv'}{v^2}(v\neq0)$	$\mathrm{d}\left(\frac{u}{v}\right)=\frac{v\mathrm{d}u-u\mathrm{d}v}{v^2}\ (v\neq0)$
其中 $u=u(x),v=v(x),c$ 为常数		

四、微分形式的不变性

设 $y=f(u)$，u 为自变量，则函数 $y=f(u)$ 的微分为 $\mathrm{d}y=f'(u)\mathrm{d}u$.

如果 $y=f(u)$，$u=\varphi(x)$，即 u 为中间变量，由复合函数的求导法则，得 $y=f[\varphi(x)]$ 的微分为

$$\mathrm{d}y=y'\mathrm{d}y=f'(u)\varphi'(x)\mathrm{d}x.$$

由于 $\varphi'(x)\mathrm{d}x=\mathrm{d}u$，所以复合函数 $y=f[\varphi(x)]$ 的微分公式也可以写成

$$\mathrm{d}y=f'(u)\mathrm{d}u.$$

由此可见，无论 u 是自变量还是中间变量，$y=f(u)$ 的微分 $\mathrm{d}y$ 总可以写成同一形式，称这一性质为微分形式不变性. 利用这一性质求复合函数的微分特别方便.

例 2　$y=\sin2x$，求 $\mathrm{d}y$.

解　设 $u=2x$，则 $y=\sin u$，利用微分形式不变性，得

$$\begin{aligned}\mathrm{d}y&=\mathrm{d}\sin u=\cos u\mathrm{d}u\\&=\cos2x\mathrm{d}(2x)=2\cos2x\mathrm{d}x\end{aligned}$$

例 3　$y=\mathrm{e}^{x^2}$，求 $\mathrm{d}y$.

解　把 x^2 看成中间变量，但不必写出，则

$$\begin{aligned}\mathrm{d}y&=\mathrm{d}\mathrm{e}^{x^2}=\mathrm{e}^{x^2}\mathrm{d}x^2\\&=\mathrm{e}^{x^2}\cdot2x\mathrm{d}x=2x\mathrm{e}^{x^2}\mathrm{d}x\end{aligned}$$

例 4　$y=\mathrm{e}^{3x}\cos x$，求 $\mathrm{d}y$.

解　应用积的微分运算法则，得

$$\begin{aligned}\mathrm{d}y&=\mathrm{d}(\mathrm{e}^{3x}\cos x)\\&=\mathrm{e}^{3x}\mathrm{d}\cos x+\cos x\mathrm{d}\mathrm{e}^{3x}\\&=\mathrm{e}^{3x}\cdot(-\sin x)\mathrm{d}x+\cos x\cdot\mathrm{e}^{3x}\mathrm{d}3x\\&=-\mathrm{e}^{3x}\sin x\mathrm{d}x+3\mathrm{e}^{3x}\cos x\mathrm{d}x\\&=\mathrm{e}^{3x}(3\cos x-\sin x)\mathrm{d}x\end{aligned}$$

例 5　在括号内填入适当的函数，使下列各等式成立：

(1) $\mathrm{d}(\qquad\qquad)=x\mathrm{d}x$；　　(2) $\mathrm{d}(\qquad\qquad)=\cos3x\mathrm{d}x$.

解　(1) 由于 $\mathrm{d}(x^2)=x\mathrm{d}x$，所以 $x\mathrm{d}x=\mathrm{d}\left(\frac{1}{2}x^2\right)$，即 $\mathrm{d}\left(\frac{1}{2}x^2\right)=x\mathrm{d}x$，显然，对任何常数 c，都有

$$d\left(\frac{1}{2}x^2+c\right)=xdx$$

（2）由于 $d(\sin 3x)=\cos 3x d3x=3\cos 3x dx$，所以

$$\cos 3x dx=\frac{1}{3}d(\sin 3x)=d\left(\frac{1}{3}\sin x\right)$$

即

$$d\left(\frac{1}{3}\sin 3x\right)=\cos 3x dx$$

同样，有

$$d\left(\frac{1}{3}\sin 3x+c\right)=\cos 3x dx$$

五、微分在近似计算中的应用

前面说过，如果 $y=f(x)$ 在 x_0 处的导数 $f'(x_0)\neq 0$，且 $|\Delta x|$ 很小时，有

$$\Delta y\approx dy$$

$$\Delta y=f(x_0+\Delta x)-f(x_0)$$

$$dy=f'(x_0)\cdot\Delta x$$

即 $f(x_0+\Delta x)-f(x_0)\approx f'(x_0)\cdot\Delta x$，得

$$\Delta y\approx f'(x_0)\cdot\Delta x \tag{2-8}$$

在式(2-8)中，令 $x=x_0+\Delta x$，即 $\Delta x=x-x_0$，那么

$$f(x)\approx f(x_0)+f'(x_0)(x-x_0) \tag{2-9}$$

如果 $f(x_0)$ 与 $f'(x_0)$ 易于计算，那么，利用式(2-8)可以近似计算 Δy，利用式(2-9)可以近似计算 $f(x)$，下面举例说明.

例 6 半径为 10 cm 的圆铁片加热后，半径伸长了 0.05 cm，估计面积增大了多少？

解 圆面积和半径的函数关系为 $A(R)=\pi R^2$，半径从 $R_0=10$ 增至 $R_0+\Delta R=10+0.05$ 时，面积的增大值为 ΔA，由式(2-8)得

$$\Delta A\approx A'(R_0)\Delta R=2\pi R|_{R=R_0}\Delta R=(20\pi)0.05\text{ cm}^2=\pi\text{ cm}^2$$

所以，铁片的面积大约增加了 π cm^2.

例 7 求 $\sqrt{0.97}$ 的近似值.

解 $\sqrt{0.97}$ 是函数 $f(x)=\sqrt{x}$ 在 $x=0.97$ 处的值. 因此，令 $x_0=1$，$x=x_0+\Delta x=0.97$，则 $\Delta x=-0.03$，于是由式(2-9)得

$$\sqrt{0.97}\approx\sqrt{1}+(\sqrt{x})'|_{x=1}\cdot(-0.03)$$

$$=1+\frac{1}{2}\cdot(-0.03)=0.985$$

例 8 求 $\sin 31^\circ$ 的近似值.

解 $\sin 31^\circ$ 是函数 $f(x)=\sin x$ 在 $x=31^\circ$ 时的值，因此，令 $x_0=30^\circ=\frac{\pi}{6}$，$x=x_0+\Delta x=31^\circ$，则 $\Delta x=\frac{\pi}{180}\approx 0.0175$ 弧度，于是由式(2-9)得

$$\begin{aligned}\sin31^\circ&\approx\sin\frac{\pi}{6}+(\sin x)'\Big|_{x=\frac{\pi}{6}}\cdot\frac{\pi}{180}\\&\approx\sin\frac{\pi}{6}+\cos\frac{\pi}{6}\cdot\frac{\pi}{180}\\&\approx\frac{1}{2}+\frac{\sqrt{3}}{2}\cdot0.0175\approx0.5151\end{aligned}$$

在式(2-9)中，若取 $x_0=0$，当 $|x|$ 很小时，下列常用的近似公式成立：

(1) $\sin x\approx x$；　(2) $\tan x\approx x$；

(3) $e^x\approx1+x$；　(4) $\ln(1+x)\approx x$；

(5) $\sqrt[n]{1+x}\approx1+\frac{1}{n}x$.

证明　这里只证公式(1)，则有

$$\sin x\approx\sin0+(\sin x)'|_{x=0}\cdot(x-0)=0+\cos0\cdot x=x$$

即 $\sin x\approx x$.

当 $|x|$ 很小时，运用上面近似公式求近似值十分方便. 例如

$$\sqrt{1.05}=\sqrt{1+0.05}\approx1+\frac{1}{2}(0.05)=1.025$$

习题 2.4

1. 设 $y=x^2$，当 $x=1$ 时，分别求出 $\Delta x=1,0.1,0.01$ 时的 Δy 与 dy，并加以比较，是否能得出结论：当 Δx 越小时，二者越近似.

2. 求下列函数的微分.

(1) $y=e^x+3x^2-1$；　(2) $y=x^3\sin x$；

(3) $y=\dfrac{x}{\sqrt{x^2+1}}$；　(4) $y=\arcsin\sqrt{x}$；

(5) $y=\ln\tan\dfrac{x}{2}$；　(6) $y=e^{\sin2x}$.

3. 填空题.

(1) d(　　　　)$=2x\mathrm{d}x$；　(2) d(　　　　)$=\sin2x\mathrm{d}x$；

(3) d(　　　　)$=-\dfrac{1}{x^2}\mathrm{d}x$；　(4) d(　　　　)$=\dfrac{1}{x}\mathrm{d}x$；

(5) d(　　　　)$=e^{-x}\mathrm{d}x$；　(6) d(　　　　)$=\dfrac{1}{\sqrt{x}}\mathrm{d}x$.

4. 一正方体，其棱长为 10 cm，如果棱长增加 0.1 cm，求此正方体体积增加的精确值与近似值.

5. 求下列各式的近似值.

(1) $\sqrt[3]{8.02}$；　(2) $\ln0.9$；

(3) $\sqrt{26}$；　(4) $\cos61^\circ$.

复习题 2

1. 填空题.

(1) $(\sin^2 x)'+(\cos^2 x)'=$____________.

(2) 设函数 $f(x)=\dfrac{x^3}{3}+\dfrac{x^2}{2}-2x$，问当 $x=$____________或____________时，$f'(x)=0$；当 $x=$____________或____________时，$f'(x)=-2$；当 $x=$____________时，$f''(x)=0$.

(3) 若函数 $y=f(x)$ 在点 x_0 处的导数 $f'(x_0)=0$，则曲线 $y=f(x)$ 在 $(x_0,f(x_0))$ 处有____________的切线，若 $f'(x_0)$ 为无穷大，则曲线 $y=f(x)$ 在点 $(x_0,f(x_0))$ 处有____________的切线.

(4) 过曲线 $y=x^2$ 上点 $A(2,4)$ 的切线斜率为____________，切线方程为____________，法线方程为____________.

(5) $\mathrm{d}\ln(-x)=(\qquad\qquad)\mathrm{d}x$；

$\mathrm{d}(\sin^2 x)=(\qquad\qquad)\mathrm{d}x$；

$\mathrm{d}(2^x)=(\qquad\qquad)\mathrm{d}x$.

(6) $\mathrm{d}(\qquad\qquad)=2^x\mathrm{d}x$；

$\mathrm{d}(\qquad\qquad)=\mathrm{e}^{x^2}\mathrm{d}x^2$；

$\mathrm{d}(\qquad\qquad)=\sec^2\dfrac{x}{2}\mathrm{d}\dfrac{x}{2}$.

2. 选择题.

(1) 函数 $f(x)$ 在点 x_0 处连续是函数在该点可导的(　　).

A. 充分条件，但不是必要条件　　B. 必要条件，但不是充分条件

C. 充分必要条件　　D. 既不是充分条件，也不是必要条件

(2) 设函数 $y=f(x)$ 在 x_0 处可导，且 $f'(x_0)>0$，则曲线 $y=f(x)$ 在点 $(x_0,f(x_0))$ 处的切线倾斜角是(　　).

A. 0°　　B. 90°

C. 锐角　　D. 钝角

(3) 若 $y=f(x)$ 在点 x_0 处可微，则 $\mathrm{d}y|_{x=x_0}$(　　).

A. $f'(x_0)$　　B. $f'(x_0)+o(\Delta x)$

C. $f(x_0)\Delta x+o(\Delta x)$　　D. $f'(x_0)\mathrm{d}x$

(4) 若 $y=f(x)$ 在点 x_0 可微，则 $\Delta y-\mathrm{d}y$ 是(　　).

A. $\Delta x\to 0$ 时，与 Δx 同阶的无穷小　　B. $\Delta x\to 0$ 时，与 Δx 等价的无穷小

C. $\Delta x\to 0$ 时，是比 Δx 高阶的无穷小　　D. 以上都不对

(5) 若 $y=f(u)$，$u=\mathrm{e}^x$，且 $f(u)$ 可导，则 $\mathrm{d}y$ 为(　　).

A. $f'(\mathrm{e}^x)\mathrm{e}^x\mathrm{d}x$　　B. $[f(\mathrm{e}^x)]\mathrm{d}\mathrm{e}^x$

C. $f'(\mathrm{e}^x)\mathrm{d}x$　　D. $f'(u)\mathrm{d}x$

3. 求下列函数的导数.

(1) $y=\dfrac{2x^3-3x+\sqrt{x}+1}{x}$；

(2) $y=\dfrac{e^x-e^{-x}}{e^x+e^{-x}}$；

(3) $y=e^{\sin x^2}$；

(4) $y=\sqrt{x\sqrt{x\sqrt{x}}}$；

(5) $y=-\sqrt{4-x^2}+2\arcsin\dfrac{x}{2}$；

(6) $y=\ln\dfrac{x+\sqrt{1-x^2}}{x}$；

(7) $y=(\ln x)^x$；

(8) $y=\sqrt[3]{\dfrac{1+x^3}{1-x^3}}$.

4. 求下列隐函数在指定点处的导数$\dfrac{dy}{dx}$.

(1) $x^2-2xy-y^2=0$，在点(2,4)处；

(2) $ye^x+\ln y=1$，在点(0,1)处.

5. 已知 y 的 $n-2$ 阶导数 $y^{(n-2)}=\dfrac{x}{\ln x}$，求 y 的 n 阶导数 $y^{(n)}$.

6. 已知 $y=\dfrac{1-x}{1+x}$，求 $y^{(n)}$.

7. 求下列函数的微分.

(1) $y=\tan^2(1+2x^2)$；

(2) $y=e^{-x}\cos(3-x)$；

(3) $y=\arctan\dfrac{1-x^2}{1+x^2}$；

(4) $s=A\sin(\omega+\varphi)$ (A,ω,φ 是常数).

复习题 **2** 答案

第 3 章　导数的应用

在第 2 章，我们从分析变化率问题出发，引入了导数的概念，并讨论了导数的求法. 本章中，我们将以微分中值定理为理论基础，进一步应用导数来研究函数及曲线的某些性态，并利用这些知识解决一些实际问题.

3.1　微分中值定理

一、罗尔(Rolle)定理

定理 1(罗尔定理)　如果函数 $f(x)$满足：

(1) 在闭区间$[a,b]$上连续；

(2) 在开区间(a,b)内可导；

(3) 在区间端点的函数值相等，即 $f(a)=f(b)$.

那么在区间(a,b)内至少存在一点 $\xi(a<\xi<b)$，使得函数 $f(x)$在该点的导数等于零，即 $f'(\xi)=0$.

罗尔定理的几何解释如图 3-1 所示，如果连续曲线 $y=f(x)$除端点 A、B 外，处处有不垂直于 x 轴的切线，并且两个端点的纵坐标相等，则此曲线上至少有一点 C(对应横坐标为 ξ)，使该点处的切线平行于 x 轴.

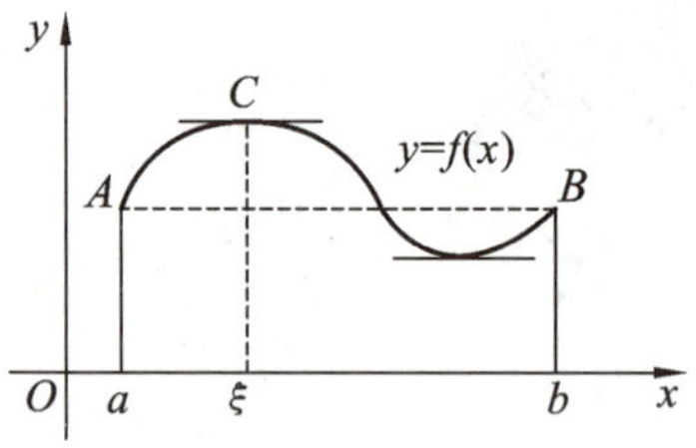

图 3-1

例 1　验证罗尔定理对函数 $f(x)=x^2-2x+10$ 在区间$[0,2]$上的正确性.

解　(1) 因为 $f(x)=x^2-2x+10$ 是初等函数，在其定义域$(-\infty,+\infty)$内连续，所以在$[0,2]$上连续；

(2) $f'(x)=2x-2$ 在区间$(-\infty,+\infty)$内有定义，所以$f(x)$在$(0,2)$内可导；

(3) $f(0)=f(2)=10$，

所以，$f(x)=x^2-2x+10$ 满足罗尔定理的三个条件.

令 $f'(x)=0$，得 $x=1$，且在区间$(0,2)$内，取 $\xi=1$，则有 $f'(\xi)=0$.

二、拉格朗日(Lagrange)中值定理

定理 2(拉格朗日中值定理)　如果函数 $f(x)$满足：

(1) 在闭区间$[a,b]$上连续；

(2) 在开区间(a,b)内可导.

那么在区间(a,b)内至少有一点$\xi(a<\xi<b)$，使

$$f(b)-f(a)=f'(\xi)(b-a)$$

或

$$\frac{f(b)-f(a)}{b-a}=f'(\xi)$$

拉格朗日中值定理的几何解释如图 3-2 所示，如果连续曲线$y=f(x)$除端点A、B外，处处有不垂直于x轴的切线，那么此曲线上至少有一点C(对应横坐标为ξ)，使曲线在C点处的切线平行于线段AB.

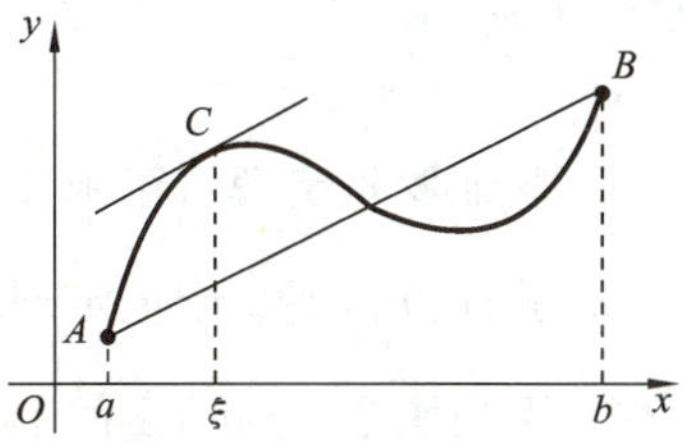

图 3-2

说明：(1) 拉格朗日中值定理中，如果$f(a)=f(b)$，则曲线上至少存在一点的切线与x轴平行，这就是罗尔定理.

(2) 拉格朗日中值定理给出了函数在一个区间上的增量与函数在区间内某点处的导数之间的关系.

推论 1　若函数$f(x)$在区间(a,b)内恒有$f'(x)=0$，则在(a,b)内函数$f(x)$为一常数.

证明　设x_1,x_2是区间(a,b)内任意两点，且$x_1<x_2$，在$[x_1,x_2]$上应用拉格朗日中值定理，有

$$f(x_2)-f(x_1)=f'(\xi)(x_2-x_1),\quad \xi\in(x_1,x_2)$$

注意到$f'(\xi)=0$，即得$f(x_2)=f(x_1)$，而x_1,x_2是区间(a,b)内任意两点，这就证明了$f(x)$在区间(a,b)内为一常数.

这个推论是“常数的导数为零”的逆定理.

推论 2　若函数$f(x)$、$g(x)$在区间(a,b)内恒有$f'(x)\equiv g'(x)$，则在区间(a,b)内$f(x)$与$g(x)$至多只差一个常数，即$f(x)=g(x)+C$(C为常数).

证明　设$F(x)=f(x)-g(x)$，则在区间(a,b)内恒有$F'(x)=f'(x)-g'(x)=0$. 由推论 1 知，在区间(a,b)内$F(x)$恒为一常数，即

$$F(x)=f(x)-g(x)=C$$

所以

$$f(x)=g(x)+C$$

例 2　证明在$[-1,1]$上，恒等式$\arcsin x+\arccos x=\frac{\pi}{2}$成立.

证明　设$f(x)=\arcsin x+\arccos x$，则在区间$(-1,1)$内恒有

$$f'(x)=\frac{1}{\sqrt{1-x^2}}-\frac{1}{\sqrt{1-x^2}}=0$$

所以由推论 1 有

$$f(x)=\arcsin x+\arccos x=C\quad(-1<x<1)$$

令$x=0$，得$C=\frac{\pi}{2}$，即在$(-1,1)$内有

$$f(x)=\arcsin x+\arccos x=\frac{\pi}{2}$$

又$f(-1)=f(1)=\frac{\pi}{2}$，所以在$[-1,1]$上恒有

$$\arcsin x+\arccos x=\frac{\pi}{2}$$

例 3 证明 $|\sin x_2-\sin x_1|\leqslant|x_2-x_1|$.

证明 设 $f(x)=\sin x$，则 $f(x)$ 在区间 $[x_1,x_2]$ 上满足拉格朗日中值定理的条件，从而在 (x_1,x_2) 内至少有一点 $\xi(x_1<\xi<x_2)$，使得

$$|\sin x_2-\sin x_1|=|f'(\xi)(x_1-x_2)|=|f'(\xi)|\cdot|x_2-x_1|$$

而 $|f'(\xi)|=|\cos\xi|\leqslant 1$，所以 $|\sin x_2-\sin x_1|\leqslant|x_2-x_1|$.

习题 3.1

1. 验证罗尔定理对于函数 $f(x)=\sin x$ 在区间 $[0,\pi]$ 上的正确性.

2. 验证拉格朗日中值定理对于函数 $f(x)=-\frac{1}{2}x^2+3x-1$ 在区域 $[0,3]$ 上的正确性.

3. 下列函数在所给区间上是否满足罗尔定理的条件？如果满足，求出对应的 ξ.

(1) $f(x)=x^2, x\in[-1,1]$； (2) $f(x)=\ln\sin x, x\in\left[\frac{\pi}{6},\frac{5\pi}{6}\right]$；

(3) $f(x)=\frac{1}{x^2}, x\in[-1,1]$.

4. 利用拉格朗日中值定理证明下列不等式：

(1) $|\arctan x-\mathrm{arcyan}\, y|\leqslant|x-y|$； (2) $1+x<\mathrm{e}^x\ (x>0)$.

3.2 洛必达法则

如果当 $x\to x_0$（或 $x\to\infty$）时，两个函数 $f(x)$ 与 $F(x)$ 都趋于零或都趋于无穷大，那么极限 $\lim\limits_{\substack{x\to x_0\\(x\to\infty)}}\frac{f(x)}{F(x)}$ 可能存在，也可能不存在，通常称这类极限为“未定式”，并分别简记为 $\frac{0}{0}$ 或 $\frac{\infty}{\infty}$. 例如，极限 $\lim\limits_{x\to x_0}\frac{\sin x}{x}$ 是 $\frac{0}{0}$ 型未定式，对于这类极限我们不能用“商的极限等于极限的商”这一法则. 下面我们将给出求这类极限的一种简便方法——洛必达法则.

一、$\frac{0}{0}$ 型未定式的洛必达法则

法则 1 如果函数 $f(x)$ 与 $F(x)$ 满足：

(1) $\lim\limits_{x\to x_0}f(x)=0, \lim\limits_{x\to x_0}F(x)=0$；

(2) 在点 x_0 的某个邻域（点 x_0 可除外）内，$f'(x)$ 和 $F'(x)$ 都存在且 $F'(x)\neq 0$；

(3) $\lim\limits_{x\to x_0}\frac{f'(x)}{F'(x)}$ 存在（或为无穷大），则

$$\lim_{x\to x_0}\frac{f(x)}{F(x)}=\lim_{x\to x_0}\frac{f'(x)}{F'(x)}.$$

上述法则对 $x \to \infty$ 或单侧极限也适用.

例 1　求 $\lim\limits_{x \to 2} \dfrac{x^4 - 16}{x^3 + 5x^2 - 6x - 16}$.

解　这是 $\dfrac{0}{0}$ 型未定式,利用洛必达法则,可得

$$\lim_{x \to 2} \frac{x^4 - 16}{x^3 + 5x^2 - 6x - 16} = \frac{4x^3}{3x^2 + 10x - 6} = \frac{16}{13}$$

例 2　求 $\lim\limits_{x \to 0} \dfrac{\sin ax}{\tan bx}$.

解　这是 $\dfrac{0}{0}$ 型未定式,利用洛必达法则,可得

$$\lim_{x \to 0} \frac{\sin ax}{\tan bx} = \lim_{x \to 0} \frac{(\sin ax)'}{(\tan bx)'} = \lim_{x \to 0} \frac{a\cos ax}{b\sec^2 bx}$$

$$= \lim_{x \to 0} \frac{a}{b} \cos ax \cos^2 bx = \frac{a}{b}$$

例 3　求 $\lim\limits_{x \to +\infty} \dfrac{\dfrac{\pi}{2} - \arctan x}{\dfrac{1}{x}}$.

解　这是 $\dfrac{0}{0}$ 型未定式,利用洛必达法则,可得

$$\lim_{x \to +\infty} \frac{\dfrac{\pi}{2} - \arctan x}{\dfrac{1}{x}} = \lim_{x \to +\infty} \frac{-\dfrac{1}{1 + x^2}}{-\dfrac{1}{x^2}} = \lim_{x \to +\infty} \frac{x^2}{1 + x^2} = 1$$

例 4　求 $\lim\limits_{x \to 0} \dfrac{\tan x - x}{x - \sin x}$.

解　这是 $\dfrac{0}{0}$ 型未定式,利用洛必达法则,可得

$$\lim_{x \to 0} \frac{\tan x - x}{x - \sin x} = \lim_{x \to 0} \frac{\sec^2 x - 1}{1 - \cos x} = \lim_{x \to 0} \frac{\tan^2 x}{1 - \cos x}$$

$$= \lim_{x \to 0} \frac{\sin^2 x}{(1 - \cos x)\cos^2 x} = \lim_{x \to 0} \frac{1 - \cos^2 x}{(1 - \cos x)\cos^2 x}$$

$$= \lim_{x \to 0} \frac{1 + \cos x}{\cos^2 x} = 2$$

注意:分子、分母求导后,必要时须进行化简再求极限,否则将使计算复杂化.

例 5　求 $\lim\limits_{x \to 0} \dfrac{e^x - e^{-x} - 2x}{x - \sin x}$.

解　这是 $\dfrac{0}{0}$ 型未定式,利用洛必达法则,可得

$$\lim_{x \to 0} \frac{e^x - e^{-x} - 2x}{x - \sin x} = \lim_{x \to 0} \frac{e^x + e^{-x} - 2}{1 - \cos x} = \lim_{x \to 0} \frac{e^x - e^{-x}}{\sin x}$$

$$= \lim_{x \to 0} \frac{e^x + e^{-x}}{\cos x} = 2$$

二、$\frac{\infty}{\infty}$型未定式的洛必达法则

法则 2 如果函数 $f(x)$与 $F(x)$满足：

(1) $\lim\limits_{x\to x_0} f(x)=\infty$，$\lim\limits_{x\to x_0} F(x)=\infty$；

(2) 在点 x_0 的某个邻域(点 x_0 可除外)内，$f'(x)$和 $F'(x)$都存在且 $F'(x)\neq 0$；

(3) $\lim\limits_{x\to x_0}\frac{f'(x)}{F'(x)}$存在(或为无穷大)，则

$$\lim_{x\to x_0}\frac{f(x)}{F(x)}=\lim_{x\to x_0}\frac{f'(x)}{F'(x)}.$$

上述法则对 $x\to\infty$或单侧极限也适用.

例 6 求 $\lim\limits_{x\to 0^+}\frac{\ln\sin mx}{\ln\sin nx}$.

解 这是$\frac{\infty}{\infty}$型未定式，利用洛必达法则，可得

$$\begin{aligned}\lim_{x\to 0^+}\frac{\ln\sin mx}{\ln\sin nx}&=\lim_{x\to 0^+}\frac{m\cos mx\sin nx}{n\cos nx\sin mx}\\&=\frac{m}{n}\left(\lim_{x\to 0^+}\frac{\cos mx}{\cos nx}\right)\left(\lim_{x\to 0^+}\frac{\sin nx}{\sin mx}\right)\\&=\frac{m}{n}\cdot\frac{n}{m}=1\end{aligned}$$

例 7 求 $\lim\limits_{x\to+\infty}\frac{\ln x}{x^\alpha}$ $(\alpha>0)$.

解 这是$\frac{\infty}{\infty}$型未定式，利用洛必达法则，可得

$$\lim_{x\to+\infty}\frac{\ln x}{x^\alpha}=\lim_{x\to+\infty}\frac{\frac{1}{x}}{\alpha x^{\alpha-1}}=\lim_{x\to+\infty}\frac{1}{\alpha x^\alpha}=0$$

例 8 求 $\lim\limits_{x\to+\infty}\frac{x^n}{\mathrm{e}^x}$ $(n\in\mathbf{N})$.

解 这是$\frac{\infty}{\infty}$型未定式，利用洛必达法则，可得

$$\begin{aligned}\lim_{x\to+\infty}\frac{x^n}{\mathrm{e}^x}&=\lim_{x\to+\infty}\frac{nx^{n-1}}{\mathrm{e}^x}==\lim_{x\to+\infty}\frac{n(n-1)x^{n-2}}{\mathrm{e}^x}=\cdots\\&=\lim_{x\to+\infty}\frac{n(n-1)(n-2)\times\cdots\times 3\cdot 2\cdot 1}{\mathrm{e}^x}=0\end{aligned}$$

三、其他型未定式的求法

除上述$\frac{0}{0}$型及$\frac{\infty}{\infty}$型两个基本未定型外还有其他型式的待定型，例如，$0\cdot\infty$，$\infty-\infty$，0^0，∞^0，1^∞等型的未定式，对这些类型未定式可设法将其转化成$\frac{0}{0}$型或$\frac{\infty}{\infty}$型，再利用洛必达法则进行计算.

例 9　求$\lim\limits_{x\to 0}\left(\dfrac{1}{x}-\dfrac{1}{e^x-1}\right)$.

解　这是$\infty-\infty$型未定式，用通分的办法使其变为$\dfrac{0}{0}$型未定式，再利用洛必达法则，可得

$$\begin{aligned}\lim_{x\to 0}\left(\frac{1}{x}-\frac{1}{e^x-1}\right)&=\lim_{x\to 0}\frac{e^x-1-1}{x(e^x-1)}\\&=\lim_{x\to 0}\frac{e^x-1}{e^x-1+xe^x}\\&=\lim_{x\to 0}\frac{e^x}{e^x+e^x+xe^x}\\&=\lim_{x\to 0}\frac{1}{2+x}=\frac{1}{2}\end{aligned}$$

例 10　求$\lim\limits_{x\to 0^+}x^3\ln x$.

解　这是$0\cdot\infty$型未定式，可将其变为$\dfrac{\infty}{\infty}$型未定式，再利用洛必达法则，可得

$$\begin{aligned}\lim_{x\to 0^+}x^3\ln x&=\lim_{x\to 0^+}\frac{\ln x}{x^{-3}}=\lim_{x\to 0^+}\frac{\frac{1}{x}}{-3x^{-4}}\\&=-\lim_{x\to 0^+}\frac{x^3}{3}=0\end{aligned}$$

例 11　求$\lim\limits_{x\to 0^+}x^x$.

解　这是0^0型未定式，用取对数的方法将其变成“$0\cdot\infty$”型未定式，再换成$\dfrac{0}{0}$型或$\dfrac{\infty}{\infty}$型未定式，再利用洛必达法则，可得

$$\lim_{x\to 0^+}x^x=\lim_{x\to 0^+}e^{\ln x^x}=\lim_{x\to 0^+}e^{x\ln x}=e^{\lim\limits_{x\to 0^+}x\ln x}$$

而

$$\lim_{x\to 0^+}x\ln x=\lim_{x\to 0^+}\frac{\ln x}{\frac{1}{x}}=\lim_{x\to 0^+}\frac{\frac{1}{x}}{-\frac{1}{x^2}}=-\lim_{x\to 0^+}x=0$$

于是

$$\lim_{x\to 0^+}x^x=e^0=1$$

注意：洛必达法则的条件是充分的，但不是必要的，该法则失效时极限仍有可能存在.

例 12　求$\lim\limits_{x\to+\infty}\dfrac{x}{\sqrt{1+x^2}}$.

解　这是$\dfrac{\infty}{\infty}$型未定式，利用洛必达法则，可得

$$\lim_{x\to+\infty}\frac{x}{\sqrt{1+x^2}}=\lim_{x\to+\infty}\frac{\sqrt{1+x^2}}{x}=\lim_{x\to+\infty}\frac{x}{\sqrt{1+x^2}}=\cdots$$

如此反复下去，无法求出极限，此时应改用其他方法，如

$$\lim_{x\to+\infty}\frac{x}{\sqrt{1+x^2}}=\lim_{x\to+\infty}\frac{x}{\sqrt{\frac{1}{x^2}+1}}=1$$

习题 3.2

1. 利用洛必达法则求极限.

(1) $\lim\limits_{x\to2}\dfrac{3x^2+2x-16}{x^2-3x+2}$；

(2) $\lim\limits_{x\to1}\dfrac{\ln x}{x-1}$；

(3) $\lim\limits_{x\to0}\dfrac{\sin x}{\tan 3x}$；

(4) $\lim\limits_{x\to0}\dfrac{x-\tan x}{\sin x-x}$；

(5) $\lim\limits_{x\to0}\dfrac{\sin 5x}{x}$；

(6) $\lim\limits_{x\to0}\dfrac{e^x-\cos x}{\sin x}$；

(7) $\lim\limits_{x\to0}\dfrac{e^x-\cos x}{x\sin x}$；

(8) $\lim\limits_{x\to0}\dfrac{x-\tan x}{x^3}$；

(9) $\lim\limits_{x\to0}\left(\dfrac{x}{x-1}-\dfrac{1}{\ln x}\right)$；

(10) $\lim\limits_{x\to0}\left[\dfrac{1}{\ln(1+x)}-\dfrac{1}{x}\right]$；

(11) $\lim\limits_{x\to0}x\ln(1-\cos x)$；

(12) $\lim\limits_{x\to+\infty}x^{\frac{1}{x}}$.

2. $\lim\limits_{x\to0}\dfrac{x^2\sin\frac{1}{x}}{\sin x}$与$\lim\limits_{x\to\infty}\dfrac{x-\sin x}{2x+\cos x}$是不是未定式？极限值是否存在？等于什么？能否用洛必达法则来求？为什么？

3.3 函数的单调性与极值

一、函数的单调性

在第1章中，我们已经介绍了函数在区间上单调的概念，现在我们利用导数来研究函数的单调性.

由图3-3可以看出，如果函数 $y=f(x)$ 在区间 $[a,b]$ 上单调增加（或单调减少），那么它的图像是一条沿 x 轴正向上升（或下降）的曲线，这时曲线上各点处的切线斜率是正的（或负的），即 $f'(x)>0$（或 $f'(x)<0$），由此可见，函数的单调性与导数的符号有着密切的联系.

下面我们研究相反的问题，即由函数导数 $f'(x)$ 的符号来判定函数 $f(x)$ 的单调性.

设函数 $y=f(x)$ 在区间 $[a,b]$ 上连续，在区间 (a,b) 内可导. 在区间 $[a,b]$ 上任取两点 x_1,x_2（不妨设 $x_1<x_2$），由拉格朗日中值定理，得

$$f(x_2)-f(x_1)=f'(\xi)(x_2-x_1),\quad \xi\in(x_1,x_2)$$

由于 $x_2-x_1>0$，因此，如果在区间 $[a,b]$ 内导数 $f'(x)>0$，那么 $f'(\xi)>0$，于是

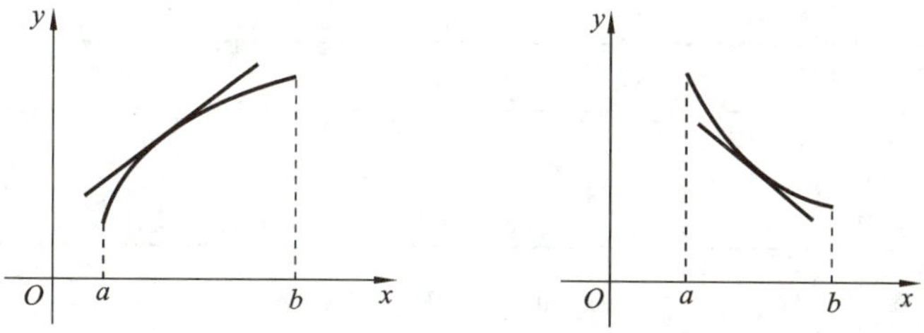

（a）　　　　　　（b）

图 3-3

$$f(x_2)-f(x_1)=f'(\xi)(x_2-x_1)>0,$$

即

$$f(x_1)<f(x_2),$$

也就是函数 $y=f(x)$ 在区间 $[a,b]$ 上单调增加.

同理,如果在区间 $[a,b]$ 上导数 $f'(x)<0$,那么函数 $y=f(x)$ 在区间 $[a,b]$ 上单调减少.

归纳以上讨论,可得函数单调性的判定定理如下.

定理 1　设函数 $y=f(x)$ 在区间 $[a,b]$ 上连续,在区间 (a,b) 内可导:

(1) 如果在区间 (a,b) 内 $f'(x)>0$,那么函数 $y=f(x)$ 在区间 $[a,b]$ 上单调增加;

(2) 如果在区间 (a,b) 内 $f'(x)<0$,那么函数 $y=f(x)$ 在区间 $[a,b]$ 上单调减少.

如果把上述定理中的闭区间换成其他各种区间(包括无穷区间),那么结论也成立. 同时我们指出,如果 $f'(x)$ 在区间 (a,b) 内个别点处等于零,而在其余各点处均为正(负),则 $f(x)$ 在区间 $[a,b]$ 上仍是单调增加(减少)的.

例 1　判定函数 $f(x)=x^3+1$ 的单调性.

解　函数 $f(x)$ 的定义域为 $(-\infty,+\infty)$, $f'(x)=3x^2$. 显然,除 $x=0$ 外,剩余所有点均有 $f'(x)>0$,因此函数在 $(-\infty,+\infty)$ 内单调增加.

例 2　讨论 $f(x)=3x-x^3$ 的单调性.

解　函数 $f(x)$ 的定义域为 $(-\infty,+\infty)$,有

$$f'(x)=3-3x^2=3(1-x)(1+x)$$

令 $f'(x)=0$,得 $x_1=-1$, $x_2=1$, x_1 和 x_2 将定义域 $(-\infty,+\infty)$ 分成三个区间 $(-\infty,1)$, $(-1,1)$ 及 $(1,+\infty)$,函数的单调性如表 3-1 所示. 其中"↗"表示函数单调增加,"↘"表示函数单调减少.

表 3-1

x	$(-\infty,-1)$	$(-1,1)$	$(1,+\infty)$
$f'(x)$	$-$	$+$	$-$
$f(x)$	↘	↗	↘

例 3　确定函数 $f(x)=\sqrt[3]{x^2}$ 的单调区间.

解　函数 $f(x)$ 的定义域为 $(-\infty,+\infty)$. 当 $x\neq0$ 时, $f'(x)=\dfrac{2}{3\sqrt[3]{x}}$;当 $x=0$ 时,函数的导数不存在, $x=0$ 将 $(-\infty,+\infty)$ 分成两个区间 $(-\infty,0)$ 和 $(0,+\infty)$,函数的单调性如表 3-2 所示.

表 3-2

x	$(-\infty,0)$	$(0,+\infty)$
$f'(x)$	$-$	$+$
$f(x)$	↘	↗

综上所述，求函数 $y=f(x)$的单调区间的步骤如下：

(1) 确定 $f(x)$的定义域；

(2) 求出 $f'(x)$；

(3) 求出 $f(x)$单调区间的所有可能的分界点(包括 $f'(x)=0$ 的点和 $f'(x)$不存在的点)，并根据分界点把定义域划分成几个小区间.

使 $f'(x)=0$ 的点也称为 $f(x)$的驻点.

(4) 列表判断 $f'(x)$在各小区间内的符号，从而判断函数在各区间内的单调性.

二、函数的极值

1. 函数极值的定义

由图 3-4 可以看出，$y=f(x)$在点 x_2、x_5 的函数值 $f(x_2)$、$f(x_5)$比它们近旁各点的函数值都大，而在 x_1、x_4、x_6 的函数值 $f(x_1)$、$f(x_4)$、$f(x_6)$比它们近旁各点的函数值都小，对于这种性质的点和对应的函数值，我们给出如下定义.

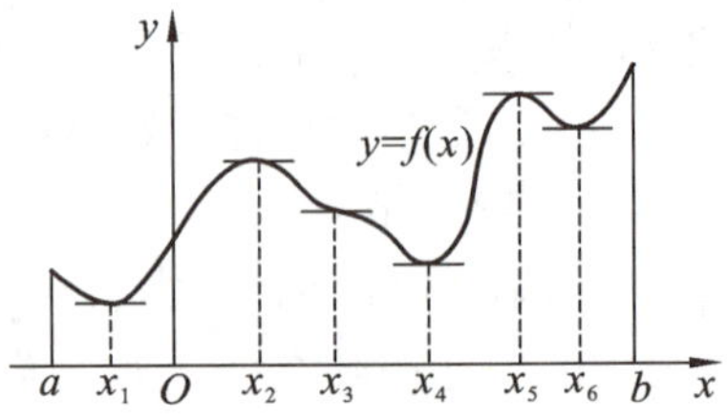

图 3-4

定义 设函数在点 x_0 的某个邻域内有定义，对于该邻域内异于 x_0 的点 x，如果均有 $f(x)<f(x_0)$，则称函数在点 x_0 有极大值 $f(x_0)$；如果均有 $f(x)>f(x_0)$，则称函数在点 x_0 有极小值 $f(x_0)$，极大值、极小值统称为极值，使函数取得极值的点 x_0 称为极值点.

在图 3-4 中，函数 $f(x)$有两个极大值 $f(x_2)$和 $f(x_5)$，有三个极小值 $f(x_1)$、$f(x_4)$和 $f(x_6)$. x_2 和 x_5 是$f(x)$的极大值点，x_1、x_4 和 x_6 是 $f(x)$的极小值点.

由定义可知，极值反映了函数的局部性质，在指定区间内，一个函数可能有多个极大值和多个极小值，某处的极大值还有可能小于另一处的极小值，并且极值只可能在区间的内部取得.

2. 函数极值的判定和求法

由图 3-4 中还可看出，曲线在函数 $f(x)$的极值点处具有水平切线，即 $f'(x)=0$；反之，曲线上有水平切线的点，即 $f'(x)=0$ 对应的点，并不一定是极值点. 如图 3-4 中在点$(x_3,f(x_3))$处，曲线有水平切线，即 $f'(x_3)=0$，但 $f(x_3)$却不是极值.

现在我们来讨论函数取得极值的必要条件和充分条件.

定理 2(必要条件) 设函数 $f(x)$在点 x_0 处可导，且在 x_0 处取得极值，那么 $f'(x)=0$.

定理 2 就是说：可导函数 $f(x)$的极值点一定是驻点，但驻点却不一定是极值点. 也就是：函数的极值只可能在驻点和不可导点中取得，为此，我们给出函数取得极值的充分条件.

定理 3(充分条件)　设函数 $f(x)$在点 x_0 的某邻域$(x_0-\delta,x_0+\delta)$内连续,且 $f'(x)=0$ 或 $f'(x_0)$不存在.

(1) 若在左邻域$(x_0-\delta,x_0)$内 $f'(x)<0$,而在右邻域$(x_0,x_0+\delta)$内 $f'(x)>0$,则函数 $f(x)$在 x_0 处取得极小值 $f(x_0)$;

(2) 若在左邻域$(x_0-\delta,x_0)$内 $f'(x)>0$,而在右邻域$(x_0,x_0+\delta)$内 $f'(x)<0$,则函数 $f(x)$在 x_0 处取得极大值 $f(x_0)$;

(3) 若在左邻域$(x_0-\delta,x_0)$和右邻域$(x_0,x_0+\delta)$内 $f'(x)$的符号不变,则函数 $f(x)$在 x_0 处无极值.

定理 3 的几何意义如图 3-5 所示,当 x 逐渐增大经过点 x_0 时,如果 $f'(x_0)$的符号由正变负,那么 $f(x)$在 x_0 处取得极大值,如果 $f'(x_0)$的符号由负变正,那么 $f(x)$在 x_0 处取得极小值.

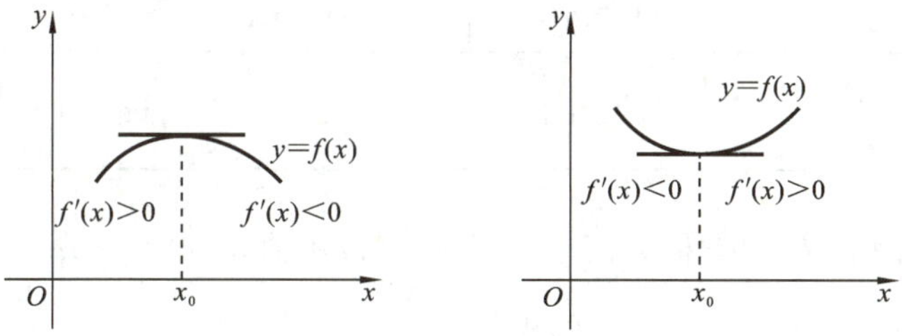

(a)　　(b)

图 3-5

例 4　求函数 $f(x)=\frac{1}{3}x^3-x^2-3x+3$ 的极值.

解　函数 $f(x)$的定义域为$(-\infty,+\infty)$,有

$$f'(x)=x^2-2x-3=(x+1)(x-3)$$

由于 $f'(x)$在$(-\infty,+\infty)$内存在,所以 $f(x)$没有不可导点.令 $f'(x)=0$,得驻点 $x_1=-1$,$x_2=3$.

驻点 x_1,x_2 将定义域$(-\infty,+\infty)$分成三个区间,其函数的极值情况如表 3-3 所示.

表 3-3

x	$(-\infty,1)$	-1	$(-1,3)$	3	$(3,+\infty)$
$f'(x)$	$+$	0	$-$	0	$+$
$f(x)$	↗	极大值$\frac{14}{3}$	↘	极小值-6	↗

由表 3-3 可知,$f(x)$在 $x=-1$ 点处取得极大值 $f(-1)=\frac{14}{3}$;在 $x=3$ 点处取得极小值 $f(3)=-6$.

一般地,求函数 $y=f(x)$的极值的步骤如下:

(1) 求出函数 $f(x)$的定义域;

(2) 求出导数 $f'(x)$;

(3) 在定义域内求出驻点和导数不存在的点，并用这些点将定义域划分为几个小区间；

(4) 列表讨论 $f'(x)$在驻点及不可导点的左、右邻近区间内的符号，以确定函数的极值.

例 5 求函数 $f(x)=x-\frac{3}{2}x^{\frac{2}{3}}$的极值.

解 函数 $f(x)$的定义域为$(-\infty,+\infty)$，有

$$f'(x)=1-x^{-\frac{1}{3}}=\frac{\sqrt[3]{x}-1}{\sqrt[3]{x}}$$

令 $f'(x)=0$，得驻点 $x=1$，又当 $x=0$ 时，$f'(x)$不存在，即 $x=0$ 为不可导点.

列表考察 $f'(x)$的符号，确定 $f(x)$的极值，如表 3-4 所示.

表 3-4

x	$(-\infty,0)$	0	$(0,1)$	1	$(1,+\infty)$
$f'(x)$	+	不存在	−	0	+
$f(x)$	↗	极大值 0	↘	极小值$-\frac{1}{2}$	↗

由表 3-4 可知，函数 $f(x)$有极大值 $f(0)=0$，有极小值 $f(1)=-\frac{1}{2}$.

例 6 求函数 $f(x)=(x^2-1)^3+1$ 的极值.

解 函数 $f(x)$的定义域为$(-\infty,+\infty)$，有

$$f'(x)=3(x^2-1)^2\cdot 2x=6x(x+1)^2(x-1)^2$$

令 $f'(x)=0$，得驻点 $x_1=-1,x_2=0,x_3=1$.

又知 $f(x)$没有不可导点，所以列表 3-5 考察如下.

表 3-5

x	$(-\infty,-1)$	-1	$(-1,0)$	0	$(0,1)$	1	$(1,+\infty)$
$f'(x)$	−	0	−	0	+	0	+
$f(x)$	↘	非极值	↘	极小值 0	↗	非极值	↗

由表 3-5 可知，函数有极小值 $f(0)=0$.

若函数 $f(x)$在驻点处的二阶导数不为零，则可以用下面定理判定驻点处是否取得极值.

定理 4 设函数 $f(x)$在点 x_0 处具有二阶导数，且 $f'(x_0)=0,f''(x_0)\neq 0$，则

(1) 若 $f''(x_0)<0$，则 $f(x_0)$是 $f(x)$的极大值；

(2) 若 $f''(x_0)>0$，则 $f(x_0)$是 $f(x)$的极小值.

例 7 求函数 $f(x)=\sin x+\cos x$ 在$[0,2\pi]$上的极值.

解

$$f'(x)=\cos x-\sin x$$

$$f''(x)=-\sin x-\cos x$$

令 $f'(x)=0$，得驻点 $x=\frac{\pi}{4}$、$\frac{5}{4}\pi$ 又因为

$$f''\left(\frac{\pi}{4}\right)=-\sin\frac{\pi}{4}-\cos\frac{\pi}{4}=-\sqrt{2}<0$$

$$f''\left(\frac{5\pi}{4}\right)=-\sin\frac{5\pi}{4}-\cos\frac{5\pi}{4}=\sqrt{2}>0$$

所以 $f(x)$ 在 $x=\frac{\pi}{4}$ 处有极大值 $f\left(\frac{\pi}{4}\right)=\sqrt{2}$；$f(x)$ 在 $x=\frac{5\pi}{4}$ 处有极小值，$f\left(\frac{5\pi}{4}\right)=-\sqrt{2}$.

特别指出，定理 4 只有在 $f''(x_0)\neq 0$ 时才适用.

习题 3.3

1. 判定函数 $f(x)=\arctan x-x$ 的单调性.
2. 确定下列函数的单调区间：

(1) $f(x)=3x^2+5$　　(2) $f(x)=x^2(x-3)$

(3) $f(x)=x-e^x$　　(4) $f(x)=(x-1)(x+3)^3$

3. 求下列函数的极值点与极值.

(1) $y=x^2-2x+3$　　(2) $y=e^x+e^{-x}$

(3) $y=4x^3-3x^2-6x+2$　　(4) $y=(x-1)\sqrt[3]{x^2}$

3.4　函数的最大值与最小值

求某个函数在一定范围内的最大值或最小值的问题，在经济活动、科学研究及日常生活中会经常碰到. 例如，在一定条件下，怎样使“产品最多”“成本最低”“材料最省”等. 这些是最优化问题中的基本数学模型，具有重要的实用价值.

我们知道，极值是一个局部性概念，而最值是整体性概念，下面我们介绍在不同情况下最值的具体求法.

一、求最值的方法一

如果函数 $f(x)$ 在闭区间 $[a,b]$ 上连续，那么它在该区间上一定有最大值与最小值. 显然，如果最大值与最小值在开区间 (a,b) 内取得，则最大值点与最小值点应该是函数的极值点，而极值点可能在驻点与不可导点处取得，因此，应先求出 $f(x)$ 在区间 (a,b) 内的驻点与不可导点，然后计算出它们的函数值及 $f(a)$ 和 $f(b)$，将它们加以比较，其中最大者为 $f(x)$ 在区间 $[a,b]$ 上的最大值，最小者为 $f(x)$ 在区间 $[a,b]$ 上的最小值.

例 1　求函数 $f(x)=x^5-5x^4+5x^3+1$ 在 $[-1,2]$ 上的最大值和最小值.

解

$$\begin{aligned}f'(x)&=5x^4-20x^3+15x^2\\&=5x^2(x-1)(x-3)\end{aligned}$$

令 $f'(x)=0$，$f(x)$ 在 $(-1,2)$ 内得驻点 $x_1=0$，$x_2=1$.

由于 $f(0)=1$，$f(1)=2$，$f(-1)=-10$，$f(2)=-7$，比较得函数 $f(x)$ 在 $[-1,2]$ 上的最大值为 $f(1)=2$，最小值为 $f(-1)=-10$.

例 2 求函数 $f(x)=2x^3+3x^2-12x+10$ 在$[-3,4]$上的最大值与最小值.

解
$$f'(x)=6x^2+6x-12=6(x+2)(x-1)$$

令 $f'(x)=0$,得驻点 $x_1=-2,x_2=1$.

计算驻点和端点的函数值,$f(-2)=30,f(1)=3,f(-3)=19,f(4)=138$.

比较它们知,函数 $f(x)$在$[-3,4]$上取得最大值 $f(4)=138$,最小值 $f(1)=3$.

二、求最值的方法二

如果函数 $f(x)$在开区间(a,b)内仅有一个极值点 x_0,那么当 $f(x_0)$为极大值时,$f(x_0)$就是 $f(x)$在(a,b)内的最大值;当 $f(x_0)$为极小值时,$f(x_0)$就是 $f(x)$在(a,b)内的最小值,如图 3-6 所示.该结论对于无穷区间也同样适用.

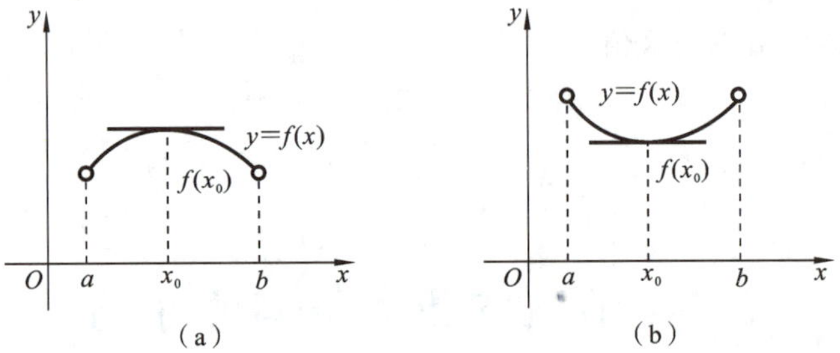

图 3-6

例 3 某农民购买一段长 600 m 的篱笆,想围成一矩形场地,欲使所围的面积最大,问边长应各取多少?

解 设矩形场地的边长分别为 x 和 y,面积为 S,则有
$$S=xy$$
又因为 $2x+2y=600$,即
$$y=300-x$$
所以
$$S=x(300-x)=300x-x^2,\quad (0<x<300)$$
问题归结为:求 $S=300x-x^2$ 在$(0,300)$内的最大值.
$$S'=300-2x$$
令 $S'=0$,解得驻点 $x=150$.

且当 $0<x<150$ 时,$S'>0$;当 $150<x<300$ 时,$S'<0$.所以,当 $x=150$ 时,S 有极大值.

又因为 S 在$(0,300)$内仅有一个极大值,所以这个极大值就是最大值.因此,当 $x=150$ m 时(即场地为正方形时)场地面积最大.

例 4 注入人体血液中的麻醉药浓度随注入时间的长短而变化,据临床观测,某麻醉药在某人血液中的浓度 C 与时间 t 的数学模型为
$$C(t)=0.29483t+0.04253t^2-0.00035t^3$$
其中,C 的单位是 mg,时间 t 的单位是 s.问:这种麻醉药从注入人体内开始,过多长时间其血液含该麻醉药的浓度最大?

解　只要求出函数 $C(t)$ 在 $(0,+\infty)$ 内的最大值即可.

$$C'(t)=0.29483+0.08506t-0.00105t^2$$

令 $C'(t)=0$，得 $C(t)$ 在 $(0,+\infty)$ 内的驻点 $t=84.34$.

又因为当 $0<t<84.34$ 时，$C'(t)>0$；当 $84.34<t<+\infty$ 时，$C'(t)<0$. 所以，当 $t=84.34$ 时，C 有极大值.

而 C 在 $(0,+\infty)$ 内仅有一个极大值，所以这个极大值就是最大值. 因此，当 $t=84.34$ s 时，其血液里麻醉药的浓度最大.

三、求最值的方法三

在实际问题中，如果能根据问题的性质判定函数在开区间 (a,b) 内一定有最大值(或最小值)，而且函数在 (a,b) 内仅有一个驻点或不可导点，则可肯定函数在该点处的函数值就是它的最大值(或最小值).

例 5　某车间靠墙壁要盖一间长方形小屋，现有存砖只够砌 20 m 长的墙壁，问应围成怎样的长方形才能使这小屋的面积最大？

解　设小屋长为 x m，宽为 y m，面积为 s m²，则 $s=xy$. 由已知 $x=20-2y$，于是有

$$s=(20-2y)y=2(10y-y^2),\quad y\in(0,10)$$

$$s'=20-4y=-4(y-5)$$

由此可知，$y=5$ 为 s 唯一的驻点，又知 s 一定存在最大值，所以 $y=5$ 为最大值点. 即长为 10 m，宽为 5 m 时，这间小屋的面积最大.

例 6　将一块边长为 a 的正方形铁皮，从每个角截去同样的小正方形，然后把四边折起来，做成一个无盖的方盒，为了使这个方盒的容积最大，问应该截去多少？

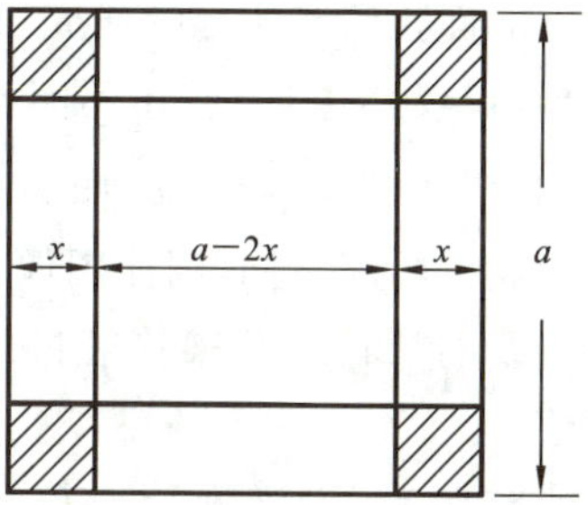

图 3-7

解　如图 3-7 所示，设截去的小方块边长为 x，则所做成的方盒的容积为

$$V=(a-2x)^2x\quad\left(0<x<\frac{a}{2}\right)$$

$$V'=-4(a-2x)x+(a-2x)^2$$

$$=(2x-a)(6x-a)$$

令 $V'=0$，得区间 $\left(0,\frac{a}{2}\right)$ 内的唯一驻点 $x=\frac{a}{6}$. 由于盒子的最大容积是客观存在的，且必在区间 $\left(0,\frac{a}{2}\right)$ 内取得，因此可知，当 $x=\frac{a}{6}$ 时，$V(x)$ 取得最大值，即盒子的容积最大.

习题 3.4

1. 求下列函数的最大值与最小值.

(1) $f(x)=2x^3-3x^2,x\in[-1,4]$；

(2) $f(x)=2=x^4-2x^2+5,x\in[-2,2]$；

(3) $f(x)=x+\sqrt{1-x},x\in[-5,1]$.

2. 如图 3-8 所示，窗户外框由一个半圆形加一个矩形构成，若要窗户所围成面积为 5 m^2，底边为多少时，窗户周长最小，从而使用料最省？

3. 要造一圆柱形油罐，体积为 V，问底半径 r 和高 h 等于多少，才能使表面积最少？这时底直径与高的比是多少？

4. 如图 3-9 所示，从一块半径为 R 的圆铁片上挖去一个扇形，做成一个漏斗形，问留下的扇形的中心角 φ 取多大时，做成的漏斗的容积最大？

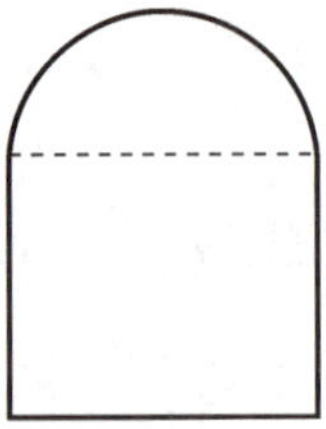

图 3-8

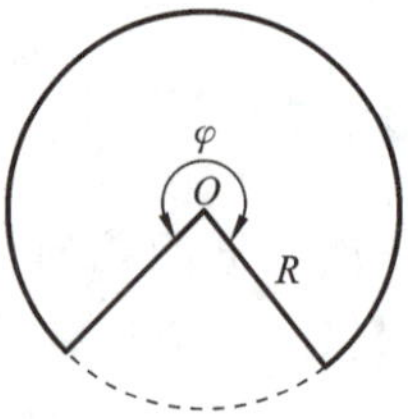

图 3-9

3.5 曲线的凹凸与拐点

一、曲线的凹凸定义及判定法

前面我们利用导数研究了函数的单调性与极值，这对于描绘函数的图像是有很大帮助的. 但是，仅仅知道这些，还不能比较准确地描绘函数的图像. 例如，函数 $y=x^2(x\geqslant 0)$ 与 $y=\sqrt{x}$（如图 3-10），其曲线都是单调上升的，但它们的弯曲方向却不同，因而图像显著不同. 图像的弯曲方向，在几何上是用曲线的"凹凸性"来描述的. 下面我们给出曲线的凹凸性概念及判定法.

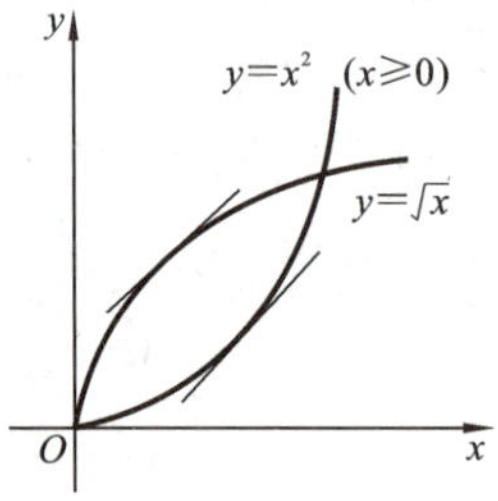

图 3-10

定义 1 设函数 $y=f(x)$ 在区间 (a,b) 内可导，如果曲线 $y=f(x)$ 上任一点的切线均位于曲线下方，则称曲线 $y=f(x)$ 在区间 (a,b) 内是凹的，区间 (a,b) 称为凹区间；如果曲线 $y=f(x)$ 上任一点的切线均位于曲线上方，则称曲线 $y=f(x)$ 在区间 (a,b) 内是凸的，区间 (a,b) 称为凸区间.

从图 3-11 我们注意到，凹的曲线 $y=f(x)$ 上各点处的切线斜率是随着 x 的增加而增加的，即 $f'(x)$ 为单调增函数；而凸的曲线 $y=f(x)$ 上各点处的切线斜率是随着 x 的增加而减少的，即 $f'(x)$ 为单调减函数. 由于 $f'(x)$ 的单调性可通过二阶导数 $f''(x)$ 的符号来判定，故可由二阶导数 $f''(x)$ 的符号来判定曲线的凹凸性.

定理 设函数 $f(x)$ 在区间 (a,b) 内具有二阶导数 $f''(x)$，那么

(1) 若在 (a,b) 内 $f''(x)>0$，则曲线 $y=f(x)$ 在 (a,b) 内是凹的；

(2) 若在 (a,b) 内 $f''(x)<0$，则曲线 $y=f(x)$ 在 (a,b) 内是凸的.

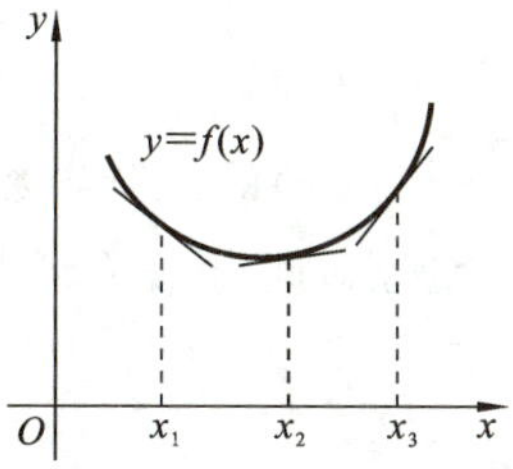

(a)

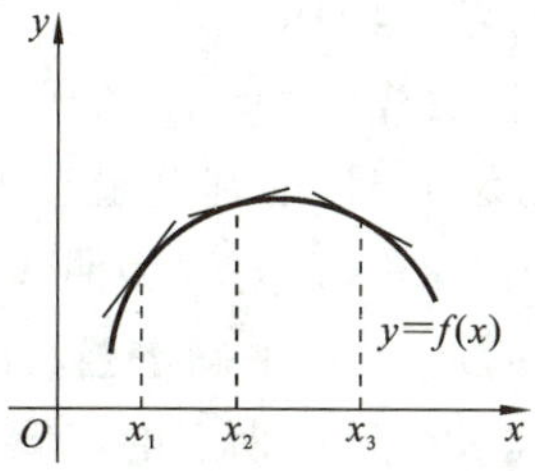

(b)

图 3-11

例 1　判定曲线 $y=\frac{1}{x}$ 的凹凸性.

解　函数的定义域为 $(-\infty,0)\cup(0,+\infty)$，有

$$y'=-\frac{1}{x^2},\quad y''=\frac{2}{x^3}$$

因为当 $x<0$ 时，$y''<0$；当 $x>0$ 时，$y''>0$，所以曲线在 $(-\infty,0)$ 内是凸的，在 $(0,+\infty)$ 内是凹的，如图 3-12 所示.

例 2　判定曲线 $y=x^3$ 的凹凸性.

解　函数的定义域为 $(-\infty,+\infty)$，有

$$y'=3x^2,\quad y''=6x$$

因为当 $x<0$ 时，$y''<0$；当 $x>0$ 时，$y''>0$，所以曲线在 $(-\infty,0)$ 内是凸的，在 $(0,+\infty)$ 内是凹的，如图 3-13 所示.

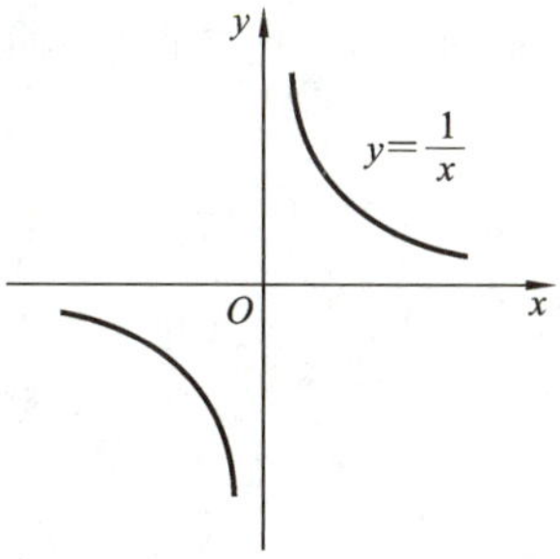

图 3-12

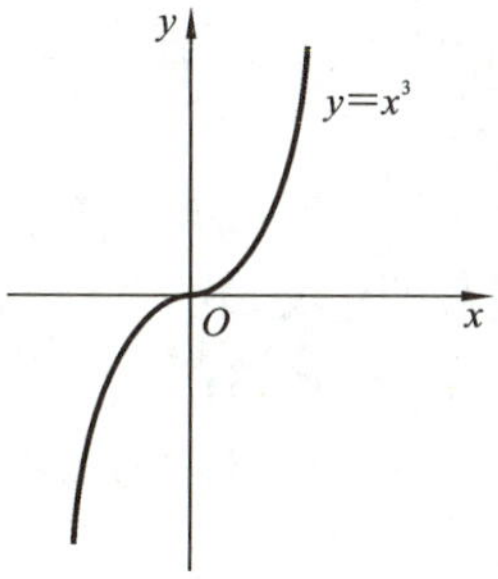

图 3-13

此曲线的凹凸性也可以通过列表 3-6 给出(其中，“$\cup$”表示曲线是凹的，“$\cap$”表示曲线是凸的).

表 3-6

x	$(-\infty,0)$	$(0,+\infty)$
y''	$-$	$+$
y	$\cap$	$\cup$

二、曲线的拐点及其求法

定义 2　曲线上凹的曲线弧与凸的曲线弧的分界点称为曲线的拐点.

例如，例 2 中的点(0,0)就是曲线 $y=x^3$ 的拐点.

我们如何来寻找曲线 $y=f(x)$的拐点呢?

由拐点的定义及凹凸性的判定定理可知，如果函数 $y=f(x)$的二阶导数 $f''(x)$在点 x_0 的左右近旁异号，那么点$(x_0,f(x_0))$为曲线 $y=f(x)$的一个拐点. 此时，$f''(x_0)=0$ 或者 $f''(x_0)$不存在. 这与用一阶导数 $f'(x)$来确定函数的极值点是类似的.

一般地，求曲线 $y=f(x)$拐点的步骤如下：

(1) 求出函数 $f(x)$的定义域；

(2) 求出函数的二阶导数 $f''(x)$；

(3) 求出二阶导数 $f''(x_0)=0$ 及 $f''(x)$不存在的点，用这些点把函数的定义域分成几个小区间. 确定二阶导数 $f''(x)$在各小区间上的符号，判定曲线的凹凸性和拐点.

例 3 求曲线 $y=x^4-2x^3+1$ 的凹凸区间和拐点.

解 (1) 函数的定义域为$(-\infty,+\infty)$；

(2) $y'=4x^3-6x^2$，$y''=12x^2-12x=12x(x-1)$；

(3) 令 $y''=0$，得 $x_1=0$，$x_2=1$，x_1，x_2 把定义域分成三个小区间，列表 3-7 考察 y''的符号.

表 3-7

x	$(-\infty,0)$	0	$(0,1)$	1	$(1,+\infty)$
y''	+	0	−	0	+
y	∪	拐点(0,1)	∩	拐点(1,0)	∪

由表 3-7 可知，曲线在$(-\infty,0)$和$(1,+\infty)$内是凹的，在$(0,1)$内是凸的；曲线的拐点为(0,1)和(1,0).

例 4 判断曲线 $y=x^4$ 是否有拐点?

解 (1) 函数的定义域为$(-\infty,+\infty)$；

(2) $y'=4x^3$，$y''=12x^2$；

(3) $y''=0$，得 $x=0$，列表 3-8 考察.

表 3-8

x	$(-\infty,0)$	0	$(0,+\infty)$
y''	+	0	+
y	∪	非拐点(0,0)	∪

由表 3-8 可知，曲线 $y=x^4$ 没有拐点.

例 5 求曲线 $y=\sqrt[3]{x}$的拐点.

解 (1) 函数的定义域为$(-\infty,+\infty)$；

(2) $y'=\dfrac{1}{3\sqrt[3]{x^2}}$，$y''=-\dfrac{2}{9x^3\sqrt{x^2}}$

(3) 当 $x=0$ 时，y''不存在，$y''=0$ 无解，列表 3-9 考察.

表 3-9

x	$(-\infty,0)$	0	$(0,+\infty)$
y''	+	不存在	−
y	∪	拐点$(0,0)$	∩

由表 3-9 可知，曲线 $y=\sqrt[3]{x}$有拐点$(0,0)$.

习题 3.5

1. 判定下列曲线的凹凸性.

(1) $y=\ln x$；　　(2) $y=4x-x^2$；

(3) $y=x\arctan x$；　　(4) $y=(x+1)^4+e^x$.

2. 求下列曲线的拐点及凹凸区间.

(1) $y=3x^4-4x^3+1$；　　(2) $y=\ln(x^2+1)$；

(3) $y=xe^{-x}$；　　(4) $y=e^{\arctan x}$.

3. 当 a,b 为何值时，点$(1,3)$为曲线 $y=ax^3+bx^2$ 的拐点？

3.6　函数图像的描绘

前面我们利用导数研究了函数的单调性与极值、曲线的凹凸与拐点. 这一节，我们将综合运用这些知识，来比较准确地描绘函数的图像. 为此我们先介绍曲线的水平渐近线和垂直线渐近线的概念.

一、曲线的水平渐近线与垂直渐近线

先看以下例子：

(1) 当 $x\to-\infty$时，曲线 $y=e^x$ 无限接近于直线 $y=0$，如图 3-14 所示.

(2) 当 $x\to1^+$时，曲线 $y=\ln(x-1)$无限接近于直线 $x=1$，如图 3-15 所示.

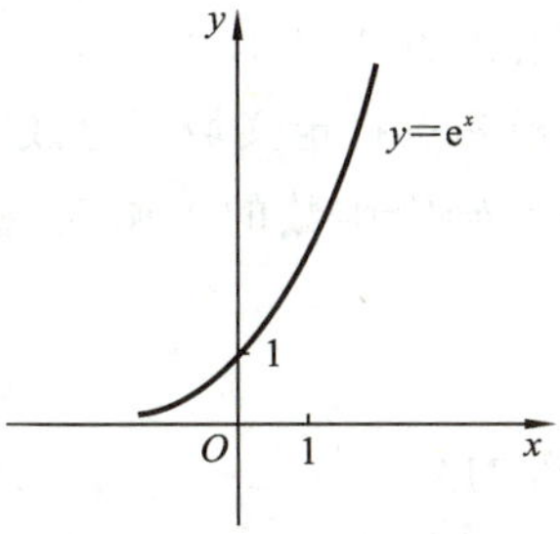

图 3-14

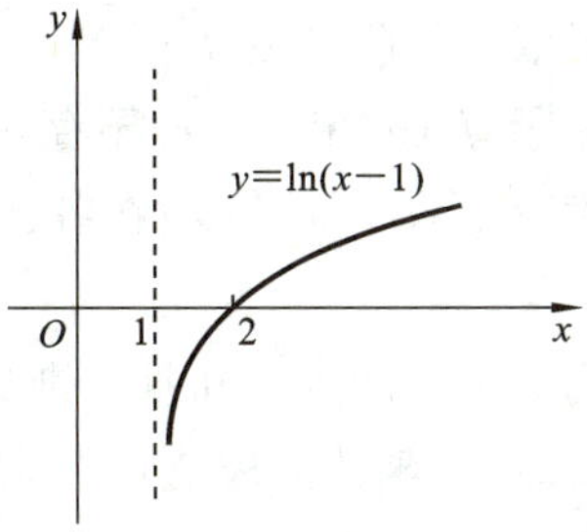

图 3-15

对于具有以上特性的直线，我们给出如下定义.

定义 1 如果 $\lim\limits_{x\to-\infty} f(x)=b$ 或 $\lim\limits_{x\to+\infty} f(x)=b$（$b$ 为一确定常数），则称直线 $y=b$ 为曲线 $y=f(x)$ 的水平渐近线.

定义 2 设 x_0 为 $f(x)$ 的间断点，如果 $\lim\limits_{x\to x_0^+} f(x)=\infty$ 或 $\lim\limits_{x\to x_0^-} f(x)=\infty$，则称直线 $x=x_0$ 为曲线 $y=f(x)$ 的垂直渐近线.

例如，因为 $\lim\limits_{x\to-\infty} e^x=0$，所以直线 $y=0$ 是曲线 $y=e^x$ 的水平渐近线. 又因为 $\lim\limits_{x\to1^+}\ln(x-1)=\infty$，所以直线 $x=1$ 是曲线 $y=\ln(x-1)$ 的垂直渐近线.

例 1 求下列曲线的水平渐近线或垂直渐近线.

(1) $y=\arctan x$； (2) $y=\dfrac{1}{x-1}$.

解 (1) 因为 $\lim\limits_{x\to-\infty}\arctan x=-\dfrac{\pi}{2}$，$\lim\limits_{x\to+\infty}\arctan x=\dfrac{\pi}{2}$，所以曲线 $y=\arctan x$ 有两条水平渐近线：$y=-\dfrac{\pi}{2}$ 和 $y=\dfrac{\pi}{2}$，如图 3-16 所示.

(2) 因为 $\lim\limits_{x\to1}\dfrac{1}{x-1}=\infty$，所以直线 $x=1$ 是曲线 $y=\dfrac{1}{x-1}$ 的垂直渐近线，如图 3-17 所示.

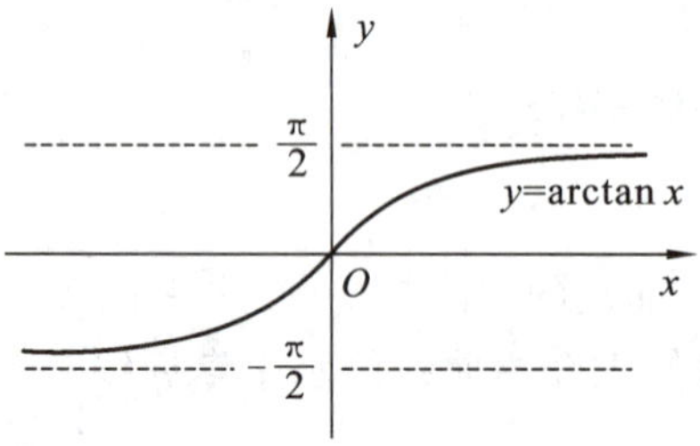

图 3-16

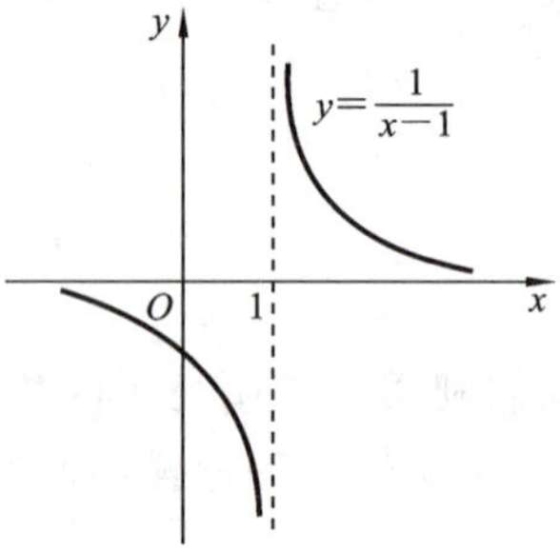

图 3-17

二、函数图像的描绘

一般地，利用导数描绘函数图像的步骤为：

(1) 确定函数 $y=f(x)$ 的定义域及函数的某些特性（如奇偶性、周期性等）；

(2) 求出函数的一阶导数 $f'(x)$ 和二阶导数 $f''(x)$，解出方程 $f'(x)=0$，$f''(x)=0$ 在定义域内的全部实根及 $f'(x)$ 和 $f''(x)$ 不存在的点，并用这些根和点将定义域划分成若干个区间；

(3) 列表讨论 $f'(x)$ 和 $f''(x)$ 在各区间内的符号，由此确定函数的单调性、极值、曲线的凹凸性及拐点；

(4) 求曲线的水平渐近线和垂直渐近线；

(5) 求辅助点，取函数的极值点、拐点或曲线与坐标轴的交点等；

(6) 描点作图.

例 2 作函数 $f(x)=\dfrac{1}{3}x^3-x$ 的图像.

解　(1) 函数的定义域为$(-\infty,+\infty)$. 又因为 $f(-x)=-f(x)$,所以该函数为奇函数,其图像关于原点对称.

(2)
$$y'=x^2-1,\quad y''=2x$$
令 $y'=0$,得 $x=\pm1$;令 $y''=0$,得 $x=0$.

(3) 列表 3-10 讨论(其中"⤴"表示曲线上升且凹,"↗"表示曲线上升且凸,"⤵"表示曲线下降且凸,"↘"表示曲线下降且凹).

表 3-10

x	$(-\infty,-1)$	-1	$(-1,0)$	0	$(0,1)$	1	$(1,+\infty)$
y'	+	0	−	−	−	0	+
y''	−	−	−	0	+	+	+
y	↗	极大值$\frac{2}{3}$	⤵	拐点$(0,0)$	↘	极小值$-\frac{2}{3}$	⤴

(4) 函数 $f(x)$无渐近线.

(5) 取辅助点$(-\sqrt{3},0)$,$(\sqrt{3},0)$,$\left(-1,\frac{2}{3}\right)$,$\left(1,-\frac{2}{3}\right)$,$(0,0)$.

(6) 描点作图,结果如图 3-18 所示.

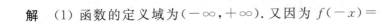

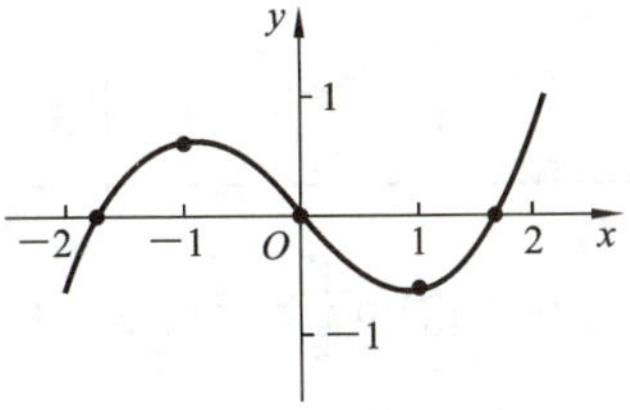

图 3-18

例 3　作函数 $y=\frac{1}{\sqrt{2\pi}}e^{-\frac{x^2}{2}}$ 的图像.

解　(1) 函数的定义域为$(-\infty,+\infty)$. 又因为 $f(-x)=f(x)$,所以 $f(x)$为偶函数,其图像关于 y 轴对称.

(2)
$$y'=-\frac{1}{\sqrt{2\pi}}xe^{-\frac{x^2}{2}},\quad y''=\frac{1}{\sqrt{2\pi}}(x^2-1)e^{-\frac{x^2}{2}}$$
令 $y'=0$,得 $x=0$;$y''=0$,得 $x=\pm1$.

(3) 列表 3-11 讨论.

表 3-11

x	$(-\infty,-1)$	-1	$(-1,0)$	0	$(0,1)$	1	$(1,+\infty)$
y'	+	+	+	0	−	−	−
y''	+	0	−	−	−	0	+
y	⤴	拐点 $\left(-1,\frac{1}{\sqrt{2\pi e}}\right)$	↗	极大值$\frac{1}{\sqrt{2\pi}}$	⤵	拐点 $\left(1,\frac{1}{\sqrt{2\pi e}}\right)$	↘

(4) 因为$\lim\limits_{x\to\infty}\frac{1}{\sqrt{2\pi}}e^{-\frac{x^2}{2}}=0$,所以有水平渐近线 $y=0$(无垂直渐近线).

(5) 取辅助点$\left(-1,\frac{1}{\sqrt{2\pi e}}\right)$,$\left(0,\frac{1}{\sqrt{2\pi}}\right)$,$\left(1,\frac{1}{\sqrt{2\pi e}}\right)$.

(6) 描点作图,结果如图 3-19 所示,此曲线称为正态分布曲线.

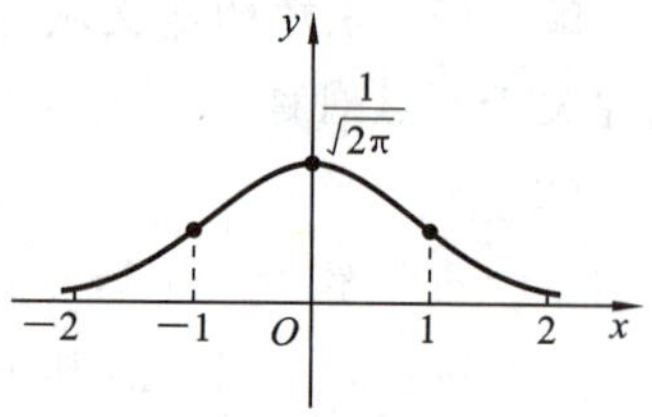

图 3-19

例 4 作函数 $y=\frac{x-1}{(x-2)^2}-1$ 的图像.

解 (1) 函数的定义域为 $(-\infty,2)\cup(2,+\infty)$.

(2) $$y'=-\frac{x}{(x-2)^3},\quad y''=\frac{2(x+1)}{(x-2)^4}$$

令 $y'=0$,得 $x=0$;$y''=0$,得 $x=-1$.

(3) 列表 3-12 讨论.

表 3-12

x	$(-\infty,-1)$	-1	$(-1,0)$	0	$(0,2)$	$(2,+\infty)$
y'	−	−	−	0	+	−
y''	−	0	+	+	+	+
y	↘	拐点 $\left(-1,-\frac{11}{9}\right)$	↘	极大值 $-\frac{5}{4}$	↗	↘

(4) 由 $\lim\limits_{x\to2}\left[\frac{x-1}{(x-2)^2}-1\right]=+\infty$,知 $x=2$ 是垂直渐近线;

由 $\lim\limits_{x\to\infty}\left[\frac{x-1}{(x-2)^2}-1\right]=-1$,知 $y=-1$ 是水平渐近线.

(5) 取辅助点 $\left(\frac{5-\sqrt{5}}{2},0\right)$,$\left(\frac{5+\sqrt{5}}{2},0\right)$,$\left(-1,-\frac{11}{9}\right)$,$\left(0,-\frac{5}{4}\right)$

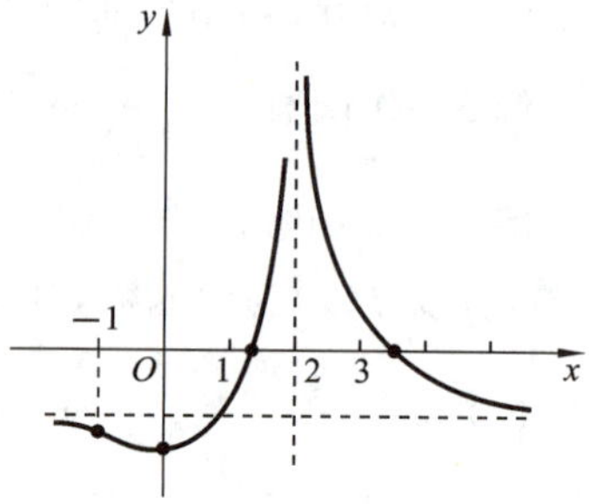

图 3-20

(6) 描点作图,结果如图 3-20 所示.

习题 3.6

1. 求下列曲线的渐近线.

(1) $y=\frac{1}{1-x^2}$;

(2) $y=x^2+\frac{1}{x}$;

(3) $y=e^{\frac{1}{x}}$;

(4) $y=1+\frac{36x}{(x+3)^2}$.

2. 作出下列函数的图像.

(1) $y=x^3-x^2-x+1$;

(2) $y=\ln(1+x^2)$;

(3) $y=xe^{-x}$;

(4) $y=\frac{8}{4-x^2}$.

3.7　导数在经济中的应用

一、导数在经济分析中的应用

1. 边际概念

1）边际函数的定义

定义 1　设函数 $y=f(x)$ 在 x 处可导，则称导数 $f'(x)$ 为 $f(x)$ 的边际函数，$f'(x)$ 在 x_0 处的值 $f'(x_0)$ 为边际函数值. 它表示：当 $x=x_0$ 时，x 改变一个单位，y 改变 $f'(x_0)$ 个单位.

例 1　设函数 $y=2x^2$，求 y 在 $x=3$ 时的边际函数值.

解　$y'=4x$，$y'|_{x=3}=12$，该值表示：当 $x=3$ 时，x 改变一个单位，y 改变 12 个单位.

2）边际分析举例

设成本函数 $C=C(Q)$，则它对产量的导数 $C'(Q_0)$ 称为边际成本函数 $C=C(Q)$ 当 $Q=Q_0$ 时的边际成本，记为 MC.

根据微分的概念，有

$$\Delta C=C(Q_0+\Delta Q)-C(Q_0)\approx C'(Q_0)\Delta Q$$

当 $\Delta Q=1$ 时，有

$$\Delta C=C(Q_0+\Delta Q)-C(Q_0)\approx C'(Q_0)=MC$$

这表明当产量为 Q_0 时，再生产一个单位产品所增加的成本 ΔC 近似于成本函数的 $C(Q)$ 在 $Q=Q_0$ 时的导数.

在经济学中，解释边际函数值的具体意义时，通常略去"近似"二字.

同理，边际收入是总收入的导数，边际利润是总利润的导数，边际需求是需求函数的导数.

例 2　某厂的总成本函数为

$$C(x)=200+4x+0.05x^2$$

其中，x 为产量，单位为件，$C(x)$ 的单位为元. 求 $x=200$ 件时的总成本和边际成本.

解　边际成本函数为

$$C'(x)=4+0.1x$$

令 $x=200$，得

$$C(200)=200+4\times200+0.05\times200^2=3000\ (元)$$

$$C'(200)=4+0.1\times200=24\ (元/件)$$

即当产量 $x=200$ 时，总成本为 3000 元，边际成本为 24 元/件. 这就意味着：当产量为 200 件时，如再多生产 1 件产品其成本为 24 元.

例 3　设某种产品的需求函数为

$$Q=100-5P$$

其中，P 为产品的价格，求 $Q=15$ 时的总收入与边际收入.

解　由 $Q=100-5P$，可知

$$P=20-\frac{Q}{5}$$

则收入函数 $R(Q)$ 为

$$R(Q)=PQ=20Q-\frac{Q^2}{5}$$

边际收入函数为

$$R'(Q)=20-\frac{2Q}{5}$$

所以

$$R(15)=20\times15-\frac{15^2}{5}=255$$

$$R'(15)=20-\frac{2\times15}{5}=14$$

即当 $Q=15$ 时，总收入为 255，边际收入为 14.

例 4 某企业生产某种产品，每天的总利润 L 与产量 Q(单位：t)的函数关系为

$$L(Q)=160Q-4Q^2$$

求当每天生产 10 t、20 t、25 t 时的边际利润，并说明其经济意义.

解 边际利润 $L'(Q)=160-8Q$，每天生产 10 t、20 t、25 t 时的边际利润分别为

$$L'(10)=80,\quad L'(20)=0,\quad L'(25)=-40$$

其经济意义分别为：

$L'(10)=80$，表示当每天产量在 10 t 的基础上再增加 1 t 时，总利润将增加 80 元；

$L'(20)=0$，表示当每天产量在 20 t 的基础上再增加 1 t 时，总利润将没有变化；

$L'(25)=-40$，表示当每天产量在 25 t 的基础上再增加 1 t 时，总利润将减少 40 元.

2. 弹性概念

1) 函数弹性的定义

对于函数 $y=f(x)$，自变量的改变量 $\Delta x=(x+\Delta x)-x$ 称为自变量的绝对改变量，函数的改变量 $\Delta y=f(x+\Delta x)-f(x)$ 称为函数的绝对改变量，而函数的导数 $f'(x)$ 称为函数 $y=f(x)$ 的绝对变化率. 但实际中，仅仅研究函数的绝对改变量与绝对变化率还是不够的.

例如，商品甲的单价为 10 元，涨价 1 元，商品乙的单位价为 1000 元，也涨价 1 元. 两种商品的绝对改变量都是 1 元，但各与其原价相比，两者涨价的百分比却有很大的不同，商品甲涨了 $\frac{1}{10}=10\%$，商品乙涨了 $\frac{1}{1000}=0.1\%$. 因此，我们有必要进一步研究函数的相对改变量与相对变化率.

对于函数 $y=f(x)$，称 $\frac{\Delta x}{x}$ 为点 x 处的自变量的相对改变量，称

$$\frac{\Delta y}{y}=\frac{f(x+\Delta x)-f(x)}{f(x)}$$

为函数 $y=f(x)$ 在点 x 的函数的相对改变量.

定义 2　设函数 $y=f(x)$ 在 x 处可导，如果在 x 点处，函数的相对改变量 $\frac{\Delta y}{y}$ 与自变量的相对改变量 $\frac{\Delta x}{x}$ 之比，当 $\Delta x\to 0$ 时的极限存在，则称该极限为函数 $y=f(x)$ 在 x 点处的弹性，记为 $\eta(x)$，即

$$\eta(x)=\lim_{\Delta x\to 0}\frac{\Delta y/y}{\Delta x/x}$$

应用导数定义可知

$$\eta(x)=\lim_{\Delta x\to 0}\left(\frac{\Delta y}{\Delta x}\cdot\frac{x}{y}\right)=f'(x)\frac{x}{y},$$

即

$$\eta(x)=x\frac{f'(x)}{f(x)}.$$

$\eta(x)$ 表示当自变量 x 改变 1% 时，函数 $f(x)$ 改变的百分数.

2）弹性分析举例

例 5　已知某产品的需求函数为 $Q=1600\left(\frac{1}{4}\right)^{P}$.

（1）求需求弹性；

（2）求价格 $P=10$ 时，若再上涨 1%，产品需求量的变化情况.

解　（1）由定义知，需求的价格弹性为

$$\eta(x)=P\frac{Q'}{Q}=P\frac{\left[1600\left(\frac{1}{4}\right)^{P}\right]'}{1600\left(\frac{1}{4}\right)^{P}}=P\frac{1600\left(\frac{1}{4}\right)^{P}\ln\frac{1}{4}}{1600\left(\frac{1}{4}\right)^{P}}$$

$$=P\ln\frac{1}{4}=P(-\ln 4)\approx -1.39P$$

（2）当 $P=10$ 时，对应的需求弹性为 $\eta(x)=-13.9$. 即当价格 $P=10$ 时，价格再上涨 1%，产品需求量将减少 13.9%；如果价格下降 1%，产品需求量将增加 13.9%.

例 6　某商品的需求函数为 $Q=10-\frac{P}{2}$.

（1）求价格 $P=3$ 时的需求价格弹性；

（2）求价格 $P=3$ 时，若价格上涨 1%，其总收入的变化情况.

解　（1）

$$\eta(P)=P\frac{Q'}{Q}=P\frac{-\frac{1}{2}}{10-\frac{P}{2}}=\frac{P}{P-20}$$

当 $P=3$ 时，有

$$\eta(3)=\frac{3}{3-20}=-\frac{3}{17}\approx -0.18$$

（2）总收入 $R(P)$ 为

$$R(P)=PQ=P\left(10-\frac{P}{2}\right)=10P-\frac{P^2}{2}$$

所以，总收入的价格弹性函数为

$$\eta(P)=P\cdot\frac{R'(P)}{R(P)}=P\cdot\frac{10-P}{10P-\frac{P^2}{2}}=\frac{20-2P}{20-P}$$

当 $P=3$ 时，有

$$\eta(3)=\frac{20-2\times3}{20-3}=\frac{14}{17}\approx0.82$$

即当 $P=3$ 时，若价格上涨 1%，其总收入约增加 0.82%.

这里值得说明几点：

设需求的价格弹性为 $\eta(P)$，则

(1) 若 $|\eta(P)|>1$，则称需求量对价格富有弹性，即价格变化将引起需求量的较大变化；

(2) 若 $|\eta(P)|=1$，则称需求量对价格具有单位弹性，即价格变化的百分数与需求变化的百分数相同；

(3) 若 $0<|\eta(P)|<1$，则称需求量对价格缺乏弹性，即价格变化只引起需求较小的变化.

二、导数在经济最优化中的应用

1. 利润最大问题

例 7 已知某产品的需求函数为 $Q=50-5P$，成本函数为 $C=50+2Q$，求产品产量 Q 为多少时，总利润 $L(Q)$ 最大？

解 由 $Q=50-5P$，得

$$P=10-\frac{Q}{5}$$

则有

$$R(Q)=PQ=\left(10-\frac{Q}{5}\right)Q=10Q-\frac{Q^2}{5}$$

所以

$$\begin{aligned}L(Q)&=R(Q)-C(Q)\\&=10Q-\frac{Q^2}{5}-(50+2Q)=8Q-\frac{Q^2}{5}-50\end{aligned}$$

$$L'(Q)=8-\frac{2Q}{5}$$

令 $L'(Q)=0$，得 $Q=20$.

当 $Q<20$ 时，$L'(Q)>0$；当 $Q>20$ 时，$L'(Q)<0$，所以，当 $Q=20$ 时，总利润最大.

一般地，总收入 $R(Q)$ 和总成本 $C(Q)$ 都是产量 Q 的函数，总利润函数为

$$L(Q)=R(Q)-C(Q)$$

为使总利润最大，求 $L'(Q)=R'(Q)-C'(Q)$，并令 $L'(Q)=0$，得

$$R'(Q)=C'(Q)$$

它表示取得最大利润的必要条件是边际收入等于边际成本.

例如，在例 7 中有

$$R'(Q)=10-\frac{2Q}{5},\quad R'(20)=2,\quad C'(Q)=2,\quad C'(20)=2$$

即

$$R'(20)=C'(20)$$

例 8　某工厂生产某种产品，固定成本为 2000 元，每生产 1 个单位产品，成本增加 100 元，已知总收入 R 是年产量 Q 的函数为

$$R(Q)=\begin{cases}400Q-\frac{1}{2}Q^2, & 0\leqslant Q\leqslant 400\\ 80000, & Q>400\end{cases}$$

问每年生产多少产品时，总利润最大？此时总利润是多少？

解　由题意知，总成本函数为

$$C(Q)=20000+100Q$$

从而可得总利润函数为

$$L(Q)=R(Q)-C(Q)=\begin{cases}300Q-\frac{1}{2}Q^2-20000, & 0\leqslant Q\leqslant 400\\ 60000-100Q, & Q>400\end{cases}$$

所以

$$L'(Q)=\begin{cases}300-Q, & 0\leqslant Q\leqslant 400\\ -100, & Q>400\end{cases}$$

令 $L'(Q)=0$，得 $Q=300$；且当 $Q<300$ 时，$L'(Q)>0$；当 $Q>300$ 时，$L'(Q)<0$. 所以，当 $Q=300$ 时，L 最大，此时 $L(300)=25000$ 元.

2. 成本最低问题

例 9　设成本函数为 $C(Q)=54+18Q+6Q^2$，其中 Q 表示产量，试求平均成本最低的产量水平.

解　平均成本为

$$g(Q)=\frac{C(Q)}{Q}=\frac{54}{Q}+18+6Q$$

所以

$$g'(Q)=-\frac{54}{Q^2}+6$$

令 $g'(Q)=0$，得 $Q=3$；且当 $0<Q<3$ 时，$g'(Q)<0$；当 $Q>3$ 时，$g'(Q)>0$. 所以，当 $Q=3$ 时，平均成本 $g(Q)$ 最低，即平均成本最低的产量水平为 $Q=3$.

一般地，成本函数为 $C(Q)$，Q 为产量，平均成本 $g(Q)=\frac{C(Q)}{Q}$，从而有

$$C(Q)=Qg(Q)$$

两边求导，得 $C'(Q)=g(Q)+Qg'(Q)$，因为使平均成本最低，所以 $g'(Q)=0$. 代入上式得

$$C'(Q)=g(Q)$$

它表示使平均成本为最低的生产水平，正是使边际成本等于平均成本的生产水平.

例如，在例 9 中，$Q=3$ 时的平均成本最低，此时，$g(3)=54=C'(3)$.

3. 总收入最大问题

例 10 设某商品的需求函数为 $Q=12-\frac{P}{2}$.

(1) 求需求弹性函数；

(2) 求当 $P=6$ 时的需求弹性；

(3) 当 $P=6$ 时，若价格上涨 1%，总收入增加还是减少？将改变百分之几？

(4) 价格 P 取何值时，总收入 R 为最大？最大的总收入是多少？

解 (1) 需求价格弹性为

$$\eta_1(P)=P\cdot\frac{Q'}{Q}=P\cdot\frac{\left(12-\frac{P}{2}\right)'}{\left(12-\frac{P}{2}\right)}=\frac{P}{P-24}$$

(2) 当 $P=6$ 时，有

$$\eta_1(6)=\frac{6}{6-24}=-\frac{1}{3}$$

(3) 总收入关于价格 P 的函数为

$$R(P)=PQ=P\left(12-\frac{P}{2}\right)=12P-\frac{P^2}{2}$$

价格为 P 时的边际收入为

$$R'(P)=\left(12P-\frac{P^2}{2}\right)'=12-P$$

当 $P=6$ 时，有

$$R'(6)=12-6=6$$

因为 $R'(6)>0$，所以当 $P=6$ 时，收入 R 是价格 P 的增函数，即若价格上涨 1%，总收入将增加，其增加的百分数可由收入价格弹性求得，设收入价格弹性为 $\eta_2(P)$，则

$$\eta_2(P)=P\cdot\frac{R'(P)}{R}=P\cdot\frac{12-P}{12P-\frac{P^2}{2}}=\frac{24-2P}{24-P}$$

当 $P=6$ 时，有

$$\eta_2(6)=\frac{24-2\times 6}{24-6}=\frac{2}{3}\approx 0.67$$

即当 $P=6$ 时，若价格上涨 1%，总收入将增加 0.67%.

(4) 因为 $R'(P)=12-P$，令 $R'(R)=0$，得 $P=12$. 且当 $P<12$ 时，$R'(P)>0$；当 $P>12$ 时，$R'(P)<0$；所以当 $P=12$ 时，总收入有最大值 $R(12)=72$.

一般地，设需求函数为 $Q=f(P)$，P 为价格，则需求价格弹性为 $\eta=P\cdot\frac{f'(P)}{f(P)}$，总收入 $R(P)=PQ=Pf(P)$，此时，以价格为自变量的边际收入为

$$R'(P)=[Pf(P)]=f(P)+Pf'(P)=f(P)\left[1+P\frac{f'(P)}{f(P)}\right]=f(P)(1+\eta)$$

考虑到需求价格弹性 $\eta<0$，则知：

(1) 若 $-1<\eta<0$，即需求对价格缺乏弹性时，$R'(P)>0$，$R(P)$为增函数，即价格上涨，总收入增加；价格下跌，总收入减少.

(2) 若 $\eta<-1$，即需求对价格富有弹性时，$R'(P)<0$，$R(P)$为减函数，即价格上涨，总收入减少；价格下跌，总收入增加.

(3) 若 $\eta=-1$，即需求对价格具有单位弹性时，$R'(P)=0$，$R(P)$为总收入的最大值.

习题 3.7

1. 设生产 Q 个单位的某产品的总收入函数为 $R(Q)=200Q-0.01Q^2$，求生产 50 个单位产品时的总收入、平均收入和边际收入.

2. 某商场白糖的需求函数为 $Q(P)=980-16P-2P^2$，求价格 $P=10$ 时需求对价格的弹性，并解释其经济意义.

3. 某工厂的生产成本函数为 $C(Q)=9000+40Q+0.001Q^2$，求产量 Q 为多少时，平均成本最低.

4. 已知某产品的需求函数为 $Q=50-2P$，成本函数为 $C=200+10Q$，求产品产量 Q 为多少时，总利润 L 最大？

5. 某商品的需求函数为 $Q=75-P^2$.

(1) 求 $P=4$ 时的需求弹性；

(2) 当 $P=4$ 时，若价格上涨 1%，总收入将变化百分之几？是增加还是减少？

(3) 价格 P 为多少时，总收入最大？

复习题 3

1. 填空题.

(1) 如果函数 $f(x)$在$[a,b]$上连续，在(a,b)内可导，则在(a,b)内至少存在一点 ξ，使 $f'(\xi)=$__________.

(2) 函数 $f(x)=x^2$ 在$[1,2]$上满足拉格朗日中值定理的条件和结论，这时 $\xi=$__________.

(3) 设函数 $f(x)$在(a,b)内可导，如果 $f'(x)>0$，则函数 $f(x)$在(a,b)内单调__________；如果 $f'(x)<0$，则函数 $f(x)$在(a,b)内单调__________；如果在(a,b)内$f'(x)\equiv 0$，则函数 $f(x)$在(a,b)内__________.

(4) 函数 $f(x)=\sin x-x$ 在定义域内单调__________.

(5) 如果函数 $f(x)$在点 x_0 处可导，且取得极值，则 $f'(x_0)=$__________.

(6) $f(x)=x^3-3x^2+7$ 的极大值是__________，极小值是__________.

(7) 函数 $f(x)=\ln(1+x^2)$ 在$[-1,2]$上的最大值是__________，最小值

是____________.

(8) $f(x)=xe^x$ 在区间____________内是凸的,在区间____________内是凹的,拐点为____________.

(9) 曲线 $f(x)=\dfrac{x^2}{x^2-1}$ 的水平渐近线为____________,垂直渐近线为____________.

2. 选择题.

(1) 下列函数中,在区间 $[-1,1]$ 上满足罗尔定理条件的是(　　).

A. $y=\dfrac{1}{x^2}$　　B. $y=1-x^2$

C. $y=e^x$　　D. $y=\ln|x|$

(2) 函数 $y=x-\ln(1+x)$ 的单调减区间是(　　).

A. $(-1,0)$　　B. $(-1,+\infty)$

C. $(0,+\infty)$　　D. $(-\infty,-1)$

(3) 点 $x=0$ 是函数 $y=x^4$ 的(　　).

A. 拐点　　B. 驻点但非极值点

C. 驻点且是拐点　　D. 驻点且是极值点

(4) 函数 $y=x-\sin x$ 在 $(-2\pi,2\pi)$ 内的拐点个数是(　　).

A. 1　　B. 2

C. 3　　D. 4

(5) 函数 $y=x^2e^{-x}$ 及其图像在区间 $(1,2)$ 内是(　　).

A. 单调减少且是凸的　　B. 单调增加且是凸的

C. 单调减少且是凹的　　D. 单调增加且是凹的

(6) 曲线 $y=\dfrac{1}{|x|}$ 的渐近线情况是(　　).

A. 只有水平渐近线　　B. 只有垂直渐近线

C. 既有水平渐近线,又有垂直渐近线　　D. 既无水平渐近线,又无垂直渐近线

3. 求下列极限.

(1) $\lim\limits_{x\to a}\dfrac{x^m-a^m}{x^n-a^n}$;　　(2) $\lim\limits_{x\to 0}\dfrac{x-\arctan x}{x^3}$;

(3) $\lim\limits_{x\to \frac{\pi}{4}}\dfrac{\tan x-1}{\sin 4x}$;　　(4) $\lim\limits_{x\to +\infty}\dfrac{x^3}{e^x}$;

(5) $\lim\limits_{x\to +\infty}\dfrac{x\ln x}{x^2+\ln x}$;　　(6) $\lim\limits_{x\to 0}\dfrac{e^x-x-1}{x(e^x-1)}$.

4. 求下列函数的单调区间.

(1) $y=x^3-3x^2-9x+14$;　　(2) $y=x-2\sin x, x\in[0,2\pi]$.

5. 求下列函数的极值.

(1) $y=\dfrac{\ln^2 x}{x}$;　　(2) $y=\dfrac{2x}{1+x^2}$;

(3) $y=2x^2-\ln x$.

6. 求曲线 $y=e^{2x-x^2}$ 的凹凸区间及拐点.

7. 在半径为 R 的圆内作等腰三角形 ABC，求三角形的底边与底边上的高之和的最大值，如图 3-21 所示.

8. 某工厂的生产成本函数为 $C=9000+40x+0.001x^2$，其中 x 为产品件数，求生产多少件时，平均成本最低？

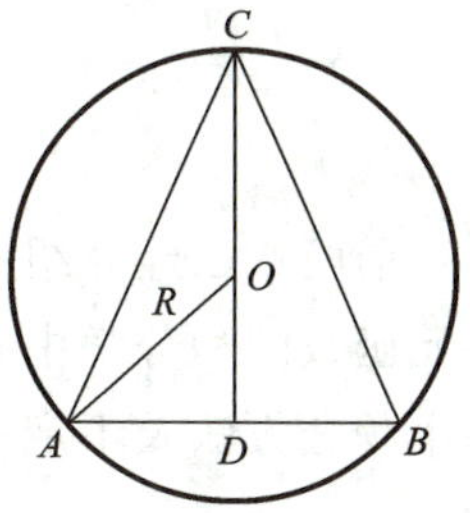

图 3-21

9. 若每生产 x 件产品的成本和收益函数分别是 $C(x)=8000+11.6x+0.04x^2$，$R(x)=80x$，求生产多少件产品时，所获利润 L 最大？

10. 某厂每月生产 x 吨产品的总成本为 $C(x)=\frac{1}{3}x^3-7x^2+111x-81$(万元)，如果欲使每月获得最大利润，每月产量应为多少？每月最大利润又是多少？(假定单价为 78 万元/吨)

11. 某厂生产某种产品，固定费用为 5000 元，每生产 1 台产品直接消耗费用就增加 25 元，市场对该产品的年需求量最高为 500 台，在此范围内产品可以全部出售，且销售 x 台产品的总收入为 $500x-\frac{1}{2}x^2$ 元，问该厂年产量为多少台时，才能使年利润最大？

复习题 **3** 答案

第4章　不定积分

前两章已经介绍了一元函数的微分学，在本章和下一章，我们将介绍一元函数的积分学. 在一元函数的积分学中有两个基本概念，即不定积分和定积分. 本章先讲不定积分的概念、性质和基本积分方法及不定积分的简单应用.

4.1　不定积分的概念

微分学中研究的一个基本问题是：已知一个函数，求它的导函数. 但在实际问题中，往往会遇到与此相反的问题，即已知一个函数的导数或微分，要求原来的函数. 为了便于研究这类问题，下面引进原函数和不定积分的概念.

一、原函数

定义1　设 $f(x)$ 是定义在区间 I 上的已知函数，如果存在函数 $F(x)$，使得在区间 I 上的任意一点，都有

$$F'(x)=f(x) \quad 或 \quad \mathrm{d}F(x)=f(x)\mathrm{d}x,$$

则称 $F(x)$ 是 $f(x)$ 在区间 I 上的一个原函数.

例如，因为 $(\sin x)'=\cos x$，所以 $\sin x$ 是 $\cos x$ 的一个原函数；因为 $\left(\frac{1}{x}\right)'=-\frac{1}{x^2}$，所以 $\frac{1}{x}$ 是 $-\frac{1}{x^2}$ 的一个原函数；因为 $(x^2)'=2x$，所以 x^2 是 $2x$ 的一个原函数；又因为 $(x^2+1)'=2x$，$(x^2-\sqrt{2})'=2x$，…，所以，x^2+1，$x^2-\sqrt{2}$，$x^2+\pi$，等等，都是 $2x$ 的原函数.

这里，很自然地会想到两个问题：函数 $f(x)$ 具备什么条件才有原函数 $F(x)$？如果 $F(x)$ 是 $f(x)$ 的一个原函数，那么函数族 $F(x)+C$（C 为任意常数）中任一个是否也是 $f(x)$ 的原函数，并且 $F(x)+C$ 是否包含了 $f(x)$ 的所有原函数？

对于上面提出的第一个问题，将在下一章中讨论；对于第二个问题，现在给出下面定理.

定理　如果 $F(x)$ 是 $f(x)$ 的一个原函数，则 $F(x)+C$（C 为任意常数）中的任意一个函数也是 $f(x)$ 的原函数，而且 $F(x)+C$ 包含了 $f(x)$ 的所有原函数.

证明　定理的前半部分结论是显然的，事实上 $[F(x)+C]'=f(x)$. 现在证明后半部分.

设 $G(x)$ 是 $f(x)$ 的任意一个原函数，令

$$\phi(x)=G(x)-F(x),$$

则

$$\phi'(x)=G'(x)-F'(x)=f(x)-f(x)=0.$$

根据第 3 章的知识，得

$$\phi(x)=C \quad (C\text{ 为任意常数}),$$

即

$$G(x)=F(x)+C.$$

二、不定积分的定义

定义 2　如果 $F(x)$ 是 $f(x)$ 在区间 I 上的一个原函数，则称 $f(x)$ 的所有原函数 $F(x)+C$ 为 $f(x)$ 在区间 I 上的不定积分，记作

$$\int f(x)\mathrm{d}x,$$

即

$$\int f(x)\mathrm{d}x = F(x)+C \quad (C\text{ 为任意常数})$$

其中，$\int$ 称为积分号，$f(x)$ 称为被积函数，$f(x)\mathrm{d}x$ 称为被积表达式，x 称为积分变量，C 称为积分常数.

依定义，要求一个函数的不定积分，只要求出被积函数的一个原函数，再加上积分常数 C 就行了.

例 1　求 $\int x^3\mathrm{d}x$.

解　因为 $\left(\frac{x^4}{4}\right)'=x^3$，所以 $\frac{x^4}{4}$ 是 x^3 的一个原函数，因此

$$\int x^3\mathrm{d}x = \frac{x^4}{4}+C$$

例 2　求 $\int \frac{\mathrm{d}x}{1+x^2}$.

解　因为 $(\arctan x)'=\frac{1}{1+x^2}$，所以 $\arctan x$ 是 $\frac{1}{1+x^2}$ 的一个原函数，因此

$$\int \frac{\mathrm{d}x}{1+x^2} = \arctan x + C$$

例 3　求 $\int \frac{1}{x}\mathrm{d}x$.

解　当 $x>0$ 时，$(\ln x)'=\frac{1}{x}$，当 $x<0$ 时，因为 $[\ln(-x)]'=\frac{1}{-x}\cdot(-x)'=\frac{1}{x}$，所以

$$\int \frac{1}{x}\mathrm{d}x = \ln|x|+C$$

三、不定积分的几何意义

函数 $f(x)$ 的一个原函数 $F(x)$ 的图像称为 $f(x)$ 的一条积分曲线. 因为 $\int f(x)\mathrm{d}x = F(x)+$

C(C 为任意常数)，所以不定积分在几何上就表示一族积分曲线. 它可以由一条积分曲线 $y=F(x)$ 沿 y 轴向上($C>0$) 或向下($C<0$) 平行移动 $|C|$ 个单位而得到，这些曲线在横坐标相同的点处作切线，这些切线是彼此平行的，如图 4-1 所示.

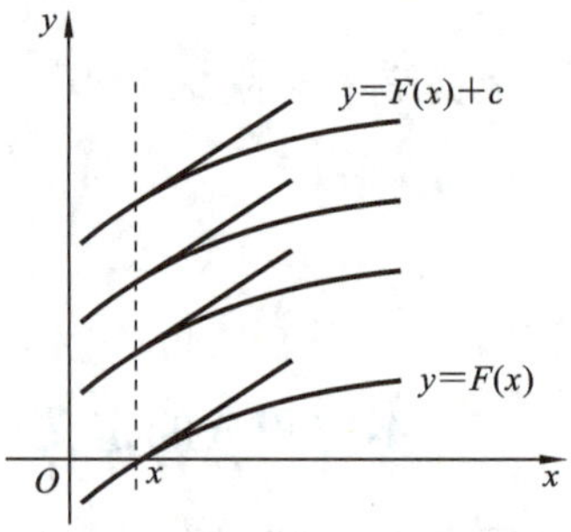

图 4-1

例 4　求过点(2,1)，且其切线斜率为 $2x$ 的曲线方程.

解　由

$$\int 2x\mathrm{d}x = x^2 + C$$

得积分曲线族 $y=x^2+C$，将 $x=2$，$y=1$ 代入，有

$$1=4+C$$

得 $C=-3$，所以 $y=x^2-3$ 是所求曲线的方程.

习题 4.1

1. 用微分法验证下列各等式.

(1) $\int (3x^2+2x+1)\mathrm{d}x = x^3+x^2+x+C$；

(2) $\int \dfrac{1}{\sin x}\mathrm{d}x = \ln\left(\tan\dfrac{x}{2}\right)+C$；

(3) $\int \dfrac{x}{\sqrt{a^2+x^2}}\mathrm{d}x = \sqrt{a^2+x^2}+C$.

2. 一曲线过点(e^2,3)，且在任意一点处的斜率等于该点横坐标的倒数，求该曲线方程.

3. 已知某产品产量的变化率是时间 t 的导数 $P'(t)=at+b$(其中 a,b 为常数)，此产品在 t 时刻的产量为 $P(t)$，且 $P(0)=0$，试求函数 $P(t)$.

4.2　基本积分公式和不定积分的性质

一、基本积分公式

由于积分是微分的逆运算，所以由基本导数公式，可以得到相应的积分基本公式如下：

(1) $k(x)'=k$，　　$\int \mathrm{d}x = x+C$；

(2) $\left(\dfrac{1}{\alpha+1}\cdot x^{\alpha+1}\right)=x^{\alpha}$，　　$\int x^{\alpha}\mathrm{d}x = \dfrac{1}{\alpha+1}\cdot x^{\alpha+1}+C(\alpha\neq -1)$；

(3) $\left(\dfrac{1}{\ln a}\cdot a^x\right)=a^x$，　　$\int a^x\mathrm{d}x = \dfrac{1}{\ln a}\cdot a^x+C$；

(4) $(\mathrm{e}^x)'=\mathrm{e}^x$，　　$\int \mathrm{e}^x\mathrm{d}x = \mathrm{e}^x+C$；

(5) $(\ln|x|)' = \dfrac{1}{x}$，　$\displaystyle\int \frac{1}{x}\mathrm{d}x = \ln|x| + C$；

(6) $(-\cos x)' = \sin x$，　$\displaystyle\int \sin x\mathrm{d}x = -\cos x + C$；

(7) $(\sin x)' = \cos x$，　$\displaystyle\int \cos x\mathrm{d}x = \sin x + C$；

(8) $(\tan x)' = \sec^2 x$，　$\displaystyle\int \sec^2 x\mathrm{d}x = \tan x + C$；

(9) $(-\cot x)' = \csc^2 x$，　$\displaystyle\int \csc^2 x\mathrm{d}x = -\cot x + C$；

(10) $(\sec x)' = \sec x\tan x$，　$\displaystyle\int \sec x\tan x\mathrm{d}x = \sec x + C$；

(11) $(-\csc x)' = \csc x\cot x$，　$\displaystyle\int \csc x\cot x\mathrm{d}x = -\csc x + C$；

(12) $(\arcsin x)' = (-\arcsin x)' = \dfrac{1}{\sqrt{1-x^2}}$，　$\displaystyle\int \frac{\mathrm{d}x}{\sqrt{1-x^2}} = \arcsin x + C = -\arccos x + C$；

(13) $(\arctan x)' = (-\operatorname{arccot} x)' = \dfrac{1}{1+x^2}$，　$\displaystyle\int \frac{\mathrm{d}x}{1+x^2} = \arctan x + C = -\operatorname{arccot} x + C$.

二、不定积分的性质

根据不定积分的定义，可以推得如下性质.

性质 1　不定积分的导数(或微分)等于被积函数(或被积表达式)，即

$$\left[\int f(x)\mathrm{d}x\right]' = f(x) \quad 或 \quad \mathrm{d}\int f(x)\mathrm{d}x = f(x)\mathrm{d}x$$

性质 2　函数的导数(或微分)的不定积分与这个函数相差一个任意常数，即

$$\int F'(x)\mathrm{d}x = F(x) + C \quad 或 \quad \int \mathrm{d}F(x) = F(x) + C$$

性质 3　不为零的常数因子可以提到积分号之前，即

$$\int kf(x)\mathrm{d}x = k\int f(x)\mathrm{d}x \quad (k \neq 0)$$

例如

$$\int 2\mathrm{e}^x\mathrm{d}x = 2\int \mathrm{e}^x\mathrm{d}x = 2\mathrm{e}^x + C$$

性质 4　两个函数代数和的不定积分等于它们分别求不定积分的代数和，即

$$\int [f_1(x) \pm f_2(x)]\mathrm{d}x = \int f_1(x)\mathrm{d}x \pm \int f_2(x)\mathrm{d}x$$

例如

$$\int (3x^2 + \sin x)\mathrm{d}x = \int 3x^2\mathrm{d}x + \int \sin x\mathrm{d}x = x^3 - \cos x + C$$

说明：性质 4 可以推广到任意有限多个函数代数和的情形，即

$$\int [f_1(x) \pm f_2(x) + \cdots + f_n(x)]\mathrm{d}x = \int f_1(x)\mathrm{d}x \pm \int f_2(x)\mathrm{d}x \pm \cdots \pm \int f_n(x)\mathrm{d}x.$$

利用不定积分的性质和基本公式，可以求出一些简单函数的不定积分.

例 1 求 $\int\left(\frac{1}{x^2}-3\cos x+\frac{1}{x}\right)\mathrm{d}x$.

解
$$\begin{aligned}\int\left(\frac{1}{x^2}-3\cos x+\frac{1}{x}\right)\mathrm{d}x&=\int\frac{1}{x^2}\mathrm{d}x-\int 3\cos x\mathrm{d}x+\int\frac{1}{x}\mathrm{d}x\\&=-\frac{1}{x}+C_1-3\sin x+C_2+\ln|x|+C_3\\&=-\frac{1}{x}-3\sin x+\ln|x|+C\end{aligned}$$

注意:(1) 逐项积分后,每个不定积分的结果都含有一个任意常数,由于任意常数的和仍为任意常数,所以只需在积分结果的后边加一个任意常数就可以了.

(2) 验结果是否正确,只要把结果求导,看它的导数是否等于被积函数即可.

例 2 求 $\int\frac{1+x+x^2}{x(1+x^2)}\mathrm{d}x$

解
$$\begin{aligned}\int\frac{1+x+x^2}{x(1+x^2)}\mathrm{d}x&=\int\frac{x+(1+x^2)}{x(1+x^2)}\mathrm{d}x\\&=\int\frac{1}{1+x^2}\mathrm{d}x+\int\frac{1}{x}\mathrm{d}x\\&=\arctan x+\ln|x|+C\end{aligned}$$

例 3 求 $\int\frac{x^4}{1+x^2}\mathrm{d}x$.

解
$$\begin{aligned}\int\frac{x^4}{1+x^2}\mathrm{d}x&=\int\frac{(x^4-1)+1}{1+x^2}\mathrm{d}x\\&=\int\left(x^2-1+\frac{1}{1+x^2}\right)\mathrm{d}x\\&=\int x^2\mathrm{d}x-\int\mathrm{d}x+\int\frac{\mathrm{d}x}{1+x^2}\\&=\frac{1}{3}x^3-x+\arctan x+C\end{aligned}$$

由例 2 和例 3 可以看出,在进行不定积分时,有时需要先把被积函数做适当变形,再利用不定积分的性质和基本公式进行积分.

例 4 $\int\sin^2\frac{x}{2}\mathrm{d}x$.

解
$$\begin{aligned}\int\sin^2\frac{x}{2}\mathrm{d}x&=\int\frac{1-\cos x}{2}\mathrm{d}x\\&=\frac{1}{2}\int\mathrm{d}x-\frac{1}{2}\int\cos x\mathrm{d}x\\&=\frac{1}{2}x-\frac{1}{2}\sin x+C\end{aligned}$$

例 5 求 $\int\frac{\mathrm{d}x}{\sin^2\frac{x}{2}\cos^2\frac{x}{2}}$.

解
$$\int \frac{\mathrm{d}x}{\sin^2\frac{x}{2}\cos^2\frac{x}{2}} = \int \frac{\mathrm{d}x}{\left(\frac{\sin x}{2}\right)^2} = \int \frac{4}{\sin^2 x}\mathrm{d}x = 4\int \csc^2 x\mathrm{d}x = -4\cot x + C$$

例 6　求 $\int 10^x \cdot 2^{3x}\mathrm{d}x$.

解
$$\int 10^x \cdot 2^{3x}\mathrm{d}x = \int 10^x \cdot 8^x\mathrm{d}x = \int (10\times 8)^x\mathrm{d}x = \frac{(10\times 8)^x}{\ln(10\times 8)} + C = \frac{10^x \cdot 2^{3x}}{\ln 10 + 3\ln 2} + C$$

上面几例求积分时，都是直接(或只需进行简单的恒等变形后)运用不定积分的性质和基本公式求出结果，这种积分方法称为直接积方法.

习题 4.2

求下列不定积分.

(1) $\int x^2\sqrt{x}\mathrm{d}x$；　(2) $\int 2^x\cdot 3^x\mathrm{d}x$；

(3) $\int \sqrt{x\sqrt{x\sqrt{x}}}\mathrm{d}x$；　(4) $\int \frac{1}{x^4+x^2}\mathrm{d}x$；

(5) $\int \frac{1}{\sin^2 x\cos^2 x}\mathrm{d}x$；　(6) $\int \frac{3x^4+3x^2+1}{x^2+1}\mathrm{d}x$；

(7) $\int \frac{(1+x)^2}{x(1+x^2)}\mathrm{d}x$；　(8) $\int \sec x(\sec x-\tan x)\mathrm{d}x$；

(9) $\int \frac{\mathrm{d}x}{1+\cos 2x}$；　(10) $\int\left(3\mathrm{e}^x-\frac{1}{\sqrt{1-x^2}}+\frac{1}{x^2}\right)\mathrm{d}x$；

(11) $\int \frac{1}{\sqrt{2gh}}\mathrm{d}h$；　(12) $\int \frac{3x^2+1}{x^2(1+x^2)}\mathrm{d}x$.

4.3　换元积分法

利用直接积分法能计算的不定积分是非常有限的，因此，有必要进一步研究不定积分的求法. 在本节和下一节将分别介绍求不定积分的两种基本且常用的积分方法：换元积分法和分部积分法. 换元积分法是利用复合函数的微分的步骤逆推回去，用中间变量的代换，得到复合函数的积分法. 按照选取中间变量的不同方式，我们把换元积分法分为第一类换元积分法和第二类换元积分法.

一、第一类换元积分法(凑微分法)

为了说明第一类换元积分法,先看下面的例子.

例 1 求 $\int \cos 3x \mathrm{d}x$.

解 在基本积分公式中虽然有

$$\int \cos x \mathrm{d}x = \sin x + C$$

但这里不能直接应用此公式得出

$$\int \cos 3x \mathrm{d}x = \sin 3x + C$$

这是因为

$$(\sin 3x + C)' = 3\cos 3x \neq \cos 3x$$

然而用变量代换的方法,可以把所求积分化成 $\int \cos x \mathrm{d}x$ 的形式,然后再利用公式计算.

$$\int \cos 3x \mathrm{d}x = \int \frac{1}{3}\cos 3x \mathrm{d}(3x) \xlongequal{\text{代换,令 } u = 3x} \frac{1}{3}\int \cos u \mathrm{d}u$$

$$= \frac{1}{3}\sin u + C \xlongequal{\text{回代 } u = 3x} \frac{1}{3}\sin 3x + C$$

容易验证$\frac{1}{3}\sin 3x$ 是 $\cos 3x$ 的一个原函数,所以上面的方法是正确的.

一般地,若

$$\int f(x)\mathrm{d}x = F(x) + C$$

成立,那么当 u 是 x 的可微函数 $u=\varphi(x)$时,式子

$$\int f(u)\mathrm{d}u = F(u) + C$$

是否成立? 如果成立的话,这样积分基本公式的使用范围变得更加广泛.

把例 1 中引用的方法一般化,有下面的定理:

定理 1(第一类换元积分法)

设 $\int f(u)\mathrm{d}u = F(u) + C$,且 $u = \varphi(x)$ 是可微函数,则有

$$\int f[\varphi(x)]\varphi'(x)\mathrm{d}x = F[\varphi(x)] + C$$

可用下列式子来表示

$$\int f[\varphi(x)]\varphi'(x)\mathrm{d}x \xlongequal{\text{凑微分}} \int f[\varphi(x)]\mathrm{d}[\varphi(x)]$$

$$\xlongequal[\text{令 } \varphi(x) = u]{\text{变量代换}} \int f(u)\mathrm{d}u \xlongequal{\text{积分}} F(u) + C$$

$$\xlongequal[u = \varphi(x)]{\text{变量代换}} F[\varphi(x)] + C$$

由于积分过程中，先要从被积函数中凑出一个微分因子 $\varphi'(x)\mathrm{d}x = \mathrm{d}\varphi(x)$，所以，第一类换元积分法又称为凑微分法.

下面举例说明此定理的应用.

例 2　求$\int(2x+1)^3\mathrm{d}x$.

解　基本积分公式中有

$$\int x^\alpha \mathrm{d}x = \frac{x^{\alpha+1}}{\alpha+1} + C \quad (\alpha \neq 1)$$

因为 $2\mathrm{d}x = \mathrm{d}(2x+1)$，所以

$$\int(2x+1)^3\mathrm{d}x = \frac{1}{2}\int(2x+1)^3\mathrm{d}(2x+1)$$

$$\xlongequal{令\ 2x+1=u} \frac{1}{2}\int u^3\mathrm{d}u = \frac{1}{8}u^4 + C$$

$$\xlongequal{回代\ u=2x+1} \frac{1}{8}(2x+1)^4 + C$$

例 3　求 $\int\frac{\mathrm{d}x}{\sqrt{a^2-x^2}}\ (a>0)$.

解　基本积分公式中有

$$\int\frac{\mathrm{d}x}{\sqrt{1-x^2}} = \arcsin x + C$$

因为$\frac{1}{a}\mathrm{d}x = \mathrm{d}\left(\frac{x}{a}\right)$，所以

$$\int\frac{\mathrm{d}x}{\sqrt{a^2-x^2}} = \int\frac{1}{a\sqrt{1-\left(\frac{x}{a}\right)^2}}\cdot a\mathrm{d}\left(\frac{x}{a}\right)$$

$$\xlongequal{令\ \frac{x}{a}=u} \int\frac{1}{\sqrt{1-u^2}}\mathrm{d}u = \arcsin u + C$$

$$\xlongequal{回代\ u=\frac{x}{a}} \arcsin\frac{x}{a} + C$$

由以上例子可以看出，第一类换元积分法的关键是合理选择 $\varphi(x)$，在被积函数上分离出 $\varphi'(x)$.

一般地，应选择这样的函数作为 $\varphi(x)$：

(1) 在被积函数中 $\varphi'(x)$ 要容易分离出来，在 $\varphi'(x)$ 分离出来以后，根据 $\varphi'(x)\mathrm{d}x$ 要容易求得 $\varphi(x)$；

(2) 被积函数中剩余部分可以化为 $\varphi(x)$ 的函数 $f[\varphi(x)]$；

(3) 在把 $\varphi(x)$ 设成 u 后，$\int f(u)\mathrm{d}u$ 要容易求得.

例 4　求$\int\frac{\mathrm{d}x}{a^2+x^2}$.

解 基本积分公式中有

$$\int \frac{\mathrm{d}x}{1+x^2} = \arctan x + C$$

所以

$$\int \frac{\mathrm{d}x}{a^2+x^2} = \int \frac{\mathrm{d}x}{a^2\left[1+\left(\frac{x}{a}\right)^2\right]} \xlongequal{令\frac{x}{a}=u} \int \frac{a\mathrm{d}u}{a^2(1+u^2)}$$

$$= \frac{1}{a}\int \frac{\mathrm{d}u}{1+u^2} = \frac{1}{a}\arctan u + C$$

$$\xlongequal{回代\, u=\frac{x}{a}} \frac{1}{a}\arctan \frac{x}{a} + C$$

上面例 2 ~ 例 4，我们采用的都是将 $\mathrm{d}x$ 凑成 $\mathrm{d}x = \frac{1}{a}\mathrm{d}(ax+b)$ 形式，然后利用定理换元求积分的. 当运算比较熟练后，就可以略去换元及回代过程，而直接用原积分式变形，凑微分去积分.

例 5 求 $\int \frac{1}{x(1+\ln x)}\mathrm{d}x$.

解 $\int \frac{1}{x(1+\ln x)}\mathrm{d}x = \int \frac{1}{1+\ln x}\cdot \mathrm{d}(1+\ln x)$

$$= \ln|1+\ln x| + C$$

例 6 求 $\int \frac{\mathrm{d}x}{a^2-x^2}$.

解 $\int \frac{\mathrm{d}x}{a^2-x^2} = \int \frac{1}{2a}\left(\frac{1}{a+x}+\frac{1}{a-x}\right)\mathrm{d}x = \frac{1}{2}\left[\int \frac{1}{a+x}\mathrm{d}x + \int \frac{1}{a-x}\mathrm{d}x\right]$

$$= \frac{1}{2a}\left[\int \frac{1}{a+x}\mathrm{d}(a+x) - \int \frac{1}{a-x}\mathrm{d}(a-x)\right]$$

$$= \frac{1}{2a}[\ln|a+x| - \ln|a-x|] + C$$

$$= \frac{1}{2a}\ln\left|\frac{a+x}{a-x}\right| + C$$

例 7 求 $\int x\mathrm{e}^{x^2}\mathrm{d}x$.

解 $\int x\mathrm{e}^{x^2}\mathrm{d}x = \int \mathrm{e}^{x^2}\cdot \frac{1}{2}\mathrm{d}x^2 = \frac{1}{2}\int \mathrm{e}^{x^2}\mathrm{d}x^2$

$$= \frac{1}{2}\mathrm{e}^{x^2} + C$$

例 8 求 $\int \frac{\cos\sqrt{x}}{\sqrt{x}}\mathrm{d}x$.

解 $\int \frac{\cos\sqrt{x}}{\sqrt{x}}\mathrm{d}x = \int \cos\sqrt{x}\cdot 2\mathrm{d}\sqrt{x} = 2\int \cos\sqrt{x}\mathrm{d}\sqrt{x}$

$= 2\sin\sqrt{x} + C$

例 9　求$\int x\sqrt{1-x^2}\mathrm{d}x$.

解　$\int x\sqrt{1-x^2}\mathrm{d}x = \int\sqrt{1-x^2}\cdot\left(-\frac{1}{2}\right)\mathrm{d}(1-x^2)$

$$=-\frac{1}{2}\int\sqrt{1-x^2}\mathrm{d}(1-x^2)$$

$$=-\frac{1}{2}\cdot\frac{2}{3}\sqrt{(1-x^2)^3}+C$$

$$=-\frac{1}{3}\sqrt{(1-x^2)^3}+C$$

由例 7 ～ 例 9 可以得到，在求不定积分时，可以利用 $x^n\mathrm{d}x = \frac{1}{(n+1)a}\mathrm{d}(ax^{n+1}+b)$（其中 $a \neq 0, n \neq -1$）凑微分。

例 10　求$\int\tan x\mathrm{d}x$.

解　$\int\tan x\mathrm{d}x = \int\frac{\sin x}{\cos x}\mathrm{d}x = -\int\frac{1}{\cos x}\cdot\mathrm{d}\cos x$

$$=-\ln|\cos x|+C$$

例 11　求$\int\sin^2 x\mathrm{d}x$.

解　$\int\sin^2 x\mathrm{d}x = \int\frac{1-\cos 2x}{2}\mathrm{d}x = \frac{1}{2}\left(\int\mathrm{d}x - \int\cos 2x\mathrm{d}x\right)$

$$=\frac{1}{2}x-\frac{1}{4}\int\cos 2x\cdot\mathrm{d}2x$$

$$=\frac{1}{2}x-\frac{1}{4}\sin 2x+C$$

类似地，可得

$$\int\cos^2 x\mathrm{d}x = \frac{1}{2}x+\frac{1}{4}\sin 2x+C$$

例 12　$\int\cos^3 x\mathrm{d}x$.

解　$\int\cos^3 x\mathrm{d}x = \int\cos^2 x\cos x\mathrm{d}x = \int(1-\sin^2 x)\mathrm{d}\sin x$

$$=\int\mathrm{d}\sin x-\int\sin^2 x\mathrm{d}\sin x$$

$$=\sin x-\frac{1}{3}\sin^3 x+C$$

由例 10 ～ 例 12 可以得到，当被积函数含有三角函数式时，可考虑先用三角函数公式作恒等变形，然后再利用凑微分及积分基本公式和性质进行求解.

例 13　求$\int\csc x\mathrm{d}x$.

解法一 $\int \csc x \mathrm{d}x = \int \frac{\mathrm{d}x}{\sin x} = \int \frac{\mathrm{d}x}{2\sin \frac{x}{2}\cos \frac{x}{2}}$

$$= \int \frac{\mathrm{d}x}{2\tan \frac{x}{2} \cdot \cos^2 \frac{x}{2}} = \int \frac{\sec^2 \frac{x}{2}}{\tan \frac{x}{2}}\mathrm{d}\left(\frac{x}{2}\right)$$

$$= \int \frac{\mathrm{d}\left(\tan \frac{x}{2}\right)}{\tan \frac{x}{2}} = \ln\left|\tan \frac{x}{2}\right| + C$$

解法二 $\int \csc x \mathrm{d}x = \int \frac{\mathrm{d}x}{\sin x} = \int \frac{\sin x \mathrm{d}x}{\sin^2 x}$

$$= -\int \frac{\mathrm{d}\cos x}{(1-\cos x)(1+\cos x)}$$

$$= -\frac{1}{2}\int\left(\frac{1}{1-\cos x} + \frac{1}{1+\cos x}\right)\mathrm{d}\cos x$$

$$= -\frac{1}{2}\left[\int \frac{\mathrm{d}(1+\cos x)}{1+\cos x} - \int \frac{\mathrm{d}(1-\cos x)}{1-\cos x}\right]$$

$$= -\frac{1}{2}\ln\left|\frac{1+\cos x}{1-\cos x}\right| + C$$

$$= \frac{1}{2}\ln\left|\frac{1-\cos x}{1+\cos x}\right| + C$$

注意:同一积分可以有几种不同的解法,其结果从形式上可能不同,但它们的实质是相同的,结果只差一个常数.

例 13 的两种解法的结果,用三角函数中的公式都可以化为 $\ln|\csc x - \cot x| + C$ 形式,所以

$$\int \csc x \mathrm{d}x = \ln|\csc x - \cot x| + C$$

仿照例 13 或利用例 13 的结果,可以推出

$$\int \sec x \mathrm{d}x = \ln|\sec x + \tan x| + C$$

例 13 中所用的分子、分母同乘以一个函数也是积分中常用的技巧. 下面再举一例说明.

例 14 求 $\int \frac{\mathrm{d}x}{1+\cos x}$.

解法一 $\int \frac{\mathrm{d}x}{1+\cos x} = \int \frac{\mathrm{d}x}{2\cos^2 \frac{x}{2}}$

$$= \int \sec^2 \frac{x}{2}\mathrm{d}\left(\frac{x}{2}\right)$$

$$= \tan \frac{x}{2} + C$$

解法二 $\int \frac{\mathrm{d}x}{1+\cos x} = \int \frac{1-\cos x}{1-\cos^2 x}\mathrm{d}x$

$$= \int \frac{1-\cos x}{\sin^2 x}\mathrm{d}x$$

$$= \int \csc^2 x\mathrm{d}x - \int \csc x\cot x\mathrm{d}x$$

$$= \csc x - \cot x + C$$

由以上例子可以看出,第一类换元积分法在求积分时的重要作用,但第一类换元积分法却没有一个较统一的方法,除了熟悉一些典型例子外,还要做较多的练习才行. 当然,熟悉一些简单的凑微分形式,灵活掌握换元法,对提高运算的速度是很有好处的. 下面给出第一类换元积分(凑微分)过程中常用到的形式. 例如

$$\mathrm{d}x = \frac{1}{a}\mathrm{d}(ax) = \frac{1}{a}\mathrm{d}(ax+b) \quad (a \neq 0)$$

$$x\mathrm{d}x = \frac{1}{2}\mathrm{d}(x^2) = \frac{1}{2a}\mathrm{d}(ax^2+b) \quad (a \neq 0)$$

$$\frac{1}{x^2}\mathrm{d}x = -\mathrm{d}\left(\frac{1}{x}\right)$$

$$\frac{1}{x}\mathrm{d}x = \mathrm{d}(\ln|x|) = \mathrm{d}(\ln x + a)$$

$$\frac{1}{\sqrt{x}}\mathrm{d}x = 2\mathrm{d}(\sqrt{x})$$

$$\cos x\mathrm{d}x = \mathrm{d}(\sin x)$$

$$\sin x\mathrm{d}x = -\mathrm{d}(\cos x)$$

$$\mathrm{e}^x\mathrm{d}x = \mathrm{d}(\mathrm{e}^x) = \mathrm{d}(\mathrm{e}^x + a)$$

$$x\mathrm{e}^{x^2}\mathrm{d}x = \frac{1}{2}\mathrm{d}(\mathrm{e}^{x^2})$$

$$\frac{1}{1+x^2}\mathrm{d}x = \mathrm{d}(\arctan x)$$

前边各例用的都是第一类换元积分法,即引进形如 $u=\varphi(x)$ 的变量代换. 但是对某些积分来说,如$\int\sqrt{a^2-x^2}\mathrm{d}x$,用第一类换元积分法求积分就很困难,而用相反的方式 $x=\psi(t)$ 进行换元,就能比较顺利地求出结果. 下面就来介绍这种换元积分法.

二、第二类换元积分法

如果不定积分$\int f(x)\mathrm{d}x$ 用前面介绍的方法都不易求得,但作适当的变量替换$x=\varphi(t)$ 后,由所得到的关于新积分变量 t 的不定积分

$$\int f[\varphi(t)]\varphi'(t)\mathrm{d}t$$

可以求得,从而可以解决$\int f(x)\mathrm{d}x$ 的计算问题,这就是第二类换元积分法.

由于最后的结果要用 x 的函数来表示,所以第二类换元积分法所用的函数就必须满足一定的条件. 下面给出定理.

定理 2（第二类换元积分法）

设 $x=\varphi(t)$ 是单调、可导函数，且 $\varphi'(t)\neq 0$，又设 $f[\varphi(t)]\varphi'(t)$ 具有原函数 $F(t)$，则

$$\int f(x)\mathrm{d}x=\int f[\varphi(t)]\varphi'(t)\mathrm{d}t=F(t)+C=F[\varphi^{-1}(x)]+C.$$

第二类换元积分法主要是解决被积函数中带根号的一类积分，去掉根号是选择代换函数的主要思路.

例 15 求 $\int\frac{\mathrm{d}x}{1+\sqrt{x}}$.

解 为了去掉根式，令 $x=t^2(t>0)$，则 $\mathrm{d}x=2t\mathrm{d}t$.

$$\begin{aligned}\int\frac{\mathrm{d}x}{1+\sqrt{x}}&=\int\frac{2t\mathrm{d}t}{1+t}=2\int\left(1-\frac{1}{1+t}\right)\mathrm{d}t\\&=2\left[\mathrm{d}t-\int\frac{\mathrm{d}(1+t)}{1+t}\right]\\&=2t-2\ln(1+t)+C\\&=2\sqrt{x}-2\ln(1+\sqrt{x})+C\end{aligned}$$

也可取 $t<0$，则 $t=-\sqrt{x}$，其积分结果一样.

例 16 求 $\int\frac{1}{\sqrt[3]{x}+\sqrt{x}}\mathrm{d}x$.

解 为了去掉根式，令 $x=t^6(t>0)$，则 $\mathrm{d}x=6t^5\mathrm{d}t$.

$$\begin{aligned}\int\frac{1}{\sqrt[3]{x}+\sqrt{x}}\mathrm{d}x&=\int\frac{6t^5\mathrm{d}t}{t^2+t^3}=6\int\frac{t^3}{1+t}\mathrm{d}t=6\int\frac{(t^3+1)-1}{1+t}\mathrm{d}t\\&=6\left[\int(t^2-t+1)\mathrm{d}t-\int\frac{\mathrm{d}t}{1+t}\right]\\&=6\left[t^2\mathrm{d}t-\int t\mathrm{d}t+\int\mathrm{d}t-\int\frac{\mathrm{d}(1+t)}{1+t}\right]\\&=6\left[\frac{t^3}{3}-\frac{t^2}{2}t+t-\ln(1+t)\right]+C\\&=2\sqrt{x}-3\sqrt[3]{x}+6\sqrt[6]{x}-6\ln(1+\sqrt[6]{x})+C\end{aligned}$$

由以上两例可以看出，当被积函数含有 $\sqrt[n]{ax+b}$ 时，一般可作变量代换 $t=\sqrt[n]{ax+b}$ 去掉根式.

例 17 求 $\int\sqrt{a^2-x^2}\mathrm{d}x\ (a>0)$.

解 为了去掉根式，令 $x=a\sin t\ \left(-\frac{\pi}{2}<t<\frac{\pi}{2}\right)$，则 $\mathrm{d}x=a\cos t\mathrm{d}t$，所以

$$\begin{aligned}\int\sqrt{a^2-x^2}\mathrm{d}x&=\int a\sqrt{1-\sin^2 t}\cdot a\cos t\mathrm{d}x\\&=a^2\int\cos^2 t\mathrm{d}t=\frac{a^2}{2}\int(1+\cos 2t)\mathrm{d}t\\&=\frac{a^2}{2}\int\mathrm{d}\left(t+\frac{\sin 2t}{2}\right)=\frac{a^2}{2}t+\frac{a^2}{2}\sin t\cos t+C\end{aligned}$$

根据 $x=a\sin t$，即 $\sin t=\dfrac{x}{a}$ 作直角三角形(如图 4-2)，得到 $\cos t=\dfrac{\sqrt{a^2-x^2}}{a}$，换回变量得

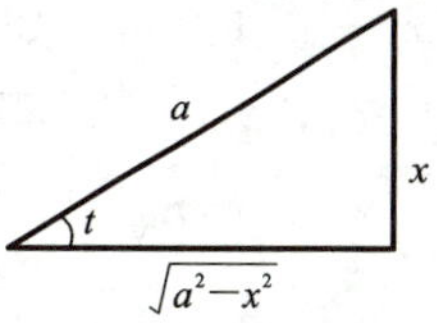

图 4-2

$$\int\sqrt{a^2-x^2}\,\mathrm{d}x=\frac{a^2}{2}\arcsin\frac{x}{a}+\frac{a^2}{2}\cdot\frac{x}{a}\cdot\frac{\sqrt{a^2-x^2}}{a}+C$$

$$=\frac{a^2}{2}\arcsin\frac{x}{a}+\frac{x\sqrt{a^2-x^2}}{2}+C$$

注意：作三角代换时，常常借助于直角三角形，换回变量.

例 18　求 $\displaystyle\int\frac{1}{\sqrt{a^2+x^2}}\mathrm{d}x\ (a>0)$.

解　令 $x=a\tan t\left(-\dfrac{\pi}{2}<t<\dfrac{\pi}{2}\right)$，则 $\mathrm{d}x=a\sec^2 t\mathrm{d}t$.

$$\int\frac{1}{\sqrt{a^2+x^2}}\mathrm{d}x=\int a\frac{\sec^2 t\mathrm{d}t}{a\sqrt{\sec^2 t}}=\int\frac{\sec^2 t}{\sec t}\mathrm{d}t$$

$$=\int\sec t\mathrm{d}t=\ln|\sec t+\tan t|+C$$

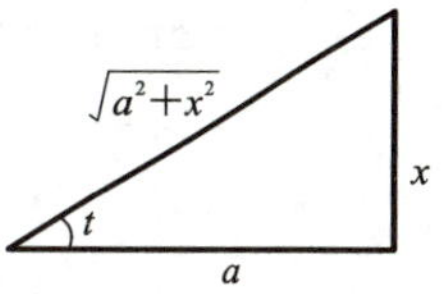

图 4-3

根据 $x=a\tan t$，即 $\tan t=\dfrac{x}{a}$ 作直角三角形(如图 4-3)，于是 $\sec t=\dfrac{\sqrt{a^2+x^2}}{a}$，所以

$$\int\frac{\mathrm{d}x}{\sqrt{a^2+x^2}}=\ln\left|\frac{\sqrt{a^2+x^2}}{a}+\frac{x}{a}\right|+C_1$$

$$=\ln|\sqrt{a^2+x^2}+x|+C_1-\ln a$$

$$=\ln(\sqrt{a^2+x^2}+x)+C$$

例 19　求 $\displaystyle\int\frac{\mathrm{d}x}{\sqrt{x^2-a^2}}\ (a>0)$.

解　令 $x=a\sec t\left(0<t<\dfrac{\pi}{2}\right)$，则 $\mathrm{d}x=a\sec t\tan t\mathrm{d}t$.

$$\int\frac{\mathrm{d}x}{\sqrt{x^2-a^2}}=\int\frac{a\sec t\tan t\mathrm{d}t}{a\sqrt{\tan^2 t}}$$

$$=\int\sec t\mathrm{d}t=\ln|\sec t+\tan t|+C$$

根据 $x=a\sec t$，即 $\sec t=\dfrac{x}{a}$ 作直角三角形(如图 4-4)，得到 $\tan t=\dfrac{\sqrt{x^2-a^2}}{a}$，于是

$$\int\frac{\mathrm{d}x}{\sqrt{x^2-a^2}}=\ln\left|\frac{x}{a}+\frac{\sqrt{x^2-a^2}}{a}\right|+C_1$$

$$=\ln|x+\sqrt{x^2-a^2}|+C$$

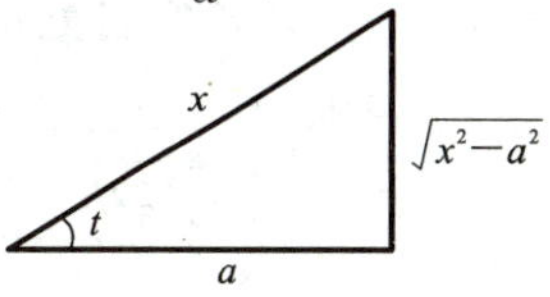

图 4-4

由以上几例可以看出，当被积函数含有 $\sqrt{a^2-x^2}$、$\sqrt{x^2+a^2}$、

$\sqrt{x^2-a^2}$ 时,可作如下代换:

(1) 含有 $\sqrt{a^2-x^2}$ 时,令 $x=a\sin t$(或 $x=a\cos t$);

(2) 含有 $\sqrt{x^2+a^2}$ 时,令 $x=a\tan t$;

(3) 含有 $\sqrt{x^2-a^2}$ 时,令 $x=a\sec t$.

这三种代换称为三角代换.

在应用换元积分法解题时,要视被积函数的具体情况而定,有时可以选择更简便的代换,例如, $\int \dfrac{\mathrm{d}x}{\sqrt{a^2-x^2}}$ 和 $\int x\sqrt{1-x^2}\mathrm{d}x$ 用第一类换元积分法就更简单. 有些积分用两类换元积分法都能求出结果但究竟如何选择,就要通过例题和大量练习,从中摸索经验,总结规律.

例 20 求 $\int \dfrac{x}{\sqrt{a^2+x^2}}\mathrm{d}x$.

解法一 用第二类换元积分法.

令 $x=a\tan t$,则 $\mathrm{d}x=a\sec^2 t\mathrm{d}t$,则

$$\int \dfrac{x}{\sqrt{a^2-x^2}}\mathrm{d}x = \int \dfrac{a\tan t}{\sqrt{a^2\sec^2 t}}\cdot a\sec^2 t\mathrm{d}x$$
$$= a\int \sec t\cdot \tan t\mathrm{d}t = a\sec t + C$$

根据 $x=a\tan t$,即 $\tan t=\dfrac{x}{a}$ 作直角三角形(如图 4-3),则 $\sec t=\dfrac{\sqrt{a^2+x^2}}{a}$,所以

$$\int \dfrac{x}{\sqrt{a^2+x^2}}\mathrm{d}x = a\cdot \dfrac{\sqrt{a^2+x^2}}{a} + C$$
$$= \sqrt{a^2+x^2} + C$$

解法二 用第一类换元积方法.

$$\int \dfrac{x}{\sqrt{a^2+x^2}}\mathrm{d}x = \int \dfrac{\frac{1}{2}\mathrm{d}(x^2)}{\sqrt{a^2+x^2}} = \dfrac{1}{2}\int \dfrac{\mathrm{d}(x^2+a^2)}{\sqrt{a^2+x^2}}$$
$$= \dfrac{1}{2}\cdot \dfrac{1}{1-\frac{1}{2}}\cdot \sqrt{a^2+x^2} + C$$
$$= \sqrt{a^2+x^2} + C$$

 习题 4.3

1. 在下列各空自处填入适当的系数,使等式成立.

(1) $x\mathrm{d}x = $ _____ $\mathrm{d}(1-x^2)$;   (2) $x^3\mathrm{d}x = $ _____ $\mathrm{d}(3x^4-2)$;

(3) $\mathrm{e}^{x^2}\cdot x\mathrm{d}x = $ _____ $\mathrm{d}\mathrm{e}^{x^2}$;   (4) $\dfrac{\mathrm{d}x}{x} = $ _____ $\mathrm{d}(3-5\ln x)$;

(5) $\sin 3x\mathrm{d}x = $ _____ $\mathrm{d}\cos 3x$;   (6) $\dfrac{\mathrm{d}x}{\cos^2 5x} = $ _____ $\mathrm{d}\tan 5x$.

2. 求下列不定积分.

(1) $\int \cos(\omega x+\varphi)\mathrm{d}x$ (ω、φ 为常数)；

(2) $\int \mathrm{e}^{5t}\mathrm{d}t$；

(3) $\int \frac{\mathrm{d}x}{(2x-3)^4}$；

(4) $\int x^3(2-5x^4)^{\frac{3}{2}}\mathrm{d}x$；

(5) $\int \frac{\mathrm{d}x}{x^2+2x}$；

(6) $\int \frac{\mathrm{e}^{2x}-1}{\mathrm{e}^x}\mathrm{d}x$；

(7) $\int \frac{\mathrm{d}x}{9+4x}$；

(8) $\int \frac{x^3}{\sqrt{1-x^8}}\mathrm{d}x$；

(9) $\int \frac{x^2}{1+x}\mathrm{d}x$；

(10) $\int \frac{x}{\sqrt{1-x^2}}\mathrm{d}x$；

(11) $\int \sin^3 x\cos^2 x\mathrm{d}x$；

(12) $\int \tan^3 x\mathrm{d}x$；

(13) $\int \cos 3x\cos 2x\mathrm{d}x$；

(14) $\int \frac{\mathrm{d}x}{1-\sin x}$；

(15) $\int \frac{\ln^2 x}{x}\mathrm{d}x$；

(16) $\int \frac{\sin x\cos x}{1+\cos^2 x}\mathrm{d}x$.

3. 求下列不定积分.

(1) $\int \frac{\mathrm{d}x}{1+\sqrt{2x}}$；

(2) $\int \frac{\mathrm{d}x}{(x^2+a^2)^{\frac{3}{2}}}$；

(3) $\int \frac{\sqrt{x^2-9}}{x}\mathrm{d}x$；

(4) $\int \frac{x^2}{\sqrt{4-x^2}}\mathrm{d}x$；

(5) $\int \frac{\mathrm{d}x}{\sqrt{x}+\sqrt[3]{x^2}}$；

(6) $\int \frac{1}{x^2\sqrt{1+x^2}}\mathrm{d}x$ ($x>0$).

4. 分别用第一类及第二类换元积分法求下列不定积分.

(1) $\int \frac{x}{\sqrt{a^2+x^2}}\mathrm{d}x (a>0)$；

(2) $\int \frac{1}{\mathrm{e}^x+1}\mathrm{d}x$；

(3) $\int \frac{\mathrm{d}x}{\sqrt{x}(1+x)}$；

(4) $\int \frac{x}{(1+x^2)^2}\mathrm{d}x$.

4.4　分部积分法

上一节，我们在复合函数求导法则的基础上得到了换元积分法，换元积分法的应用虽然很广泛，但对于某些类型的积分，用换元积分法仍无法积分，例如，$\int x^2\mathrm{e}^x\mathrm{d}x$、$\int \mathrm{e}^{2x}\cos 3x\mathrm{d}x$ 等，它们需要用积分法中另一种重要方法 —— 分部积分法来计算.

分部积分法是与微分学中的函数乘积的微分法则相对应的一种积分方法.

定理　若 $u=u(x)$，$v=v(x)$ 都有连续导数，则 $\int u\mathrm{d}v=uv-\int v\mathrm{d}u$.

证明 设函数 $u=u(x)$ 及 $v=v(x)$ 都具有连续导数,由函数乘积的微分法则

$$d(uv)=u dv+v du$$

移项,得

$$u dv=d(uv)-v du$$

上式两边积分,得

$$\int u dv=\int d(uv)-\int v du$$

即

$$\int u dv=uv-\int v du \tag{4-1}$$

式(4-1)称为分部积分法公式.通常把用分部积分法公式来求积分的方法称为分部积分法.

下面通过例子来说明如何使用这个公式.

例 1 求 $\int x\cos x dx$.

解 选取 $u=x, dv=\cos x dx$,则

$$du=dv,\quad v=\sin x$$

由分部积分法公式,得

$$\int x\cos x dx=x\sin x-\int \sin x dx$$
$$=x\sin x+\cos x+C$$

在本例中,如果令 $u=\cos x, dv=x dx$,那么 $du=-\sin x dx, v=\frac{x^2}{2}$,由分部积分法公式得

$$\int x\cos x dx=\frac{x^2}{2}\cos x+\int \frac{x^2}{2}\sin x dx$$

由于上式右端的积分比原积分更复杂,所以不能这样选择 u 和 dv.

由此可见,正确运用分部积分法公式的关键是恰当选取 u 和 dv.选择 u 和 dv 时一般要考虑下面两点:

(1) v 要容易求得;

(2) $\int v du$ 要比 $\int u dv$ 容易积分.

例 2 求 $\int x^2 e^x dx$.

解 选取 $u=x^2, dv=e^x dx$,则

$$du=2x dx,\quad v=e^x$$

于是

$$\int x^2 e^x dx=x^2 e^x-2\int x e^x dx$$

这里 $\int x e^x dx$ 比 $\int x^2 e^x dx$ 容易求积分,对 $\int x e^x dx$ 再使用一次分部积分公式即可,所以

$$\int x^2 e^x dx=x^2 e^x-2\left(x e^x-\int e^x dx\right)$$
$$=x^2 e^x-2x e^x+2e^x+C$$

$$= e^x(x^2-2x+2)+C$$

例 2 表明，有时求积分需要多次运用分部积分法才能求出结果. 但应注意，多次运用分部积分公式时，每次取的 u 必须是同类函数.

在运算比较熟练后，进行分部积分时可以不必写出 u 和 v.

例 3　求 $\int x\arctan x\mathrm{d}x$.

解　$$\begin{aligned}\int x\arctan x\mathrm{d}x &= \int \arctan x\mathrm{d}\left(\frac{x^2}{2}\right)=\frac{x^2}{2}\arctan x-\int\frac{x^2}{2}\cdot\frac{\mathrm{d}x}{1+x^2}\\ &=\frac{x^2}{2}\arctan x-\frac{1}{2}\int\left(1-\frac{1}{1+x^2}\right)\mathrm{d}x\\ &=\frac{x^2}{2}\arctan x-\frac{1}{2}x+\frac{1}{2}\arctan x+C\\ &=\left(\frac{x^2}{2}+\frac{1}{2}\right)\arctan x-\frac{1}{2}x+C\end{aligned}$$

例 4　求 $\int x^2\ln x\mathrm{d}x$.

解　$$\begin{aligned}\int x^2\ln x\mathrm{d}x &= \int\ln x\mathrm{d}\left(\frac{x^3}{3}\right)=\frac{x^3}{3}\ln x-\int\frac{x^3}{3}\cdot\frac{\mathrm{d}x}{x}\\ &=\frac{x^3}{3}\ln x-\frac{1}{3}\int x^2\mathrm{d}x\\ &=\frac{x^3}{3}\ln x-\frac{1}{9}x^3+C\end{aligned}$$

例 5　求 $\int\arccos x\mathrm{d}x$.

解　$$\begin{aligned}\int\arccos x\mathrm{d}x &= x\arccos x-\int x\cdot\frac{-\mathrm{d}x}{\sqrt{1-x^2}}\\ &=x\arccos x-\frac{1}{2}\int\frac{\mathrm{d}(1-x^2)}{\sqrt{1-x^2}}\\ &=x\arccos x-\frac{1}{2}\cdot 2\sqrt{1-x^2}+C\\ &=x\arccos x-\sqrt{1-x^2}+C\end{aligned}$$

例 6　求 $I=\int e^x\sin 2x\mathrm{d}x$.

解法一　$$\begin{aligned}I &= \int e^x\cdot\mathrm{d}\left(-\frac{1}{2}\cos 2x\right)\\ &=-\frac{1}{2}e^x\cos 2x-\int\left(-\frac{1}{2}\cos 2x\cdot e^x\right)\mathrm{d}x\\ &=-\frac{1}{2}e^x\cos 2x-\frac{1}{2}\int e^x\mathrm{d}\left(\frac{1}{2}\sin 2x\right)\\ &=-\frac{1}{2}e^x\cos 2x+\frac{1}{2}\left(\frac{1}{2}e^x\sin 2x-\frac{1}{2}\int e^x\sin 2x\mathrm{d}x\right)\end{aligned}$$

$$=-\frac{1}{2}e^x\cos 2x+\frac{1}{4}e^x\sin 2x-\frac{1}{4}I$$

移项后，解得

$$I=\left(-\frac{2}{5}\cos 2x+\frac{1}{5}\sin 2x\right)e^x+C$$

解法二 $I=\int\sin 2x\,d(e^x)$

$$=e^x\sin 2x-\int e^x\cdot 2\cos 2x\,dx$$

$$=e^x\sin 2x-2\int\cos 2x e^x\,dx$$

$$=e^x\sin 2x-2\int\cos 2x\,d(e^x)$$

$$=e^x\sin 2x-2\left[e^x\cos 2x-\int e^x\cdot(-2\sin 2x)\,dx\right]$$

$$=e^x\sin 2x-2e^x\cos 2x-4I$$

移项后，解得

$$I=e^x\left(\frac{1}{5}\sin 2x-\frac{2}{5}\cos 2x\right)+C$$

因上式右端已不包含积分项，所以加上任意常数 C.

由以上各例可以看出：如果被积函数是幂次为正整数的幂函数与正（余）弦函数或指数函的乘积，就可考虑用分部积分法，并把幂函数取作 u；如果被积函数是幂次为正整数的幂函数与对数函数或反三角函数的乘积，那么也可考虑用分部积分法求解，应把对数函数或反三角函数取为 u；如果被积函数是正（余）弦函数与指数函数的乘积，那么两者任何一个都可取作 u.

对于有些题目既可以用换元积分法也可以用分部积分法，也可能要兼用换元积分法和分部积分法，下面再来举两个例子.

例 7 求 $\int\cos\sqrt{x}\,dx$.

解 $\int\cos\sqrt{x}\,dx\xlongequal{令 x=t^2}\int\cos t\cdot 2t\,dt=2\int t\cos t\,dt$

$$=2\int t\,d(\sin t)=2(t\sin t+\cos t)+C$$

$$\xlongequal{回代 t=\sqrt{x}}2(\sqrt{x}\sin\sqrt{x}+\cos\sqrt{x})+C$$

例 8 求 $\int\sqrt{a^2-x^2}\,dx\quad(a>0)$.

解 用分部积分法来求.

$$\int\sqrt{a^2-x^2}\,dx=x\sqrt{a^2-x^2}+\int\frac{x^2}{\sqrt{a^2-x^2}}dx$$

$$=x\sqrt{a^2-x^2}+\int\frac{a^2-(a^2-x^2)}{\sqrt{a^2-x^2}}dx$$

$$=x\sqrt{a^2-x^2}+a^2\int\frac{dx}{\sqrt{a^2-x^2}}-\int\sqrt{a^2-x^2}\,dx$$

移项后，解得

$$\int \sqrt{a^2-x^2}\,\mathrm{d}x = \frac{x}{2}\sqrt{a^2-x^2}+\frac{a^2}{2}\int \frac{\mathrm{d}\,\frac{x}{a}}{\sqrt{a^2-\left(\frac{x}{a}\right)^2}}$$

$$= \frac{x}{2}\sqrt{a^2-x^2}+\frac{a^2}{2}\arcsin\frac{x}{a}+C$$

习题 4.4

求下列不定积分.

(1) $\int x^2\sin x\mathrm{d}x$；　　(2) $\int \ln(1+x^2)\mathrm{d}x$；

(3) $\int x\arctan x\mathrm{d}x$；　　(4) $\int x^2\mathrm{e}^{-x}\mathrm{d}x$；

(5) $\int \mathrm{e}^{2x}\sin x\mathrm{d}x$；　　(6) $\int x\ln(x-1)\mathrm{d}x$；

(7) $\int \mathrm{e}^{\sqrt{x}}\mathrm{d}x$；　　(8) $\int t\sin(\omega t+\varphi)\mathrm{d}t$ （ω、φ 为常数）.

复习题 4

1. 填空题.

(1) 因为 $\mathrm{d}(\arcsin x)=$ __________，所以 $\arcsin x$ 是__________的一个原函数.

(2) 因为 $\frac{1}{\sqrt{x}}\mathrm{d}x=\mathrm{d}u$，所以 $u=$ __________.

(3) 若 $\int f(x)\mathrm{d}x=F(x)+C$，则 $\int f(ax+b)\mathrm{d}x=$ __________. $(a\neq 0)$

(4) 若 $F(x)$ 是 $f(x)$ 的一个原函数，则 $\int \mathrm{e}^{-x}f(\mathrm{e}^{-x})\mathrm{d}x=$ __________.

2. 选择题.

(1) 如果函数 $f(x)$ 有原函数，则原函数的个数（　　）.

A. 只一个　　B. 两个，一个与另一个差是常数

C. 最多三个　　D. 有无穷多个

(2) 下列等式中，正确的是（　　）.

A. $\int f'(x)\mathrm{d}x=f(x)$　　B. $\left[\int f(x)\mathrm{d}x\right]'=f(x)$

C. $\mathrm{d}\int f(x)\mathrm{d}x=f(x)$　　D. $\left[\int f'(x)\mathrm{d}x\right]'=f(x)$

(3) 积分 $\int \frac{\mathrm{d}x}{\sqrt{x}(1+x)}=$（　　）.

A. $2\arctan\sqrt{x}+C$　　B. $\frac{1}{2}\arctan\sqrt{x}+C$

C. $\arctan\sqrt{x}+C$　　D. $2\text{arccot}\sqrt{x}+C$

(4) 下列不定积分中,常用分部积分法求解的是(　　).

A. $\int\sin(2x+1)\mathrm{d}x$　　B. $\int\frac{\mathrm{d}x}{4x^2+9}$

C. $\int x\ln x\mathrm{d}x$　　D. $\int x\mathrm{e}^{x^2}\mathrm{d}x$

(5) $\int xf''(x)\mathrm{d}x=$(　　).

A. $xf'(x)-f(x)+C$　　B. $xf'(x)-f'(x)+C$

C. $xf'(x)+f(x)+C$　　D. 以上都不对

3. 求下列不定积分.

(1) $\int(2x-3)^{10}\mathrm{d}x$;　　(2) $\int\frac{1-\tan x}{1+\tan x}\mathrm{d}x$;

(3) $\int\sqrt{\mathrm{e}^x-1}\mathrm{d}x$;　　(4) $\int\sin x\cos(\cos x)\mathrm{d}x$;

(5) $\int\frac{\mathrm{e}^{\arctan x}}{1+x^2}\mathrm{d}x$;　　(6) $\int\frac{x^2}{\sqrt{1-x^2}}\mathrm{d}x$;

(7) $\int x^5\mathrm{e}^{x^3}$;　　(8) $\int\ln(x+\sqrt{1+x^2})\mathrm{d}x$;

(9) $\int\frac{1}{3+4x^2}\mathrm{d}x$;　　(10) $\int\frac{1}{x\sqrt{x^2+9}}\mathrm{d}x$;

(11) $\int\tan^3 x\mathrm{d}x$;　　(12) $\int\frac{\mathrm{d}x}{x^2+x-6}$.

复习题 **4** 答案

第5章　定　积　分

定积分是高等数学中的一个重要概念，它在几何、物理、经济等各个领域均有广泛的应用. 本章介绍定积分的概念和基本性质、定积分与不定积分的关系、定积分的计算方法及广义积分等内容，最后介绍定积分在几何上和经济上的应用.

5.1　定积分的概念

一、引出定积分概念的实例

1. 曲边梯形的面积

在初等数学中，我们已学会计算一些平面图形的面积，但对于任意曲线所围成的平面图形的面积就不会计算了. 而由任意曲线围成的一般平面图形面积的计算都可归结为曲边梯形面积的计算. 为此，我们先讨论曲边梯形面积的计算问题.

在直角坐标系中，由连续曲线 $y=f(x)$、直线 $x=a$、$x=b$ 及 x 轴所围成的图形 $AabB$，称为曲边梯形. 其中区间 $[a,b]$ 上的边称为底边，曲线弧 $y=f(x)$ 称为曲边，如图 5-1 所示.

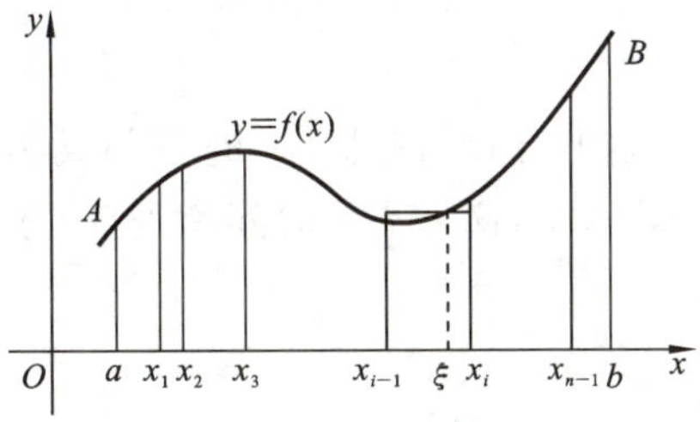

图 5-1

由图 5-1 不难看出，曲边梯形 $AabB$ 不可能划分为矩形或三角形，因此它的面积不存在可供计算的直接公式. 如何求这个曲边梯形面积 S？我们把曲边梯形的底边分割成若干小段，并通过每个分点作 x 轴的垂线段，这时整个曲边梯形就被分成若干个小曲边梯形. 对每个小曲边梯形来说，由于底边很窄，高度变化不大，因而就可用小曲边梯形底边任意一点的函数值作为小矩形的高，用小矩形的面积近似代替小曲边梯形的面积. 显然，如果底边分得越细，所得小矩形面积就越接近小曲边梯形的面积. 不难想到，当无限细分时，小矩形面积之和也就无限接近曲边梯形面积. 具体步骤如下：

设连续函数 $y=f(x)\geqslant 0$，求曲边梯形 $AabB$ 的面积 S.

(1) 分割.

在区间 $[a,b]$ 内任意插入 $n-1$ 个分点，有

$$a=x_0<x_1<x_2<\cdots<x_{n-1}<x_n=b$$

这些分点把区间 $[a,b]$ 分割成 n 个子区间 $[x_{i-1},x_i]$ $(i=1,2,\cdots,n)$，每个子区间的长度为 $\Delta x_i=x_i-x_{i-1}$，过各分点分别作 x 轴的垂线段，将曲边梯形 $AabB$ 分成 n 个小曲边梯形，如图 5-1 所示.

(2) 近似代替.

在每个子区间$[x_{i-1},x_i](i=1,2,\cdots,n)$上任取一点$\xi_i$，以$f(\xi_i)$为高，$\Delta x_i$为底作小矩形，则这个小矩形的面积为$f(\xi_i)\Delta x_i$，用它作为小曲边梯形面积$\Delta S_i$的近似值，即

$$\Delta S_i \approx f(\xi_i)\Delta x_i \quad (i=1,2,\cdots,n).$$

(3) 求和.

将n个小矩形面积加起来，即为曲边梯形$AabB$面积的近似值，即

$$S=\sum_{i=1}^{n}\Delta S_i \approx \sum_{i=1}^{n} f(\xi_i)\Delta x_i.$$

(4) 取极限.

记$\lambda=\max\limits_{1\leqslant i\leqslant n}\{\Delta x_i\}$，表示小区间中最大区间长度，当$\lambda\to 0$时，和式$\sum\limits_{i=1}^{n} f(\xi_i)\Delta x_i$的极限就是曲边梯形的面积，即

$$S=\lim_{\lambda\to 0}\sum_{i=1}^{n} f(\xi_i)\Delta x_i.$$

2. 已知产量的变化率求产量

已知某商品的产量在某一段时间间隔$[\alpha,\beta]$内的变化率为连续函数$q(t)$，现在计算在$[\alpha,\beta]$这段时间间隔内的产量Q.

我们可以采用计算曲边梯形面积的方法来计算产量Q.

(1) 分割.

在区间$[\alpha,\beta]$内任意插入$n-1$个分点，有

$$\alpha=t_0<t_1<t_2<\cdots<t_{n-1}=\beta$$

这些分点将区间$[\alpha,\beta]$分割成n个子区间$[t_{i-1},t_i](i=1,2,\cdots,n)$，每个子区间的长度为$\Delta t_i=t_i-t_{i-1}$，这$n$小段时间间隔上的产量为$\Delta Q_i(i=1,2,\cdots,n)$，则

$$Q=\sum_{i=1}^{n}\Delta Q_i.$$

(2) 近似代替.

在每个子区间$[t_{i-1},t_i](i=1,2,\cdots,n)$上任取一点$\xi_i$，将$[t_{i-1},t_i]$上产量的变化率用$q(\xi_i)$近似代替，得到$[t_{i-1},t_i]$上产量的近似值为

$$\Delta Q_i \approx q(\xi_i)\Delta t_i \quad (i=1,2,\cdots,n).$$

(3) 求和.

将每个小段上的产量的近似值相加，得到所求产量Q的近似值，即

$$Q\approx\sum_{i=1}^{n} q(\xi_i)\Delta t_i.$$

(4) 取极限.

令$\lambda=\max\limits_{1\leqslant i\leqslant n}\{\Delta t_i\}$，当$\lambda\to 0$时，和式$\sum\limits_{i=1}^{n} q(\xi_i)\Delta t_i$的极限就是$[\alpha,\beta]$这段时间间隔内的产量$Q$，即

$$Q=\lim_{\lambda\to 0}\sum_{i=1}^{n}q(\xi_i)\Delta t_i.$$

从上面两个例子可以看出，虽然问题的实际意义不同，但解决的思路和方法是相同的，最后都归结为求和式极限问题. 还有许多实际问题的解决也常都归结为求此类极限，因此，我们抛开它们的实际内容，保留其数学结构，抽象出定积分的概念.

二、定积分的定义

定义　设 $f(x)$ 是定义在区间 $[a,b]$ 上的有界函数，用分点 $a=x_0<x_1<x_2<\cdots<x_{n-1}<x_n=b$ 将区间 $[a,b]$ 分成 n 个小区间 $[x_{i-1},x_i]$，其长度为 $\Delta x_i=x_i-x_{i-1}$，在每个小区间 $[x_{i-1},x_i]$ 上任取一点 $\xi_i(x_{i-1}\leqslant\xi_i\leqslant x_i)$，作和 $S_n=\sum\limits_{i=1}^{n}f(\xi_i)\Delta x_i$. 若当 $\lambda\to 0(\lambda=\max\limits_{1\leqslant i\leqslant n}\{\Delta x_i\})$ 时，S_n 的极限存在，且该极限与区间 $[a,b]$ 的分法以及 ξ_i 的取法无关，则称 $f(x)$ 在区间 $[a,b]$ 上可积，并称该极限为函数 $f(x)$ 在区间 $[a,b]$ 上的定积分，记为 $\int_a^b f(x)\mathrm{d}x$，即

$$\int_a^b f(x)\mathrm{d}x=\lim_{\lambda\to 0}\sum_{i=1}^{n}f(\xi_i)\Delta x_i.$$

其中，$f(x)$ 称为被积函数，$f(x)\mathrm{d}x$ 称为被积表达式，x 称为积分变量，$[a,b]$ 称为积分区间，a 称为积分下限，b 称为积分上限.

按定积分的定义，上面两个例子可表示成定积分：

(1) 曲边梯形的面积是函数 $y=f(x)$ 在区间 $[a,b]$ 上的定积分，即

$$S=\int_a^b f(x)\mathrm{d}x\quad(f(x)\geqslant 0).$$

(2) $[\alpha,\beta]$ 这段时间间隔内的产量 Q 是产量变化率 $q=q(t)$ 在时间区间 $[\alpha,\beta]$ 上的定积分，即

$$Q=\int_\alpha^\beta q(t)\mathrm{d}t.$$

关于定积分定义的几点说明：

(1) 如果函数 $f(x)$ 在区间 $[a,b]$ 上可积，则定积分为一常数，它只与被积函数以及积分区间有关，而与积分变量用什么字母表示无关，即

$$\int_a^b f(x)\mathrm{d}x=\int_a^b f(t)\mathrm{d}t=\int_a^b f(u)\mathrm{d}u.$$

(2) 在定积分定义中，我们假定 $a<b$，如果 $b<a$，我们规定

$$\int_a^b f(x)\mathrm{d}x=-\int_b^a f(x)\mathrm{d}x.$$

即定积分的上限与下限互换时，定积分变号.

特别地，当 $a=b$ 时，有 $\int_a^b f(x)\mathrm{d}x=0$.

(3) 什么样的函数可积？我们给出以下定理.

定理 1　设 $f(x)$ 在区间 $[a,b]$ 上连续，则 $f(x)$ 在区间 $[a,b]$ 上可积.

定理 2　设 $f(x)$ 在区间 $[a,b]$ 上有界，且只有有限个间断点，则 $f(x)$ 在区间 $[a,b]$ 上可积.

三、定积分的几何意义

由定积分的定义可知，当 $f(x)\geqslant 0$ 时，定积分 $\int_a^b f(x)\mathrm{d}x$ 在几何上表示曲线 $y=f(x)$、直线 $x=a$、$x=b$ 及 x 轴所围成的曲边梯形的面积.

当 $f(x)<0$ 时，由曲线 $y=f(x)$、直线 $x=a$、$x=b$ 与 x 轴所围成的曲边梯形位于 x 轴下方，如图 5-2 所示. 这时和式 $\sum_{i=1}^{n} f(\xi_i)\Delta x_i$ 中 $f(\xi_i)<0$，而 $\Delta x_i>0$，因此该和式总小于 0，所以 $\int_a^b f(x)\mathrm{d}x<0$，在这种情况下，定积分 $\int_a^b f(x)\mathrm{d}x$ 在几何上表示上述曲边梯形面积的负值.

对于一般情况，$f(x)$ 在区间 $[a,b]$ 上既取正值又取负值时，函数 $f(x)$ 图形的某些部分在 x 轴的上方，而其他部分在 x 轴的下方，如图 5-3 所示. 如果我们规定：在 x 轴上方的图形面积为正，在 x 轴下方图形面积为负. 在这种情况下，定积分 $\int_a^b f(x)\mathrm{d}x$ 在几何上表示曲线 $y=f(x)$、直线 $x=a$、$x=b$ 及 x 轴之间的各部分面积的代数和.

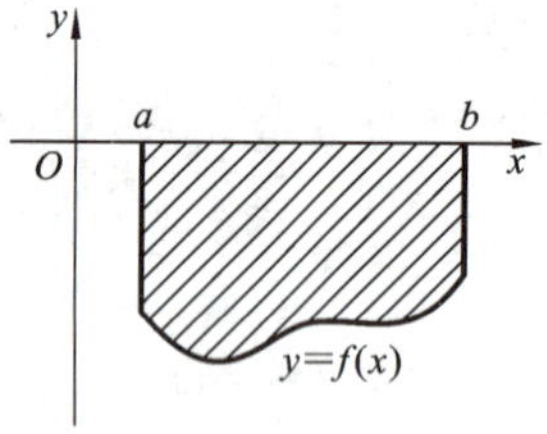

图 5-2

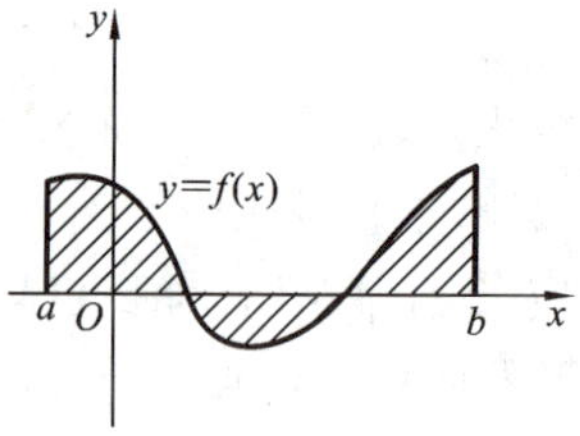

图 5-3

习题 5.1

1. 用定积分定义计算下列定积分.

(1) $\int_0^2 (2x+1)\mathrm{d}x$；　　(2) $\int_0^1 \mathrm{e}^x\mathrm{d}x$.

2. 用定积分的几何意义求下列定积分.

(1) $\int_0^2 (x+4)\mathrm{d}x$；　　(2) $\int_0^2 (x-3)\mathrm{d}x$；

(3) $\int_0^2 \sqrt{4-x^2}\,\mathrm{d}x$；　　(4) $\int_{-\frac{\pi}{2}}^{\frac{\pi}{2}} \sin x\mathrm{d}x$.

3. 根据定积分的几何意义，判断下列各定积分的正负号.

(1) $\int_{-1}^4 x^3\mathrm{d}x$；　　(2) $\int_{-\frac{\pi}{2}}^0 \sin x\cos x\mathrm{d}x$.

4. 一曲边梯形由曲线 $y=x^2+2$、直线 $x=-1$、$x=3$ 及 x 轴所围成. 试用定积分表示这曲边梯形的面积（不必计算）.

5.2　定积分的性质和计算公式

一、定积分的基本性质

按定积分的定义和极限的运算法则，假设以下所涉及的函数在所讨论的区间上均是可积的，则有：

性质 1　常数因子可以提到积分号前，即

$$\int_a^b kf(x)\mathrm{d}x = k\int_a^b f(x)\mathrm{d}x \quad (k \text{ 为常数}).$$

性质 2　代数和的定积分等于定积分的代数和，即

$$\int_a^b [f(x) \pm g(x)]\mathrm{d}x = \int_a^b f(x)\mathrm{d}x \pm \int_a^b g(x)\mathrm{d}x.$$

此性质可推广到任意有限多个函数代数和的情形.

性质 3(定积分的区间可加性)　对任意实数 c，有

$$\int_a^b f(x)\mathrm{d}x = \int_a^c f(x)\mathrm{d}x + \int_c^b f(x)\mathrm{d}x.$$

性质 4　若被积函数 $f(x)=1$，则有

$$\int_a^b \mathrm{d}x = b-a.$$

性质 5　若 $f(x)$，$g(x)$ 在区间$[a,b]$上满足条件 $f(x)\leqslant g(x)$，则

$$\int_a^b f(x)\mathrm{d}x \leqslant \int_a^b g(x)\mathrm{d}x.$$

性质 6(估值定理)　若函数 $f(x)$ 在区间$[a,b]$上的最大值与最小值分别为 M、m，则

$$m(b-a) \leqslant \int_a^b f(x)\mathrm{d}x \leqslant M(b-a)$$

它的几何意义是：设 $f(x)>0$，则以 $y=f(x)$ 为曲边的曲边梯形的面积，介于以区间$[a,b]$为底、以最小纵坐标 m 为高的矩形与最大纵坐标 M 为高的矩形面积之间，如图 5-4 所示.

性质7(积分中值定理)　如果函数 $f(x)$ 在区间$[a,b]$上连续，则在$[a,b]$上至少有一点 ξ，使得

$$\int_a^b f(x)\mathrm{d}x = f(\xi)(b-a), \quad \xi\in[a,b].$$

性质 7 的几何意义如图 5-5 所示，$y=f(x)$ 为曲边的曲边梯形的面积等于以 $b-a$ 为底、以 $f(\xi)$ 为高的矩形面积. 通常称 $f(\xi)=\dfrac{1}{b-a}\displaystyle\int_a^b f(x)\mathrm{d}x$ 为函数 $f(x)$ 在$[a,b]$上的平均值.

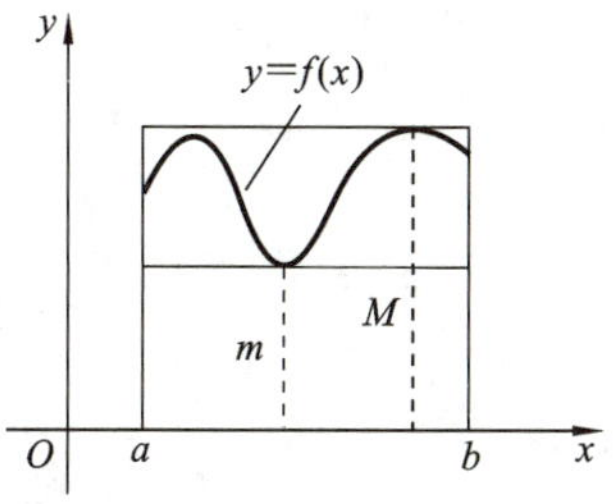

图 5-4

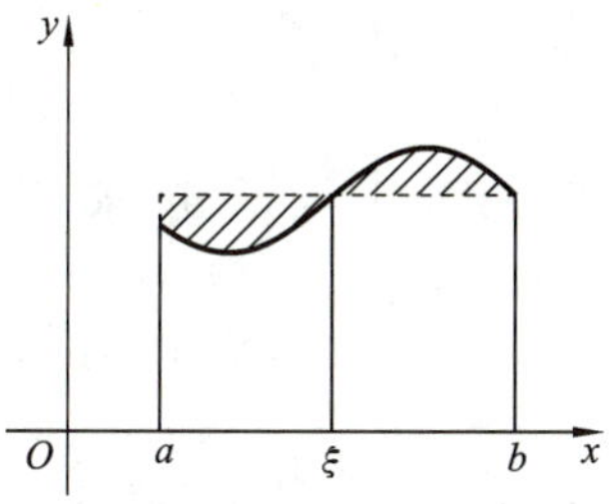

图 5-5

例 1 比较定积分$\int_1^2 x^2 \mathrm{d}x$与$\int_1^2 x^3 \mathrm{d}x$的大小.

解 在区间[1,2]内,有 $x^2 \leqslant x^3$,则$\int_1^2 x^2 \mathrm{d}x \leqslant \int_1^2 x^3 \mathrm{d}x$.

例 2 估计定积分$\int_0^2 \mathrm{e}^{x^2} \mathrm{d}x$的大小.

解 由于 $y = \mathrm{e}^{x^2}$ 在区间[0,2]上单调递增,于是 $f(x)$ 在[0,2]上有最小值 $m = \mathrm{e}^0 = 1$,最大值 $M = \mathrm{e}^4$,所以

$$\mathrm{e}^0(2-0) \leqslant \int_0^2 \mathrm{e}^{x^2} \mathrm{d}x \leqslant \mathrm{e}^4(2-0)$$

即

$$2 \leqslant \int_0^2 \mathrm{e}^{x^2} \mathrm{d}x \leqslant 2\mathrm{e}^4$$

二、定积分的计算公式

从前面各章节可知,原函数与定积分是从两个完全不同的角度引入的概念,但它们之间是否有一定的关系,以下我们将对此进行讨论,并由此得出利用原函数计算定积分的公式.

1. 积分上限函数及其导数

定义 设函数 $f(x)$ 在区间$[a,b]$上连续,x 为区间$[a,b]$上的任意一点,由于 $f(x)$ 在$[a,b]$上连续,因而在$[a,x]$上也连续,因此由定积分存在定理知$\int_a^x f(t)\mathrm{d}t$存在,对每一个 $x \in [a,b]$,$\int_a^x f(t)\mathrm{d}t$都有一个确定值与之对应,因此它是定义在$[a,b]$上的函数,记作 $\varphi(x)$,即

$$\varphi(x) = \int_a^x f(t)\mathrm{d}t, \quad x \in [a,b].$$

称 $\varphi(x)$ 为积分上限函数(或变上限定积分函数).

关于积分上限函数有如下定理.

定理 1 如果函数 $f(x)$ 在区间$[a,b]$上连续,则函数

$$p(x) = \int_a^x f(t)\mathrm{d}t$$

是函数 $f(x)$ 在区间$[a,b]$上的一个原函数,即

$$p'(x) = f(x).$$

例 3 求$\frac{\mathrm{d}}{\mathrm{d}x}\left(\int_0^x \mathrm{e}^t \mathrm{d}t\right)$.

解

$$\frac{\mathrm{d}}{\mathrm{d}x}\left(\int_0^x \mathrm{e}^t \mathrm{d}t\right) = \mathrm{e}^x$$

例 4 设 $F(x) = \int_x^{-1} \sin^2 t\mathrm{d}t$,求 $F'(x)$.

解

$$F'(x) = \left(\int_x^{-1} \sin^2 t\mathrm{d}t\right)' = \left(-\int_{-1}^x \sin^2 t\mathrm{d}t\right)' = -\sin^2 x$$

例 5 设 $F(x) = \int_{\mathrm{e}}^{\mathrm{e}^x} \frac{\ln t}{t}\mathrm{d}t$,求 $F'(x)$.

解　将 $F(x)$ 视为 $\int_{e}^{u}\frac{\ln t}{t}dt$ 与 $u=e^x$ 复合而成的函数，由复合函数的求导法则，有

$$F'(x)=\frac{d}{du}\left(\int_{e}^{u}\frac{\ln t}{t}dt\right)\frac{du}{dx}$$

$$=\frac{\ln u}{u}e^x=\ln e^x=x$$

例 6　设 $F(x)=\int_{x}^{x^2}\cos t dt$，求 $F'(x)$.

解　因为
$$F(x)=\int_{x}^{0}\cos t dt+\int_{0}^{x^2}\cos t dt$$

所以
$$F'(x)=\left(\int_{x}^{0}\cos t dt\right)'+\left(\int_{0}^{x^2}\cos t dt\right)'$$

$$=-\cos x+2x\cos x^2$$

其中
$$\left(\int_{0}^{x^2}\cos t dt\right)'=\cos x^2\cdot(x^2)'$$

$$=\cos x^2\cdot(2x)=2x\cos x^2$$

例 7　求极限 $\lim\limits_{x\to 0}\frac{\int_{0}^{x}\ln(1+t)dt}{x^2}$.

解　$$\lim_{x\to 0}\frac{\int_{0}^{x}\ln(1+t)dt}{x^2}=\lim_{x\to 0}\frac{\left[\int_{0}^{x}\ln(1+t)dt\right]'}{(x^2)'}$$

$$=\lim_{x\to 0}\frac{\ln(1+x)}{2x}$$

$$=\frac{1}{2}$$

2. 牛顿 - 莱布尼兹公式

定理 2　设函数 $f(x)$ 在区间 $[a,b]$ 上连续，且 $F(x)$ 是 $f(x)$ 的一个原函数，则

$$\int_{a}^{b}f(x)dx=F(b)-F(a).$$

证明　已知 $F(x)$ 是 $f(x)$ 的一个原函数，由定理 1 可知，$p(x)=\int_{a}^{x}f(t)dt$ 也是 $f(x)$ 的一个原函数，因此

$$p(x)=F(x)+C.$$

其中 C 是一个常数，由于

$$p(a)=\int_{a}^{a}f(t)dt=0,$$

所以

$$F(a)+C=0,$$

即

$$C=-F(a).$$

因而有

$$p(x)=F(x)-F(a).$$

令 $x=b$,则

$$p(b)=\int_a^b f(t)\mathrm{d}t=F(b)-F(a),$$

即

$$\int_a^b f(x)\mathrm{d}x=F(b)-F(a).$$

通常以 $F(x)\big|_a^b$ 或 $[F(x)]_a^b$ 表示 $F(b)-F(a)$,即

$$\int_a^b f(x)\mathrm{d}x=F(b)-F(a)=F(x)\big|_a^b=[F(x)]_a^b.$$

该公式为微积分学中的一个基本公式,称为牛顿 - 莱布尼兹公式.

由此可见,要求出定积分 $\int_a^b f(x)\mathrm{d}x$ 的值,只要求出 $f(x)$ 在 $[a,b]$ 上的一个原函数 $F(x)$,并计算出 $F(x)$ 由端点 a 到端点 b 的改变量 $F(b)-F(a)$ 即可.

例 8 计算 $\int_0^1 x^2\mathrm{d}x$.

解

$$\int_0^1 x^2\mathrm{d}x=\frac{1}{3}x^3\Big|_0^1=\frac{1}{3}-0=\frac{1}{3}$$

例 9 求 $\int_0^1\frac{1}{1+x^2}\mathrm{d}x$.

解

$$\int_0^1\frac{1}{1+x^2}\mathrm{d}x=\arctan x\Big|_0^1$$

$$=\arctan 1-\arctan 0=\frac{\pi}{4}$$

例 10 求 $\int_{-1}^2|1-2x|\mathrm{d}x$.

解 函数

$$|1-2x|=\begin{cases}1-2x, & x\leqslant\frac{1}{2}\\ 2x-1, & x>\frac{1}{2}\end{cases}$$

于是有

$$\int_{-1}^2|1-2x|\mathrm{d}x=\int_{-1}^{\frac{1}{2}}(1-2x)\mathrm{d}x+\int_{\frac{1}{2}}^2(2x-1)\mathrm{d}x$$

$$=(x-x^2)\Big|_{-1}^{\frac{1}{2}}+(x^2-x)\Big|_{\frac{1}{2}}^2$$

$$=2\frac{1}{4}+2\frac{1}{4}=4\frac{1}{2}$$

例 11 求 $\int_{-1}^1 f(x)\mathrm{d}x$,其中 $f(x)=\begin{cases}x, & x\geqslant 0,\\ \sin x, & x<0.\end{cases}$

解 $\int_{-1}^1 f(x)\mathrm{d}x=\int_0^1 x\mathrm{d}x+\int_{-1}^0\sin x\mathrm{d}x$

$$= \frac{x^2}{2}\Big|_0^1 - \cos x\Big|_{-1}^0 = \cos 1 - \frac{1}{2}$$

注意：如果函数在积分区间上不满足连续条件，则定理 2 不能使用. 例如

$$\int_{-1}^{1} \frac{1}{x^2}\mathrm{d}x = -\frac{1}{x}\Big|_{-1}^{1} = -1-1 = -2$$

这个结论是错误的，因为在区间 $[-1,1]$ 上，函数 $f(x) = \frac{1}{x^2}$ 在点 $x=0$ 处无定义.

习题 5.2

1. 不计算积分，比较下列各组积分值的大小.

(1) $\int_0^1 x^2\mathrm{d}x$ 与 $\int_0^1 x^3\mathrm{d}x$；　(2) $\int_1^2 \ln x\mathrm{d}x$ 与 $\int_1^2 (\ln x)^2\mathrm{d}x$；

(3) $\int_0^1 (x+1)\mathrm{d}x$ 与 $\int_0^1 \mathrm{e}^x\mathrm{d}x$；　(4) $\int_{\mathrm{e}}^4 \ln x\mathrm{d}x$ 与 $\int_{\mathrm{e}}^4 \ln^2 x\mathrm{d}x$.

2. 估计下列各积分的值.

(1) $\int_1^4 (x^2+1)\mathrm{d}x$；　(2) $\int_0^1 \mathrm{e}^x\mathrm{d}x$；

(3) $\int_0^{\frac{\pi}{2}} (1+\sin^2 x)\mathrm{d}x$；　(4) $\int_0^1 \frac{1}{1+x^2}\mathrm{d}x$.

3. 求下列函数的导数.

(1) $\int_0^x t\mathrm{e}^{-t}\mathrm{d}t$；　(2) $\int_0^{x^2} \frac{1}{\sqrt{1+t^4}}\mathrm{d}t$；

(3) $\int_{x^2}^{x^3} \sin t\mathrm{d}t$；　(4) $\int_x^{\sin x} \mathrm{e}^{-t}\mathrm{d}t$.

4. 计算下列积分.

(1) $\int_2^6 (x^2-1)\mathrm{d}x$；　(2) $\int_4^0 \sqrt{x}(1+\sqrt{x})\mathrm{d}x$；

(3) $\int_{\frac{1}{\sqrt{3}}}^{\sqrt{3}} \frac{1}{1+x^2}\mathrm{d}x$；　(4) $\int_{-\frac{1}{2}}^{\frac{1}{2}} \frac{1}{\sqrt{1-x^2}}\mathrm{d}x$；

(5) $\int_{-1}^2 |2x|\mathrm{d}x$；　(6) 设 $f(x)=\begin{cases} x+1, & x\leqslant 1 \\ \frac{1}{2}x^2, & x>1 \end{cases}$，求 $\int_0^2 f(x)\mathrm{d}x$.

5.3　定积分的积分法

在不定积分中有换元积分法与分部积分法，在一定条件下，定积分也可以应用换元积分法与分部积分法.

一、定积分的换元积分法

定理 设函数 $f(x)$ 在闭区间$[a,b]$上连续，令 $x=\varphi(t)$，如果

(1) $\varphi(t)$ 在区间$[\alpha,\beta]$上有连续的导数 $\varphi'(t)$；

(2) 当 t 从 α 变到 β 时，$\varphi(t)$ 从 $\varphi(\alpha)=a$ 单调地变到 $\varphi(\beta)=b$，则有积分换元公式

$$\int_a^b f(x)\mathrm{d}x=\int_\alpha^\beta f[\varphi(t)]\varphi'(t)\mathrm{d}t.$$

用上述换元积分公式计算定积分时，注意在作变量代换即换元时一定要相应变换积分的上、下限，即 a 和 b 分别对应的是 $\varphi(\alpha)$ 和 $\varphi(\beta)$，α 不一定比 β 小.

例 1 计算$\int_1^{\mathrm{e}}\frac{1+\ln^2 x}{x}\mathrm{d}x$.

解 $$\int_1^{\mathrm{e}}\frac{1+\ln^2 x}{x}\mathrm{d}x=\int_1^{\mathrm{e}}(1+\ln^2 x)\mathrm{d}\ln x$$

$$=\left(\ln x+\frac{1}{3}\ln^3 x\right)\Big|_1^{\mathrm{e}}=\frac{4}{3}$$

例 2 计算$\int_0^8\frac{\mathrm{d}x}{1+\sqrt[3]{x}}$.

解 令 $x=t^3$，则 $\mathrm{d}x=3t^2\mathrm{d}t$；当 $x=0$，$t=0$；当 $x=8$，$t=2$；所以

$$\int_0^8\frac{\mathrm{d}x}{1+\sqrt[3]{x}}=\int_0^2\frac{3t^2}{1+t}\mathrm{d}t$$

$$=3\left[\frac{t^2}{2}-t+\ln(1+t)\right]\Big|_0^2=3\ln 3$$

例 3 计算$\int_0^a\sqrt{a^2-x^2}\mathrm{d}x\ (a>0)$.

解 令 $x=a\sin t$，$\mathrm{d}x=a\cos t\mathrm{d}t$；当 $x=0$，$t=0$；当 $x=a$，$t=\frac{\pi}{2}$，所以

$$\int_0^a\sqrt{a^2-x^2}\mathrm{d}x=a^2\int_0^{\frac{\pi}{2}}\cos^2 t\mathrm{d}t$$

$$=\frac{a^2}{2}\left(t+\frac{\sin 2t}{2}\right)\Big|_0^{\frac{\pi}{2}}$$

$$=\frac{\pi}{4}a^2$$

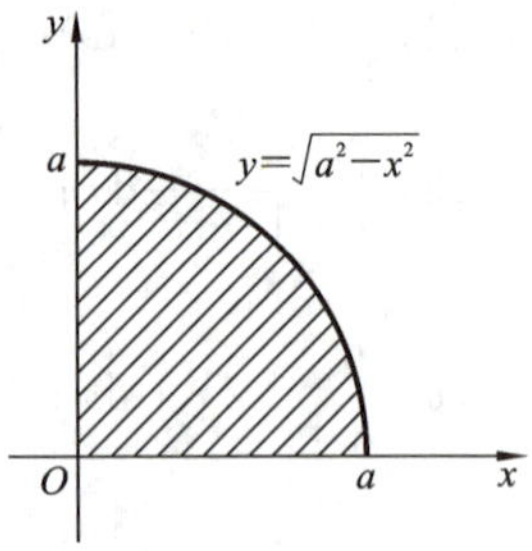

图 5-6

从几何上看，此例所得定积分值是圆 $x^2+y^2=a^2$ 的面积的$\frac{1}{4}$，如图 5-6 所示.

从上例可以看出，用定积分换元公式计算定积分，在变量代换时，应把积分上、下限也相应进行变换，不必换回原积分变量. 如果我们运用不定积分的换元法，最后要换回原积分变量，就非常麻烦.

例 4 设 $f(x)$ 在区间$[-a,a]$上连续，证明：

(1) 若 $f(x)$ 为偶函数，则$\int_{-a}^a f(x)\mathrm{d}x=2\int_0^a f(x)\mathrm{d}x$.

(2) 若 $f(x)$ 为奇函数，则 $\int_{-a}^{a} f(x)\mathrm{d}x = 0$.

证明　由于

$$\int_{-a}^{a} f(x)\mathrm{d}x = \int_{-a}^{0} f(x)\mathrm{d}x + \int_{0}^{a} f(x)\mathrm{d}x$$

对上式右端第一个积分作变量替换 $x=-t$，则当 $x=-a, t=a$；当 $x=0, t=0$. 于是

$$\begin{aligned}\int_{-a}^{0} f(x)\mathrm{d}x &= \int_{a}^{0} f(-t)\mathrm{d}(-t)\\ &= -\int_{a}^{0} f(t)\mathrm{d}t\\ &= \int_{0}^{a} f(t)\mathrm{d}t = \int_{0}^{a} f(x)\mathrm{d}x\end{aligned}$$

所以

$$\int_{-a}^{a} f(x)\mathrm{d}x = \int_{0}^{a} f(x)\mathrm{d}x + \int_{0}^{a} f(x)\mathrm{d}x = 2\int_{0}^{a} f(x)\mathrm{d}x$$

类似地可得(2)，当 $f(x)$ 为奇函数时，有 $\int_{-a}^{a} f(x)\mathrm{d}x = 0$.

利用例 4 的结论，常可简化计算偶函数、奇函数在对称于原点的区间上的定积分.

例 5　求 $\int_{-1}^{1} \frac{\sin x\cos x}{\sqrt{1+x^2}}\mathrm{d}x$.

解　由于 $\frac{\sin x\cos x}{\sqrt{1+x^2}}\mathrm{d}x$ 在 $[-1,1]$ 上是奇函数，所以 $\int_{-1}^{1} \frac{\sin x\cos x}{\sqrt{1+x^2}}\mathrm{d}x = 0$.

二、定积分的分部积分法

设 $u(x)$、$v(x)$ 在区间 $[a,b]$ 上具有连续导数，则 $\mathrm{d}(uv) = u\mathrm{d}v + v\mathrm{d}u$，等式两端取 x 由 a 到 b 的积分，得 $\int_{a}^{b} \mathrm{d}(uv) = \int_{a}^{b} u\mathrm{d}v + \int_{a}^{b} v\mathrm{d}u$. 因为 $\int_{a}^{b} \mathrm{d}(uv) = uv\Big|_{a}^{b}$，于是移项得 $\int_{a}^{b} u\mathrm{d}v = uv\Big|_{a}^{b} - \int_{a}^{b} v\mathrm{d}u$，这就是定积分的分部积分公式.

例 6　计算 $\int_{1}^{5} \ln x\mathrm{d}x$.

解

$$\begin{aligned}\int_{1}^{5} \ln x\mathrm{d}x &= x\ln x\Big|_{1}^{5} - \int_{1}^{5} x\cdot\frac{1}{x}\mathrm{d}x\\ &= 5\ln 5 - 4\end{aligned}$$

例 7　计算 $\int_{0}^{\frac{\pi}{2}} x\sin x\mathrm{d}x$.

解

$$\begin{aligned}\int_{0}^{\frac{\pi}{2}} x\sin x\mathrm{d}x &= -\int_{0}^{\frac{\pi}{2}} x\mathrm{d}\cos x\\ &= -x\cos x\Big|_{0}^{\frac{\pi}{2}} + \int_{0}^{\frac{\pi}{2}} \cos x\mathrm{d}x\\ &= \sin x\Big|_{0}^{\frac{\pi}{2}} = 1\end{aligned}$$

例 8 计算$\int_0^1 \ln(1+x^2)\mathrm{d}x$.

解
$$\begin{aligned}\int_0^1 \ln(1+x^2)\mathrm{d}x &= x\cdot\ln(1+x^2)\Big|_0^1 - \int_0^1 x\mathrm{d}[\ln(1+x^2)]\\ &= \ln 2 - 2\int_0^1 \frac{x^2}{1+x^2}\mathrm{d}x\\ &= \ln 2 - 2(x-\arctan x)\Big|_0^1\\ &= \ln 2 - 2 + \frac{\pi}{2}\end{aligned}$$

习题 5.3

1. 计算下列积分.

(1) $\int_0^1 \frac{\mathrm{d}t}{1+\sqrt{t}}$; (2) $\int_0^{\ln 2} \sqrt{\mathrm{e}^x-1}\mathrm{d}x$;

(3) $\int_0^1 \frac{\arcsin x}{\sqrt{1-x^2}}\mathrm{d}x$; (4) $\int_0^1 \sqrt{4-x^2}\mathrm{d}x$;

(5) $\int_1^2 \frac{\mathrm{e}^{\frac{1}{x}}}{x^2}\mathrm{d}x$; (6) $\int_1^{\mathrm{e}} \frac{2+\ln x}{x}\mathrm{d}x$.

2. 计算下列积分.

(1) $\int_1^{\mathrm{e}} \ln x\mathrm{d}x$; (2) $\int_0^1 x\mathrm{e}^x\mathrm{d}x$;

(3) $\int_0^{\frac{\pi}{2}} x\cos x\mathrm{d}x$; (4) $\int_0^{\frac{1}{2}} \arctan x\mathrm{d}x$.

5.4 广义积分

前面所讨论的定积分，积分区间是有限区间，但在实际问题中常会遇到积分区间无限的情况. 这时需要推广定积分的概念，把有限区间推广到无穷区间，这类积分称为广义积分.

定义 设函数 $f(x)$ 在区间$[a,+\infty)$ 上连续，取 $b>a$，若极限 $\lim\limits_{b\to+\infty}\int_a^b f(x)\mathrm{d}x$ 存在，则称此极限为函数 $f(x)$ 在$[a,+\infty)$ 上的广义积分，记作$\int_a^{+\infty} f(x)\mathrm{d}x$，即
$$\int_a^{+\infty} f(x)\mathrm{d}x = \lim_{b\to+\infty}\int_a^b f(x)\mathrm{d}x.$$

这时，也称广义积分$\int_a^{+\infty} f(x)\mathrm{d}x$ 存在或收敛. 如果上述极限不存在，则称广义积分$\int_a^{+\infty} f(x)\mathrm{d}x$ 不存在或发散.

类似地，可定义函数 $f(x)$ 在区间 $(-\infty,b]$ 和 $(-\infty,+\infty)$ 上的广义积分为

$$\int_{-\infty}^{b} f(x)\mathrm{d}x = \lim_{a\to-\infty}\int_{a}^{b} f(x)\mathrm{d}x.$$

$$\begin{aligned}\int_{-\infty}^{+\infty} f(x)\mathrm{d}x &= \int_{-\infty}^{c} f(x)\mathrm{d}x + \int_{c}^{+\infty} f(x)\mathrm{d}x \\ &= \lim_{a\to-\infty}\int_{a}^{c} f(x)\mathrm{d}x + \lim_{b\to+\infty}\int_{c}^{b} f(x)\mathrm{d}x.\end{aligned}$$

其中，c 为任意实数.

若 $\int_{-\infty}^{c} f(x)\mathrm{d}x$ 与 $\int_{c}^{+\infty} f(x)\mathrm{d}x$ 都收敛，则称 $\int_{-\infty}^{+\infty} f(x)\mathrm{d}x$ 收敛；若 $\int_{-\infty}^{c} f(x)\mathrm{d}x$ 与 $\int_{c}^{+\infty} f(x)\mathrm{d}x$ 中有一个发散，则称 $\int_{-\infty}^{+\infty} f(x)\mathrm{d}x$ 发散.

例 1　求积分 $\int_{0}^{-\infty} x\mathrm{e}^{-x^2}\mathrm{d}x$.

解

$$\begin{aligned}\int_{0}^{-\infty} x\mathrm{e}^{-x^2}\mathrm{d}x &= \lim_{b\to+\infty}\int_{0}^{b} x\mathrm{e}^{-x^2}\mathrm{d}x \\ &= \lim_{b\to+\infty}\left[-\frac{1}{2}\int_{0}^{b}\mathrm{e}^{-x^2}\mathrm{d}(-x^2)\right] \\ &= -\frac{1}{2}\lim_{b\to+\infty}\left(\mathrm{e}^{-x^2}\Big|_{0}^{b}\right) \\ &= -\frac{1}{2}\lim_{b\to+\infty}(\mathrm{e}^{-b^2}-\mathrm{e}^{0}) = \frac{1}{2}\end{aligned}$$

例 2　求积分 $\int_{2}^{+\infty}\frac{1}{x^2-1}\mathrm{d}x$.

解

$$\begin{aligned}\int_{2}^{+\infty}\frac{1}{x^2-1}\mathrm{d}x &= \lim_{b\to+\infty}\int_{2}^{b}\frac{1}{x^2-1}\mathrm{d}x \\ &= \lim_{b\to+\infty}\frac{1}{2}\ln\frac{x-1}{x+1}\Big|_{2}^{b} \\ &= \frac{1}{2}\lim_{b\to+\infty}\left(\ln\frac{b-1}{b+1}-\ln\frac{1}{3}\right) = -\frac{1}{2}\ln 3\end{aligned}$$

例 3　求积分 $\int_{-\infty}^{+\infty}\frac{\mathrm{d}x}{1+x^2}$.

解

$$\int_{-\infty}^{+\infty}\frac{\mathrm{d}x}{1+x^2} = \int_{-\infty}^{0}\frac{\mathrm{d}x}{1+x^2} + \int_{0}^{+\infty}\frac{\mathrm{d}x}{1+x^2}$$

因为

$$\begin{aligned}\int_{0}^{+\infty}\frac{\mathrm{d}x}{1+x^2} &= \lim_{b\to+\infty}\int_{0}^{b}\frac{\mathrm{d}x}{1+x^2} = \lim_{b\to+\infty}\arctan x\Big|_{0}^{b} \\ &= \lim_{b\to+\infty}(\arctan b-\arctan 0) = \frac{\pi}{2}\end{aligned}$$

同理

$$\int_{-\infty}^{0}\frac{\mathrm{d}x}{1+x^2} = \frac{\pi}{2}$$

所以

$$\int_{-\infty}^{+\infty}\frac{\mathrm{d}x}{1+x^2}=\pi$$

这个广义积分的几何意义由图 5-7 可看出：当 $a\to-\infty$，$b\to+\infty$ 时阴影部分向左右无限延伸，但其面积却有极限值 π. 即广义积分 $\int_{-\infty}^{+\infty}f(x)\mathrm{d}x$ 在几何上表示曲线 $y=\dfrac{1}{1+x^2}$ 之下及 x 轴之上的图形面积.

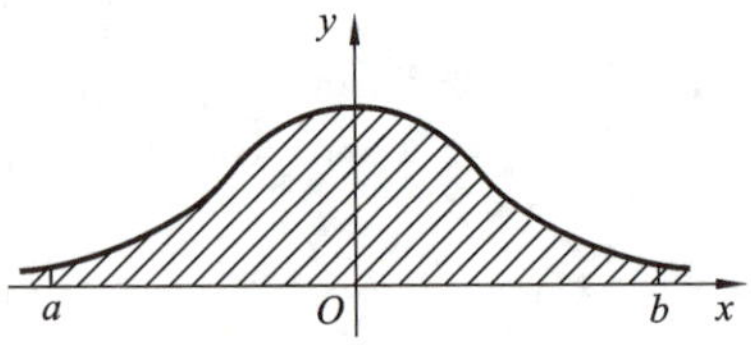

图 5-7

习题 5.4

计算下列广义积分.

(1) $\int_{1}^{+\infty}\dfrac{1}{x^4}\mathrm{d}x$；

(2) $\int_{-\infty}^{+\infty}\dfrac{2x}{x^2+1}\mathrm{d}x$；

(3) $\int_{2}^{+\infty}\dfrac{1}{x(\ln x)^2}\mathrm{d}x$；

(4) $\int_{0}^{+\infty}\cos x\mathrm{d}x$；

(5) $\int_{0}^{+\infty}\mathrm{e}^{-x}\mathrm{d}x$；

(6) $\int_{0}^{+\infty}\dfrac{1}{\sqrt{x}}\mathrm{d}x$.

5.5 定积分在几何中的应用

前面我们介绍了定积分的概念、基本性质和计算方法，现在介绍定积分在几何中的应用.

一、平面图形的面积

如果函数 $y=f(x)(f(x)\geqslant 0)$ 在区间 $[a,b]$ 上连续，则定积分 $\int_a^b f(x)\mathrm{d}x$ 的几何意义是由曲线 $y=f(x)$、直线 $x=a$、$x=b$ 及 $y=0$ 所围成的曲边梯形的面积. 一般平面图形面积的计算，总可归结为计算若干个曲边梯形的面积.

以下介绍几类平面图形面积的求法：

(1) 由曲线 $y=f(x)$、直线 $x=a$、$x=b(a<b)$ 和 x 轴所围成的曲边梯形的面积为 $S=\int_a^b |f(x)|\mathrm{d}x$.

在图 5-8(a) 中，$S=\int_a^b f(x)\mathrm{d}x$.

在图 5-8(b) 中，$S=-\int_a^b f(x)\mathrm{d}x$.

在图 5-8(c) 中，$S=\int_a^c f(x)\mathrm{d}x-\int_c^d f(x)\mathrm{d}x+\int_d^b f(x)\mathrm{d}x$.

(2) 由两条曲线 $y=f(x)$ 与 $y=g(x)$，直线 $x=a$、$x=b$ 所围成平面图形的面积为 $S=\int_a^b |f(x)-g(x)|\mathrm{d}x$.

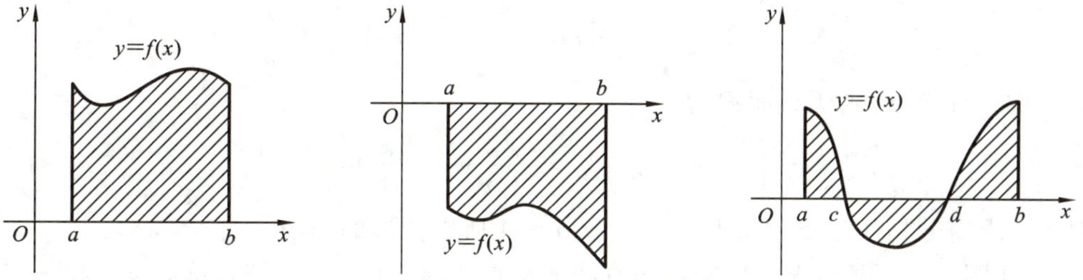

(a)　　(b)　　(c)

图 5-8

在图 5-9(a) 中，$S=\int_a^b[f(x)-g(x)]\mathrm{d}x$.

在图 5-9(b) 中，$S=\int_a^c[f(x)-g(x)]\mathrm{d}x+\int_c^b[g(x)-f(x)]\mathrm{d}x$.

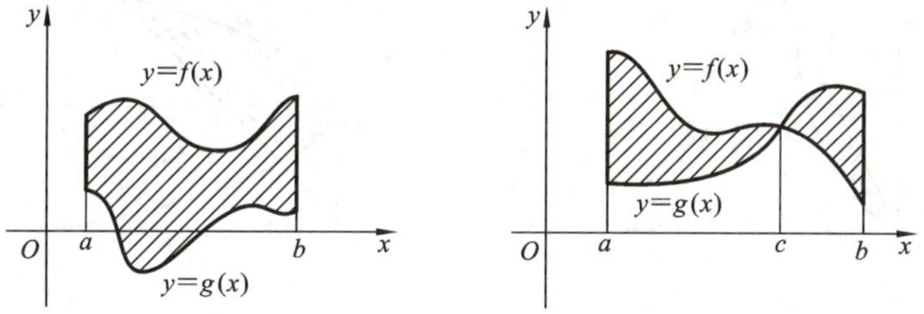

(a)　　(b)

图 5-9

(3) 由曲线 $x=\varphi(y)(\varphi(y)\geqslant 0)$ 与 y 轴，直线 $y=c$、$y=d$ 所围成的曲边梯形的面积为 $S=\int_c^d\varphi(y)\mathrm{d}y$，如图 5-10 所示.

(4) 如果在区间 $[c,d]$ 上总有 $\psi(y)\leqslant\varphi(y)$，则曲线 $x=\varphi(y)$、$x=\psi(y)$ 与直线 $y=c$、$y=d$ 所围成的平面图形的面积为 $S=\int_c^d[\varphi(y)-\psi(y)]\mathrm{d}y$，如图 5-11 所示.

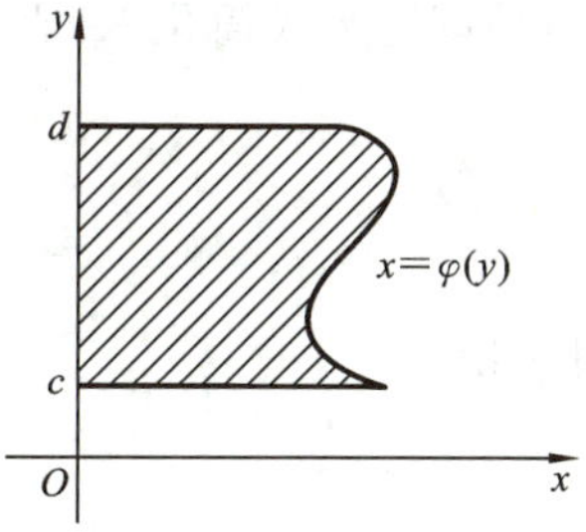

图 5-10

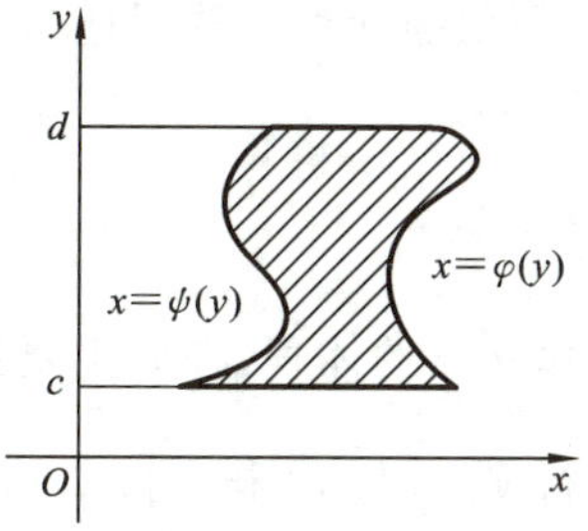

图 5-11

例 1　求由抛物线 $y=x^2$ 和 $y=2x$ 所围图形的面积.

解　由 $y=x^2$ 和 $y=2x$ 所围图形的面积如图 5-12 所示，取 x 作积分变量，由 $\begin{cases}y=x^2\\y=2x\end{cases}$ 得两条曲线的交点为 $(0,0)$，$(2,4)$，所求面积为

$$S=\int_0^2(2x-x^2)\mathrm{d}x=\left(x^2-\frac{1}{3}x^3\right)\Big|_0^2=\frac{4}{3}$$

取 y 作积分变量，则所求面积为

$$S=\int_0^4\left(\sqrt{y}-\frac{y}{2}\right)\mathrm{d}y=\left(\frac{2}{3}y^{\frac{3}{2}}-\frac{y^2}{4}\right)\Big|_0^4=\frac{4}{3}$$

例 2 求由抛物线 $y^2=2x$ 及直线 $y=x-4$ 所围图形的面积.

解 如图 5-13 所示，求出抛物线与直线的交点 $A(8,4)$，$B(2,-2)$. 选取 y 为积分变量，则所求面积是直线 $x=y+4$、抛物线 $x=\frac{y^2}{2}$ 与直线 $y=-2$，$y=4$ 所围平面图形的面积. 即

$$S=\int_{-2}^4\left(y+4-\frac{y^2}{2}\right)\mathrm{d}y=\left(\frac{y^2}{2}+4y-\frac{y^3}{6}\right)\Big|_{-2}^4=18$$

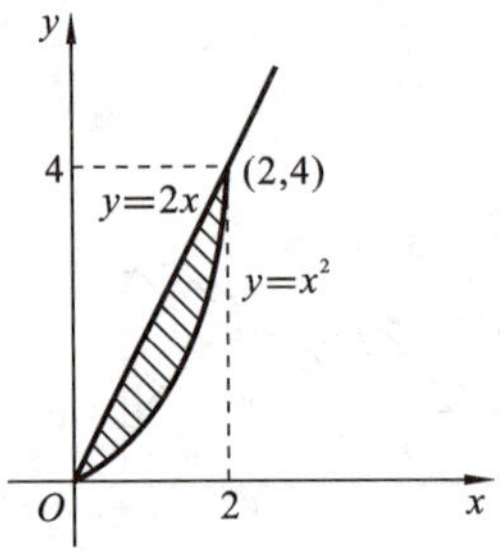

图 5-12

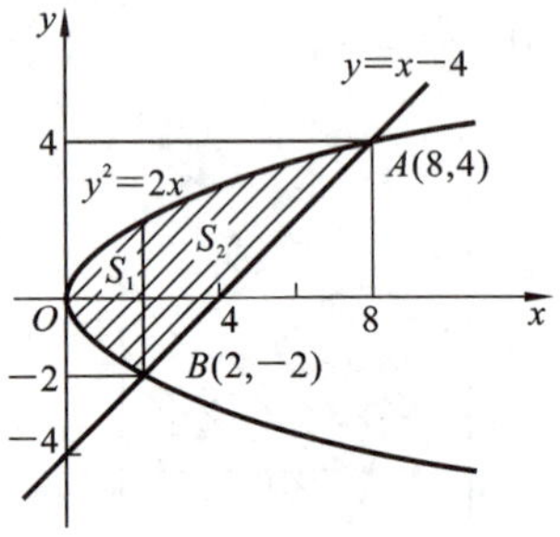

图 5-13

如果选取 x 为积分变量，我们就要分成两块 S_1 和 S_2，所以所求面积为

$$\begin{aligned}S&=S_1+S_2=\int_0^2[\sqrt{2x}-(-\sqrt{2x})]\mathrm{d}x+\int_2^8[\sqrt{2x}-(x-4)]\mathrm{d}x\\&=2\int_0^2\sqrt{2x}\mathrm{d}x+\int_2^8(\sqrt{2x}-x+4)\mathrm{d}x\\&=2\sqrt{2}\left(\frac{2}{3}x^{\frac{3}{2}}\right)\Big|_0^2+\left(\sqrt{2}\cdot\frac{2}{3}x^{\frac{3}{2}}-\frac{x^2}{2}+4x\right)\Big|_2^8\\&=18\end{aligned}$$

由此可见，在面积的计算中选用适当的积分变量，可使问题大大简化. 一般以面积不分块为原则.

二、立体的体积

用定积分计算立体的体积，在此主要讨论以下两种情况.

1. 已知平行截面的面积，求立体的体积

设有一立体，它由一曲面及垂直于 x 轴的两个平面 $x=a$、$x=b$ 所围成，又设垂直于 x 轴的平面去截立体所得的截面面积 $S(x)$ 是已知的，且是 x 的连续函数，我们来求这个立体的体积，如图 5-14 所示.

用分点 $a=x_0<x_1<x_2<\cdots<x_{n-1}<x_n=b$ 把区间 $[a,b]$ 分成 n 个小区间 $[x_{i-1},x_i]$ $(i=1,2,3,\cdots,n)$，这些小区间的长分别为 $\Delta x_i=x_i-x_{i-1}$ $(i=1,2,3,\cdots,n)$，通过各分点 x_i 作与

x 轴垂直的平面将此立体截为 n 个小薄片. 任意取 $\xi_i \in [x_{i-1}, x_i]$，用底面积为 $S(\xi_i)$、高为 Δx_i 的柱体体积近似代替第 i 个小薄片的体积，则整个立体体积的近似值为

$$\sum_{i=1}^{n} S(\xi_i)\Delta x_i.$$

当分点无限增加($n \to \infty$)，且各小区间中最大区间长度 $\lambda = \max\{\Delta x_i\} \to 0$ 时，和式的极限 $\lim\limits_{\lambda \to 0}\sum\limits_{i=1}^{n} S(\xi_i)\Delta x_i$ 就是立体的体积. 根据定积分的定义，我们得到平行截面面积 $S(x)$ 为已知的立体($x = a$，$x = b$ 两平面之间)的体积为

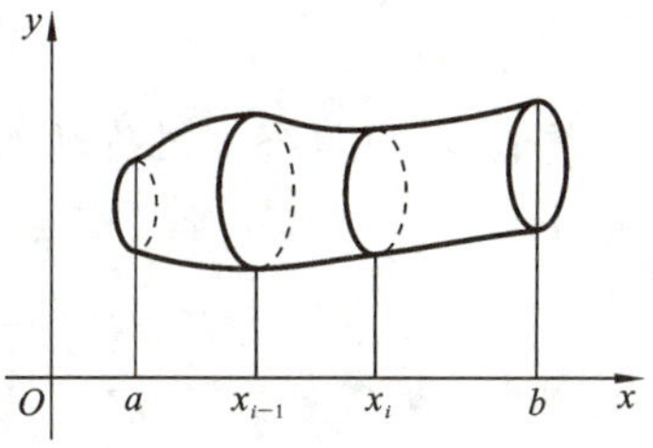

图 5-14

$$V = \int_a^b S(x)\mathrm{d}x.$$

例 3　伐木工人在砍伐树木时，要在树干上先锯一个缺口，其中倾角 α 已知，再从另一侧锯倒树木，求这块立体的体积，如图 5-15 所示.

解　如图 5-15 所示，作垂直于 x 轴的截面，其形状为直角三角形，其面积为

$$S(x) = \frac{1}{2}yh$$

因为 $h = y\tan\alpha, y^2 = R^2 - x^2$，所以

$$S(x) = \frac{1}{2}\tan\alpha(R^2 - x^2)$$

于是

$$V = \int_{-R}^{R} S(x)\mathrm{d}x = \int_{-R}^{R} \frac{1}{2}\tan\alpha(R^2 - x^2)\mathrm{d}x$$

$$= \tan\alpha\left(R^2 x - \frac{1}{3}x^3\right)\Big|_0^R$$

$$= \frac{2}{3}R^3\tan\alpha$$

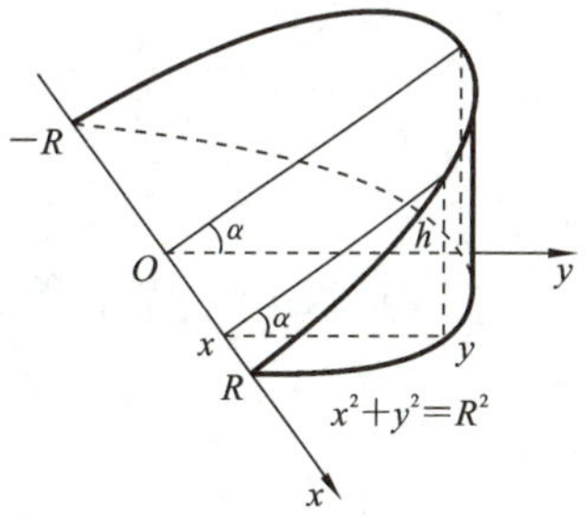

图 5-15

2. 旋转体的体积

平面图形绕着它所在平面的一条直线绕转一周而成的立体称为旋转体，这条直线称为旋转轴.

设一立体是以连续曲线 $y = f(x)$，直线 $x = a$、$x = b(a < b)$ 及 x 轴所围成的平面图形绕 x 轴旋转而成的旋转体，如图 5-16 所示，我们来求它的体积.

这是已知平行截面面积求立体体积的一个特例. 由图 5-16 可知，旋转体被垂直于 x 轴的平面所截得的截面是以 $y = f(x)$ 为半径的圆，故其面积为 $s = \pi y^2 = \pi[f(x)]^2$，于是绕 x 轴旋转的旋转体的体积为

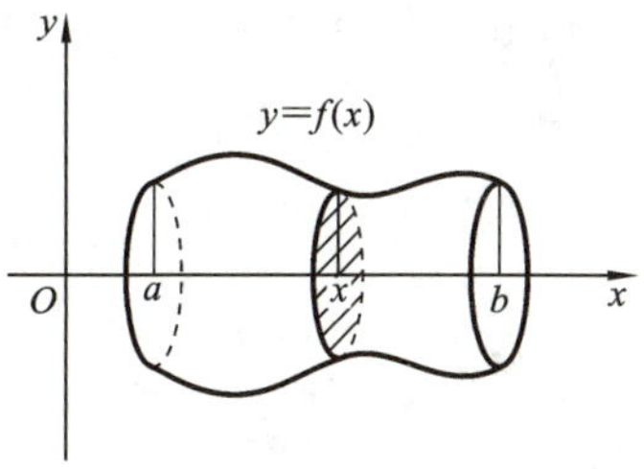

图 5-16

$$V_x=\int_a^b s(x)\mathrm{d}x=\pi\int_a^b[f(x)]^2\mathrm{d}x$$

类似地，可得绕 y 轴旋转的旋转体(如图 5-17) 的体积为

$$V_y=\pi\int_c^d[\varphi(y)]^2\mathrm{d}y$$

例 4　求椭圆$\frac{x^2}{a^2}+\frac{y^2}{b^2}=1$分别绕 x 轴与 y 轴旋转而成的旋转体的体积.

解　如图 5-18 所示，由于图形关于坐标轴对称，故只需考虑其第一象限内的曲边梯形绕坐标轴旋转而成的旋转体的体积.

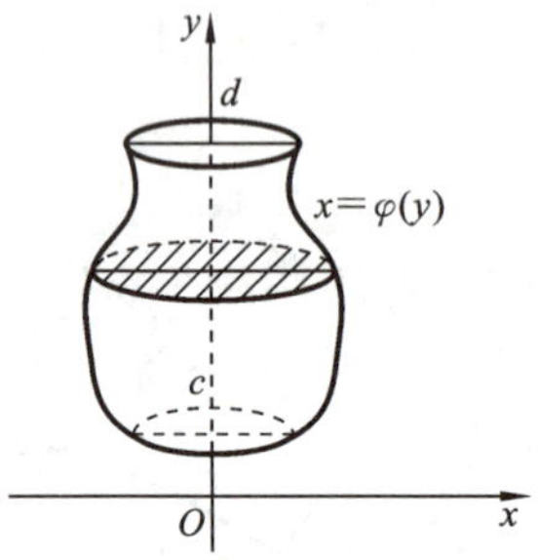

图 5-17

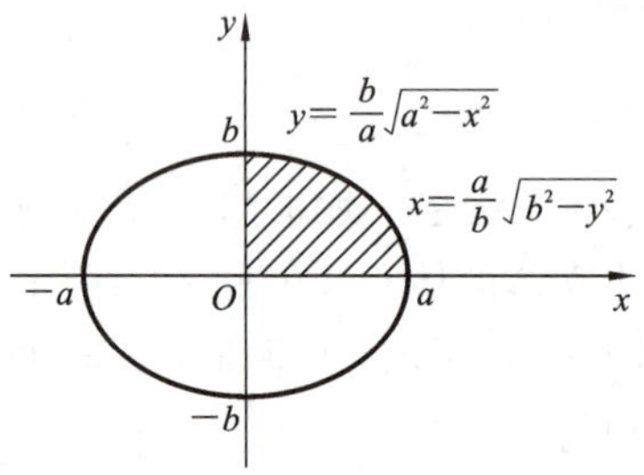

图 5-18

绕 x 轴旋转的旋转体的体积为

$$V_x=2\pi\cdot\int_0^a y^2\mathrm{d}x=2\pi\int_0^a\frac{b^2}{a^2}(a^2-x^2)\mathrm{d}x$$

$$=2\pi\cdot\frac{b^2}{a^2}\left(a^2x-\frac{1}{3}x^3\right)\Big|_0^a$$

$$=\frac{4}{3}\pi ab^2$$

类似地有，绕 y 轴旋转的旋转体的体积为

$$V_y=2\pi\cdot\int_0^b x^2\mathrm{d}y=2\pi\cdot\frac{a^2}{b^2}\int_0^b(b^2-y^2)\mathrm{d}y$$

$$=\frac{4}{3}\pi a^2b$$

特别地，当 $a=b$ 时，得半径为 a 的球的体积 $V=\frac{4}{3}\pi a^3$.

例 5　计算曲线 $y=x^2$ 与 $y=\sqrt{x}$ 所围成的平面图形绕 x 轴旋转得到的旋转体的体积.

解　曲线 $y=x^2$ 与 $y=\sqrt{x}$ 的交点是(0,0)，(1,1). 于是所求旋转体的体积为

$$V=\pi\int_0^1[(\sqrt{x})^2-(x^2)^2]\mathrm{d}x$$

$$=\pi\int_0^1(x-x^4)\mathrm{d}x$$

$$=\pi\left(\frac{x^2}{2}-\frac{x^5}{5}\right)\Big|_0^1=\frac{3}{10}\pi$$

习题 5.5

1. 求由下列曲线围成的平面图形的面积.

(1) 曲线 $y=a-x^2(a>0)$ 与 x 轴;

(2) 曲线 $y=-x^2+3$ 与 x 轴;

(3) 抛物线 $y=x^2$ 与直线 $y=2x+3$;

(4) 曲线 $y=4-x^2$ 与 $y=x^2-4x-2$;

(5) 曲线 $y=\sin x$,直线 $y=2\pi-x$ 及 y 轴;

(6) 曲线 $y=\dfrac{4}{x}$,直线 $y=4x$ 及 $y=\dfrac{x}{4}$ 在第一象限中所围图形.

2. 求下列旋转体的体积.

(1) 曲线 $y=\sqrt{x}$ 与直线 $x=1$、$x=4$、$y=0$ 所围成的图形分别绕 x 轴和 y 轴旋转;

(2) $y=x^2(0\leqslant x\leqslant 2)$ 绕 x 轴和 y 轴旋转;

(3) $x^2+(y-5)^2=16$ 绕 x 轴旋转;

(4) 在区间 $\left[0,\dfrac{\pi}{2}\right]$ 上,曲线 $y=\sin x$ 与直线 $x=\dfrac{\pi}{2}$,$y=0$ 所围成的平面图形绕 x 轴和 y 轴旋转.

5.6　定积分在经济中的应用

一、用定积分求经济函数的改变量

设经济函数 $u(x)$ 的边际函数为 $u'(x)$,则有

$$\int_a^b u'(x)\mathrm{d}x=u(x)\Big|_a^b=u(b)-u(a).$$

所以 $\int_a^b u'(x)\mathrm{d}x$ 是经济函数 $u(x)$ 在 x 从 a 个单位至 b 个单位时的改变量 Δu.

例 1　设某产品在时刻 t 总产量的变化率为 $f(t)=100+12t$(单位:小时). 求从 $t=2$ 到 $t=4$ 这两个小时的总产量.

解　因为总产量 $Q(t)$ 是它的变化率的原函数,所以从 $t=2$ 到 $t=4$ 这两个小时的总产量为

$$\int_2^4 f(t)\mathrm{d}t=\int_2^4(100+12t)\mathrm{d}t$$

$$=(100t+6t^2)\Big|_2^4=272\ (\text{单位})$$

二、已知边际函数求总量函数

这是定积分在经济应用中最典型、最常见的一种情况. 例如,已知边际成本求总成本,已知

边际收益求总收益，已知边际利润求总利润，等等.

设经济函数 $u(x)$ 的边际函数为 $u'(x)$，则有

$$\int_0^x u'(x)\mathrm{d}x = u(x) - u(0)$$

于是

$$u(x) = u(0) + \int_0^x u'(x)\mathrm{d}x$$

例 2 某产品的边际收益函数为 $MR = R'(x) = 20 - 0.02x$，求总收益函数.

解

$$\begin{aligned} R(x) &= R(0) + \int_0^x R'(x)\mathrm{d}x \\ &= R(0) + \int_0^x (20 - 0.02x)\mathrm{d}x \\ &= R(0) + 20x - 0.01x^2 \end{aligned}$$

又因为

$$R(0) = 0$$

所以

$$R(x) = 20x - 0.01x^2$$

例 3 已知生产某产品 x(单位：百台)的边际成本函数和边际收益函数分别为 $C'(x) = 3 + \frac{1}{3}x$ (万元 / 百台)，$R'(x) = 7 - x$ (万元 / 百台).

(1) 若固定成本 $C(0) = 1$ 万元，求总成本函数、总收益函数和总利润函数；

(2) 当产量由 1 百台增至 5 百台时，求总成本与总收益(增量)；

(3) 产量为多少时，总利润最大?最大总利润为多少?

解 (1) 总成本为固定成本与可变成本之和，即

$$\begin{aligned} C(x) &= C(0) + \int_0^x \left(3 + \frac{1}{3}x\right)\mathrm{d}x \\ &= 1 + 3x + \frac{1}{6}x^2 \end{aligned}$$

总收益函数为

$$R(x) = \int_0^x (7 - x)\mathrm{d}x = 7x - \frac{1}{2}x^2$$

总利润为总收益减去总成本，即

$$\begin{aligned} L(x) &= R(x) - C(x) \\ &= \left(7x - \frac{1}{2}x^2\right) - \left(1 + 3x + \frac{1}{6}x^2\right) \\ &= -1 + 4x - \frac{2}{3}x^2 \end{aligned}$$

(2) 产量由 1 百台增加到 5 百台时，总成本与总收益分别为

$$C(5) - C(1) = \left(1 + 3\times 5 + \frac{1}{6}\times 5^2\right) - \left(1 + 3\times 1 + \frac{1}{6}\times 1^2\right) = 16(\text{万元})$$

$$R(5) - R(1) = \left(7\times 5 - \frac{1}{2}\times 5^2\right) - \left(7\times 1 - \frac{1}{2}\times 1^2\right) = 16\ (\text{万元})$$

因此，在这段时间内，即 1 百台到 5 百台，总利润为零.

(3) 由 $L'(x) = 4 - \frac{4}{3}x = 0$，得 $x = 3$(百台)，又因为 $L''(x) = -\frac{4}{3} < 0$，故 $x = 3$ 时，总利

润取极大值,也就是最大值.最大总利润为

$$L(3)=-1+4\times 3-\frac{2}{3}\times 3^2=5(\text{万元}).$$

习题 5.6

1. 已知某产品总产量的变化率是时间 t(单位:年)的函数 $f(t)=2t+5\geqslant 0$,求第一个五年和第二个五年的总产量各为多少?

2. 已知生产某商品 x 单位总收益的变化率是 $r(x)=200-\frac{x}{50}$(单位:元),试求生产 x 单位时总收益 $R(x)$ 以及平均单位收益.并求生产这种产品 2000 单位时的总收益和平均单位收益.

3. 某商品的边际成本为 $C'(q)=4q$(单位:万元 / 百台),边际收益为 $R'(q)=60-2q$(单位:万元 / 百台),其中 q 为产量(单位:百台).

(1) 产量为多少时总利润最大?

(2) 在总利润最大基础上再售出 2 百台,总利润有什么变化?

复习题 5

1. 填空题.

(1) $\int_0^1 (e^x+e^{-x})dx=$ ____________.

(2) 若 $\int_0^a x^2 dx=9$,则 $a=$ ____________.

(3) 设 $\int_{-\infty}^0 e^{ax}dx=\frac{1}{3}$,则 $a=$ ____________.

(4) 设 $f(x)$ 在区间 $[a,b]$ 上连续,则 $\int_a^b f(x)dx=$ ____________ $+\int_c^b f(x)dx$.

(5) 若 $y=\int_0^{x^2}\frac{dt}{(1+t)^2}$,则 $y''(1)=$ ____________.

2. 选择题.

(1) 下列积分正确的是(　　).

A. $\int_{-1}^1 \frac{dx}{x^2}=-\frac{1}{x}\Big|_{-1}^1=-2$　　B. $\int_{-\frac{\pi}{2}}^{\frac{\pi}{2}}\sin x dx=2\int_0^{\frac{\pi}{2}}\sin x dx=2$

C. $\int_{-\frac{\pi}{2}}^{\frac{\pi}{2}}\sin x dx=0$　　D. $\int_{+\infty}^{-\infty}\frac{2x}{1+x^2}dx=0$

(2) 若 $\int_0^k (2x-3x^2)dx=0$,则 $k=$(　　).

A. 0　　B. 1

C. 0 或 1　　D. -1

(3) 如果函数 $f(x)$ 在区间 $[a,b]$ 上连续,$F(x)=\int_a^x f(t)dt$,则以下结论正确的是(　　).

A. $f(x)$ 是 $F(x)$ 在区间$[a,b]$上的一个原函数

B. $F(x)$ 是 $f(x)$ 在区间$[a,b]$上的一个原函数

C. $F(x)$ 是 $f(x)$ 在区间$[a,b]$上唯一的一个原函数

D. $f(x)$ 是 $F(x)$ 在区间$[a,b]$上唯一的一个原函数

(4) 设$\int_0^x f(t)\mathrm{d}t=\frac{1}{2}f(x)-\frac{1}{2}$，且 $f(0)=1$，则 $f(x)=$(　　).

A. $\mathrm{e}^{\frac{x}{2}}$　　B. $\frac{1}{2}\mathrm{e}^{x}$

C. e^{2x}　　D. $\frac{1}{2}\mathrm{e}^{2x}$

(5) 在平面直角坐标系中，由两条曲线 $y=f(x)$ 与 $y=g(x)$，直线 $x=a$、$x=b(a\leqslant b)$ 所围成平面图形的面积为(　　).

A. $\int_a^b[f(x)-g(x)]\mathrm{d}x$　　B. $\int_a^b|f(x)-g(x)|\mathrm{d}x$

C. $\int_a^b[|f(x)|-|g(x)|]\mathrm{d}x$　　D. $\left|\int_a^b[f(x)-g(x)]\mathrm{d}x\right|$

3. 计算下列定积分.

(1) $\int_0^{2\pi}|\sin x|\mathrm{d}x$；　　(2) $\int_0^1\frac{x^2}{(1+x^2)^2}\mathrm{d}x$；

(3) $\int_1^5\frac{\sqrt{x-1}}{x}\mathrm{d}x$；　　(4) $\int_1^2\frac{\sqrt{x^2-1}}{x}\mathrm{d}x$；

(5) $\int_0^{\sqrt{\ln 2}}x^3\mathrm{e}^{x^2}\mathrm{d}x$；　　(6) $\int_0^{\pi}x^2\cos 2x\mathrm{d}x$；

(7) $\int_{\frac{1}{\mathrm{e}}}^{\mathrm{e}}|\ln x|\mathrm{d}x$.

4. 求由下列曲线所围成的图形的面积.

(1) 曲线 $y=x^2$、$4y=x^2$ 及直线 $y=1$ 所围成的图形；

(2) 曲线 $y=x^3$ 与 $y=\sqrt[3]{x}$ 围成的图形.

5. 求旋转体的体积.

(1) $y=\frac{3}{x}$ 与 $y=4-x$ 所围图形，绕 x 轴旋转；

(2) $y=\cos x-\sin x$，$0\leqslant x\leqslant\frac{\pi}{4}$，绕 x 轴旋转.

6. 计算下列广义积分.

(1) $\int_3^{+\infty}\frac{\mathrm{d}x}{(1+x)\sqrt{x}}$；　　(2) $\int_{-\infty}^{+\infty}\frac{\mathrm{d}x}{k^2+x^2}$ $(k>0)$.

7. 某产品的总成本 C(万元)的变化率(边际成本)$C'(x)=1$，总收益 R(万元)的变化率(边际收益)为年产量 x(百台)的函数 $R'(x)=5-x$.

(1) 求生产量等于多少时，总利润 $L=R-C$ 最大？

(2) 从利润最大的生产量中又生产了 1 百台，总利润减少多少？

复习题 **5** 答案

第6章 微分方程

微积分学的主要研究对象是函数关系，然而在各类实际问题的求解中，所研究的变量之间的函数关系往往很难直接得到，但根据一些科学原理却易于建立关于未知函数与其导数或微分的关系式，这种含有未知函数导数或微分的方程，称为微分方程．通过求解这种方程，同样可以找到指定未知量之间的函数关系．本章主要介绍微分方程的一些基本概念和几种常用的微分方程的解法．

6.1 微分方程的概念

定义1 含有未知函数的导数或微分的方程称为微分方程．未知函数是一元函数的微分方程称为常微分方程．

例如，$y'=\frac{y}{x^2}+e^x$，　$x\mathrm{d}x+y^3\mathrm{d}y=0$．

未知函数是多元函数的微分方程称为偏微分方程．

例如，$\frac{\partial u}{\partial x}=3x+2y$，　$\frac{\partial^2 u}{\partial x^2}+\frac{\partial^2 u}{\partial y^2}=1$．

本章中只讨论常微分方程．

定义2 微分方程中所含未知函数的导数或微分的最高阶数称为微分方程的阶．

例如，$xy'''+2y''+x^4y=0$ 是三阶常微分方程．

定义3 未知函数及其各阶导数都是一次幂的微分方程称为线性微分方程．

例如，$y'+xy=\sin x$，$2y''-y'+2y=x$ 都是线性微分方程，但 $x(y')^2-2y'+e^x=0$，$yy'=x$ 就不是线性微分方程．

定义4 使微分方程成为恒等式的函数称为该微分方程的解．

如果微分方程的解中含有相互独立的任意常数，且任意常数的个数与微分方程的阶数相等，称这样的解为微分方程的通解(一般解)．

如果微分方程的解中不含有任意常数，称这样的解为微分方程的特解．例如，$y=\frac{1}{2}x^2+C$ 是方程 $y'=x$ 的通解，而 $y=\frac{1}{2}x^2+2$ 是该方程的一个特解．$x^2+y^2=C$ 是方程 $x\mathrm{d}x+y\mathrm{d}y=0$ 的通解，其中 C 为任意常数．

注意：相互独立的任意常数是指它们不能通过合并而使得通解中的任意常数的个数减少．

例如，函数 $y=C_1e^x+3C_2e^x$ 是方程 $y''-3y'+2y=0$ 的解，但不是通解，因为 C_1,C_2 不是独立的两个任意常数，该函数可表示为 $y=(C_1+3C_2)e^x$，这种可以合并的任意常数只能算是一个独立的任意常数.

定义5 用未知函数及其各阶导数在某个特定点的值作为确定通解中的任意常数的条件,称为初始条件.求微分方程满足初始条件的特解问题,称为初值问题.

一般地,一阶微分方程的初始条件为 $y|_{x=x_0}=y_0$;二阶微分方程的初始条件为 $y|_{x=x_0}=y_0, y'|_{x=x_0}=y_1$,其中 x_0, y_0, y_1 都是已知常数.

例1 验证函数 $y=C_1e^x+C_2e^{-x}$ 是微分方程 $y''-y=0$ 的通解(其中 C_1, C_2 为任意常数),并求满足初始条件 $y|_{x=0}=3, y'|_{x=0}=1$ 的特解.

解 由 $y=C_1e^x+C_2e^{-x}$,得 $y'=C_1e^x-C_2e^{-x}$,$y''=C_1e^x+C_2e^{-x}$,将 y'',y 代入微分方程,得 $(C_1e^x+C_2e^{-x})-(C_1e^x+C_2e^{-x})=0$,所以函数 $y=C_1e^x+C_2e^{-x}$ 是微分方程的解.又因解中含有两个任意常数,与微分方程的阶数相同,故函数 $y=C_1e^x+C_2e^{-x}$ 是微分方程的通解.

将初始条件 $y|_{x=0}=3, y'|_{x=0}=1$ 分别代入 $y=C_1e^x+C_2e^{-x}$,$y'=C_1e^x-C_2e^{-x}$,得 $\begin{cases}C_1+C_2=3,\\C_1-C_2=1,\end{cases}$ 解得 $C_1=2, C_2=1$.所以,该初始条件下的特解为

$$y=2e^x+e^{-x}$$

例2 设某种商品生产 x 单位时的边际成本为 $0.2x+5$(单位:元),固定成本为100元,求总成本函数.

解 设总成本函数为 $y(x)$,由题意得关系式 $\frac{dy}{dx}=0.2x+5$,求解得其通解为 $y=0.1x^2+5x+C$,其中 C 为任意常数.

固定成本为100元,即 $y(0)=100$,代入上面通解中,得 $C=100$,此时总成本函数为

$$y=0.1x^2+5x+100$$

习题 6.1

1. 指出下列微分方程的阶数.

(1) $x(y')^2-2yy'+xy=0$;

(2) $(4x-5y)dx+(3x+y)dy=0$;

(3) $xy'''+3y''+2y=0$;

(4) $\frac{d^2y}{dx^2}+\frac{dy}{dx}+2y=0$.

2. 验证下列各题中的函数是否为所给微分方程的解.

(1) $xy'-y\ln y=0, y=e^{2x}$;

(2) $y''+y=0, y=\sin 2x$;

(3) $y''-2y'-3y=0, y=C_1e^{-x}+C_2e^{3x}$.

6.2 一阶微分方程

一、可分离变量的微分方程

定义1 若一阶微分方程经过恒等变形后能够化为形如

$$g(y)dy=f(x)dx$$

的方程，则称该一阶微分方程为可分离变量的微分方程.

求解可分离变量的方程的方法称为分离变量法，步骤如下：

(1) 分离变量，$g(y)\mathrm{d}y = f(x)\mathrm{d}x$；

(2) 两边积分，$\int g(y)\mathrm{d}y = \int f(x)\mathrm{d}x$；

(3) 积分得通解，$G(y) = F(x) + C$，其中 $G(y)$ 和 $F(x)$ 分别为 $g(y)$ 和 $f(x)$ 的原函数，C 为任意常数.

今后为了计算方便，我们约定$\int \frac{1}{x}\mathrm{d}x = \ln x + C$，即只考虑了 $x > 0$ 的情况. 当 $x < 0$ 时，可通过最后通解中的符号来处理.

例 1　求下列微分方程的通解.

(1) $\frac{\mathrm{d}y}{\mathrm{d}x} = \mathrm{e}^{2x-y}$；　　　　(2) $x\mathrm{d}y - y\ln y\mathrm{d}x = 0$.

解　(1) 方程是可分离变量的微分方程，分离变量得 $\mathrm{e}^y\mathrm{d}y = \mathrm{e}^{2x}\mathrm{d}x$，两边积分得

$$\int \mathrm{e}^y\mathrm{d}y = \int \mathrm{e}^{2x}\mathrm{d}x$$

求积分得

$$\mathrm{e}^y = \frac{1}{2}\mathrm{e}^{2x} + C$$

故原方程的通解为 $\mathrm{e}^y = \frac{1}{2}\mathrm{e}^{2x} + C$ (C 为任意常数).

(2) 分离变量得$\frac{1}{y\ln y}\mathrm{d}y = \frac{1}{x}\mathrm{d}x$，两边积分得$\int \frac{1}{y\ln y}\mathrm{d}y = \int \frac{1}{x}\mathrm{d}x$，求积分得

$$\ln \ln y = \ln x + \ln C$$

即

$$y = \mathrm{e}^{Cx}$$

故原方程的通解为 $y = \mathrm{e}^{Cx}$(C 为任意常数).

例 2　某商品的需求量 Q 对价格 P 的弹性为 $P\ln 4$，已知该商品的最大需求量为 90，求需求量 Q 对价格 P 的函数关系.

解　设需求函数为 $Q = Q(P)$，根据需求量对价格的弹性，得

$$-\frac{P}{Q}\cdot\frac{\mathrm{d}Q}{\mathrm{d}P} = P\ln 4$$

即

$$\frac{\mathrm{d}Q}{Q} = -\ln 4\mathrm{d}P$$

两边积分得 $\ln Q = -P\ln 4 + \ln C$，则 $Q = C4^{-P}$.

又 $Q(0) = 90$，所以 $C = 90$，所以需求量 Q 对价格 P 的函数关系为 $Q = 90 \cdot 4^{-P}$.

二、齐次方程

定义 2　形如

$$\frac{\mathrm{d}y}{\mathrm{d}x} = f\left(\frac{y}{x}\right)$$

的一阶微分方程称为齐次微分方程,简称为齐次方程.

求解齐次方程的步骤如下:

(1) 变量代换,令 $u=\frac{y}{x}$ 或 $y=ux$,把 u 看作 x 的函数,求导得 $\frac{\mathrm{d}y}{\mathrm{d}x}=u+x\frac{\mathrm{d}u}{\mathrm{d}x}$,代入原方程,化简得 $u+x\frac{\mathrm{d}u}{\mathrm{d}x}=f(u)$;

(2) 分离变量,$\frac{1}{f(u)-u}\mathrm{d}u=\frac{1}{x}\mathrm{d}x$;

(3) 两边积分,$\int\frac{1}{f(u)-u}\mathrm{d}u=\int\frac{1}{x}\mathrm{d}x$.

(4) 积分回代:积分后,将 $\frac{y}{x}$ 代替 u,得通解.

例 3 求方程 $\frac{\mathrm{d}y}{\mathrm{d}x}=\frac{y}{x}+\tan\frac{y}{x}$ 的通解,并求满足初始条件 $y|_{x=1}=\frac{\pi}{2}$ 的特解.

解 令 $u=\frac{y}{x}$,则 $y=ux$,$\frac{\mathrm{d}y}{\mathrm{d}x}=u+x\frac{\mathrm{d}u}{\mathrm{d}x}$,原方程可变形为

$$u+x\frac{\mathrm{d}u}{\mathrm{d}x}=u+\tan u$$

即

$$x\frac{\mathrm{d}u}{\mathrm{d}x}=\tan u$$

分离变量,整理得 $\frac{\cos u}{\sin u}\mathrm{d}u=\frac{1}{x}\mathrm{d}x$,两边积分得

$$\int\frac{\cos u}{\sin u}\mathrm{d}u=\int\frac{1}{x}\mathrm{d}x$$

求积分得

$$\ln\sin u=\ln x+\ln C$$

即

$$\sin u=Cx$$

将 $u=\frac{y}{x}$ 代入上式,得原方程的通解为 $\sin\frac{y}{x}=Cx$.

由初始条件 $x=1$,$y=\frac{\pi}{2}$ 得 $C=1$,所以特解为

$$\sin\frac{y}{x}=x.$$

三、一阶线性微分方程

定义 3 形如

$$\frac{\mathrm{d}y}{\mathrm{d}x}+p(x)y=q(x) \tag{6-1}$$

的方程称为一阶线性微分方程,其中函数 $p(x)$、$q(x)$ 是某一区间 I 上已知的连续函数.

当 $q(x)\equiv0$ 时,方程(6-1)为

$$\frac{dy}{dx}+p(x)y=0, \tag{6-2}$$

则方程(6-2)称为齐次线性微分方程.

当 $q(x)\neq 0$,方程(6-1)称为非齐次线性微分方程.

1. 一阶齐次线性微分方程的求解

将方程(6-2)分离变量,得 $\frac{1}{y}dy=-p(x)dx$,两边积分,得

$$\ln y=-\int p(x)dx+\ln C,$$

即得通解为

$$y=Ce^{-\int p(x)dx}, \tag{6-3}$$

其中,C 为任意常数.

例 4　求方程 $dy=2y\cos x dx$ 的通解.

解　将原方程化为一阶齐次线性微分方程

$$\frac{dy}{dx}-(2\cos x)y=0$$

套用方程(6-2)知 $p(x)=-2\cos x$. 由式(6-3)得通解

$$y=Ce^{-\int p(x)dx}=Ce^{-\int -2\cos x dx}=Ce^{2\sin x}$$

2. 一阶非齐次线性微分方程的求解

为了求得一阶非齐次线性微分方程(6-1)的通解,常采用常数变易法:求出对应齐次方程(6-2)的通解(6-3)后,将通解中的常数 C 变为待定函数 $C(x)$,并设方程(6-1)的通解为

$$y=C(x)e^{-\int p(x)dx},$$

将其对 x 求导,得

$$\frac{dy}{dx}=C'(x)e^{-\int p(x)dx}-C(x)p(x)e^{-\int p(x)dx},$$

将 y 和 $\frac{dy}{dx}$ 代入方程(6-1),得 $C'(x)=q(x)e^{\int p(x)dx}$,积分得

$$C(x)=\int q(x)e^{\int p(x)dx}dx+C,$$

故一阶非齐次线性微分方程(6-1)的通解为

$$y=e^{-\int p(x)dx}\left(\int q(x)e^{\int p(x)dx}dx+C\right), \tag{6-4}$$

或

$$y=Ce^{-\int p(x)dx}+e^{-\int p(x)dx}\int q(x)e^{\int p(x)dx}dx. \tag{6-5}$$

在式(6-5)中,等号右边的第一项是对应齐次方程(6-2)的通解,第二项是非齐次线性微分方程(6-1)的一个特解.

例 5　求方程 $y'+y=e^x$ 的通解.

解　$p(x)=1,q(x)=e^x$,由一阶非齐次线性微分方程的通解式(6-4)得

$$y = e^{-\int 1dx}\left(\int e^x \cdot e^{\int 1dx}dx + C\right)$$
$$= e^{-x}\left(\int e^{2x}dx + C\right)$$
$$= \frac{1}{2}e^x + Ce^{-x}$$

例 6 求方程 $xy' = y + x\ln x$ 的通解.

解 原方程化为 $\frac{dy}{dx} - \frac{1}{x}y = \ln x$，故 $p(x) = -\frac{1}{x}, q(x) = \ln x$.

由式(6-4)得其通解为

$$y = e^{-\int(-\frac{1}{x})dx}\left(\int(\ln x)e^{\int(-\frac{1}{x})dx}dx + C\right)$$
$$= x\left(\int \ln x d(\ln x) + C\right)$$
$$= \frac{x}{2}(\ln x)^2 + Cx$$

例 7(市场动态均衡价格) 设某商品的价格是时间的函数 $P = P(t)$，其需求函数和供给函数分别为 $Q_d = a - bP, Q_s = cP - d$，其中 a,b,c,d 为正常数. 当供求相等，即 $Q_d = Q_s$ 时，求得均衡价格为 $\overline{P} = \frac{a+d}{b+c}$. 当 $Q_d > Q_s$ 时，价格将上涨；当 $Q_d < Q_s$ 时，价格将下降. 这样，市场价格将围绕均衡价格 $\overline{P}$ 上下波动. 若价格随时间的变化率与过剩需求量 $Q_d - Q_s$ 成正比，求价格函数.

解 由题意建立微分方程 $\frac{dP}{dt} = k(Q_d - Q_s)$，其中 k 为比例常数. 把 Q_d、Q_s 代入上式，整理得 $\frac{dP}{dt} + k(b+c)P = k(a+d)$，这是一阶非齐次线性微分方程，由式(6-4)得其通解为

$$P = e^{-\int k(b+c)dt}\left(\int k(a+d)e^{\int k(b+c)dt}dt + C_1\right)$$
$$= \frac{a+d}{b+c} + C_1e^{-k(b+c)t}$$
$$= \overline{P} + C_1e^{-k(b+c)t}$$

其中，C_1 为任意常数.

若已知初始条件 $P(0) = P_0$，则上面微分方程的特解为

$$P = \overline{P} + (P_0 - \overline{P})e^{-k(b+c)t}$$

显然，当 $t \to +\infty$ 时，$P \to \overline{P}$，即当 $t \to +\infty$ 时，价格将逐渐趋向均衡价格.

习题 6.2

1. 求下列微分方程的通解.

(1) $\frac{dy}{dx} = e^{x+y}$；

(2) $xydx + \sqrt{1-x^2}dy = 0$；

(3) $\sec^2 x\tan ydx + \sec^2 y\tan xdy = 0$；

(4) $y' = y\ln x$；

(5) $y^2+x^2\frac{dy}{dx}=xy\frac{dy}{dx}$；　　(6) $x\frac{dy}{dx}=y\ln\frac{y}{x}$；

(7) $\frac{dy}{dx}+y=e^{-x}$；　　(8) $xy'+y=\sin x$.

2. 求解下列方程的初值问题.

(1) $\cos y dx+(1+e^{-x})\sin y dy=0, y|_{x=0}=\frac{\pi}{4}$；

(2) $(x+1)y'-y=(x+1)^2e^x, y|_{x=0}=1$.

3. 已知生产某种产品的总成本 C 由可变成本与固定成本两部分构成，假设可变成本 y 是产量 x 的函数，且 y 关于 x 的变化率等于 $\frac{x^2+y^2}{2xy}$，固定成本为 10，且当 $x=1$ 时 $y=3$，求总成本函数 $C=C(x)$.

6.3　二阶常系数线性微分方程

定义　形如

$$y''+py'+qy=f(x) \tag{6-6}$$

的方程，称为二阶常系数线性微分方程.

如果 $f(x)=0$，方程(6-6)变为

$$y''+py'+qy=0, \tag{6-7}$$

则方程(6-7)称为二阶常系数齐次线性微分方程.

如果 $f(x)\neq 0$，则方程(6-6)称为二阶常系数非齐次线性微分方程.

线性振动数学模型　如图 6-1 所示，设质量为 m 的质点固定在弹簧上沿水平轴在有阻力的介质(如液体或气体)中振动，质点所受力包括阻力和弹力，由胡克定律知，弹力指向平衡位置，其弹力大小与质点离平衡位置的偏差成比例. 设平衡位置在点 $x=0$，于是质点在 x 处所受的弹力为 $-bx$ ($b>0$)，这里的负号表示力的方向与质点位移的方向相反. 介质对质点的阻力与质点运动速度 $v=\frac{dx}{dt}$ 成比例，设阻力为 $-a\frac{dx}{dt}$($a>0$).

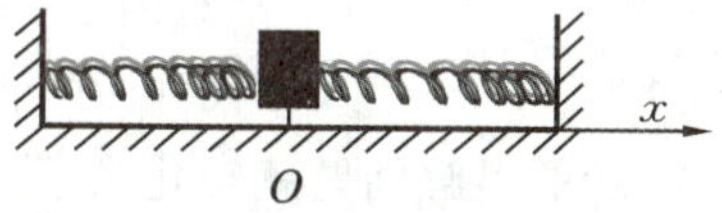

图 6-1

根据牛顿第二定律知，质点的质量乘以加速度应等于所受力的总和，于是有

$$m\frac{d^2x}{dt^2}=-bx-a\frac{dx}{dt},$$

即

$$m\frac{d^2x}{dt^2}+a\frac{dx}{dt}+bx=0. \tag{6-8}$$

这是描述质点线性振动的数学模型. 所谓“线性”是指质点所受的力是位移和速度的线性函数，反映在微分方程上，线性振动的数学模型是一个二阶常系数齐次线性微分方程.

若除了上述弹力和阻力外，质点还受到另一外力 $f(t)$ 的作用，则运动方程为一个二阶常系

数非齐次线性微分方程，即

$$m\frac{d^2x}{dt^2}+a\frac{dx}{dt}+bx=f(t). \tag{6-9}$$

方程(6-8)称为方程(6-9)对应的齐次方程.

一、二阶常系数线性微分方程解的结构

定理1 如果函数 $y_1(x)$ 与 $y_2(x)$ 是方程(6-7)的两个解，则 $y=C_1y_1(x)+C_2y_2(x)$ 也是方程(6-7)的解，其中 C_1,C_2 是任意常数.

如果 $y_1(x)$ 与 $y_2(x)$ 之比不为常数$\left(\text{即}\frac{y_1(x)}{y_2(x)}\neq k,k\text{ 为常数}\right)$，则 $y=C_1y_1(x)+C_2y_2(x)$ 就是方程(6-7)的通解，其中 C_1,C_2 是任意常数.

例如，对于方程 $y''+y=0$，$y_1=\sin x$ 与 $y_2=\cos x$ 是它的两个特解，可以验证 $y=3\sin x+4\cos x$ 也是其特解. 又因$\frac{y_1}{y_2}=\frac{\sin x}{\cos x}=\tan x\neq$常数，所以 $y=C_1\sin x+C_2\cos x$ 是该方程的通解.

定理2 设 y^* 是方程(6-6)的一个特解，而 Y 是其对应的齐次方程(6-7)的通解，则 $y=Y+y^*$ 是二阶常系数非齐次线性微分方程(6-6)的通解.

例如，方程 $y''+y=x^2$，它对应的齐次方程 $y''+y=0$ 的通解为 $y=C_1\sin x+C_2\cos x$；又容易验证 $y=x^2-2$ 是该方程的一个特解，故 $y=C_1\sin x+C_2\cos x+x^2-2$ 是该方程的通解.

二、二阶常系数齐次线性微分方程的求解

由定理1可知，要求方程(6-7)的通解，只要求出它的两个比值不为常数的解即可，又方程(6-7)外形上的特点是 y'',y',y 各乘以某常数后相加等于0，而指数函数 $y=e^{rx}$（r 为常数）与它的导数都只相差一个常数因子（因为 $y=e^{rx}$，$y'=re^{rx}$，$y''=r^2e^{rx}$）. 可假设方程(6-7)的解为 $y=e^{rx}$，将 y'',y',y 代入方程(6-7)，得 $e^{rx}(r^2+pr+q)=0$，因 $e^{rx}\neq0$，所以得 $r^2+pr+q=0$. 那么，方程(6-7)的求解问题就转化为了代数方程 $r^2+pr+q=0$ 的求根问题.

方程

$$r^2+pr+q=0 \tag{6-10}$$

称为齐次线性微分方程(6-7)的特征方程，它的两个根 r_1,r_2 称为特征根.

下面就特征方程 $r^2+pr+q=0$ 的特征根的不同情况讨论其对应的方程(6-7)的通解.

(1) 特征方程有两个不相等的实根，即 $r_1\neq r_2$.

此时 $p^2-4q>0$，$y_1=e^{r_1x}$，$y_2=e^{r_2x}$ 是方程(6-7)的两个特解，因为$\frac{y_1}{y_2}=\frac{e^{r_1x}}{e^{r_2x}}=e^{(r_1-r_2)x}\neq$常数，所以方程(6-7)的通解为 $y=C_1e^{r_1x}+C_2e^{r_2x}$.

(2) 特征方程有两个相等的实根，即 $r_1=r_2$.

此时 $p^2-4q=0$，特征根 $r_1=r_2=-\frac{p}{2}$，这样只能得到方程(6-7)的一个特解 $y_1=e^{r_1x}$，这时直接验证 $y_2=xe^{r_1x}$ 是方程(6-7)的另一个特解，而且$\frac{y_2}{y_1}=\frac{xe^{r_1x}}{e^{r_1x}}=x\neq$常数，所以方程(6-7)的通解为

$$y=C_1e^{r_1x}+C_2xe^{r_1x}=(C_1+C_2x)e^{r_1x}.$$

(3) 特征方程有一对共轭复根，即 $r_{1,2}=\alpha\pm i\beta$(α,β 为实常数，$\beta\neq0$).

此时 $p^2-4q<0$，$y_1=e^{(\alpha+i\beta)x}$，$y_2=e^{(\alpha-i\beta)x}$ 是方程(6-7)的两个特解，且 $\frac{y_1}{y_2}\neq$ 常数，但它们是复值函数形式，为了得到实值函数形式，利用欧拉公式 $e^{i\theta}=\cos\theta+i\sin\theta$ 把两特解改写为 $y_1=e^{\alpha x}(\cos\beta x+i\sin\beta x)$，$y_2=e^{\alpha x}(\cos\beta x-i\sin\beta x)$，再将它们组合，得方程(6-7)的另外两个特解，即

$$\bar{y}_1=\frac{1}{2}(y_1+y_2)=e^{\alpha x}\cos\beta x,\quad \bar{y}_2=\frac{1}{2i}(y_1-y_2)=e^{\alpha x}\sin\beta x,$$

且 $\frac{\bar{y}_1}{\bar{y}_2}=\frac{e^{\alpha x}\cos\beta x}{e^{\alpha x}\sin\beta x}=\cot\beta x\neq$ 常数，所以方程(6-7)的通解为

$$y=e^{\alpha x}(C_1\cos\beta x+C_2\sin\beta x).$$

综上所述，可得二阶常系数齐次线性微分方程 $y''+py'+qy=0$ 的通解求解步骤如下：

(1) 写出 $y''+py'+qy=0$ 的特征方程 $r^2+pr+q=0$；

(2) 求出特征根 r_1,r_2；

(3) 根据特征根的情况按照表 6-1 写出通解.

表 6-1

特征方程 $r^2+pr+q=0$ 的根	方程 $y''+py'+qy=0$ 的通解
两个不相等的实根 $r_1\neq r_2$	$y=C_1e^{r_1x}+C_2e^{r_2x}$
两个相等的实根 $r_1=r_2$	$y=(C_1+C_2x)e^{r_1x}$
一对共轭复根 $r_{1,2}=\alpha\pm i\beta$	$y=e^{\alpha x}(C_1\cos\beta x+C_2\sin\beta x)$

例 1　求方程 $y''+5y'+6y=0$ 的通解.

解　特征方程为 $r^2+5r+6=0$，解得特征根为 $r_1=-2$，$r_2=-3$，故通解为

$$y=C_1e^{-2x}+C_2e^{-3x}$$

例 2　求方程 $y''-2y'+y=0$ 的通解.

解　特征方程为 $r^2-2r+1=0$，解得特征根为 $r_1=r_2=1$，故通解为

$$y=(C_1+C_2x)e^x$$

例 3　求方程 $y''-4y'+13y=0$ 的通解.

解　特征方程为 $r^2-4r+13=0$，解得特征根为 $r_{1,2}=2\pm3i$，所以 $\alpha=2$，$\beta=3$，故通解为

$$y=e^{2x}(C_1\cos3x+C_2\sin3x)$$

三、二阶常系数非齐次线性微分方程的求解

由定理 2 可知，只要求出方程(6-6)的一个特解和其对应的齐次方程(6-7)的通解，两个解相加就得到了方程(6-6)的通解. 前面已经解决了求方程(6-6)对应的齐次方程(6-7)的通解的方法，因此，下面要解决的问题是如何求得方程(6-6)的一个特解 y^*.

方程(6-6)的特解的形式与右端的 $f(x)$ 有关，如果要对 $f(x)$ 的一般情形来求方程(6-6)的特解仍是非常困难的，这里就只讨论下面一种情形.

当 $f(x)=P_m(x)e^{\lambda x}$，其中 λ 是常数，$P_m(x)$ 是 x 的一个 m 次多项式

$$P_m(x)=a_0x^m+a_1x^{m-1}+\cdots+a_{m-1}x+a_m.$$

此时可以证明：$y''+py'+qy=P_m(x)e^{\lambda x}$ 具有形如 $y^*=x^kQ_m(x)e^{\lambda x}$ 的特解，其中 $Q_m(x)$ 与 $P_m(x)$ 都是 m 次多项式，而 k 按“λ 不是特征方程的根”“λ 是特征方程的单根”或“λ 是特征方程的重根”三个条件依次取 0，1 或 2，即

$$k=\begin{cases}0, & \lambda\text{ 不是特征根，}\\ 1, & \lambda\text{ 是特征单根，}\\ 2, & \lambda\text{ 是特征重根.}\end{cases}$$

例 4 求方程 $y''-2y'-3y=(4x-3)e^x$ 的一个特解.

解 特征方程为 $r^2-2r-3=0$，解得特征根为 $r_1=-1, r_2=3$. 因 $f(x)=(4x-3)e^x$，故 $\lambda=1$ 不是特征根，可设特解 $y^*=(Ax+B)e^x$，则

$$(y^*)'=(Ax+A+B)e^x,\quad (y^*)''=(Ax+2A+B)e^x$$

代入原方程消去 e^x 得

$$(Ax+2A+B)-2(Ax+A+B)-3(Ax+B)=4x-3$$

即

$$-4Ax-4B=4x-3$$

比较系数得 $A=-1, B=\dfrac{3}{4}$，故所求特解为

$$y^*=\left(-x+\frac{3}{4}\right)e^x$$

例 5 求方程 $y''+y'=3x^2-2$ 的通解.

解 特征方程为 $r^2+r=0$，解得特征根为 $r_1=-1, r_2=0$. 因 $f(x)=3x^2-2=(3x^2-2)e^{0\cdot x}$，则 $\lambda=0$，它是特征单根，可设特解 $y^*=x(Ax^2+Bx+C)e^{0\cdot x}=Ax^3+Bx^2+Cx$，则

$$y^{*\prime}=3Ax^2+2Bx+C,\quad y^{*\prime\prime}=6Ax+2B$$

代入原方程整理得

$$3Ax^2+(6A+2B)x+2B+C=3x^2-2$$

比较系数，得 $A=1, B=-3, C=4$，所以特解为

$$y^*=x^3-3x^2+4x$$

故原方程的通解为

$$y=C_1e^{0\cdot x}+C_2e^{-x}+y^*=C_1+C_2e^{-x}+x^3-3x^2+4x$$

习题 6.3

1. 求下列方程的通解.

(1) $y''-2y'-3y=0$；　　(2) $y''-4y=0$；

(3) $9y''+6y'+y=0$；　　(4) $y''+2y'+2y=0$.

2. 求下列方程的通解.

(1) $y''-2y'-3y=3x-1$；　　(2) $y''-3y'+2y=xe^{2x}$.

3. 求下列微分方程满足所给初始条件的特解.

(1) $y''+2y'+y=0, y|_{x=0}=4, y'|_{x=0}=-2$；

(2) $4y''+y=0, y|_{x=0}=1, y'|_{x=0}=2$.

复习题 6

1. 填空题.

(1) $x\left(\frac{\mathrm{d}y}{\mathrm{d}x}\right)^2-2y\frac{\mathrm{d}y}{\mathrm{d}x}+x=0$ 是__________阶微分方程.

(2) 微分方程 $y'''-x^2y'+y=1$ 的通解 y 中含有__________个任意常数.

(3) $r_1=1, r_2=2$ 是某二阶常系数齐次线性微分方程的特征根，则该方程的通解是__________.

2. 选择题.

(1) 方程 $x+y-1+(2-x)y'=0$ 是(　　).

A. 可分离变量的微分方程　　B. 齐次微分方程

C. 一阶齐次线性微分方程　　D. 一阶非齐次线性微分方程

(2) 下列方程中可分离变量的是(　　).

A. $(x+y)\mathrm{d}x+x\mathrm{d}y=0$　　B. $xy'+y-y^2\ln x=0$

C. $x^2\mathrm{d}x+y\sin x\mathrm{d}y=0$　　D. $\mathrm{e}^x\mathrm{d}x+\sin(xy)\mathrm{d}y=0$

(3) 若 y_1 与 y_2 是某二阶齐次线性微分方程的解，则 $C_1y_1+C_2y_2$（C_1, C_2 为任意常数）一定是该方程的(　　).

A. 解　　B. 特解

C. 通解　　D. 全部解

3. 求下列微分方程的通解或在给定初始条件下的特解.

(1) $(xy^2+x)\mathrm{d}x+(x^2y-y)\mathrm{d}y=0$;　　(2) $\frac{\mathrm{d}y}{\mathrm{d}x}=\frac{x+y}{x-y}$;

(3) $2\sqrt{x}y'=y, y|_{x=4}=1$;　　(4) $x\frac{\mathrm{d}y}{\mathrm{d}x}-2y=2x$;

(5) $\frac{\mathrm{d}y}{\mathrm{d}x}=\frac{y}{x+y^2}$;　　(6) $y''+2y'+y=0$;

(7) $y''+5y'+6y=2\mathrm{e}^{-x}$;　　(8) $2y''+y'-y=0, y(0)=3, y'(0)=0$.

4. 连续函数 $f(x)$ 满足关系式 $\int_0^{3x}f\left(\frac{t}{3}\right)\mathrm{d}t+\mathrm{e}^{2x}=f(x)$，求 $f(x)$.

5. 设某农场现有牛 1 000 头，每瞬时牛的数目的变化速率与当时牛的数目成正比，若第 10 年该农场牛的数目达到了 2 000 头，试确定农场牛的数目 y 与时间 t 的函数关系式.

6. 已知某商品的需求量 Q 对价格 P 的弹性是单位弹性，且当价格 $P=1$ 时，需求量 $Q=8\,000$，求需求量 Q 对价格 P 的函数关系.

复习题 **6** 答案

第 7 章　多元函数微分学

在前面几章中讨论的函数都只有一个自变量，这种函数称为一元函数. 但在许多实际问题中往往涉及多方面的因素，一个变量的变化依赖于多个变量的变化. 由此提出了多元函数及多元函数的微积分的问题. 本章将在一元函数微积分的基础上，讨论二元函数的微积分及其应用. 至于三元或者是一般的 n 元函数的微积分，完全可以仿照二元函数的情形来研究，它们之间没有本质上的差别.

7.1　预备知识

为了讨论多元函数微分学，本节首先介绍空间直角坐标系.

一、空间直角坐标系

1. 建立空间直角坐标系

以空间一定点 O 为共同原点，作三条互相垂直的数轴 Ox，Oy，Oz，按右手规则确定它们的正方向：右手的拇指、食指、中指伸开，使其互相垂直，则拇指、食指、中指分别指向 Ox 轴、Oy 轴、Oz 轴的正方向. 这就建立了空间直角坐标系 $Oxyz$，如图 7-1 所示.

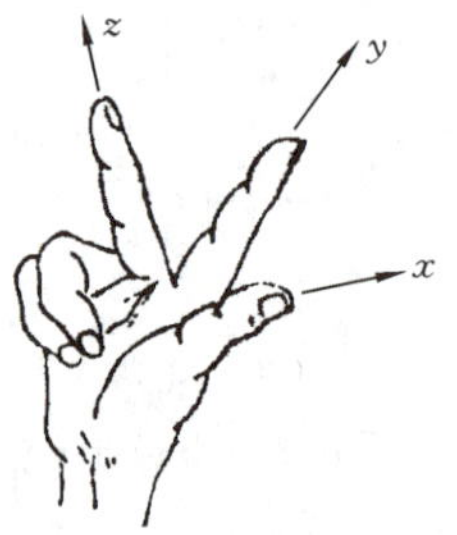

图 7-1

点 O 称为坐标原点，Ox，Oy，Oz 轴简称为 x 轴、y 轴、z 轴，又分别称为横轴、纵轴、竖轴，统称为坐标轴. 每两个坐标轴确定一个平面，称为坐标平面：由 x 轴与 y 轴确定的平面称为 xOy 平面，由 y 轴与 z 轴确定的平面称为 yOz 平面，由 z 轴与 x 轴确定的平面称为 zOx 平面. 三个坐标平面将空间分成八个部分，称为八个卦限.

2. 空间点的坐标

建立了空间直角坐标系 $Oxyz$ 后，空间中的任意一点 M 与有序的三个数的数组 (x,y,z) 就有一一对应关系. 事实上，过点 M 作三个平面分别垂直于 x 轴、y 轴、z 轴，它们与各轴的交点依次为 P，Q，R，这三点在 x 轴、y 轴、z 轴上的坐标依次为 x，y，z，于是，空间一点 M 就唯一地确定了有序数组 (x,y,z). 反之，已知有序数组 (x,y,z)，可在 x 轴上取坐标为 x 的点 P，在 y 轴上取坐标为 y 的点 Q，在 z 轴取坐标为 z 的点 R，然后过点 P，Q，R 分别作与 x 轴、y 轴、z 轴垂直的平面，这三个平面唯一的交点 M 便是有序数组 (x,y,z) 所确定的空间的一点，如图 7-2 所示. x，y，z 分别称为点 M 的横坐标、纵坐标、竖坐标，记为 $M(x,y,z)$. 显然，原点 O 的坐标为(0,0,

0)；x 轴上点的坐标为$(x, 0, 0)$，y 轴上点的坐标为$(0, y, 0)$，z 轴上点的坐标为$(0,0,z)$；平面 xOy 上点的坐标为$(x, y, 0)$，平面 yOz 上点的坐标为$(0, y, z)$，平面 zOx 上点的坐标为$(x, 0, z)$.

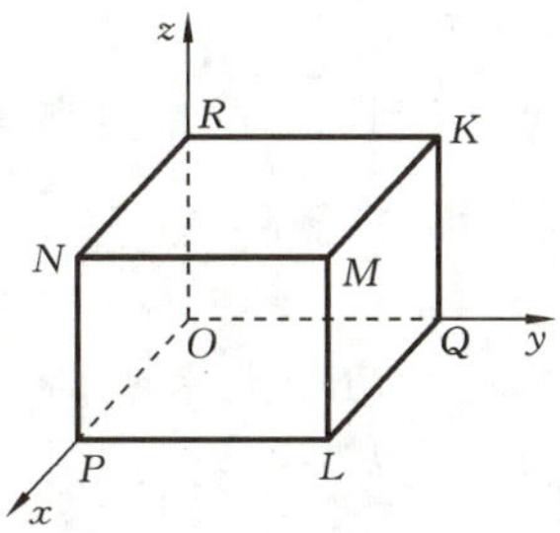

图 7-2

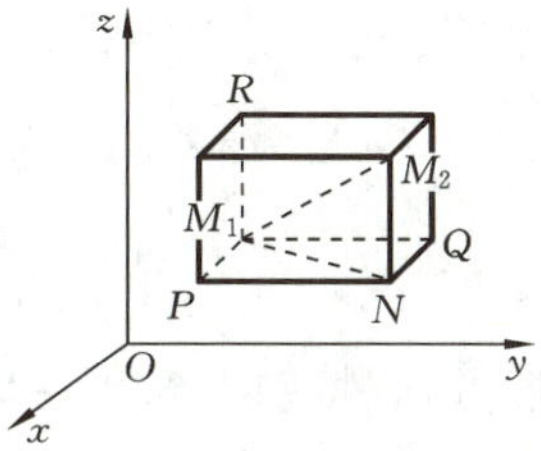

图 7-3

二、空间两点间的距离

给定空间上任意两点 $M_1(x_1, y_1, z_1)$和 $M_2(x_2, y_2, z_2)$，分别过点 M_1 和 M_2 作与 x 轴、y 轴、z 轴垂直的平面，这六个平面围成一个长方体，对角线长度$|M_1M_2|$即为点 M_1 和 M_2 之间的距离，如图 7-3 所示. 利用直角三角形两邻边长度与对角边长度的关系，得

$$|M_1M_2|^2 = |M_1N|^2 + |M_2N|^2 = |PN|^2 + |M_1P|^2 + |M_2N|^2$$
$$= (x_2 - x_1)^2 + (y_2 - y_1)^2 + (z_2 - z_1)^2.$$

等式两边开平方，就得到点 M_1 和 M_2 之间的距离公式为

$$|M_1M_2| = \sqrt{(x_2 - x_1)^2 + (y_2 - y_1)^2 + (z_2 - z_1)^2}$$

显然，空间上任意一点 $M(x, y, z)$到坐标原点 $O(0,0,0)$的距离为

$$|OM| = \sqrt{x^2 + y^2 + z^2}.$$

三、二次曲面简介

1. 曲面及其方程

平面解析几何建立了曲线与方程间的联系，二元方程 $F(x, y) = 0$ 表示平面 xOy 上的一条曲线. 用空间解析几何的方法可以建立空间曲面与方程间的联系，一般地，一个三元方程 $F(x, y, z) = 0$ 表示空间直角坐标系下的一个曲面.

例 1　一动点与两定点 $M_1(1,2,0)$和 $M_2(2,-1,1)$的距离相等，求此动点所满足的方程.

解　设该动点为 $M(x, y, z)$，依题意有$|MM_1| = |MM_2|$，即

$$\sqrt{(x-1)^2 + (y-2)^2 + (z-0)^2} = \sqrt{(x-2)^2 + (y+1)^2 + (z-1)^2}.$$

两边平方并整理，得

$$2x - 6y + 2z - 1 = 0.$$

从几何学已知，例 1 中动点 M 的轨迹是线段 M_1M_2 的垂直平分面，因此，例 1 中所求的方程是一个平面方程. 一般地，空间平面的方程是三元一次方程，即

$$Ax + By + Cz + D = 0,$$

其中，A,B,C,D 为常数，且 A,B,C 不全为零.

特别地，平面 xOy 的方程为 $z=0$，平面 xOz 的方程为 $y=0$，平面 yOz 的方程为 $x=0$，而与这三个坐标平面分别平行的平面方程形如 $z=c,y=b,x=a$.

例 2 求球心在点 $M_0(x_0,y_0,z_0)$、半径为 R 的球面方程.

解 设球面上任意一点为 $M(x,y,z)$，因为球面上点 M 到球心的距离都等于 R，所以

$$\sqrt{(x-x_0)^2+(y-y_0)^2+(z-z_0)^2}=R,$$

两边平方，得

$$(x-x_0)^2+(y-y_0)^2+(z-z_0)^2=R^2.$$

这就是球面的一般方程. 特别当球心在坐标原点时，球面方程为

$$x^2+y^2+z^2=R^2.$$

由于平面是曲面的特殊情形，所以，三元方程 $F(x,y,z)=0$ 就是空间曲面方程.

2. 二次曲面

怎样了解方程 $F(x,y,z)=0$ 所表示的曲面的形状呢？我们可以用一组平行于坐标面的平面与曲面相截，考察其交线的形状，进而了解曲面的全貌，这种方法称为截痕法.

下面介绍几种特殊的二次曲面.

三元二次方程的图形曲面称为二次曲面.

(1) 方程 $\frac{x^2}{a^2}+\frac{y^2}{b^2}+\frac{z^2}{c^2}=1$ —— 椭球面，如图 7-4 所示；

(2) 方程 $\frac{x^2}{a^2}+\frac{y^2}{b^2}-\frac{z^2}{c^2}=1$ —— 单叶双曲面，如图 7-5 所示；

(3) 方程 $\frac{x^2}{a^2}-\frac{y^2}{b^2}-\frac{z^2}{c^2}=1$ —— 双叶双曲面，如图 7-6 所示；

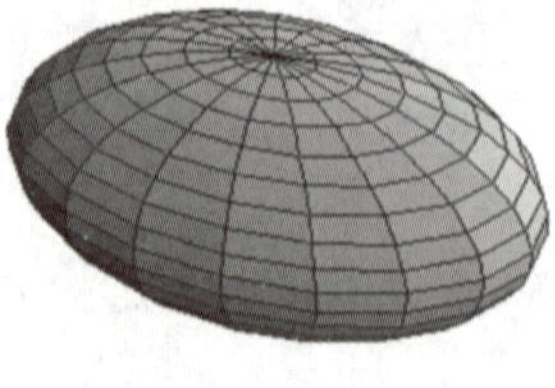

图 7-4

图 7-5

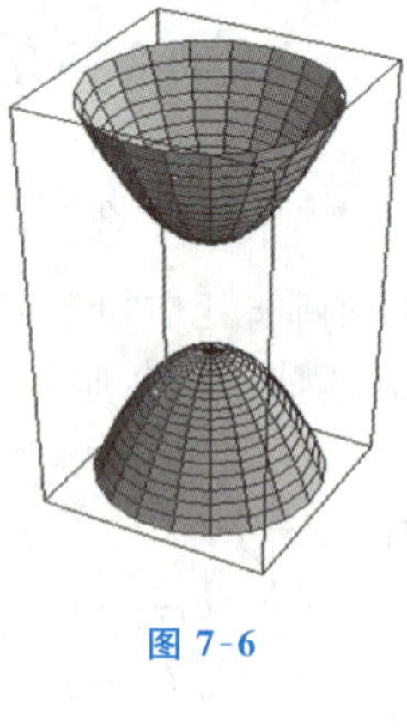

图 7-6

(4) 方程 $z=\frac{x^2}{2p}+\frac{y^2}{2q}$ —— 抛物面，如图 7-7 所示；

(5) 方程 $z=\frac{x^2}{2p}-\frac{y^2}{2q}$ ——双曲抛物面（马鞍面），如图 7-8 所示；

(6) 方程 $\frac{x^2}{a^2}+\frac{y^2}{b^2}-\frac{z^2}{c^2}=0$ —— （椭圆）锥面；

图 7-7

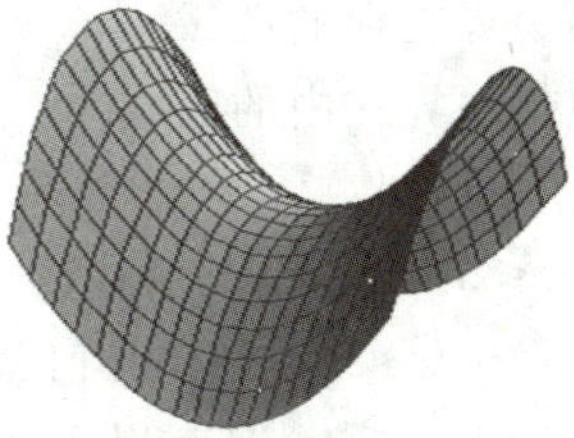

图 7-8

(7) 方程$\frac{x^2}{a^2}+\frac{y^2}{b^2}=1$ —— (椭圆)柱面；

(8) 方程$\frac{x^2}{a^2}-\frac{y^2}{b^2}=1$ —— (双曲)柱面；

(9) 方程 $y^2=2px$ —— (抛物)柱面.

习题 7.1

1. 求点 $M(2,-3,-2)$关于各坐标平面的对称点的坐标，并指出这些点在哪一卦限.
2. 证明以 $P_1(4,3,1)$，$P_2(7,1,2)$，$P_3(5,2,3)$三点为顶点的三角形是一个等腰三角形.
3. 建立以点$(1,3,-2)$为球心且通过原点的球面方程.
4. 指出下列方程所表示的曲面.

(1) $-\frac{x^2}{4}+\frac{y^2}{9}=1$；　(2) $y^2-z=0$；

(3) $x^2+2y^2+\frac{z^2}{2}=1$；　(4) $x^2-y^2+z^2=1$；

(5) $x^2-y^2+z^2=-1$.

7.2　多元函数的极限与连续

同一元函数的微积分学一样，多元函数的微积分学以多元函数为研究对象，以多元函数的极限方法为研究方法. 本节主要介绍二元函数的概念，以及二元函数的极限与连续等概念.

一、二元函数

1. 平面区域

一般来说，整个平面 xOy 或由平面 xOy 上的一条或几条曲线所围成的一部分平面，称为平面 xOy 的平面区域，简称为区域. 围成区域的曲线称为区域的边界，边界上的点称为边界点. 平面区域一般分类如下.

(1) 无界区域：若区域可以延伸到平面的无限远处.

(2) 有界区域：若区域可以包围在一个以原点$(0,0)$为中心，以适当大的长为半径的圆内.

(3) 闭区域:包括边界在内的区域.

(4) 开区域:不包括边界在内的区域.

平面区域用 D 表示. 例如:

$D_1=\{(x,y)\mid-\infty<x<+\infty,-\infty<y<+\infty\}$是无界区域,它表示整个 xOy 坐标平面;

$D_2=\{(x,y)\mid 1<x^2+y^2<4\}$是有界开区域(如图 7-9 所示,不包括边界);

$D_3=\{(x,y)\mid 1\leqslant x^2+y^2\leqslant 4\}$是有界闭区域(如图 7-9 所示,包括边界);

$D_4=\{(x,y)\mid x+y>0\}$是无界开区域(如图 7-10 所示),它是以直线 $x+y=0$ 为界的上半平面,不包括直线 $x+y=0$.

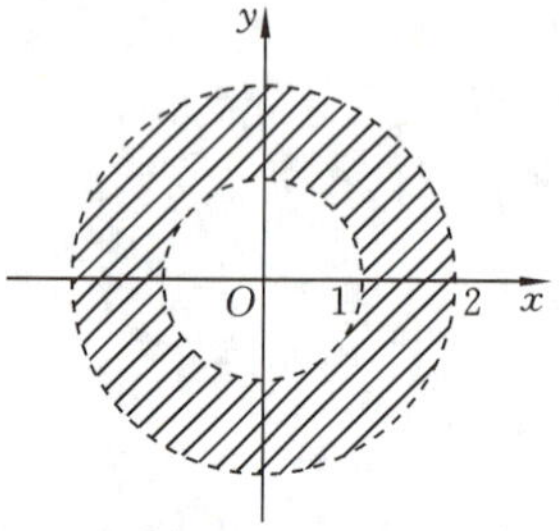

图 7-9

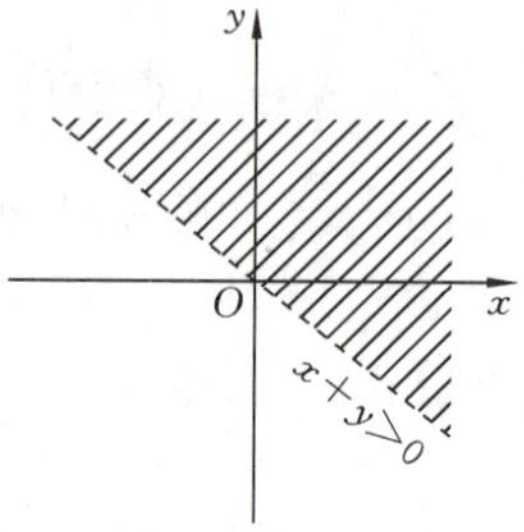

图 7-10

2. 点 P_0 的 δ 邻域

在平面 xOy 上,以点 $P_0(x_0,y_0)$为中心,$\delta(\delta>0)$为半径的开区域,称为点$P_0(x_0,y_0)$的 δ 邻域. 它可以表示为

$$\{(x,y)\mid\sqrt{(x-x_0)^2+(y-y_0)^2}<\delta\},$$

或简记为

$$\sqrt{(x-x_0)^2+(y-y_0)^2}<\delta.$$

3. 二元函数的定义

定义 1 设 x,y 和 z 是三个变量,D 是一个给定的非空数对集. 若对于每一数对$(x,y)\in D$,按照某一确定的对应法则 f,变量 z 总有唯一确定的数值与之对应,则称 z 是 x,y 的函数,记为

$$z=f(x,y),\quad(x,y)\in D,$$

其中,x,y 称为自变量,z 称为因变量;数对集 D 称为该函数的定义域.

定义域 D 是自变量 x,y 的取值范围,也就是使函数 $z=f(x,y)$有意义的数对集. 由此,若 x,y 取有序数组$(x_0,y_0)\in D$ 时,则称该函数在(x_0,y_0)有定义;与(x_0,y_0)对应的 z 的数值称为函数在点(x_0,y_0)的函数值,记为 $f(x_0,y_0)$或 $z|_{(x_0,y_0)}$. 当(x,y)取遍数对集 D 中的所有数对时,对应的函数值全体构成的数集

$$Z=\{z\mid z=f(x,y),(x,y)\in D\}$$

称为函数的值域.

一元函数的定义域是数轴上点的集合,一般情况是数轴上的区间. 二元函数的定义域 D 则是坐标平面 xOy 上点的集合,一般情况下,这种点的集合是平面 xOy 上的平面区域.

例如，函数 $z=3x+2y$ 的定义域 D 是整个 xOy 平面，这是无界区域，如前述 D_1 所示.

又如，函数 $z=\sqrt{x^2+y^2-1}+\sqrt{4-x^2-y^2}$ 的定义域是一个有界闭区域，如前述 D_3 所示.

类似地，可以定义三元函数 $u=f(x,y,z)$，即三个自变量 x,y,z 按照对应法则 f 对应因变量 u.

例如，长方体的体积 V 就是其长 x、宽 y 和高 h 三个变量的函数，即

$$V=xyh.$$

二元以及二元以上的函数统称为多元函数.

二、二元函数的几何意义

对函数 $z=f(x,y)$，$(x,y)\in D$，D 是平面 xOy 上的区域，给定 D 中一点 $P(x,y)$，就有一个实数 z 与之对应，从而就可确定空间一点 $M(x,y,z)$. 当点 P 在区域 D 中移动，并经过 D 中所有点时，与之对应的动点 M 就在空间形成一张曲面（如图 7-11）. 由此可知，二元函数 $z=f(x,y)$，$(x,y)\in D$，其图形是空间直角坐标系下一张空间曲面；该曲面在平面 xOy 上的投影区域就是该函数的定义域 D.

例如，函数 $z=\sqrt{1-x^2-y^2}$ 的图形是以原点 $O(0,0,0)$ 为中心的单位球面的上半球面，该曲面在平面 xOy 上的投影是圆形闭区域（如图 7-12），即

$$D=\{(x,y)\,|\,x^2+y^2\leqslant 1\},$$

这正是函数的定义域.

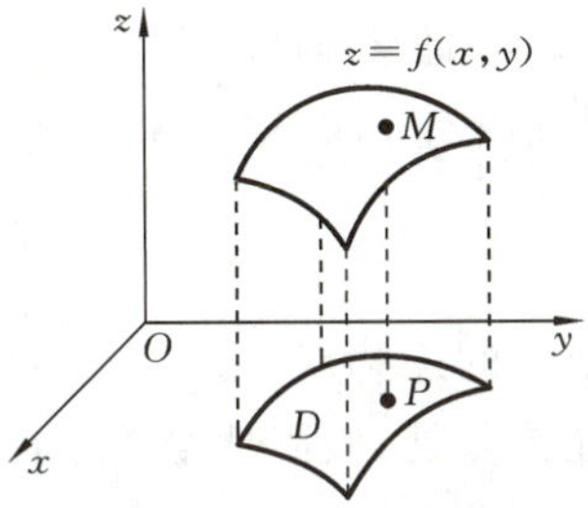

图 7-11

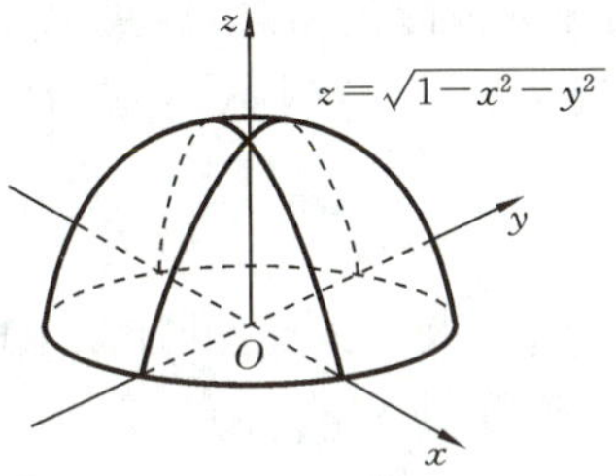

图 7-12

三、二元函数的极限与连续

1. 二元函数的极限

与一元函数极限概念类似，二元函数 $z=f(x,y)$ 的极限问题，是讨论当自变量 x,y 无限接近 (x_0,y_0) 时，即 $x\to x_0$，$y\to y_0$ 时，该函数的变化趋势.

定义 2 设函数 $z=f(x,y)$ 在点 $P_0(x_0,y_0)$ 的某去心邻域内有定义，若点 $P(x,y)$ 以任意方式趋于点 $P_0(x_0,y_0)$ 时，函数 $f(x,y)$ 总无限接近于常数 A，则称函数 $f(x,y)$ 当 (x,y) 趋于 (x_0,y_0) 时以 A 为极限，记为

$$\lim_{\substack{x\to x_0\\ y\to y_0}} f(x,y)=A \quad 或 \quad \lim_{\rho\to 0} f(x,y)=A,$$

其中，$\rho=|PP_0|=\sqrt{(x-x_0)^2+(y-y_0)^2}$表示点 P 与点 P_0 之间的距离.

说明：(1) 由该定义知，函数 $z=f(x,y)$在点 $P_0(x_0,y_0)$是否存在极限与函数在点 $P_0(x_0,y_0)$处是否有定义无关.

(2) "$\lim\limits_{\substack{x\to x_0\\y\to y_0}}f(x,y)=A$"成立是要求"点 $P(x,y)$以任意方式趋于点 $P_0(x_0,y_0)$时，函数 $f(x,y)$总无限接近于定数 A". 若当点 $P(x,y)$以某种特定的方式，例如，沿着某条特定的曲线趋于点 $P_0(x_0,y_0)$时，函数 $f(x,y)$无限接近于常数 A，不能断定$f(x,y)$当点(x,y)趋于点(x_0,y_0)时的极限存在. 当点 $P(x,y)$沿着不同的路径趋于点 $P_0(x_0,y_0)$时，若极限都存在，但不是同一个数值，则可断定函数的极限一定不存在.

例如，函数 $f(x,y)=(x^2+y^2)\sin\dfrac{1}{x^2+y^2}$在点(0,0)处没有定义. 由于当$(x,y)\to(0,0)$时，有

$$(x^2+y^2)\to 0 \quad 且 \quad \left|\sin\frac{1}{x^2+y^2}\right|\leqslant 1,$$

所以 $f(x,y)$的极限存在，且

$$\lim_{\substack{x\to 0\\y\to 0}}(x^2+y^2)\sin\frac{1}{x^2+y^2}=0.$$

2. 二元函数的连续性

有了二元函数极限的概念，就可以定义二元函数在一点的连续性.

定义 3 设函数 $z=f(x,y)$在点 $P_0(x_0,y_0)$的某邻域内有定义，若

$$\lim_{\substack{x\to x_0\\y\to y_0}}f(x,y)=f(x_0,y_0),$$

则称函数 $f(x,y)$在点(x_0,y_0)处连续，称点(x_0,y_0)为函数的连续点.

按该定义，函数 $f(x,y)$在点(x_0,y_0)处连续，就是在该点处，极限值恰等于函数值.

若函数 $f(x,y)$在点(x_0,y_0)处不满足连续的定义，则称这一点是函数的不连续点或间断点. 若函数 $f(x,y)$在区域 D 内的每一点都连续，则称函数在区域 D 内连续，或称 $f(x,y)$为区域 D 上的连续函数.

与一元函数类似，二元函数具有如下性质.

(1) 二元函数在其定义区域内连续.

(2) 二元连续函数的和、差、积、商(分母不为零)仍为连续函数.

(3) 有界闭区域上的二元连续函数存在最大值和最小值.

习题 7.2

1. 求下列函数的定义域.

(1) $z=\sqrt{1-\dfrac{x^2}{a^2}-\dfrac{y^2}{b^2}}$； (2) $z=\dfrac{1}{\sqrt{x+y}}+\dfrac{1}{\sqrt{x-y}}$；

(3) $z=\ln(x-y)+\ln x$；　　(4) $z=\arcsin\dfrac{y}{x}$.

2. 设 $f(x,y)=\dfrac{x-2y}{2x-y}$，求 $f(2,1)$ 和 $f(3,-1)$.

3. 设 $f(x,y)=\dfrac{2xy}{x^2+y^2}$，求 $f\left(1,\dfrac{y}{x}\right)$.

4. 求下列极限.

(1) $\lim\limits_{\substack{x\to 0\\ y\to 0}}\dfrac{2-\sqrt{xy+4}}{xy}$；　　(2) $\lim\limits_{\substack{x\to 0\\ y\to 0}}\dfrac{\sin xy}{x}$；

(3) $\lim\limits_{\substack{x\to 0\\ y\to 0}}\dfrac{x^3-y^3}{x^2+y^2}$；　　(4) $\lim\limits_{\substack{x\to 1\\ y\to 0}}\dfrac{\ln(x+e^y)}{\sqrt{x^2+y^2}}$.

7.3 偏　导　数

在一元函数中，已由函数的变化率问题引入了一元函数的导数概念. 对于二元函数，虽然也有类似的问题，但由于自变量多了一个，问题将变得复杂得多. 这是因为，在平面 xOy 上，点 (x_0,y_0) 可以沿着不同方向变动，因而函数 $f(x,y)$ 就有沿着各个方向的变化率. 在这里，我们仅限于讨论，当点 $P_0(x_0,y_0)$ 沿着平行 x 轴和平行 y 轴这两个特殊方向变动时，函数 $f(x,y)$ 的变化率问题. 即固定 y 仅 x 变化时和固定 x 仅 y 变化时，函数 $f(x,y)$ 的变化率问题. 这实际上是把二元函数作为一元函数来对待讨论变化率问题. 这就是下面要讨论的偏导数问题.

一、偏导数

定义 1　设二元函数 $z=f(x,y)$ 在点 (x_0,y_0) 的某邻域内有定义，当 x 在点 x_0 处取得增量 Δx，而 $y=y_0$ 保持不变时，函数相应的增量

$$\Delta z_x=f(x_0+\Delta x,y_0)-f(x_0,y_0)$$

称为函数 $f(x,y)$ 在点 (x_0,y_0) 处关于 x 的偏增量.

类似地，当 y 在点 y_0 处取得增量 Δy，而 $x=x_0$ 保持不变时，函数相应的增量

$$\Delta z_y=f(x_0,y_0+\Delta y)-f(x_0,y_0)$$

称为函数 $f(x,y)$ 在点 (x_0,y_0) 处关于 y 的偏增量.

定义 2　设函数 $z=f(x,y)$ 在点 (x_0,y_0) 的某邻域内有定义，若极限

$$\lim_{\Delta x\to 0}\frac{\Delta z_x}{\Delta x}=\lim_{\Delta x\to 0}\frac{f(x_0+\Delta x,\Delta y)-f(x_0,y_0)}{\Delta x}$$

存在，则称此极限值为函数 $f(x,y)$ 在点 (x_0,y_0) 处关于 x 的偏导数，记为

$$f_x(x_0,y_0),\quad z_x(x_0,y_0),\quad \left.\frac{\partial f}{\partial x}\right|_{\substack{x=x_0\\ y=y_0}},\quad \left.\frac{\partial z}{\partial x}\right|_{\substack{x=x_0\\ y=y_0}}.$$

同理，若极限函数

$$\lim_{\Delta y\to 0}\frac{\Delta z_y}{\Delta y}=\lim_{\Delta y\to 0}\frac{f(x_0,\Delta y+\Delta y)-f(x_0,y_0)}{\Delta y}$$

存在,则称此极限值为函数 $f(x,y)$ 在点 (x_0,y_0) 处关于 y 的偏导数,记为

$$f_y(x_0,y_0),\quad z_y(x_0,y_0),\quad \left.\frac{\partial f}{\partial y}\right|_{\substack{x=x_0\\y=y_0}},\quad \left.\frac{\partial z}{\partial y}\right|_{\substack{x=x_0\\y=y_0}}.$$

若函数 $z=f(x,y)$ 在区域 D 内每一点 (x,y) 都有对 x、y 的偏导数,这就得到了函数 $f(x,y)$ 在区域 D 内对 x、y 的偏导函数,记为

$$f_x(x,y),\quad z_x,\quad \frac{\partial f}{\partial x},\quad \frac{\partial z}{\partial x}.$$

$$f_y(x,y),\quad z_y,\quad \frac{\partial f}{\partial y},\quad \frac{\partial z}{\partial y}.$$

偏导函数是 x,y 的函数,简称偏导数.

由函数 $f(x,y)$ 的偏导数定义知,求 $f_x(x,y)$ 时,是将 y 视为常量,只对 x 求导数;求 $f_y(x,y)$ 时,是将 x 视为常量,只对 y 求导数.

这样,求偏导数仍是一元函数的求导数问题.

例 1 求函数 $f(x,y)=2x^2-3xy^2+y^3$ 在点 $(2,1)$ 的偏导数.

解 先求偏导函数,再求在指定点的偏导数.

视 y 为常量,对 x 求导,得

$$f_x(x,y)=4x-3y^2$$

视 x 为常量,对 y 求导,得

$$f_y(x,y)=-6xy+3y^2$$

将 $x=2,y=1$ 代入以上两式,得在点 $(2,1)$ 处的偏导数为

$$f_x(2,1)=(4x-3y^2)|_{(2,1)}=5,\quad f_y(2,1)=(-6xy+3y^2)|_{(2,1)}=-9$$

本例也可采取下述方法求解.

令函数 $f(x,y)$ 中的 $y=1$,得到以 x 为自变量的函数

$$f(x,1)=2x^2-3x+1$$

求它当 $x=2$ 时的导数,得

$$f_x(2,1)=(4x-3)|_{x=2}=5$$

令函数 $f(x,y)$ 中的 $x=2$,得到以 y 为自变量的函数

$$f(2,y)=8-6y^2+y^3.$$

求它当 $y=1$ 时的导数,得

$$f_y(2,1)=(-12y+3y^2)|_{y=1}=-9$$

例 2 求函数 $z=x^y(x>0)$ 的偏导数.

解 对 x 求偏导数时,视 y 为常量,这时 x^y 是幂函数,有

$$\frac{\partial z}{\partial x}=yx^{y-1}$$

对 y 求偏导数时,视 x 为常量,这时 x^y 是指数函数,有

$$\frac{\partial z}{\partial y}=x^y\ln x$$

例 3 设 $z=x\ln(x^2+y^2)$,求 $\frac{\partial z}{\partial x},\frac{\partial z}{\partial y}$.

解 视 y 为常量,对 x 求偏导数,得

$$\begin{aligned}\frac{\partial z}{\partial x}&=(x)'_x\ln(x^2+y^2)+x[\ln(x^2+y^2)]'_x\\&=1\cdot\ln(x^2+y^2)+x\,\frac{2x}{x^2+y^2}\\&=\ln(x^2+y^2)+\frac{2x^2}{x^2+y^2}\end{aligned}$$

视 x 为常量,对 y 求偏导数,得

$$\frac{\partial z}{\partial y}=x\,\frac{2y}{x^2+y^2}=\frac{2xy}{x^2+y^2}$$

二元函数偏导数概念很容易推广到三元函数. 一个三元函数 $u=f(x,y,z)$ 对 x 的偏导数,就是固定自变量 y 与 z 后,u 作为 x 的函数的导数;其他两个偏导数类推.

例 4 求三元函数 $u=\dfrac{z^3}{x^2+y^2}$ 的偏导数$\dfrac{\partial u}{\partial x},\dfrac{\partial u}{\partial y},\dfrac{\partial u}{\partial z}$.

解 求$\dfrac{\partial u}{\partial x}$时,要视函数表达式中的 y,z 为常数,对 x 求导数,即

$$\frac{\partial u}{\partial x}=\left(\frac{z^3}{x^2+y^2}\right)'_x=-\frac{z^3}{(x^2+y^2)^2}(x^2+y^2)'_x=-\frac{2xz^3}{(x^2+y^2)^2}$$

同理,可得

$$\frac{\partial u}{\partial y}=-\frac{2yz^3}{(x^2+y^2)^2},\quad \frac{\partial u}{\partial z}=\frac{3z^2}{x^2+y^2}$$

二、高阶偏导数

函数 $z=f(x,y)$ 的偏导数$\dfrac{\partial z}{\partial x},\dfrac{\partial z}{\partial y}$一般仍是 x,y 的函数,若它们关于 x 和 y 的偏导数存在,则$\dfrac{\partial z}{\partial x},\dfrac{\partial z}{\partial y}$对 x 和对 y 的偏导数,称为函数 $z=f(x,y)$ 的二阶偏导数. 函数 $z=f(x,y)$ 的二阶偏导数,依对变量求导次序不同,共有以下四个:

$$\frac{\partial}{\partial x}\left(\frac{\partial z}{\partial x}\right)=\frac{\partial^2 z}{\partial x^2}=z_{xx}=f_{xx}(x,y),\quad \frac{\partial}{\partial y}\left(\frac{\partial z}{\partial x}\right)=\frac{\partial^2 z}{\partial x\partial y}=z_{xy}=f_{xy}(x,y),$$

$$\frac{\partial}{\partial x}\left(\frac{\partial z}{\partial y}\right)=\frac{\partial^2 z}{\partial y\partial x}=z_{yx}=f_{yx}(x,y),\quad \frac{\partial}{\partial y}\left(\frac{\partial z}{\partial y}\right)=\frac{\partial^2 z}{\partial y^2}=z_{yy}=f_{yy}(x,y),$$

其中,$f_{xx}(x,y)$是对 x 求二阶偏导数;$f_{yy}(x,y)$是对 y 求二阶偏导数;$f_{xy}(x,y)$是先对 x 求偏导数,然后再对 y 求偏导数;$f_{yx}(x,y)$是先对 y 求偏导数,然后再对 x 求偏导数. $f_{xy}(x,y)$和 $f_{yx}(x,y)$通常称为混合偏导数.

类似地,可以定义更高阶的偏导数. 例如,对 x 的三阶偏导数为

$$\frac{\partial}{\partial x}\left(\frac{\partial^2 z}{\partial x^2}\right)=\frac{\partial^3 z}{\partial x^3};$$

对 x 的二阶偏导数,再对 y 求一阶偏导数为

$$\frac{\partial}{\partial y}\left(\frac{\partial^2 z}{\partial x^2}\right)=\frac{\partial^3 z}{\partial x^2\partial y}.$$

二阶和二阶以上的偏导数统称为高阶偏导数.

例 5 求函数 $z=\mathrm{e}^{xy^2}+3xy$ 的二阶偏导数.

解 先求一阶偏导数,得

$$\frac{\partial z}{\partial x}=y^2\mathrm{e}^{xy^2}+3y,\quad \frac{\partial z}{\partial y}=2xy\mathrm{e}^{xy^2}+3x.$$

再求二阶偏导数,得

$$\frac{\partial^2 z}{\partial x^2}=\frac{\partial}{\partial x}\left(\frac{\partial z}{\partial x}\right)=y^4\mathrm{e}^{xy^2},\quad \frac{\partial^2 z}{\partial x\partial y}=\frac{\partial}{\partial y}\left(\frac{\partial z}{\partial x}\right)=2y\mathrm{e}^{xy^2}+2xy^3\mathrm{e}^{xy^2}+3$$

$$\frac{\partial^2 z}{\partial y\partial x}=\frac{\partial}{\partial x}\left(\frac{\partial z}{\partial y}\right)=2y\mathrm{e}^{xy^2}+2xy^3\mathrm{e}^{xy^2}+3,\quad \frac{\partial^2 z}{\partial y^2}=\frac{\partial}{\partial y}\left(\frac{\partial z}{\partial y}\right)=2x\mathrm{e}^{xy^2}+4x^2y^2\mathrm{e}^{xy^2}$$

由以上计算结果看到,两个二阶混合偏导数相等.这并非偶然,关于这一点,有下述结论:若函数 $z=f(x,y)$ 的二阶混合偏导数 $f_{xy}(x,y)$ 和 $f_{yx}(x,y)$ 在区域 D 内连续,则在区域 D 内,必有

$$f_{xy}(x,y)=f_{yx}(x,y).$$

例 6 求函数 $z=\ln(\mathrm{e}^x+\mathrm{e}^y)$ 的二阶偏导数.

解 先求一阶偏导数,得

$$\frac{\partial z}{\partial x}=\frac{\mathrm{e}^x}{\mathrm{e}^x+\mathrm{e}^y},\quad \frac{\partial z}{\partial y}=\frac{\mathrm{e}^y}{\mathrm{e}^x+\mathrm{e}^y}$$

再求二阶偏导数,得

$$\frac{\partial^2 z}{\partial x^2}=\frac{\partial}{\partial x}\left(\frac{\partial z}{\partial x}\right)=\frac{\mathrm{e}^x(\mathrm{e}^x+\mathrm{e}^y)-\mathrm{e}^x\cdot\mathrm{e}^x}{(\mathrm{e}^x+\mathrm{e}^y)^2}=\frac{\mathrm{e}^{x+y}}{(\mathrm{e}^x+\mathrm{e}^y)^2}$$

$$\frac{\partial^2 z}{\partial y^2}=\frac{\partial}{\partial y}\left(\frac{\partial z}{\partial y}\right)=\frac{\mathrm{e}^y(\mathrm{e}^x+\mathrm{e}^y)-\mathrm{e}^y\cdot\mathrm{e}^y}{(\mathrm{e}^x+\mathrm{e}^y)^2}=\frac{\mathrm{e}^{x+y}}{(\mathrm{e}^x+\mathrm{e}^y)^2}$$

$$\frac{\partial^2 z}{\partial y\partial x}=\frac{\partial}{\partial x}\left(\frac{\partial z}{\partial y}\right)=\frac{-\mathrm{e}^y\cdot\mathrm{e}^x}{(\mathrm{e}^x+\mathrm{e}^y)^2}=-\frac{\mathrm{e}^{x+y}}{(\mathrm{e}^x+\mathrm{e}^y)^2}$$

$$\frac{\partial^2 z}{\partial x\partial y}=\frac{\partial}{\partial y}\left(\frac{\partial z}{\partial x}\right)=\frac{-\mathrm{e}^x\cdot\mathrm{e}^y}{(\mathrm{e}^x+\mathrm{e}^y)^2}=-\frac{\mathrm{e}^{x+y}}{(\mathrm{e}^x+\mathrm{e}^y)^2}$$

习题 7.3

1. 求下列函数的偏导数.

(1) $z=x^2+3xy+y^2$; (2) $z=xy+\dfrac{x}{y}$;

(3) $z=\mathrm{e}^{x^2+y^2}$; (4) $z=\dfrac{x+y}{x-y}$;

(5) $z=\arctan\dfrac{y}{x}$; (6) $u=(x+2y+3z)^2$.

2. 设 $f(x,y)=x^2y^2-2y$,求 $f_x(2,3)$,$f_y(0,0)$.

3. 求下列函数的二阶偏导数.

(1) $z=x^4+2x^2y-5xy^3$; (2) $z=\tan\dfrac{x^2}{y}$.

7.4 全　微　分

下面把一元函数微分的概念推广到二元函数.

一、全增量

定义 1　设函数 $z=f(x,y)$ 在点 (x_0,y_0) 的某邻域内有定义，设 x,y 增量为 Δx 和 Δy，函数相应的增量

$$\Delta z=f(x_0+\Delta x,y_0+\Delta y)-f(x_0,y_0)$$

称为函数 $f(x,y)$ 在点 (x_0,y_0) 处的全增量.

例如，用 A 表示边长分别为 x,y 的矩形面积，则 $A=xy$ 是关于 x,y 的二元函数，若边长 x 和 y 分别有增量 Δx 和 Δy，则面积 A 相应的增量为

$$\Delta A=(x+\Delta x)(y+\Delta y)-xy=y\Delta x+x\Delta y+\Delta x\Delta y.$$

上式右边包含两部分，一部分是 $y\Delta x+x\Delta y$，是 $\Delta x,\Delta y$ 的线性函数；另一部分是 $\Delta x\Delta y$，当 $\Delta x\to 0,\Delta y\to 0$ 时，它是比 $\rho=\sqrt{(\Delta x)^2+(\Delta y)^2}$ 高阶的无穷小量. 因此，如果略去 $\Delta x\Delta y$，用 $y\Delta x+x\Delta y$ 近似表示 ΔA，则其误差 $\Delta A-(y\Delta x+x\Delta y)$ 是比 ρ 高阶的无穷小量. 把线性函数 $y\Delta x+x\Delta y$ 称为函数 $A=xy$ 在点 (x,y) 处的全微分.

下面给出一般二元函数全微分的定义.

二、全微分

定义 2　若二元函数 $z=f(x,y)$ 在点 (x,y) 处的全增量

$$\Delta z=f(x_0+\Delta x,y_0+\Delta y)-f(x_0,y_0)$$

可表示为

$$\Delta z=A\Delta x+B\Delta y+o(\rho),$$

其中 A,B 仅与 x,y 有关，而与 $\Delta x,\Delta y$ 无关，$\rho=\sqrt{(\Delta x)^2+(\Delta y)^2}$，$o(\rho)$ 表示 $\rho\to 0$ 时的高阶无穷小量，称 $A\Delta x+B\Delta y$ 是函数 $f(x,y)$ 在点 (x,y) 处的全微分，记为 $\mathrm{d}z$ 或 $\mathrm{d}f(x,y)$，即 $\mathrm{d}z=A\Delta x+B\Delta y$. 这时，也称 $f(x,y)$ 在点 (x,y) 处可微.

可以证明，$z=f(x,y)$ 在点 (x,y) 的某邻域内具有连续的偏导数 $f_x(x,y)$ 和 $f_y(x,y)$ 时，二元函数在点 (x,y) 处是可微的，且有

$$\mathrm{d}z=f_x(x,y)\Delta x+f_y(x,y)\Delta y.$$

通常，记为

$$\mathrm{d}z=f_x(x,y)\mathrm{d}x+f_y(x,y)\mathrm{d}y.$$

二元函数的全微分定义可以推广至三元函数. 对三元函数 $u=f(x,y,z)$，其全微分为

$$\mathrm{d}u=f_x(x,y,z)\mathrm{d}x+f_y(x,y,z)\mathrm{d}y+f_z(x,y,z)\mathrm{d}z.$$

例 1　求函数 $z=\ln(x+y^2)$ 的全微分.

解　因

$$f_x(x,y)=\frac{1}{x+y^2},\quad f_y(x,y)=\frac{2y}{x+y^2}$$

所以
$$dz=\frac{1}{x+y^2}dx+\frac{2y}{x+y^2}dy$$

例 2 计算函数 $z=2x^2+3y^2$，当 $x=10,y=8,\Delta x=0.2,\Delta y=0.3$ 时的全微分 dz.

解 由于 $\frac{\partial z}{\partial x}=4x,\frac{\partial z}{\partial y}=6y$，所以，函数 z 的全微分为
$$dz=4x\cdot\Delta x+6y\cdot\Delta y$$
当 $x=10,y=8,\Delta x=0.2,\Delta y=0.3$ 时，全微分为
$$dz=4\times10\times0.2+6\times8\times0.3=22.4$$

由二元函数的全微分的定义可知，若函数 $z=f(x,y)$ 在点 (x,y) 处可微，且 $|\Delta x|,|\Delta y|$ 很小时，则
$$\begin{aligned}\Delta z&=f(x+\Delta x,y+\Delta y)-f(x,y)\\&\approx dz=f_x(x,y)dx+f_y(x,y)dy\end{aligned}$$
或
$$f(x+\Delta x,y+\Delta y)\approx f(x,y)+f_x(x,y)dx+f_y(x,y)dy$$
用这两个公式可以计算二元函数的近似值.

例 3 计算 $(1.01)^{2.99}$ 的近似值.

解 设函数 $z=f(x,y)=x^y$，则
$$f_x(x,y)=yx^{y-1},\quad f_y(x,y)=x^y\ln x$$
取 $x=1,\Delta x=0.01,y=3,\Delta y=-0.01$，于是
$$\begin{aligned}(1.01)^{2.99}&=f(1.01,2.99)\\&\approx f(1,3)+f_x(1,3)\cdot0.01+f_y(1,3)\cdot(-0.01)\\&=1^3+3\times1^2\times0.01+1^3\times\ln1\times(-0.01)=1.03\end{aligned}$$

习题 7.4

1. 求下列函数的全微分.

(1) $z=x^2y^3$；　　(2) $z=\sqrt{\frac{x}{y}}$；

(3) $z=e^{x-2y}$；　　(4) $z=\ln(2x^2+3y^2)$.

2. 求下列函数在给定条件下的全微分.

(1) 函数 $z=2x^2+3y^2$，当 $x=10,\Delta x=0.2,y=8,\Delta y=0.3$；

(2) 函数 $z=e^{xy}$，当 $x=1,\Delta x=0.15,y=1,\Delta y=0.1$.

3. 计算 $\sqrt{(1.02)^3+(1.97)^3}$ 的近似值.

7.5 多元复合函数的求导法则

在一元函数微分学中，我们曾讨论了复合函数和隐函数求导的问题，本节将讨论二元函数

中的这些问题.

一、复合函数微分法

1. 复合函数的中间变量为一元函数

设函数 $z=f(u,v)$,$u=\varphi(x)$,$v=\psi(x)$构成复合函数 $z=f[\varphi(x),\psi(x)]$,其变量之间的关系如链式图 7-13 所示.

定理 1　设函数 $z=f(u,v)$的偏导数$\frac{\partial f}{\partial u}$,$\frac{\partial f}{\partial v}$连续,函数 $u=\varphi(x)$,$v=\psi(x)$可导,则复合函数 $z=f[\varphi(x),\psi(x)]$可导,且有

$$\frac{\mathrm{d}z}{\mathrm{d}x}=\frac{\partial f}{\partial u}\frac{\mathrm{d}u}{\mathrm{d}x}+\frac{\partial f}{\partial v}\frac{\mathrm{d}v}{\mathrm{d}x}. \tag{7-1}$$

式(7-1)称为全导数公式.

2. 复合函数的中间变量为多元函数

下面以中间变量是二元函数为例进行讨论.

设 $z=f(u,v)$,$u=\varphi(x,y)$,$v=\psi(x,y)$构成复合函数 $z=f[\varphi(x,y),\psi(x,y)]$,其变量之间的关系如链式图 7-14 所示.

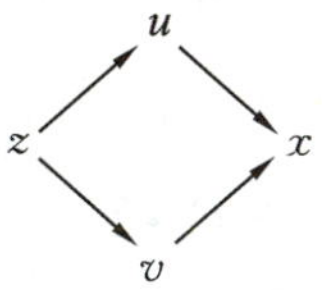

图 7-13

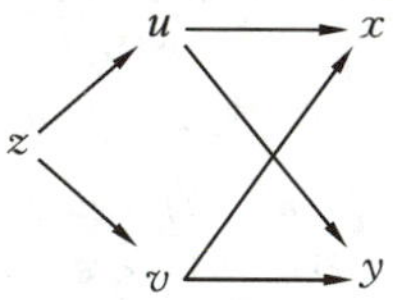

图 7-14

定理 2　设函数 $z=f(u,v)$有连续的偏导数,函数 $u=\varphi(x,y)$,$v=\psi(x,y)$的偏导数存在,则复合函数 $z=f[\varphi(x,y),\psi(x,y)]$的偏导数如下

$$\frac{\partial z}{\partial x}=\frac{\partial f}{\partial u}\frac{\partial u}{\partial x}+\frac{\partial f}{\partial v}\frac{\partial v}{\partial x}, \tag{7-2}$$

$$\frac{\partial z}{\partial y}=\frac{\partial f}{\partial u}\frac{\partial u}{\partial y}+\frac{\partial f}{\partial v}\frac{\partial v}{\partial y}. \tag{7-3}$$

由于多元函数的复合关系是多种多样的,在利用复合函数微分法的时候,应先理清变量之间的关系,必要时可画出变量间的链式关系图,明确哪些是中间变量,哪些是自变量,然后运用公式计算出结果.

例 1　设 $z=u\mathrm{e}^{uv}$,而 $u=\cos x$,$v=x^3$,求$\frac{\mathrm{d}z}{\mathrm{d}x}$.

解　由于

$$\frac{\partial z}{\partial u}=\mathrm{e}^{uv}+uv\mathrm{e}^{uv},\quad \frac{\partial z}{\partial v}=u^2\mathrm{e}^{uv}$$

$$\frac{\mathrm{d}u}{\mathrm{d}x}=-\sin x,\quad \frac{\mathrm{d}v}{\mathrm{d}x}=3x^2$$

所以

$$\frac{dz}{dx}=\frac{\partial z}{\partial u}\frac{du}{dx}+\frac{\partial z}{\partial v}\frac{dv}{dx}=(e^{uv}+uve^{uv})(-\sin x)+u^2e^{uv}\cdot 3x^2$$
$$=(-\sin x-x^3\cos x\sin x+3x^2\cos^2 x)e^{x^3\cos x}$$

例 2 设 $z=(2x+y^2)^{\frac{x}{y}}$，求$\frac{\partial z}{\partial x}$和$\frac{\partial z}{\partial y}$.

解 设 $u=2x+y^2$，$v=\frac{x}{y}$，则 $z=u^v$.

$$\frac{\partial z}{\partial x}=\frac{\partial z}{\partial u}\frac{\partial u}{\partial x}+\frac{\partial z}{\partial v}\frac{\partial v}{\partial x}=vu^{v-1}\cdot 2+u^v\ln u\cdot\frac{1}{y}$$
$$=\frac{x}{y}(2x+y^2)^{\frac{x}{y}-1}\cdot 2+(2x+y^2)^{\frac{x}{y}}\ln(2x+y^2)\cdot\frac{1}{y}$$
$$=\frac{1}{y}(2x+y^2)^{\frac{x}{y}}\left[\frac{2x}{2x+y^2}+\ln(2x+y^2)\right]$$
$$\frac{\partial z}{\partial y}=\frac{\partial z}{\partial u}\frac{\partial u}{\partial y}+\frac{\partial z}{\partial v}\frac{\partial v}{\partial y}=vu^{v-1}\cdot 2y+u^v\ln u\cdot\left(-\frac{x}{y^2}\right)$$
$$=\frac{x}{y}(2x+y^2)^{\frac{x}{y}-1}\cdot 2y+(2x+y^2)^{\frac{x}{y}}\ln(2x+y^2)\cdot\left(-\frac{x}{y^2}\right)$$
$$=\frac{x}{y}(2x+y^2)^{\frac{x}{y}}\left[\frac{2y}{2x+y^2}-\frac{1}{y}\ln(2x+y^2)\right]$$

例 3 设 $z=f(xy,x^2+y^2)$，求$\frac{\partial z}{\partial x}$，$\frac{\partial z}{\partial y}$.

解 设 $u=xy$，$v=x^2+y^2$，则 $z=f(u,v)$.

$$\frac{\partial z}{\partial x}=\frac{\partial f}{\partial u}\frac{\partial u}{\partial x}+\frac{\partial f}{\partial v}\frac{\partial v}{\partial x}=f'_u\cdot y+f'_v\cdot 2x$$
$$\frac{\partial z}{\partial y}=\frac{\partial f}{\partial u}\frac{\partial u}{\partial y}+\frac{\partial f}{\partial v}\frac{\partial v}{\partial y}=f'_u\cdot x+f'_v\cdot 2y$$

二、隐函数微分法

在一元微分学中，我们曾利用复合函数求导法求出了由 $F(x,y)=0$ 所确定的隐函数 $y=f(x)$ 的导数，下面我们通过多元复合函数微分法来建立用偏导数求隐函数的公式，给出一套所谓的"隐式"求导法.

1. 设方程 $F(x,y)=0$ 可确定隐函数 $y=f(x)$

将 $y=f(x)$ 代入方程，得 $F[x,f(x)]\equiv 0$，利用多元复合函数微分法，将此方程两边对 x 求导，得 $F'_x+F'_y\cdot\frac{dy}{dx}=0$，如果 $F'_y\neq 0$，则

$$\frac{dy}{dx}=-\frac{F'_x}{F'_y} \tag{7-4}$$

2. 设三元方程 $F(x,y,z)=0$ 可确定二元隐函数 $z=f(x,y)$

将 $z=f(x,y)$ 代入方程，得 $F[x,y,f(x,y)]\equiv 0$，利用多元复合函数微分法，将此方程两边

分别对 x,y 求导，得

$$F_x'+F_z'\cdot\frac{\partial z}{\partial x}=0,\quad F_y'+F_z'\cdot\frac{\partial z}{\partial y}=0$$

如果 $F_z'\neq 0$，则

$$\frac{\partial z}{\partial x}=-\frac{F_x'}{F_z'},\quad \frac{\partial z}{\partial y}=-\frac{F_y'}{F_z'} \tag{7-5}$$

注意：用上述方法应把原方程中所有的项都移到等号左边以得到 $F(x,y,z)$；在计算偏导数 F_x'时，要把其他变量 y 和 z 看作常量，在计算 F_y'，F_z'时也应注意这一点.

例 4　求由方程 $z^3=2xz-y$ 所确定的隐函数 $z=f(x,y)$ 的偏导数$\frac{\partial z}{\partial x}$，$\frac{\partial z}{\partial y}$.

解一　设 $F(x,y,z)=z^3-2xz+y$，则

$$F_x'=-2z,\quad F_y'=1,\quad F_z'=3z^2-2x$$

所以

$$\frac{\partial z}{\partial x}=-\frac{F_x'}{F_z'}=-\frac{-2z}{3z^2-2x}=\frac{2z}{3z^2-2x}$$

$$\frac{\partial z}{\partial y}=-\frac{F_y'}{F_z'}=-\frac{1}{3z^2-2x}=\frac{1}{2x-3z^2}$$

解二　将方程两边直接对 x 求偏导，得 $3z^2\frac{\partial z}{\partial x}=2z+2x\frac{\partial z}{\partial x}$，整理得

$$\frac{\partial z}{\partial x}=\frac{2z}{3z^2-2x}$$

将方程两边直接对 y 求偏导，得 $3z^2\frac{\partial z}{\partial y}=2x\frac{\partial z}{\partial y}-1$，整理得

$$\frac{\partial z}{\partial y}=\frac{1}{2x-3z^2}$$

注意：在解二中，计算$\frac{\partial z}{\partial x}$，$\frac{\partial z}{\partial y}$时应注意 z 是 x,y 的函数，正确运用复合函数微分法计算.

例 5　设 $e^{xy}+y^2=\cos x$，求$\frac{dy}{dx}$.

解　设 $F(x,y)=e^{xy}+y^2-\cos x$，则

$$F_x'=ye^{xy}+\sin x,\quad F_y'=xe^{xy}+2y$$

所以

$$\frac{dy}{dx}=-\frac{F_x'}{F_y'}=-\frac{ye^{xy}+\sin x}{xe^{xy}+2y}$$

习题 7.5

1. 设 $z=u^2v$，而 $u=e^x$，$v=\cos x$，求$\frac{dz}{dx}$.

2. 设 $z=u^v+v^u$，而 $u=1+2x$，$v=\sin x$，求$\frac{dz}{dx}$.

3. 设 $z=e^u\sin v$，而 $u=xy, v=x+y$，求$\frac{\partial z}{\partial x},\frac{\partial z}{\partial y}$.

4. 设 $z=(x^2-2y)^{xy}$，求$\frac{\partial z}{\partial x},\frac{\partial z}{\partial y}$.

5. 设函数 f 可导，$z=xyf\left(\frac{y}{x}\right)$，求 $xz_x'+yz_y'$.

6. 设方程 $e^z=xyz$ 确定了隐函数 $z=f(x,y)$，求$\frac{\partial z}{\partial x},\frac{\partial z}{\partial y}$.

7. 求由方程 $y-xe^y+x=0$ 所确定的隐函数 $y=f(x)$ 的导数$\frac{dy}{dx}$.

复习题 7

1. 填空题.

(1) 已知两点 $A(1,4,-1)$、$B(1,1,3)$，则 $|AB|=$____________；

(2) 球面 $x^2+y^2-6x+8z=0$ 的球心坐标为____________，半径为____________；

(3) 球心在点 $(1,-2,4)$ 处，半径为 5 的球面方程为____________；

(4) 函数 $z=\frac{1}{\ln(1-|x|-|y|)}$ 的定义域为____________；

(5) 已知 $z=y^2e^x$，则 $\frac{\partial z}{\partial x}=$____________，$\frac{\partial z}{\partial y}=$____________，$\frac{\partial^2 z}{\partial y}=$____________，$dz=$____________，$dz\Big|_{(0,1)}=$____________.

2. 选择题.

(1) 下列函数中，有且仅有一个间断点的函数是(　　).

A. $\frac{x}{x-4}$　　B. $\frac{xy}{x^2+y^2}$

C. $\frac{x}{x+y}$　　D. $|xy|-1$

(2) 下列各式中不能表示为某个函数的全微分的式子为(　　).

A. $ydx+xdy$　　B. $ydx-xdy$

C. $xdx+ydy$　　D. $xdx-ydy$

(3) 使得 $df=\Delta f$ 的函数为(　　).

A. $f(x,y)=ax+by+c$ (a,b,c 为常数)　　B. $f(x,y)=\sin(xy)$

C. $f(x,y)=e^x+e^y$　　D. $f(x,y)=x^2+y^2$

(4) 设 $f(x,y)=\sqrt{x^2+y^2}$，则下列唯一错误的命题是(　　).

A. $(0,0)$是驻点　　B. $(0,0)$是极值点

C. $(0,0)$是极小值点　　D. $(0,0)$是最小值点

3. 求下列函数的定义域并画出定义域的图形.

(1) $z=\ln y^2-2x+1$；　　(2) $z=\sqrt{x-y}$；

(3) $z=\sqrt{4-x^2-y^2}$；　　(4) $z=x^2+y^2$.

4. 指出下列方程所表示的曲面名称.

(1) $2x+4y-3z=12$；　　(2) $x^2+y^2+4z^2-1=0$；

(3) $2x^2-y^2-z^2=1$；　　(4) $x^2+y^2+z=1$.

5. 求下列函数的偏导数.

(1) $z=x^3y-y^3x$；　　(2) $z=\dfrac{y}{x^2}$；

(3) $z=(1+xy)^y$；　　(4) $z=\ln\dfrac{y}{x}$；

(5) $z=\mathrm{e}^x(\cos y+x\sin y)$；　　(6) $z=\mathrm{e}^{x^2+y^2}$；

(7) $z=\ln\sin(x-2y)$；　　(8) $z=\arctan\dfrac{y}{x}$.

6. 设 $f(x,y)=x+y-\sqrt{x^2+y^2}$，求 $f_x(3,4)$ 及 $f_y(3,4)$.

7. 求下列二阶偏导数.

(1) $z=x^3+2x^2y-5xy^2$；　　(2) $z=x^y$.

8. 求下列函数的全微分.

(1) $f(x,y)=xy+\dfrac{x}{y}$；　　(2) $f(x,y)=\dfrac{y}{\sqrt{x^2+y^2}}$.

9. 计算下列近似值.

(1) $\sqrt[3]{2.02^2+1.99^2}$；　　(2) $(10.1)^{2.03}$.

10. 求下列函数的$\dfrac{\partial^2 z}{\partial x^2},\dfrac{\partial^2 z}{\partial x\partial y},\dfrac{\partial^2 z}{\partial y^2}$.

(1) $z=x^3y-3x^2y^3$；　　(2) $z=\arctan\dfrac{y}{x}$.

复习题 7 答案

第 8 章　线性代数初步

8.1 行　列　式

行列式产生于解线性方程组,解线性方程组的问题在许多实际问题中都会遇到.本章在介绍二阶、三阶行列式的基础上,给出 n 阶行列式的定义并讨论其性质与计算.作为行列式的初步应用,还将解决一类 n 元方程组的求解问题.

一、二阶和三阶行列式

1. 二元线性方程组和二阶行列式

设有二元线性方程组

$$\begin{cases} a_{11}x_1+a_{12}x_2=b_1, \\ a_{21}x_1+a_{22}x_2=b_2, \end{cases} \tag{8-1}$$

其中,$a_{ij}(i,j=1,2)$是未知数 $x_j(j=1,2)$的系数,$b_i(i=1,2)$是常数项.

用消元法解此方程组得

$$(a_{11}a_{22}-a_{12}a_{21})x_1=b_1a_{22}-a_{12}b_2,$$
$$(a_{11}a_{22}-a_{12}a_{21})x_2=b_2a_{11}-b_1a_{21},$$

当 $a_{11}a_{22}-a_{12}a_{21}\neq 0$ 时,得

$$x_1=\frac{b_1a_{22}-b_2a_{12}}{a_{11}a_{22}-a_{12}a_{21}},\quad x_2=\frac{b_2a_{11}-b_1a_{21}}{a_{11}a_{22}-a_{12}a_{21}}. \tag{8-2}$$

从式(8-2)可以看到,x_1,x_2 的分母都等于 $a_{11}a_{22}-a_{12}a_{21}$,它是由方程组(8-1)的系数所确定的.如果将方程组(8-1)的系数按原来位置排成两行两列的方表(如图 8-1),方表中用实线表示的对角线(称为主对角线)上两个数的乘积,减去用虚线表示的对角线(称为副对角线)上两个数的乘积所得的差就是 x_1,x_2 的分母.为了便于记忆,我们引入二阶行列式的概念.

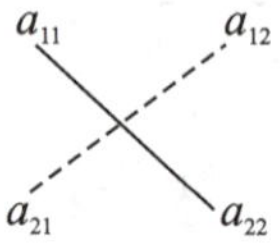

图 8-1

定义 1　由四个数 $a_{11},a_{12},a_{21},a_{22}$ 排成两行两列的数表

$$\begin{vmatrix} a_{11} & a_{12} \\ a_{21} & a_{22} \end{vmatrix} \tag{8-3}$$

称为二阶行列式.它表示 $a_{11}a_{22}$ 与 $a_{12}a_{21}$ 的差,即

$$\begin{vmatrix} a_{11} & a_{12} \\ a_{21} & a_{22} \end{vmatrix}=a_{11}a_{22}-a_{12}a_{21},$$

等式右边的式子成为二阶行列式的展开式.

在二阶行列式中,横排称为行,竖排称为列,数 $a_{ij}\,(i,j=1,2)$ 称为行列式(8-3)的元素.元素的第一个下角标 i 称为行标,它表明该元素位于第 i 行;第二个下角标 j 称为列标,它表明该元素位于第 j 列.

二元线性方程组(8-1)的解(8-2)中的两个分子 $b_1a_{22}-b_2a_{12}$ 和 $b_2a_{11}-b_1a_{21}$ 也可分别用二阶行列式

$$\begin{vmatrix} b_1 & a_{12} \\ b_2 & a_{22} \end{vmatrix},\begin{vmatrix} a_{11} & b_1 \\ a_{21} & b_2 \end{vmatrix}$$

表示,即

$$D_1=\begin{vmatrix} b_1 & a_{12} \\ b_2 & a_{22} \end{vmatrix}=b_1a_{22}-b_2a_{12},$$

$$D_2=\begin{vmatrix} a_{11} & b_1 \\ a_{21} & b_2 \end{vmatrix}=b_2a_{11}-b_1a_{21}.$$

这两个行列式是由行列式(8-3)分别将第一列、第二列换成方程组(8-1)的常数列而得到的.这样,当方程组(8-1)的系数所组成的行列式(称为方程组(8-1)的系数行列式)

$$D=\begin{vmatrix} a_{11} & a_{12} \\ a_{21} & a_{22} \end{vmatrix}\neq 0$$

时,方程组(8-1)的唯一解可用行列式表示为

$$x_1=\frac{D_1}{D}=\frac{\begin{vmatrix} b_1 & a_{12} \\ b_2 & a_{22} \end{vmatrix}}{\begin{vmatrix} a_{11} & a_{12} \\ a_{21} & a_{22} \end{vmatrix}},\quad x_2=\frac{D_2}{D}=\frac{\begin{vmatrix} a_{11} & b_1 \\ a_{21} & b_2 \end{vmatrix}}{\begin{vmatrix} a_{11} & a_{12} \\ a_{21} & a_{22} \end{vmatrix}}.$$

例 1　用行列式解线性方程组

$$\begin{cases} x_1+2x_2=1, \\ 3x_1+5x_2=2. \end{cases}$$

解　因为

$$\begin{vmatrix} 1 & 2 \\ 3 & 5 \end{vmatrix}=5-6=-1\neq 0,$$

所以方程组有唯一解,其解为

$$x_1=\frac{\begin{vmatrix} 1 & 2 \\ 2 & 5 \end{vmatrix}}{\begin{vmatrix} 1 & 2 \\ 3 & 5 \end{vmatrix}}=\frac{1}{-1}=-1,\quad x_2=\frac{\begin{vmatrix} 1 & 1 \\ 3 & 2 \end{vmatrix}}{\begin{vmatrix} 1 & 2 \\ 3 & 5 \end{vmatrix}}=\frac{-1}{-1}=1.$$

2. 三阶行列式

类似地,我们定义三阶行列式如下.

定义 2　由九个数 $a_{ij}\,(i,j=1,2,3)$ 排成三行三列的数表

$$\begin{vmatrix} a_{11} & a_{12} & a_{13} \\ a_{21} & a_{22} & a_{23} \\ a_{31} & a_{32} & a_{33} \end{vmatrix} \tag{8-4}$$

称为三阶行列式，其值为

$$\begin{vmatrix} a_{11} & a_{12} & a_{13} \\ a_{21} & a_{22} & a_{23} \\ a_{31} & a_{32} & a_{33} \end{vmatrix} = a_{11}a_{22}a_{33}+a_{12}a_{23}a_{31}+a_{13}a_{21}a_{32}-a_{11}a_{23}a_{32}-a_{12}a_{21}a_{33}-a_{13}a_{22}a_{31}. \tag{8-5}$$

从上述定义可知，三阶行列式是六项的代数和，每项都是不同行、不同列的三个数的乘积再加上正、负号. 它可以用图 8-2 来记忆：图中每条实线（共三条）所连接的三个数的乘积前面加"＋"，每条虚线（共三条）所连接的三个数的乘积前面加"－". 这种计算三阶行列式的方法称为对角线法.

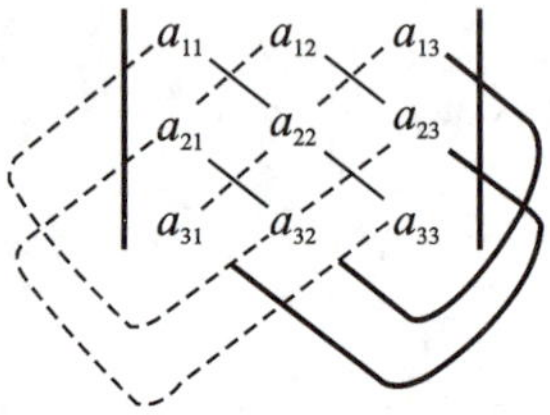

图 8-2

例 2 用对角线计算行列式

$$D=\begin{vmatrix} 1 & -2 & 3 \\ -4 & 5 & -6 \\ 7 & -8 & 9 \end{vmatrix}.$$

解 由对角线法知

$$\begin{aligned} D &= 1\times5\times9+(-2)\times(-6)\times7+3\times(-4)\times(-8) \\ &\quad -1\times(-6)\times(-8)-(-2)\times(-4)\times9-3\times5\times7 \\ &=45+84+96-48-72-105=0. \end{aligned}$$

类似地，我们可以利用三阶行列式来解三元线性方程组：

$$\begin{cases} a_{11}x_1+a_{12}x_2+a_{13}x_3=b_1, \\ a_{21}x_1+a_{22}x_2+a_{23}x_3=b_2, \\ a_{31}x_1+a_{32}x_2+a_{33}x_3=b_3. \end{cases} \tag{8-6}$$

方程组(8-6)左边未知元的系数按原来相对位置构成的行列式称为方程组(8-6)的系数行列式. 设

$$D=\begin{vmatrix} a_{11} & a_{12} & a_{13} \\ a_{21} & a_{22} & a_{23} \\ a_{31} & a_{32} & a_{33} \end{vmatrix}, D_1=\begin{vmatrix} b_1 & a_{12} & a_{13} \\ b_2 & a_{22} & a_{23} \\ b_3 & a_{32} & a_{33} \end{vmatrix}, D_2=\begin{vmatrix} a_{11} & b_1 & a_{13} \\ a_{21} & b_2 & a_{23} \\ a_{31} & b_3 & a_{33} \end{vmatrix}, D_3=\begin{vmatrix} a_{11} & a_{12} & b_1 \\ a_{21} & a_{22} & b_2 \\ a_{31} & a_{32} & b_3 \end{vmatrix},$$

如果 $D\neq0$，那么方程组(8-4)的唯一解为

$$x_1=\frac{D_1}{D},\quad x_2=\frac{D_2}{D},\quad x_3=\frac{D_3}{D}.$$

例 3 解线性方程组 $\begin{cases} x_1-2x_2+x_3=-2, \\ 2x_1+x_2-3x_3=1, \\ -x_1+x_2-x_3=0. \end{cases}$

解 因为

$$D=\begin{vmatrix}1&-2&1\\2&1&-3\\-1&1&-1\end{vmatrix}=1\times1\times(-1)+(-2)\times(-3)\times(-1)+1\times2\times1$$
$$-1\times(-3)\times1-(-2)\times2\times(-1)-1\times1\times(-1)$$
$$=-5\neq0,$$

$$D_1=\begin{vmatrix}-2&-2&1\\1&1&-3\\0&1&-1\end{vmatrix}=2+0+1-0-2-6=-5,$$

$$D_2=\begin{vmatrix}1&-2&1\\2&1&-3\\-1&0&-1\end{vmatrix}=-1+(-6)+0-(-1)-0-4=-10,$$

$$D_3=\begin{vmatrix}1&-2&-2\\2&1&1\\-1&1&0\end{vmatrix}=0+2+(-4)-2-1-0=-5,$$

所以方程组的解为

$$x_1=\frac{D_1}{D}=\frac{-5}{-5}=1,\quad x_2=\frac{D_2}{D}=\frac{-10}{-5}=2,\quad x_3=\frac{D_3}{D}=\frac{-5}{-5}=1.$$

二、n 阶行列式

前面，我们首先定义了二阶行列式，然后用二阶行列式给出了三阶行列式的定义，按此方法我们可以定义四阶、五阶等高阶行列式.

定义 3　设 $n-1(n\geqslant3)$ 阶行列式已经定义，规定由 n^2 个数 $a_{ij}(i,j=1,2,\cdots,n)$ 组成的具有 n 行 n 列的式子

$$\begin{vmatrix}a_{11}&a_{12}&\cdots&a_{1n}\\a_{21}&a_{22}&\cdots&a_{2n}\\\vdots&\vdots&&\vdots\\a_{n1}&a_{n2}&\cdots&a_{nn}\end{vmatrix}\tag{8-7}$$

为 n 阶行列式.

在式(8-7)中，把 $a_{11},a_{22},\cdots,a_{nn}$ 所在直线称为主对角线；把 $a_{1n},a_{2,n-1},\cdots,a_{n1}$ 所在直线称为副对角线. 在明确式(8-7)的具体含义之前，我们先定义 n 阶行列式中元素 $a_{ij}(i,j=1,2,\cdots,n)$ 的余子式、代数余子式.

定义 4　在 n 阶行列式中，把元素 $a_{ij}(i,j=1,2,\cdots,n)$ 所在的第 i 行和第 j 列划去后，剩下的元素按原来的顺序构成的 $n-1$ 阶行列式，称为元素 a_{ij} 的余子式，记作 M_{ij}，即

$$M_{ij}=\begin{vmatrix}a_{11}&\cdots&a_{1,j-1}&a_{1,j+1}&\cdots&a_{1n}\\\vdots&&\vdots&\vdots&&\vdots\\a_{i-1,1}&\cdots&a_{i-1,j-1}&a_{i-1,j+1}&\cdots&a_{i-1,n}\\a_{i+1,1}&\cdots&a_{i+1,j-1}&a_{i+1,j+1}&\cdots&a_{i+1,n}\\\vdots&&\vdots&\vdots&&\vdots\\a_{n1}&\cdots&a_{n,j-1}&a_{n,j+1}&\cdots&a_{nn}\end{vmatrix},$$

并称 $A_{ij}=(-1)^{i+j}M_{ij}$ 为元素 a_{ij} 的代数余子式.

例如，三阶行列式$\begin{vmatrix} a_{11} & a_{12} & a_{13} \\ a_{21} & a_{22} & a_{23} \\ a_{31} & a_{32} & a_{33} \end{vmatrix}$第一行元素 a_{11}, a_{12}, a_{13} 的代数余子式分别为

$$A_{11}=(-1)^{1+1}\begin{vmatrix} a_{22} & a_{23} \\ a_{32} & a_{33} \end{vmatrix}, A_{12}=(-1)^{1+2}\begin{vmatrix} a_{21} & a_{23} \\ a_{31} & a_{33} \end{vmatrix}, A_{13}=(-1)^{1+3}\begin{vmatrix} a_{21} & a_{22} \\ a_{31} & a_{32} \end{vmatrix}.$$

利用以上结果可将式(8-5)化为

$$\begin{vmatrix} a_{11} & a_{12} & a_{13} \\ a_{21} & a_{22} & a_{23} \\ a_{31} & a_{32} & a_{33} \end{vmatrix}=a_{11}A_{11}+a_{12}A_{12}+a_{13}A_{13}. \tag{8-8}$$

此式表明，三阶行列式的值等于它的第一行元素 a_{11}, a_{12}, a_{13} 与所对应的代数余子式 A_{11}，A_{12}, A_{13}乘积之和. 这种用低阶行列式定义高一阶行列式的方法具有一般性. 下面按照这样的思维方法，给出 n 阶行列式(8-8)的递归定义.

定义 5 设 $n-1(n\geqslant 3)$阶行列式已经定义，则定义 n 阶行列式

$$\begin{vmatrix} a_{11} & a_{12} & \cdots & a_{1n} \\ a_{21} & a_{22} & \cdots & a_{2n} \\ \vdots & \vdots & & \vdots \\ a_{n1} & a_{n2} & \cdots & a_{nn} \end{vmatrix}=a_{11}A_{11}+a_{12}A_{12}+\cdots+a_{1n}A_{1n},$$

其中 $A_{11}, A_{12}, \cdots, A_{1n}$为第一行的元素 $a_{11}, a_{12}, \cdots, a_{1n}$的代数余子式.

注意：(1)行列式的递归定义表明，n 阶行列式由 n 个 $n-1$ 阶行列式表示，而每一个$n-1$阶行列式又可由 $n-1$ 个 $n-2$ 阶行列式来表示，如此进行下去，可将 n 阶行列式用二阶行列式表示.

(2)由行列式定义知，如果行列式中第一行元素除 a_{1j}外都为零，则行列式等于 a_{1j}与其对应的代数余子式的乘积，即 $D=a_{1j}A_{1j}$.

(3)当 $n=1$ 时，$|a_{11}|=a_{11}$，不能与数的绝对值相混淆.

例 4 计算行列式

$$D=\begin{vmatrix} a_{11} & 0 & \cdots & 0 \\ a_{21} & a_{22} & \cdots & 0 \\ \vdots & \vdots & & \vdots \\ a_{n1} & a_{n2} & \cdots & a_{nn} \end{vmatrix}.$$

该行列式称为下三角行列式，它的特点是主对角线上方的元素都为零.

解 行列式第一行的元素 $a_{12}=a_{13}=\cdots=a_{1n}=0$，由定义知

$$D=a_{11}A_{11},$$

A_{11}是 $n-1$ 阶下三角行列式，则

$$A_{11}=a_{22}\begin{vmatrix} a_{33} & 0 & \cdots & 0 \\ a_{43} & a_{44} & \cdots & 0 \\ \vdots & \vdots & & \vdots \\ a_{n3} & a_{n4} & \cdots & a_{nn} \end{vmatrix},$$

依此类推，得

$$D=a_{11}a_{22}\cdots a_{nn},$$

即下三角行列式等于主对角线上的主元素的乘积.

特别地，主对角线之外的元素都为零的行列式称为对角行列式. 显然

$$D=\begin{vmatrix} a_{11} & 0 & \cdots & 0 \\ 0 & a_{22} & \cdots & 0 \\ \vdots & \vdots & & \vdots \\ 0 & 0 & \cdots & a_{nn} \end{vmatrix}=a_{11}a_{22}\cdots a_{nn}.$$

例 5　计算四阶行列式

$$D=\begin{vmatrix} 1 & 1 & 0 & 2 \\ -1 & 0 & 1 & 0 \\ 1 & 0 & 3 & 1 \\ 0 & 1 & 0 & 0 \end{vmatrix}.$$

解　$$D=1\times\begin{vmatrix} 0 & 1 & 0 \\ 0 & 3 & 1 \\ 1 & 0 & 0 \end{vmatrix}-1\times\begin{vmatrix} -1 & 1 & 0 \\ 1 & 3 & 1 \\ 0 & 0 & 0 \end{vmatrix}+0\times\begin{vmatrix} -1 & 0 & 0 \\ 1 & 0 & 1 \\ 0 & 1 & 0 \end{vmatrix}-2\begin{vmatrix} -1 & 0 & 1 \\ 1 & 0 & 3 \\ 0 & 1 & 0 \end{vmatrix}$$

$$=1-0+0-8=-7.$$

三、行列式的性质

利用行列式的定义直接计算行列式一般很困难，行列式的阶数越高，难度越大. 为了简化行列式的计算，下面来讨论行列式的性质.

记

$$D=\begin{vmatrix} a_{11} & a_{12} & \cdots & a_{1n} \\ a_{21} & a_{22} & \cdots & a_{2n} \\ \vdots & \vdots & & \vdots \\ a_{n1} & a_{n2} & \cdots & a_{nn} \end{vmatrix},$$

若把 D 中每一行的元素换成同序数的列的元素，得到新行列式

$$D'=\begin{vmatrix} a_{11} & a_{21} & \cdots & a_{n1} \\ a_{12} & a_{22} & \cdots & a_{n2} \\ \vdots & \vdots & & \vdots \\ a_{1n} & a_{2n} & \cdots & a_{nn} \end{vmatrix},$$

则称行列式 D'（或记为 D^{T}）为行列式 D 的转置行列式.

性质 1　行列式与它的转置行列式相等.

性质 1 表明，行列式中行与列具有同等的地位，行列式的性质凡是对行成立的，对列也同样成立，反之亦然.

性质 2　互换行列式两行(列)的位置，行列式改变符号.

通常以 r_i 表示行列式的第 i 行，以 c_i 表示第 i 列，交换 i,j 两行，记作 $r_i\leftrightarrow r_j$，而交换 i,j 两

列，记作 $c_i \leftrightarrow c_j$.

推论 行列式中有两行(列)对应元素相等，行列式的值为零.

性质 3 行列式中某一行(列)中所有的元素都乘以同一数 k，等于用数 k 乘此行列式，即

$$\begin{vmatrix} a_{11} & a_{12} & \cdots & a_{1n} \\ \vdots & \vdots & & \vdots \\ ka_{i1} & ka_{i2} & \cdots & ka_{in} \\ \vdots & \vdots & & \vdots \\ a_{n1} & a_{n2} & \cdots & a_{nn} \end{vmatrix} = k \begin{vmatrix} a_{11} & a_{12} & \cdots & a_{1n} \\ \vdots & \vdots & & \vdots \\ a_{i1} & a_{i2} & \cdots & a_{in} \\ \vdots & \vdots & & \vdots \\ a_{n1} & a_{n2} & \cdots & a_{nn} \end{vmatrix}.$$

推论 1 行列式中某一行(列)的所有元素的公因子可以提到行列式符号外面.

推论 2 若行列式中有一行(列)的元素全为零，则行列式为零.

推论 3 若行列式中有两行(列)对应元素成比例，则行列式为零.

性质 4 若行列式中某一行(列)的元素都是两数之和，则这个行列式等于两个行列式之和，即

$$\begin{vmatrix} a_{11} & a_{12} & \cdots & a_{1n} \\ \vdots & \vdots & & \vdots \\ a_{i1}+a_{i1}' & a_{i2}+a_{i2}' & \cdots & a_{in}+a_{in}' \\ \vdots & \vdots & & \vdots \\ a_{n1} & a_{n2} & \cdots & a_{nn} \end{vmatrix} = \begin{vmatrix} a_{11} & a_{12} & \cdots & a_{1n} \\ \vdots & \vdots & & \vdots \\ a_{i1} & a_{i2} & \cdots & a_{in} \\ \vdots & \vdots & & \vdots \\ a_{n1} & a_{n2} & \cdots & a_{nn} \end{vmatrix} + \begin{vmatrix} a_{11} & a_{12} & \cdots & a_{1n} \\ \vdots & \vdots & & \vdots \\ a_{i1}' & a_{i2}' & \cdots & a_{in}' \\ \vdots & \vdots & & \vdots \\ a_{n1} & a_{n2} & \cdots & a_{nn} \end{vmatrix}.$$

例如，行列式

$$\begin{vmatrix} 1 & 0 & 2 \\ 2 & 1+\sqrt{2} & \sqrt{2}-1 \\ 1 & 1 & \sqrt{2} \end{vmatrix} = \begin{vmatrix} 1 & 0 & 2 \\ 1 & 1 & \sqrt{2} \\ 1 & 1 & \sqrt{2} \end{vmatrix} + \begin{vmatrix} 1 & 0 & 2 \\ 1 & \sqrt{2} & -1 \\ 1 & 1 & \sqrt{2} \end{vmatrix} = \begin{vmatrix} 1 & 0 & 2 \\ 1 & \sqrt{2} & -1 \\ 1 & 1 & \sqrt{2} \end{vmatrix}$$

$$= \begin{vmatrix} \sqrt{2} & -1 \\ 1 & \sqrt{2} \end{vmatrix} + 2 \begin{vmatrix} 1 & \sqrt{2} \\ 1 & 1 \end{vmatrix} = 5-2\sqrt{2}.$$

性质 5 把行列式的任一行(列)的元素的 k 倍加到另一行(列)对应元素上去，行列式的值不变，即

$$\begin{vmatrix} a_{11} & a_{12} & \cdots & a_{1n} \\ \vdots & \vdots & & \vdots \\ a_{i1} & a_{i2} & \cdots & a_{in} \\ \vdots & \vdots & & \vdots \\ a_{j1} & a_{j2} & \cdots & a_{jn} \\ \vdots & \vdots & & \vdots \\ a_{n1} & a_{n2} & \cdots & a_{nn} \end{vmatrix} = \begin{vmatrix} a_{11} & a_{12} & \cdots & a_{1n} \\ \vdots & \vdots & & \vdots \\ a_{i1}+ka_{j1} & a_{i2}+ka_{j2} & \cdots & a_{in}+ka_{jn} \\ \vdots & \vdots & & \vdots \\ a_{j1} & a_{j2} & \cdots & a_{jn} \\ \vdots & \vdots & & \vdots \\ a_{n1} & a_{n2} & \cdots & a_{nn} \end{vmatrix}.$$

性质 5 是简化行列式的基本方法，若用数 k 乘第 j 行(列)加到第 i 行(列)上，简记为 $r_i + kr_j (c_i + kc_j)$.

现在利用行列式性质来计算行列式的值.

例 6 计算行列式

$$D=\begin{vmatrix}1&1&-1&2\\-1&-1&-4&1\\2&4&-6&1\\1&2&4&2\end{vmatrix}.$$

解　$$D\xlongequal[\substack{r_3-2r_1\\r_4-r_1}]{r_2+r_1}\begin{vmatrix}1&1&-1&2\\0&0&-5&3\\0&2&-4&-3\\0&1&5&0\end{vmatrix}=\begin{vmatrix}0&-5&3\\2&-4&-3\\1&5&0\end{vmatrix}$$

$$\xlongequal{r_2-2r_3}\begin{vmatrix}0&-5&3\\0&-14&-3\\1&5&0\end{vmatrix}=\begin{vmatrix}-5&3\\-14&-3\end{vmatrix}=3\times(5+14)=57.$$

本例是首先由性质 5 将行列式某一行(列)只保留一个非零元素，再按这一行(列)展开，通过降阶计算行列式的值，这是计算行列式常用方法之一.

例 7　计算行列式

$$D=\begin{vmatrix}0&1&-1&2\\-1&-1&2&1\\-1&0&-1&1\\2&2&0&0\end{vmatrix}.$$

解　$$D\xlongequal{r_2\leftrightarrow r_1}-\begin{vmatrix}-1&-1&2&1\\0&1&-1&2\\-1&0&-1&1\\2&2&0&0\end{vmatrix}\xlongequal[r_4+2r_1]{r_3-r_1}-\begin{vmatrix}-1&-1&2&1\\0&1&-1&2\\0&1&-3&0\\0&0&4&2\end{vmatrix}$$

$$\xlongequal{r_3-r_2}-\begin{vmatrix}-1&-1&2&1\\0&1&-1&2\\0&0&-2&-2\\0&0&4&2\end{vmatrix}\xlongequal{r_4+2r_3}-\begin{vmatrix}-1&-1&2&1\\0&1&-1&2\\0&0&-2&-2\\0&0&0&-2\end{vmatrix}$$

$$=-(-1)\times1\times(-2)\times(-2)=4.$$

该例是利用性质将行列式化为上三角行列式，行列式的值为主对角线上元素的连乘积.

例 8　计算行列式

$$D=\begin{vmatrix}1+x&1&1&1\\1&1-x&1&1\\1&1&1+y&1\\1&1&1&1-y\end{vmatrix}.$$

解　由性质 4 知

$$D=\begin{vmatrix}1&1&1&1\\1&1-x&1&1\\1&1&1+y&1\\1&1&1&1-y\end{vmatrix}+\begin{vmatrix}x&1&1&1\\0&1-x&1&1\\0&1&1+y&1\\0&1&1&1-y\end{vmatrix}$$

$$
=\begin{vmatrix}1&1&1&1\\0&-x&0&0\\0&0&y&0\\0&0&0&-y\end{vmatrix}+x\begin{vmatrix}1-x&1&1\\1&1+y&1\\1&1&1-y\end{vmatrix}
$$

$$
=xy^2+x\left(\begin{vmatrix}1&1&1\\1&1+y&1\\1&1&1-y\end{vmatrix}+\begin{vmatrix}-x&1&1\\0&1+y&1\\0&1&1-y\end{vmatrix}\right)
$$

$$
=xy^2+x\left(\begin{vmatrix}1&1&1\\0&y&0\\0&0&-y\end{vmatrix}-x\begin{vmatrix}1+y&1\\1&1-y\end{vmatrix}\right)
$$

$$
=xy^2+x(-y^2+xy^2)=x^2y^2.
$$

下面介绍一个重要定理.

由 n 阶行列式的定义知,n 阶行列式可表示为第一行的元素与其对应的代数余子式乘积之和.事实上,行列式可由任意一行(列)的元素与其对应的代数余子式的乘积之和表示.

定理 1 n 阶行列式等于它的任意一行(列)的各元素与其对应的代数余子式的乘积之和,即

$$
D=a_{i1}A_{i1}+a_{i2}A_{i2}+\cdots+a_{in}A_{in}\quad(i=1,2,\cdots,n),
$$

或

$$
D=a_{1j}A_{1j}+a_{2j}A_{2j}+\cdots+a_{nj}A_{nj}\quad(j=1,2,\cdots,n).
$$

证明从略.

该定理又称为行列式按某行(列)展开的定理.

由定理 1 和上述性质,可推出下面的定理.

定理 2 行列式中某一行(列)的元素与另一行(列)的对应元素的代数余子式的乘积之和等于零,即

$$
a_{i1}A_{j1}+a_{i2}A_{j2}+\cdots+a_{in}A_{jn}=0\quad(i\neq j),
$$

或

$$
a_{1i}A_{1j}+a_{2i}A_{2j}+\cdots+a_{ni}A_{nj}=0\quad(i\neq j).
$$

综合定理 1 和定理 2,对于代数余子式有如下重要结论:

$$
\sum_{k=1}^{n}a_{ik}A_{jk}=D\delta_{ij},
$$

或

$$
\sum_{k=1}^{n}a_{ki}A_{kj}=D\delta_{ij},
$$

其中 $\delta_{ij}=\begin{cases}1,i=j,\\0,i\neq j\end{cases}\quad(i,j=1,2,\cdots,n).$

例 9 设行列式

$$
D=\begin{vmatrix}3&6&9&12\\2&4&6&8\\1&2&0&3\\5&6&4&3\end{vmatrix},
$$

试求 $A_{41}+2A_{42}+3A_{44}$，其中 A_{4j} 表示元素 $a_{4j}(j=1,2,3,4)$ 的代数余子式.

解　$A_{41}+2A_{42}+3A_{44}=A_{41}+2A_{42}+0A_{43}+3A_{44}$，由于上式中 $A_{4j}(j=1,2,3,4)$ 的系数恰好为行列式第三行的对应元素. 根据定理 2 知

$$A_{41}+2A_{42}+3A_{44}=0.$$

四、克莱姆(Cramer)法则

下面讨论 n 元 n 个方程的线性方程组

$$\begin{cases}a_{11}x_1+a_{12}x_2+\cdots+a_{1n}x_n=b_1,\\ a_{21}x_1+a_{22}x_2+\cdots+a_{2n}x_n=b_2,\\ \qquad\vdots\\ a_{n1}x_1+a_{n2}x_2+\cdots+a_{nn}x_n=b_n.\end{cases}\tag{8-9}$$

称式(8-9)为 n 元线性方程组. 其未知量的系数构成的行列式

$$D=\begin{vmatrix}a_{11} & a_{12} & \cdots & a_{1n}\\ a_{21} & a_{22} & \cdots & a_{2n}\\ \vdots & \vdots & & \vdots\\ a_{n1} & a_{n2} & \cdots & a_{nn}\end{vmatrix}$$

称为线性方程组(8-9)的系数行列式，记为

$$D_j=\begin{vmatrix}a_{11} & \cdots & b_1 & \cdots & a_{1n}\\ a_{21} & \cdots & b_2 & \cdots & a_{2n}\\ \vdots & & \vdots & & \vdots\\ a_{n1} & \cdots & b_n & \cdots & a_{nn}\end{vmatrix}\quad (j=1,2,\cdots,n).$$

D_j 是方程组右端的常数项 $b_1,b_2,\cdots,b_n$ 来替换系数行列式 D 中的第 j 列的元素而得到的行列式. 关于线性方程组(8-9)的解有下述法则.

克莱姆法则　如果线性方程组(8-9)的系数行列式 $D\neq0$，则方程组有唯一解，其解的形式为

$$x_1=\frac{D_1}{D},x_2=\frac{D_2}{D},\cdots,x_n=\frac{D_n}{D}.\tag{8-10}$$

例 10　解线性方程组

$$\begin{cases}x_1+2x_2-x_3+3x_4=2,\\ 2x_1-x_2+3x_3-2x_4=7,\\ 3x_2-x_3+x_4=6,\\ x_1-x_2+x_3+4x_4=-4.\end{cases}$$

解　$$D=\begin{vmatrix}1 & 2 & -1 & 3\\ 2 & -1 & 3 & -2\\ 0 & 3 & -1 & 1\\ 1 & -1 & 1 & 4\end{vmatrix}\xlongequal[r_4-r_1]{r_2-2r_1}\begin{vmatrix}1 & 2 & -1 & 3\\ 0 & -5 & 5 & -8\\ 0 & 3 & -1 & 1\\ 0 & -3 & 2 & 1\end{vmatrix}=\begin{vmatrix}-5 & 5 & -8\\ 3 & -1 & 1\\ -3 & 2 & 1\end{vmatrix}$$

$$\xlongequal[c_2+c_3]{c_1-3c_3}\begin{vmatrix}19 & -3 & -8\\ 0 & 0 & 1\\ -6 & 3 & 1\end{vmatrix}=-\begin{vmatrix}19 & -3\\ -6 & 3\end{vmatrix}=-39\neq0,$$

故方程组有唯一解,又因

$$D_1=\begin{vmatrix} 2 & 2 & -1 & 3 \\ 7 & -1 & 3 & -2 \\ 6 & 3 & -1 & 1 \\ -4 & -1 & 1 & 4 \end{vmatrix}=-39,$$

$$D_2=\begin{vmatrix} 1 & 2 & -1 & 3 \\ 2 & 7 & 3 & -2 \\ 0 & 6 & -1 & 1 \\ 1 & -4 & 1 & 4 \end{vmatrix}=-117,$$

$$D_3=\begin{vmatrix} 1 & 2 & 2 & 3 \\ 2 & -1 & 7 & -2 \\ 0 & 3 & 6 & 1 \\ 1 & -1 & -4 & 4 \end{vmatrix}=-78,$$

$$D_4=\begin{vmatrix} 1 & 2 & -1 & 2 \\ 2 & -1 & 3 & 7 \\ 0 & 3 & -1 & 6 \\ 1 & -1 & 1 & -4 \end{vmatrix}=39,$$

所以方程组的解为

$$x_1=\frac{D_1}{D}=1,\quad x_2=\frac{D_2}{D}=3,$$

$$x_3=\frac{D_3}{D}=2,\quad x_4=\frac{D_4}{D}=-1.$$

克莱姆法则对研究线性方程组的解起着重大的作用,如果抛开公式(8-10),克莱姆法则可转述如下.

定理 3 若线性方程组(8-9)的系数行列式 $D\neq 0$,则方程组(8-9)一定有唯一解.

定理 3 的逆否命题如下.

定理 4 若线性方程组(8-9)无解或有解但不唯一,则方程组(8-9)的系数行列式必为零.

若方程组(8-9)的右端常数项 $b_1,b_2,\cdots,b_n$ 不全为零,则称方程组(8-9)为非齐次线性方程组;而当 $b_1,b_2,\cdots,b_n$ 全为零时,方程组

$$\begin{cases} a_{11}x_1+a_{12}x_2+\cdots+a_{1n}x_n=0, \\ a_{21}x_1+a_{22}x_2+\cdots+a_{2n}x_n=0, \\ \qquad\qquad\qquad\qquad\vdots \\ a_{n1}x_1+a_{n2}x_2+\cdots+a_{nn}x_n=0 \end{cases} \tag{8-11}$$

称为齐次线性方程组. 显然,$x_1=x_2=\cdots=x_n=0$ 是方程组(8-11)的解,这个解称为齐次线性方程组(8-11)的零解.

把定理 1 应用于齐次线性方程组(8-11),有如下定理.

定理 5 若齐次线性方程组(8-11)的系数行列式 $D\neq 0$,则齐次线性方程组(8-11)无非零解.

定理 5 的逆否命题如下.

定理 6　若齐次线性方程组(8-11)有非零解，则齐次线性方程组(8-11)的系数行列式一定为零.

可以证明，齐次线性方程组(8-11)的系数行列式 $D=0$ 是齐次线性方程组(8-11)有非零解的充分必要条件.

例 11　λ 取何值时，齐次线性方程组

$$\begin{cases}(1-\lambda)x_1-2x_2+4x_3=0,\\ 2x_1+(3-\lambda)x_2+x_3=0,\\ x_1+x_2+(1-\lambda)x_3=0\end{cases}$$

有非零解？

解　$D=\begin{vmatrix}1-\lambda & -2 & 4\\ 2 & 3-\lambda & 1\\ 1 & 1 & 1-\lambda\end{vmatrix}=(3-\lambda)(\lambda-2)\lambda.$

由 $D=0$ 得 $\lambda=0,2$ 或 3. 不难验证当 $\lambda=0,2$ 或 3 时，齐次线性方程组确有非零解.

习题 8.1

1. 用行列式的定义计算.

(1) $\begin{vmatrix}\sqrt{a} & 1\\ -1 & -\sqrt{a}\end{vmatrix}$；　　(2) $\begin{vmatrix}1 & -1 & 2\\ 0 & 3 & -1\\ -2 & 2 & -4\end{vmatrix}$；

(3) $\begin{vmatrix}1 & 1 & 0 & 0\\ 2 & -1 & 1 & 0\\ 3 & 0 & 0 & -1\\ -1 & 2 & 1 & 2\end{vmatrix}$；　　(4) $\begin{vmatrix}a_{11} & a_{12} & 0 & 0 & 0\\ a_{21} & a_{22} & 0 & 0 & 0\\ a_{31} & a_{32} & 1 & 0 & 0\\ a_{41} & a_{42} & 0 & 1 & 0\\ a_{51} & a_{52} & 0 & 0 & 1\end{vmatrix}$.

2. 解方程

$$\begin{vmatrix}1 & 1 & 1 & \cdots & 1\\ 1 & 1-x & 1 & \cdots & 1\\ 1 & 1 & 2-x & \cdots & 1\\ \vdots & \vdots & \vdots & & \vdots\\ 1 & 1 & 1 & \cdots & n-x\end{vmatrix}=0.$$

3. 计算下列行列式的值.

(1) $\begin{vmatrix}\frac{2}{3} & -\frac{5}{2} & \frac{2}{5}\\ \frac{1}{2} & -\frac{9}{2} & \frac{4}{5}\\ -\frac{1}{7} & \frac{5}{7} & -\frac{1}{7}\end{vmatrix}$；　　(2) $\begin{vmatrix}1 & 2 & -1 & 2\\ 3 & 0 & 1 & 5\\ 1 & -2 & 0 & 3\\ -2 & -4 & 1 & 6\end{vmatrix}$；

(3) $\begin{vmatrix} 0 & 1 & 1 & 1 \\ 1 & 0 & 1 & 1 \\ 1 & 1 & 0 & 1 \\ 1 & 1 & 1 & 0 \end{vmatrix}$；　(4) $\begin{vmatrix} 3 & 1 & 1 & 1 \\ 1 & 3 & 1 & 1 \\ 1 & 1 & 3 & 1 \\ 1 & 1 & 1 & 3 \end{vmatrix}$；

(5) $\begin{vmatrix} a & 0 & b & 0 \\ 0 & c & 0 & d \\ y & 0 & x & 0 \\ 0 & w & 0 & u \end{vmatrix}$；　(6) $\begin{vmatrix} a & b & c & d \\ a & a+b & a+b+c & a+b+c+d \\ a & 2a+b & 3a+2b+c & 4a+3b+2c+d \\ a & 3a+b & 6a+3b+c & 10a+6b+3c+d \end{vmatrix}$.

4. 已知五阶行列式第一列元素分别为$-1,1,3,x,4$，第二列元素对应的代数余子式依次为$3,4,2,5,7$，求x.

5. 已知

$$D=\begin{vmatrix} 2 & 1 & 3 & -5 \\ 4 & 2 & 3 & 1 \\ 1 & 1 & 1 & 2 \\ 7 & 4 & 9 & 2 \end{vmatrix},$$

求$A_{41}+A_{42}+A_{43}+A_{44}$.

6. 用克莱姆法则求解下列线性方程组.

(1) $\begin{cases} x+y+z=0, \\ 2x-5y-3z=10, \\ 4x+8y+2z=4; \end{cases}$　(2) $\begin{cases} 2x_1+x_2-5x_3+x_4=8, \\ x_1-3x_2-6x_4=9, \\ 2x_2-x_3+2x_4=-5, \\ x_1+4x_2-7x_3+6x_4=0; \end{cases}$

(3) $\begin{cases} 2x_1-x_2+3x_3+2x_4=6, \\ 3x_1-3x_2+3x_3+2x_4=5, \\ 3x_1-x_2-x_3+2x_4=3, \\ 3x_1-x_2+3x_3-x_4=4. \end{cases}$

7. 某工厂生产甲、乙、丙三种钢制品，已知甲、乙、丙三种钢材利用率分别为60%，70%，80%，年进钢材总吨位为100 t，年产钢制品总吨位为67 t，此外甲、乙两种产品必须配套生产，乙产品成品总重量是甲产品总重量的70%，此外还已知生产甲、乙、丙三种产品每吨分别可获利1万元、1.5万元、2万元，问该工厂本年度可获利润多少万元？

8. 问λ取何值时，齐次线性方程组

$$\begin{cases} (5-\lambda)x_1+2x_2+2x_3=0, \\ 2x_1+(6-\lambda)x_2=0, \\ 2x_1+(4-\lambda)x_2=0 \end{cases}$$

有非零解？

8.2 矩 阵

一、矩阵的概念

许多不同领域的问题，例如线性方程组的求解、国家各个经济部门之间的关系的描述等最终都可以归结为矩阵的问题. 这就要求我们引入矩阵这个概念并深入研究其性质.

1. 矩阵的定义

可以用矩阵来解决的问题非常多，在此举两例.

例 1 在求解线性方程组

$$\begin{cases} 2x_1-4x_2+2x_3+6x_4=6, \\ -x_1-5x_2+x_3+x_4=1, \\ -2x_1+18x_2-6x_3-14x_4=-14, \\ 3x_1+8x_2-x_3+x_4=1 \end{cases}$$

时，我们发现它的解由系数和常数组成的 4 行 5 列的矩形数字阵列

$$\begin{pmatrix} 2 & -4 & 2 & 6 & 6 \\ -1 & -5 & 1 & 1 & 1 \\ -2 & 18 & -6 & -14 & -14 \\ 3 & 8 & -1 & 1 & 1 \end{pmatrix}$$

决定.

例 2 甲乙二位同学在期末考试中英语、数学、政治三门课程的成绩如下：

课程	英语	数学	政治
甲	87	79	78
乙	62	93	80

则如下矩形数字阵列

$$\begin{pmatrix} 87 & 79 & 78 \\ 62 & 93 & 80 \end{pmatrix}$$

反映了这两位同学三门课程的成绩.

像这种矩形阵列在许多问题中都会出现，我们在此给出如下定义.

定义 1 有 $m\times n$ 个数 a_{ij} $(i=1,2,\cdots,m;j=1,2,\cdots,n)$，排列成 m 行 n 列，形成一个矩形数表，称为一个 $m\times n$ 矩阵，记为

$$\begin{pmatrix} a_{11} & a_{12} & \cdots & a_{1n} \\ a_{21} & a_{22} & \cdots & a_{2n} \\ \vdots & \vdots & & \vdots \\ a_{m1} & a_{m2} & \cdots & a_{mn} \end{pmatrix},$$

其中，a_{ij} 称为矩阵的第 i 行第 j 列的元素.

一般用大写字母 $\boldsymbol{A},\boldsymbol{B},\boldsymbol{M}$ 等表示一个矩阵，用 $\boldsymbol{A}_{m\times n}$ 表示矩阵 $\boldsymbol{A}$ 有 m 行 n 列. 另外一种记法为 $(a_{ij})_{m\times n}$（其中 a_{ij} 为矩阵的一般元素）.

2. 特殊的矩阵

下面是一些特殊的矩阵，在以后的学习中会经常用到.

1）零矩阵

矩阵 $\boldsymbol{O}_{m\times n}=\begin{pmatrix} 0 & 0 & \cdots & 0 \\ \vdots & \vdots & & \vdots \\ 0 & 0 & \cdots & 0 \end{pmatrix}_{m\times n}$ 称为零矩阵.

2）方阵

n 行 n 列的矩阵称为 n 阶矩阵或 n 阶方阵.

3）对角矩阵

n 阶方阵 $\boldsymbol{A}=\begin{pmatrix} l_1 & 0 & \cdots & 0 \\ 0 & l_2 & \cdots & 0 \\ \vdots & \vdots & & \vdots \\ 0 & 0 & \cdots & l_n \end{pmatrix}_{n\times n}$ 称为 n 阶对角矩阵.

4）单位阵

n 阶对角矩阵 $\boldsymbol{E}_n=\begin{pmatrix} 1 & 0 & \cdots & 0 \\ 0 & 1 & \cdots & 0 \\ \vdots & \vdots & & \vdots \\ 0 & 0 & \cdots & 1 \end{pmatrix}_{n\times n}$ 称为 n 阶单位阵.

二、矩阵的运算

1. 同型矩阵与相等矩阵

要引入矩阵的运算，就需对如下概念给出定义.

定义 2 两个行数与列数都相同的矩阵称为同型矩阵.

定义 3 对于两个同型矩阵 $\boldsymbol{A},\boldsymbol{B}$，若其对应元素相等，则称 $\boldsymbol{A}$ 与 $\boldsymbol{B}$ 为相等矩阵，记为 $\boldsymbol{A}=\boldsymbol{B}$.

例如

$$\begin{pmatrix} 1 & 2 & 3 \\ 4 & 5 & 6 \end{pmatrix}=\begin{pmatrix} 1 & 2 & 3 \\ 4 & 5 & 6 \end{pmatrix}$$

而

$$\boldsymbol{O}_{2\times 3}=\begin{pmatrix} 0 & 0 & 0 \\ 0 & 0 & 0 \end{pmatrix}\neq\begin{pmatrix} 0 & 0 \\ 0 & 0 \\ 0 & 0 \end{pmatrix}=\boldsymbol{O}_{3\times 2}.$$

2. 矩阵的加法

定义 4 （1）给定两个同型矩阵

$$A=\begin{pmatrix} a_{11} & a_{12} & \cdots & a_{1n} \\ a_{21} & a_{22} & \cdots & a_{2n} \\ \vdots & \vdots & & \vdots \\ a_{m1} & a_{m2} & \cdots & a_{mn} \end{pmatrix},\quad B=\begin{pmatrix} b_{11} & b_{12} & \cdots & b_{1n} \\ b_{21} & b_{22} & \cdots & b_{2n} \\ \vdots & \vdots & & \vdots \\ b_{m1} & b_{m2} & \cdots & b_{mn} \end{pmatrix},$$

则

$$A+B=\begin{pmatrix} a_{11}+b_{11} & a_{12}+b_{12} & \cdots & a_{1n}+b_{1n} \\ a_{21}+b_{21} & a_{22}+b_{22} & \cdots & a_{2n}+b_{2n} \\ \vdots & \vdots & & \vdots \\ a_{m1}+b_{m1} & a_{m2}+b_{m2} & \cdots & a_{mn}+b_{mn} \end{pmatrix}$$

称为 A 与 B 的和.

（2）矩阵

$$-B=\begin{pmatrix} -b_{11} & -b_{12} & \cdots & -b_{1n} \\ -b_{21} & -b_{22} & \cdots & -b_{2n} \\ \vdots & \vdots & & \vdots \\ -b_{m1} & -b_{m_2} & \cdots & -b_{mn} \end{pmatrix}$$

称为 B 的负矩阵.

有了加法与负矩阵的概念，可以定义减法运算.

（3）矩阵

$$A-B=A+(-B)$$

称为 A 与 B 的差.

由于矩阵的加法可以归结到对应元素的加法，故矩阵与实数的加法有相同的性质：

（1）（交换律）$A+B=B+A$；

（2）（结合律）$(A+B)+C=A+(B+C)$；

（3）$A-A=O$；

（4）$A+O=O+A=A$.

注意：只有同型矩阵才能相加减.

3. 矩阵的数乘

定义 5　若 k 为一个数，矩阵

$$A=\begin{pmatrix} a_{11} & a_{12} & \cdots & a_{1n} \\ a_{21} & a_{22} & \cdots & a_{2n} \\ \vdots & \vdots & & \vdots \\ a_{m1} & a_{m2} & \cdots & a_{mn} \end{pmatrix},$$

则

$$kA=\begin{pmatrix} ka_{11} & ka_{12} & \cdots & ka_{1n} \\ ka_{21} & ka_{22} & \cdots & ka_{2n} \\ \vdots & \vdots & & \vdots \\ ka_{m1} & ka_{m2} & \cdots & ka_{mn} \end{pmatrix}$$

称为 k 与 $\boldsymbol{A}$ 的乘积.这种矩阵与数的乘法称为数乘.

例如

$$2\begin{pmatrix}0&8&5\\1&3&1\end{pmatrix}=\begin{pmatrix}0&16&10\\2&6&2\end{pmatrix};\quad a\begin{pmatrix}1&0&0\\0&1&0\\0&0&1\end{pmatrix}=\begin{pmatrix}a&0&0\\0&a&0\\0&0&a\end{pmatrix}.$$

不难证明矩阵的数乘具有以下性质：

(1) $(kl)\boldsymbol{A}=k(l\boldsymbol{A})$；

(2) $(k+l)\boldsymbol{A}=k\boldsymbol{A}+l\boldsymbol{A}$；

(3) $k(\boldsymbol{A}+\boldsymbol{B})=k\boldsymbol{A}+k\boldsymbol{B}$.

例 3 设 $\boldsymbol{A}=\begin{pmatrix}2&0&-1\\3&1&-2\end{pmatrix}$，$\boldsymbol{B}=\begin{pmatrix}-1&1&2\\-2&1&5\end{pmatrix}$，求：(1) $2\boldsymbol{A}+\boldsymbol{B}$；(2) $\boldsymbol{A}-3\boldsymbol{B}$.

解 (1)
$$2\boldsymbol{A}+\boldsymbol{B}=\begin{pmatrix}4&0&-2\\6&2&-4\end{pmatrix}+\begin{pmatrix}-1&1&2\\-2&1&5\end{pmatrix}=\begin{pmatrix}3&1&0\\4&3&1\end{pmatrix};$$

(2)
$$\boldsymbol{A}-3\boldsymbol{B}=\begin{pmatrix}2&0&-1\\3&1&-2\end{pmatrix}-\begin{pmatrix}-3&3&6\\-6&3&15\end{pmatrix}=\begin{pmatrix}5&-3&-7\\9&-2&-17\end{pmatrix}.$$

4. 矩阵的乘法

定义 6 给定两个矩阵

$$\boldsymbol{A}=(a_{ij})_{m\times n},\quad \boldsymbol{B}=(b_{ij})_{n\times s},$$

则

$$\boldsymbol{AB}=\left(\sum_{k=1}^{n}a_{ik}b_{kj}\right)_{m\times s}$$

称为 $\boldsymbol{A}$ 与 $\boldsymbol{B}$ 的乘积，即 $\boldsymbol{A}_{m\times n}$ 与 $\boldsymbol{B}_{n\times s}$ 之积是一个 $m\times s$ 矩阵，$\boldsymbol{A}$ 的第 i 行元素 $a_{i1},a_{i2},\cdots,a_{in}$ 与 $\boldsymbol{B}$ 的第 j 列元素 $b_{1j},b_{2j},\cdots,b_{nj}$ 对应之积的和

$$\sum_{k=1}^{n}(a_{ik}b_{kj})=a_{i1}b_{1j}+a_{i2}b_{2j}+\cdots+a_{in}b_{nj}$$

是 $\boldsymbol{AB}$ 的第 i 行第 j 列的元素.

例 4 给定 $\boldsymbol{A}=\begin{pmatrix}0&1\\0&1\end{pmatrix}$，$\boldsymbol{B}=\begin{pmatrix}0&1\\0&0\end{pmatrix}$，求 $\boldsymbol{AB}$，$\boldsymbol{BA}$，$\boldsymbol{BB}$.

解
$$\boldsymbol{AB}=\begin{pmatrix}0&1\\0&1\end{pmatrix}\begin{pmatrix}0&1\\0&0\end{pmatrix}=\begin{pmatrix}0&0\\0&0\end{pmatrix}=\boldsymbol{O},$$

$$\boldsymbol{BA}=\begin{pmatrix}0&1\\0&0\end{pmatrix}\begin{pmatrix}0&1\\0&1\end{pmatrix}=\begin{pmatrix}0&1\\0&0\end{pmatrix}=\boldsymbol{B}\neq\boldsymbol{O},$$

$$\boldsymbol{BB}=\begin{pmatrix}0&1\\0&0\end{pmatrix}\begin{pmatrix}0&1\\0&0\end{pmatrix}=\begin{pmatrix}0&0\\0&0\end{pmatrix}=\boldsymbol{O}.$$

注意：(1) 矩阵 $\boldsymbol{A}$ 与 $\boldsymbol{B}$ 不一定能相乘，只有 $m\times s$ 和 $s\times n$ 的矩阵才能相乘；

(2) 矩阵乘法不满足交换律，这是因为乘法 $\boldsymbol{AB}$ 和 $\boldsymbol{BA}$ 不一定都能进行，即使都能进行，$\boldsymbol{AB}$

$=\boldsymbol{BA}$ 也不一定成立；

(3) $\boldsymbol{AB}=\boldsymbol{O}$ 也推不出 $\boldsymbol{A}=\boldsymbol{O}$ 或 $\boldsymbol{B}=\boldsymbol{O}$；

(4) $\boldsymbol{AB}=\boldsymbol{AC}$ 也推不出 $\boldsymbol{B}=\boldsymbol{C}$.

利用矩阵的乘法可以将线性方程组写成矩阵方程的形式.

对于任意一个线性方程组：设有 m 个方程的 n 元线性方程组

$$\begin{cases} a_{11}x_1+a_{12}x_2+\cdots+a_{1n}x_n=b_1, \\ a_{21}x_1+a_{22}x_2+\cdots+a_{2n}x_n=b_2, \\ \qquad\qquad\qquad\vdots \\ a_{m1}x_1+a_{m2}x_2+\cdots+a_{mn}x_n=b_m, \end{cases}$$

可用矩阵写为

$$\begin{pmatrix} a_{11} & a_{12} & \cdots & a_{1n} \\ a_{21} & a_{22} & \cdots & a_{2n} \\ \vdots & \vdots & & \vdots \\ a_{m1} & a_{m2} & \cdots & a_{mn} \end{pmatrix}\begin{pmatrix} x_1 \\ x_2 \\ \vdots \\ x_n \end{pmatrix}=\begin{pmatrix} b_1 \\ b_2 \\ \vdots \\ b_m \end{pmatrix}.$$

可以证明，矩阵乘法满足如下性质：

(1) $(\boldsymbol{AB})\boldsymbol{C}=\boldsymbol{A}(\boldsymbol{BC})$；

(2) $\boldsymbol{A}(\boldsymbol{B}+\boldsymbol{C})=\boldsymbol{AB}+\boldsymbol{AC}$，$(\boldsymbol{B}+\boldsymbol{C})\boldsymbol{A}=\boldsymbol{BA}+\boldsymbol{CA}$；

(3) $k(\boldsymbol{AB})=(k\boldsymbol{A})\boldsymbol{B}=\boldsymbol{A}(k\boldsymbol{B})$ （k 为数）；

(4) $\boldsymbol{E}_m\boldsymbol{A}_{m\times n}=\boldsymbol{A}_{m\times n}\boldsymbol{E}_n=\boldsymbol{A}_{m\times n}$；

(5) $\boldsymbol{O}_{m\times n}\boldsymbol{A}_{n\times s}=\boldsymbol{O}_{m\times s}$；

(6) $k\boldsymbol{A}_{m\times n}=(k\boldsymbol{E}_m)\boldsymbol{A}_{m\times n}$；

(7) $\boldsymbol{AB}+\boldsymbol{A}=\boldsymbol{A}(\boldsymbol{B}+\boldsymbol{E})$，$\boldsymbol{BA}+\boldsymbol{A}=(\boldsymbol{B}+\boldsymbol{E})\boldsymbol{A}$.

注意：单位阵和零矩阵在矩阵的运算中类似于 1 和 0 在运算中的作用.

5. 矩阵的转置

定义 7 若

$$\boldsymbol{A}=\begin{pmatrix} a_{11} & a_{12} & \cdots & a_{1n} \\ a_{21} & a_{22} & \cdots & a_{2n} \\ \vdots & \vdots & & \vdots \\ a_{m1} & a_{m2} & \cdots & a_{mn} \end{pmatrix}_{m\times n},$$

则

$$\boldsymbol{A}^{\mathrm{T}}=\begin{pmatrix} a_{11} & a_{21} & \cdots & a_{m1} \\ a_{12} & a_{22} & \cdots & a_{m2} \\ \vdots & \vdots & & \vdots \\ a_{1n} & a_{2n} & \cdots & a_{mn} \end{pmatrix}_{n\times m}$$

称为 $\boldsymbol{A}$ 的转置矩阵，简称 $\boldsymbol{A}$ 的转置.

例如

$$(7\quad 2\quad 3)^{\mathrm{T}}=\begin{pmatrix}7\\2\\3\end{pmatrix},\quad \begin{pmatrix}1&2&3\\0&1&2\\3&0&3\end{pmatrix}^{\mathrm{T}}=\begin{pmatrix}1&0&3\\2&1&0\\3&2&3\end{pmatrix}.$$

矩阵转置具有如下性质：

(1) $(\boldsymbol{A}^{\mathrm{T}})^{\mathrm{T}}=\boldsymbol{A}$；

(2) $(\boldsymbol{A}+\boldsymbol{B})^{\mathrm{T}}=\boldsymbol{A}^{\mathrm{T}}+\boldsymbol{B}^{\mathrm{T}}$；

(3) $(\boldsymbol{AB})^{\mathrm{T}}=\boldsymbol{B}^{\mathrm{T}}\boldsymbol{A}^{\mathrm{T}}$.

例 5 设 $\boldsymbol{A}=\begin{pmatrix}1&0&1\\-1&1&2\end{pmatrix}$，$\boldsymbol{B}=\begin{pmatrix}-1&1&0\\1&1&1\\0&1&2\end{pmatrix}$，求$(\boldsymbol{AB})^{\mathrm{T}}$.

解一

$$\boldsymbol{AB}=\begin{pmatrix}1&0&1\\-1&1&2\end{pmatrix}\begin{pmatrix}-1&1&0\\1&1&1\\0&1&2\end{pmatrix}=\begin{pmatrix}-1&2&2\\2&2&5\end{pmatrix},$$

$$(\boldsymbol{AB})^{\mathrm{T}}=\begin{pmatrix}-1&2\\2&2\\2&5\end{pmatrix}.$$

解二

$$(\boldsymbol{AB})^{\mathrm{T}}=\boldsymbol{B}^{\mathrm{T}}\boldsymbol{A}^{\mathrm{T}}=\begin{pmatrix}-1&1&0\\1&1&1\\0&1&2\end{pmatrix}\begin{pmatrix}1&-1\\0&1\\1&2\end{pmatrix}=\begin{pmatrix}-1&2\\2&2\\2&5\end{pmatrix}.$$

例 6 设 $\boldsymbol{A}=(a\quad b\quad c)$，求 $\boldsymbol{AA}^{\mathrm{T}}$，$\boldsymbol{A}^{\mathrm{T}}\boldsymbol{A}$.

解

$$\boldsymbol{AA}^{\mathrm{T}}=(a\quad b\quad c)\begin{pmatrix}a\\b\\c\end{pmatrix}=a^2+b^2+c^2,$$

$$\boldsymbol{A}^{\mathrm{T}}\boldsymbol{A}=\begin{pmatrix}a\\b\\c\end{pmatrix}(a\quad b\quad c)=\begin{pmatrix}a^2&ab&ac\\ab&b^2&bc\\ac&bc&c^2\end{pmatrix}.$$

6. 方阵的幂

定义 8 若 $\boldsymbol{A}$ 为方阵，则定义

$$\boldsymbol{A}^k=\underbrace{\boldsymbol{AA}\cdots\boldsymbol{A}}_{k\text{个}}.$$

例 7 设 $\boldsymbol{A}=\begin{pmatrix}1&1\\0&1\end{pmatrix}$，求 $\boldsymbol{A}^k(k=1,2,\cdots)$.

解

$$\boldsymbol{A}^2=\begin{pmatrix}1&1\\0&1\end{pmatrix}\begin{pmatrix}1&1\\0&1\end{pmatrix}=\begin{pmatrix}1&2\\0&1\end{pmatrix},$$

$$A^3=A^2A=\begin{pmatrix}1&2\\0&1\end{pmatrix}\begin{pmatrix}1&1\\0&0\end{pmatrix}=\begin{pmatrix}1&3\\0&1\end{pmatrix},$$

$$\vdots$$

$$A^k=\begin{pmatrix}1&k\\0&1\end{pmatrix}\quad(k=1,2,\cdots).$$

7. 方阵的行列式

n 阶方阵 $\boldsymbol{A}$ 的各元素及位置保持不变所构成的行列式称为方阵 $\boldsymbol{A}$ 的行列式，记为 $|\boldsymbol{A}|$ 或 $\det\boldsymbol{A}$.

注意：方阵 $\boldsymbol{A}$ 是一个数表，而 $|\boldsymbol{A}|$ 是一个数值.

方阵的行列式具有如下性质：

(1) $|\boldsymbol{A}^{\mathrm{T}}|=|\boldsymbol{A}|$；

(2) $|\lambda\boldsymbol{A}|=\lambda^n|\boldsymbol{A}|$ (n 为 $\boldsymbol{A}$ 的阶数)；

(3) $|\boldsymbol{AB}|=|\boldsymbol{A}||\boldsymbol{B}|$ ($\boldsymbol{A},\boldsymbol{B}$ 为同阶方阵).

习题 8.2

1. 设 $\boldsymbol{A}=\begin{pmatrix}1&1\\0&1\end{pmatrix},\boldsymbol{B}=\begin{pmatrix}1&-1\\0&1\end{pmatrix},\boldsymbol{C}=\begin{pmatrix}1&3\\2&1\end{pmatrix},\boldsymbol{D}=\begin{pmatrix}4&0\\2&1\end{pmatrix}$.

(1) 求 $\boldsymbol{AB},\boldsymbol{BA},\boldsymbol{A}^2+\boldsymbol{AB}-2\boldsymbol{B}$；

(2) 求 $\boldsymbol{DB},\boldsymbol{AC},\boldsymbol{AD}$.

2. 验证分配律：$\boldsymbol{A}(\boldsymbol{B}+\boldsymbol{C}+\boldsymbol{D})=\boldsymbol{AB}+\boldsymbol{AC}+\boldsymbol{AD}$.

3. 设 $\boldsymbol{B}=\begin{pmatrix}1&2&1\\1&3&2\\1&4&6\end{pmatrix},\boldsymbol{A}_1=\begin{pmatrix}0&0&1\\0&1&0\\1&0&0\end{pmatrix},\boldsymbol{A}_2=\begin{pmatrix}1&0&k\\0&1&0\\0&0&1\end{pmatrix},\boldsymbol{A}_3=\begin{pmatrix}a&0&0\\0&b&0\\0&0&c\end{pmatrix}$，试计算下列乘积：$\boldsymbol{BA}_1,\boldsymbol{BA}_2,\boldsymbol{BA}_3,\boldsymbol{A}_2\boldsymbol{A}_3,\boldsymbol{A}_1\boldsymbol{A}_3$.

4. 判断以下等式对矩阵 $\boldsymbol{A},\boldsymbol{B}$ 是否成立.

(1) $(\boldsymbol{A}+\boldsymbol{B})^2=\boldsymbol{A}^2+2\boldsymbol{AB}+\boldsymbol{B}^2$；

(2) $(\boldsymbol{A}-\boldsymbol{B})^2=\boldsymbol{A}^2-2\boldsymbol{AB}+\boldsymbol{B}^2$.

5. 设 $\boldsymbol{A}=\begin{pmatrix}1&0\\\lambda&1\end{pmatrix}$，求 $\boldsymbol{A}^2,\boldsymbol{A}^3,\boldsymbol{A}^k$.

6. 设 $\boldsymbol{B}=\begin{pmatrix}1&-3&0\\2&1&0\\0&0&2\end{pmatrix}$，并且 $\boldsymbol{A}+\boldsymbol{B}=\boldsymbol{AB}$，求 $\boldsymbol{A}$.

8.3 逆矩阵与矩阵的秩

一、逆矩阵

1. 方阵的伴随阵

定义 1 设 $\boldsymbol{A}=(a_{ij})_{n\times n}$，$A_{ij}$ 为 a_{ij} 对应的代数余子式，则

$$\boldsymbol{A}^*=\begin{pmatrix} A_{11} & A_{21} & \cdots & A_{n1} \\ A_{12} & A_{22} & \cdots & A_{n2} \\ \vdots & \vdots & & \vdots \\ A_{1n} & A_{2n} & \cdots & A_{nn} \end{pmatrix}$$

称为 $\boldsymbol{A}$ 的伴随阵.

例 1 求 $\boldsymbol{A}=\begin{pmatrix} a & b \\ c & d \end{pmatrix}$ 的伴随阵，并求 $\boldsymbol{AA}^*$，$\boldsymbol{A}^*\boldsymbol{A}$.

解
$$A_{11}=d,\quad A_{12}=-c,\quad A_{21}=-b,\quad A_{22}=a,$$

故
$$\boldsymbol{A}^*=\begin{pmatrix} A_{11} & A_{21} \\ A_{12} & A_{22} \end{pmatrix}=\begin{pmatrix} d & -b \\ -c & a \end{pmatrix},$$

$$\boldsymbol{AA}^*=\begin{pmatrix} a & b \\ c & d \end{pmatrix}\begin{pmatrix} d & -b \\ -c & a \end{pmatrix}=\begin{pmatrix} ad-bc & 0 \\ 0 & ad-bc \end{pmatrix}=(ad-bc)\begin{pmatrix} 1 & 0 \\ 0 & 1 \end{pmatrix}=|\boldsymbol{A}|\boldsymbol{E},$$

$$\boldsymbol{A}^*\boldsymbol{A}=\begin{pmatrix} d & -b \\ -c & a \end{pmatrix}\begin{pmatrix} a & b \\ c & d \end{pmatrix}=\begin{pmatrix} ad-bc & 0 \\ 0 & ad-bc \end{pmatrix}=|\boldsymbol{A}|\boldsymbol{E}.$$

定理 1 若 $\boldsymbol{A}$ 为方阵，则 $\boldsymbol{AA}^*=\boldsymbol{A}^*\boldsymbol{A}=|\boldsymbol{A}|\boldsymbol{E}$.

证明 设
$$\boldsymbol{A}=(a_{ij})_{n\times n},\quad \boldsymbol{AA}^*=(b_{ij}),$$

则 $b_{ij}=\sum\limits_{k=1}^{n}(a_{ik}A_{jk})$（因 $\boldsymbol{A}^*$ 第 k 行第 j 列的元素为 A_{jk}）. 又因

$$b_{ij}=\begin{cases} |\boldsymbol{A}| & (i=j), \\ 0 & (i\neq j), \end{cases}$$

故
$$\boldsymbol{AA}^*=|\boldsymbol{A}|\boldsymbol{E},$$

同理可得
$$\boldsymbol{A}^*\boldsymbol{A}=|\boldsymbol{A}|\boldsymbol{E}.$$

2. 逆矩阵

定义 2 设 $\boldsymbol{A}$，$\boldsymbol{B}$ 为两个同阶方阵，若 $\boldsymbol{AB}=\boldsymbol{BA}=\boldsymbol{E}$，则称 $\boldsymbol{A}$ 可逆，并称 $\boldsymbol{B}$ 为 $\boldsymbol{A}$ 的逆矩阵，记为 $\boldsymbol{A}^{-1}$.

例 2 (1) $\boldsymbol{EE}=\boldsymbol{EE}^{-1}=\boldsymbol{E}$，$\boldsymbol{E}$ 可逆，且 $\boldsymbol{E}^{-1}=\boldsymbol{E}$.

(2) 因为 $\begin{pmatrix} 1 & 0 & 2 \\ 0 & -1 & 1 \\ -1 & -3 & 0 \end{pmatrix}\begin{pmatrix} 3 & -6 & 2 \\ -1 & 2 & -1 \\ -1 & 3 & -1 \end{pmatrix}$

$$=\begin{pmatrix}3&-6&2\\-1&2&-1\\-1&3&-1\end{pmatrix}\begin{pmatrix}1&0&2\\0&-1&1\\-1&-3&0\end{pmatrix}=\begin{pmatrix}1&0&0\\0&1&0\\0&0&1\end{pmatrix},$$

故$\begin{pmatrix}1&0&2\\0&-1&1\\-1&-3&0\end{pmatrix}$可逆，且$\begin{pmatrix}1&0&2\\0&-1&1\\-1&-3&0\end{pmatrix}^{-1}=\begin{pmatrix}3&-6&2\\-1&2&-1\\-1&3&-1\end{pmatrix}$.

(3)因为$\begin{pmatrix}0&1\\0&0\end{pmatrix}\begin{pmatrix}b_{11}&b_{12}\\b_{21}&b_{22}\end{pmatrix}=\begin{pmatrix}b_{21}&b_{22}\\0&0\end{pmatrix}\neq\begin{pmatrix}1&0\\0&1\end{pmatrix}$，故$\begin{pmatrix}0&1\\0&0\end{pmatrix}$不可逆.

定理 2　(1)n 阶方阵 $\boldsymbol{A}$ 可逆$\Leftrightarrow|\boldsymbol{A}|\neq0$.

(2)n 阶方阵 $\boldsymbol{A}$ 可逆时，$\boldsymbol{A}^{-1}=\dfrac{1}{|\boldsymbol{A}|}\boldsymbol{A}^*$.

证明　若 $\boldsymbol{A}$ 可逆，则有 $\boldsymbol{B}$ 使 $\boldsymbol{AB}=\boldsymbol{BA}=\boldsymbol{E}$，从而

$$|\boldsymbol{A}||\boldsymbol{B}|=|\boldsymbol{AB}|=|\boldsymbol{E}|=1\neq0,$$

故

$$|\boldsymbol{A}|\neq0.$$

反之，若$|\boldsymbol{A}|\neq0$，由于 $\boldsymbol{AA}^*=\boldsymbol{A}^*\boldsymbol{A}=|\boldsymbol{A}|\boldsymbol{E}$，得

$$\boldsymbol{A}\left(\frac{1}{|\boldsymbol{A}|}\boldsymbol{A}^*\right)=\left(\frac{1}{|\boldsymbol{A}|}\boldsymbol{A}^*\right)\boldsymbol{A}=\boldsymbol{E},$$

由定义知 $\boldsymbol{A}$ 可逆，且 $\boldsymbol{A}^{-1}=\dfrac{1}{|\boldsymbol{A}|}\boldsymbol{A}^*$.

注意：本定理说明可逆矩阵的逆矩阵是唯一的.

逆矩阵运算具有如下性质：

(1) $(\boldsymbol{A}^{-1})^{-1}=\boldsymbol{A}$；

(2) $(\boldsymbol{AB})^{-1}=\boldsymbol{B}^{-1}\boldsymbol{A}^{-1}$($\boldsymbol{A},\boldsymbol{B}$ 同阶可逆)；

(3) $(\boldsymbol{A}^{\mathrm{T}})^{-1}=(\boldsymbol{A}^{-1})^{\mathrm{T}}$；

(4) $|\boldsymbol{A}^{-1}|=|\boldsymbol{A}|^{-1}$；

(5) 若 $\boldsymbol{AB}=\boldsymbol{AC}$，且 $\boldsymbol{A}$ 可逆，则 $\boldsymbol{B}=\boldsymbol{C}$；

(6) 若 $\boldsymbol{A}$ 可逆，数 $k\neq0$，则$(k\boldsymbol{A})^{-1}=\dfrac{1}{k}\boldsymbol{A}^{-1}$.

例 3　设 $\boldsymbol{A}=\begin{pmatrix}a&b\\c&d\end{pmatrix}(ad-bc\neq0)$，求 $\boldsymbol{A}^{-1}$.

解　$\boldsymbol{A}^{-1}=\dfrac{1}{|\boldsymbol{A}|}\boldsymbol{A}^*=\dfrac{1}{ad-bc}\begin{pmatrix}d&-b\\-c&a\end{pmatrix}$.

例 4　设 $\boldsymbol{A}=\begin{pmatrix}2&0&3\\1&-1&1\\0&1&-2\end{pmatrix}$，求 $\boldsymbol{A}^{-1}$.

解　$|\boldsymbol{A}|=\begin{vmatrix}2&0&3\\1&-1&1\\0&1&-2\end{vmatrix}=5\neq0$，$A_{11}=1$，$A_{21}=3$，$A_{31}=3$，$A_{12}=2$，$A_{22}=-4$，$A_{32}=1$，$A_{13}$

$=1, A_{23}=-2, A_{33}=-2$，故

$$A^{-1}=\frac{1}{|A|}A^{*}=\frac{1}{5}\begin{pmatrix}1 & 3 & 3\\ 2 & -4 & 1\\ 1 & -2 & -2\end{pmatrix}=\begin{pmatrix}\frac{1}{5} & \frac{3}{5} & \frac{3}{5}\\ \frac{2}{5} & -\frac{4}{5} & \frac{1}{5}\\ \frac{1}{5} & -\frac{2}{5} & -\frac{2}{5}\end{pmatrix}.$$

例 5 求方程组$\begin{cases}2x+3z=1,\\ x-y+z=-2,\\ y-2z=0\end{cases}$的解.

解 令
$$A=\begin{pmatrix}2 & 0 & 3\\ 1 & -1 & 1\\ 0 & 1 & -2\end{pmatrix},$$

则方程组可写为
$$A\begin{pmatrix}x\\ y\\ z\end{pmatrix}=\begin{pmatrix}1\\ -2\\ 0\end{pmatrix},$$

由于 A 可逆，从而 $\begin{pmatrix}x\\ y\\ z\end{pmatrix}=A^{-1}\begin{pmatrix}1\\ -2\\ 0\end{pmatrix}=\frac{1}{5}\begin{pmatrix}1 & 3 & 3\\ 2 & -4 & 1\\ 1 & -2 & -2\end{pmatrix}\begin{pmatrix}1\\ -2\\ 0\end{pmatrix}=\frac{1}{5}\begin{pmatrix}-5\\ 10\\ 5\end{pmatrix}=\begin{pmatrix}-1\\ 2\\ 1\end{pmatrix}$，即解为 $x=-1, y=2, z=1$.

二、初等矩阵

下面将引入矩阵初等变换和初等矩阵的概念，研究两者之间的关系，由此会得到一种求逆矩阵的巧妙方法.

1. 矩阵的初等变换

定义 3 对矩阵进行的三种变换称为矩阵的初等行变换.

(1) 交换矩阵的第 i 行与第 j 行；

(2) 第 i 行乘以 k 倍；

(3) 第 j 行的 k 倍加到第 i 行.

将上述定义中的“行”全部换成“列”，就是矩阵的初等列变换的定义. 初等行变换和初等列变换统称为初等变换.

2. 初等矩阵

定义 4 由 n 阶单位阵 E_n 经过一次初等变换得到的矩阵称为 n 阶初等矩阵. n 阶初等矩阵有下列三种：

$P_n(i,j)$——对换 E_n 的第 i 行与第 j 行得到的矩阵，即 $E_n \xrightarrow{r_i \leftrightarrow r_j} P_n(i,j)$；

$$P_n(i,j)=\begin{pmatrix}1 &&&&&&\\ &\ddots&&&&&\\ &&0&&1&&\\ &&&\ddots&&&\\ &&1&&0&&\\ &&&&&\ddots&\\ &&&&&&1\end{pmatrix}$$

$P_n(i(k))$——用非零数 k 乘 E_n 的第 i 行得到的矩阵，即 $E_n \xrightarrow{k\times r_i} P_n(i(k))$；

$$P_n(i(k))=\begin{pmatrix}1 &&&&&&\\ &\ddots&&&&&\\ &&1&&&&\\ &&&k&&&\\ &&&&1&&\\ &&&&&\ddots&\\ &&&&&&1\end{pmatrix}$$

$P_n(j(k),i)$——用 k 乘 E_n 的第 j 行加到第 i 行上得到的矩阵，即

$$E_n \xrightarrow{k\times r_j \xrightarrow{+} r_i} P_n(j(k),i).$$

$$P_n(j(k),i)=\begin{pmatrix}1 &&&&&\\ &\ddots&&&&\\ &&1&&k&\\ &&&\ddots&&\\ &&&&1&\\ &&&&&\ddots&\\ &&&&&&1\end{pmatrix}\begin{matrix}\\ \\ i\\ \\ j\\ \\ \\ \end{matrix}$$

定理 3　初等矩阵的逆阵还是初等矩阵.

证明

$$[P_n(i,j)]^{-1}=P_n(i,j),$$

$$[P_n(i(k))]^{-1}=P_n\left(i\left(\frac{1}{k}\right)\right)(k\neq 0),$$

$$[P_n(j(k),i)]^{-1}=P_n(j(-k),i).$$

3. 初等变换求逆阵

定理 4　A 为 n 阶方阵，若

$$(A|E)_{n\times 2n}\xrightarrow{\text{初等变换}}(E|B)_{n\times 2n},$$

则 $B=A^{-1}$.

证明从略.

例 6 设 $\boldsymbol{A}=\begin{pmatrix}0 & 1 & 2\\ 1 & 1 & 4\\ 2 & -1 & 0\end{pmatrix}$，求 $\boldsymbol{A}^{-1}$.

解 $(\boldsymbol{A}\,\vdots\,\boldsymbol{E})=\left(\begin{array}{ccc:ccc}0 & 1 & 2 & 1 & 0 & 0\\ 1 & 1 & 4 & 0 & 1 & 0\\ 2 & -1 & 0 & 0 & 0 & 1\end{array}\right)$

$$\xrightarrow{\text{初等行变换}}\left(\begin{array}{ccc:ccc}1 & 1 & 4 & 0 & 1 & 0\\ 0 & 1 & 2 & 1 & 0 & 0\\ 2 & -1 & 0 & 0 & 0 & 1\end{array}\right)\xrightarrow{\text{初等行变换}}\left(\begin{array}{ccc:ccc}1 & 1 & 4 & 0 & 1 & 0\\ 0 & 1 & 2 & 1 & 0 & 0\\ 0 & 0 & -2 & 3 & -2 & 1\end{array}\right)$$

$$\xrightarrow{\text{初等行变换}}\left(\begin{array}{ccc:ccc}1 & 1 & 4 & 0 & 1 & 0\\ 0 & 1 & 0 & 4 & -2 & 1\\ 0 & 0 & -2 & 3 & -2 & 1\end{array}\right)\xrightarrow{\text{初等行变换}}\left(\begin{array}{ccc:ccc}1 & 1 & 0 & 6 & -3 & 2\\ 0 & 1 & 0 & 4 & -2 & 1\\ 0 & 0 & -2 & 3 & -2 & 1\end{array}\right)$$

$$\xrightarrow{\text{初等行变换}}\left(\begin{array}{ccc:ccc}1 & 0 & 0 & 2 & -1 & 1\\ 0 & 1 & 0 & 4 & -2 & 1\\ 0 & 0 & -2 & 3 & -2 & 1\end{array}\right)\xrightarrow{\text{初等行变换}}\left(\begin{array}{ccc:ccc}1 & 0 & 0 & 2 & -1 & 1\\ 0 & 1 & 0 & 4 & -2 & 1\\ 0 & 0 & 1 & -\frac{3}{2} & 1 & -\frac{1}{2}\end{array}\right),$$

所以
$$\boldsymbol{A}^{-1}=\begin{pmatrix}2 & -1 & 1\\ 4 & -2 & 1\\ -\frac{3}{2} & 1 & -\frac{1}{2}\end{pmatrix}.$$

三、矩阵的秩

定义 5 设 $\boldsymbol{A}=(a_{ij})$ 是 $m\times n$ 矩阵，从 $\boldsymbol{A}$ 中任取 k 行 k 列（$k\leqslant\min\{m,n\}$），位于这些行和列的相交处的元，按照它们原来的相对位置所构成的 k 阶行列式，称为矩阵 $\boldsymbol{A}$ 的一个 k 阶子式.

例如
$$\boldsymbol{A}=\begin{pmatrix}1 & 3 & 4 & 5\\ -1 & 0 & 2 & 3\\ 0 & 1 & -1 & 0\end{pmatrix},$$
矩阵 $\boldsymbol{A}$ 的第 1、3 行，第 2、4 列相交处的元所构成的二阶子式为 $\begin{vmatrix}3 & 5\\ 1 & 0\end{vmatrix}$.

设 $\boldsymbol{A}$ 是一个 $m\times n$ 矩阵. 当 $\boldsymbol{A}=\boldsymbol{O}$ 时，它的任何子式都为零；当 $\boldsymbol{A}\neq\boldsymbol{O}$ 时，它至少有一个元不为零，即它至少有一个一阶子式不为零. 这时再考虑二阶子式，如果 $\boldsymbol{A}$ 中有二阶子式不为零，则往下考虑三阶子式，依此类推，最后必达到 $\boldsymbol{A}$ 中有 r 阶子式不为零，而再没有比 r 更高阶的不为零的子式. 这个不为零的子式的最高阶数 r，反映了矩阵 $\boldsymbol{A}$ 内在的重要特性，在矩阵的理论及应用中都有重要意义.

定义 6 （非零）矩阵 $\boldsymbol{A}$ 的非零子式的最高阶数称为矩阵 $\boldsymbol{A}$ 的秩，记作 $r(\boldsymbol{A})$. 零矩阵的秩为 0.

例如，矩阵 $\boldsymbol{A}=\begin{pmatrix}1 & 2 & 3 & 4\\ 2 & 4 & 6 & 8\end{pmatrix}$ 的所有二阶子式全为 0，而至少有一个一阶子式 $|1|$ 不为零，

所以 $\mathbf{A}$ 的秩为 1.

矩阵 $\boldsymbol{B}=\begin{pmatrix}1&2&3\\2&4&5\\3&6&8\end{pmatrix}$ 仅有一个三阶子式 $\begin{vmatrix}1&2&3\\2&4&5\\3&6&8\end{vmatrix}$，其值为 0，而其中有一个二阶子式 $\begin{vmatrix}1&3\\2&5\end{vmatrix}=-1\neq0$，故 $\boldsymbol{B}$ 的秩为 2.

定义 7　若 n 阶方阵 $\mathbf{A}$ 的秩为 n，即其唯一一个 n 阶子式 $|\mathbf{A}|\neq0$，则称 $\mathbf{A}$ 为满秩矩阵.

矩阵的秩具有如下性质：

(1) $s\times n$ 矩阵 $\mathbf{A}$ 的 $r(\mathbf{A})\leqslant\min\{s,n\}$；

(2) $r(\mathbf{A})=r(\mathbf{A}^{\mathrm{T}})$；

(3) 阶梯形矩阵 $\begin{pmatrix}a_{11}&a_{12}&\cdots&a_{1r}&\cdots&a_{1n}\\0&a_{22}&\cdots&a_{2r}&\cdots&a_{2n}\\\vdots&\vdots&&\vdots&&\vdots\\0&0&\cdots&a_{rr}&\cdots&a_{rn}\\0&0&\cdots&0&\cdots&0\\\vdots&\vdots&&\vdots&&\vdots\\0&0&\cdots&0&\cdots&0\end{pmatrix}$ 的秩等于阶梯中非零行的个数，这里 $a_{ii}\neq0$，$i=1,2,\cdots,r$；（注：阶梯形矩阵非零行的第一个非零元不一定出现在主对角线的位置上，但它的列标随着行标的增大而严格增大）

(4) 矩阵经初等变换其秩不变.

由性质(3)、(4) 可得求秩方法：用初等变换化矩阵为阶梯形，则阶梯个数就是矩阵的秩.

例 7　将下面的矩阵 $\mathbf{A}$ 化为阶梯形矩阵：

$$\mathbf{A}=\begin{pmatrix}1&-1&5&-1&0\\1&1&-2&3&2\\3&-1&8&1&2\\1&3&-9&7&8\end{pmatrix}.$$

解　$$\mathbf{A}\xrightarrow[r_4-r_1]{\substack{r_2-r_1\\r_3-3r_1}}\begin{pmatrix}1&-1&5&-1&0\\0&2&-7&4&2\\0&2&-7&4&2\\0&4&-14&8&8\end{pmatrix}\xrightarrow{\substack{r_3-r_2\\r_4-2r_2}}\begin{pmatrix}1&-1&5&-1&0\\0&2&-7&4&2\\0&0&0&0&0\\0&0&0&0&4\end{pmatrix}$$

$$\xrightarrow{r_3\leftrightarrow r_4}\begin{pmatrix}1&-1&5&-1&0\\0&2&-7&4&2\\0&0&0&0&4\\0&0&0&0&0\end{pmatrix}.$$

例 8　求矩阵 $\mathbf{A}=\begin{pmatrix}1&3&-1&-2\\2&-1&2&3\\3&2&1&1\\1&-4&3&5\end{pmatrix}$ 的秩.

$$\text{解}\quad \boldsymbol{A}=\begin{pmatrix}1&3&-1&-2\\2&-1&2&3\\3&2&1&1\\1&-4&3&5\end{pmatrix}\xrightarrow[\substack{r_3-3r_1\\ r_4-r_1}]{r_2-2r_1}\begin{pmatrix}1&3&-1&-2\\0&-7&4&7\\0&-7&4&7\\0&-7&4&7\end{pmatrix}\xrightarrow[r_4-r_2]{r_3-r_2}\begin{pmatrix}1&3&-1&-2\\0&-7&4&7\\0&0&0&0\\0&0&0&0\end{pmatrix},$$

因此 $r(\boldsymbol{A})=2$.

习题 8.3

1. 填空题.

(1) $\begin{bmatrix}1&6&4\\-4&2&8\end{bmatrix}+\begin{bmatrix}-2&0&1\\2&-3&4\end{bmatrix}=$____________________.

(2) $\begin{bmatrix}1&2\\0&1\end{bmatrix}-\begin{bmatrix}2&-3\\5&1\end{bmatrix}=$____________________.

2. 判断题.

(1) 若 $\boldsymbol{A}^2=\boldsymbol{O}$,则 $\boldsymbol{A}=\boldsymbol{O}$. (　　　)

(2) 若 $\boldsymbol{A}^2=\boldsymbol{A}$,则 $\boldsymbol{A}=\boldsymbol{O}$ 或 $\boldsymbol{A}=\boldsymbol{E}$. (　　　)

(3) 只有同型矩阵才可以求和. (　　　)

3. 设 $\boldsymbol{A}=\begin{pmatrix}x&0\\7&y\end{pmatrix}$,$\boldsymbol{B}=\begin{pmatrix}u&v\\y&2\end{pmatrix}$,$\boldsymbol{C}=\begin{pmatrix}3&-4\\x&v\end{pmatrix}$,而且 $\boldsymbol{A}+2\boldsymbol{B}-\boldsymbol{C}=\boldsymbol{O}$,求 x,y,u,v.

4. 计算题.

(1) $(1\quad 2\quad 3)\begin{bmatrix}3\\2\\1\end{bmatrix}$;

(2) $\begin{bmatrix}3\\2\\1\end{bmatrix}(1\quad 2\quad 3)$;

(3) $\begin{pmatrix}1&2&3\\-2&1&2\end{pmatrix}\begin{bmatrix}1&2&0\\0&1&1\\3&0&-1\end{bmatrix}$;

(4) $(x_1\quad x_2\quad x_3)\begin{bmatrix}a_{11}&a_{12}&a_{13}\\a_{21}&a_{22}&a_{23}\\a_{31}&a_{32}&a_{33}\end{bmatrix}\begin{bmatrix}x_1\\x_2\\x_3\end{bmatrix}$;

(5) $\begin{bmatrix}a&0&0\\0&b&0\\0&0&c\end{bmatrix}^n$;

(6) $\begin{pmatrix}1&1\\0&0\end{pmatrix}^n$.

5. 求下列矩阵的逆矩阵.

(1) $\begin{pmatrix}1&2\\2&5\end{pmatrix}$;

(2) $\begin{pmatrix}\cos\theta&-\sin\theta\\ \sin\theta&\cos\theta\end{pmatrix}$;

(3) $\begin{bmatrix}1&2&-1\\3&4&-2\\5&-4&1\end{bmatrix}$.

6. 利用逆矩阵解下列矩阵方程.

(1) $\begin{pmatrix}2&5\\1&3\end{pmatrix}\boldsymbol{X}=\begin{pmatrix}4&-6\\2&1\end{pmatrix}$;

(2) $\boldsymbol{X}\begin{bmatrix}2&1&-1\\2&1&0\\1&-1&1\end{bmatrix}=\begin{pmatrix}1&-1&3\\4&3&2\end{pmatrix}$;

(3) $\begin{pmatrix} 1 & 4 \\ -1 & 2 \end{pmatrix} \boldsymbol{X} \begin{pmatrix} 2 & 0 \\ -1 & 1 \end{pmatrix} = \begin{pmatrix} 3 & 1 \\ 0 & -1 \end{pmatrix}$.

7. 利用逆矩阵求解下列线性方程组.

(1) $\begin{cases} x_1+2x_2+3x_3=1, \\ 2x_1+2x_2+5x_3=2, \\ 3x_1+5x_2+x_3=3; \end{cases}$　　(2) $\begin{cases} x_1-x_2-x_3=2, \\ 2x_1-x_2-3x_3=1, \\ 3x_1+2x_2-5x_3=0. \end{cases}$

8. 求矩阵 $\boldsymbol{A}=\begin{pmatrix} 1 & 1 & 2 & 2 & 3 \\ 2 & 2 & 3 & 1 & 4 \\ 1 & 0 & 1 & 1 & 5 \\ 2 & 3 & 5 & 5 & 4 \end{pmatrix}$ 的秩.

8.4　线性方程组

无论是在科学研究领域，还是在工程技术应用方面，大量问题都可以归结为线性方程组的求解，因此研究线性方程组的求解问题是线性代数的一个重要内容.

一、消元法

在中学代数中，我们已经学过用消元法解简单的线性方程组，这一方法也适用求一般的线性方程组，下面通过一个具体的例子来介绍这种方法.

例 1　求下列线性方程组的解：

$$\begin{cases} 11x_1-2x_2-x_3=24, \\ x_1-6x_2+2x_3=-26, \\ x_1+2x_2-7x_3=-24. \end{cases}$$

解　把上述方程组的第 1、3 个方程互换位置，方程组化为

$$\begin{cases} x_1+2x_2-7x_3=-24, \\ x_1-6x_2+2x_3=-26, \\ 11x_1-2x_2-x_3=24, \end{cases}$$

把上述方程组中第 1 个方程的 -1 倍加到第 2 个方程，第 1 个方程的 -11 倍加到第 3 个方程，得

$$\begin{cases} x_1+2x_2-7x_3=-24, \\ -8x_2+9x_3=-2, \\ -24x_2+76x_3=288, \end{cases}$$

把上述方程组中第 2 个方程的 -3 倍加入第 3 个方程，得

$$\begin{cases} x_1+2x_2-7x_3=-24, \\ -8x_2+9x_3=-2, \\ 49x_3=294, \end{cases}$$

把上述方程组的第 3 个方程乘以$\frac{1}{49}$,得

$$\begin{cases}x_1+2x_2-7x_3=-24,\\-8x_2+9x_3=-2,\\x_3=6.\end{cases}$$

把上述方程组的第 3 个方程代入第 2 个方程解得 $x_2=7$,代入第 1 个方程解得 $x_1=4$. 于是方程组的解为

$$x_1=4,\ x_2=7,\ x_3=6.$$

上面解题过程就是用消元法解方程组的一般步骤,其过程反复使用了以下三种基本变换:

(1) 互换某两个方程;

(2) 用一个非零的数乘以某一个方程;

(3) 把某一个方程的常数倍加到另一个方程上.

定义 1 变换(1)、(2)、(3)称为线性方程组的初等变换.

对于任意一个线性方程组:设有 m 个方程的 n 元线性方程组

$$\begin{cases}a_{11}x_1+a_{12}x_2+\cdots+a_{1n}x_n=b_1,\\a_{21}x_1+a_{22}x_2+\cdots+a_{2n}x_n=b_2,\\\qquad\qquad\vdots\\a_{m1}x_1+a_{m2}x_2+\cdots+a_{mn}x_n=b_m,\end{cases}\tag{8-12}$$

记

$$\boldsymbol{A}=\begin{pmatrix}a_{11}&a_{12}&\cdots&a_{1n}\\a_{21}&a_{22}&\cdots&a_{2n}\\\vdots&\vdots&&\vdots\\a_{m1}&a_{m2}&\cdots&a_{mn}\end{pmatrix},\quad \boldsymbol{x}=\begin{pmatrix}x_1\\x_2\\\vdots\\x_n\end{pmatrix},\quad \boldsymbol{b}=\begin{pmatrix}b_1\\b_2\\\vdots\\b_m\end{pmatrix},$$

则线性方程组(8-12)可写成

$$\boldsymbol{Ax}=\boldsymbol{b}.\tag{8-13}$$

矩阵 $\boldsymbol{A}$ 和 $\boldsymbol{b}$ 分别称为线性方程组(8-12)的系数矩阵和常数项矩阵,而

$$\overline{\boldsymbol{A}}=(\boldsymbol{A}\ \vdots\ \boldsymbol{b})=\left(\begin{array}{cccc:c}a_{11}&a_{12}&\cdots&a_{1n}&b_1\\a_{21}&a_{22}&\cdots&a_{2n}&b_2\\\vdots&\vdots&&\vdots&\vdots\\a_{m1}&a_{m2}&\cdots&a_{mn}&b_m\end{array}\right)$$

称为线性方程组(8-12)的增广矩阵.

若 $x_1,x_2,\cdots,x_n$ 是线性方程组(8-12)的解,则称 $\boldsymbol{x}=(x_1\quad x_2\quad\cdots\quad x_n)^{\mathrm{T}}$ 是线性方程组(8-12)的解向量.

用消元法求解线性方程组,相当于对线性方程组的增广矩阵反复施行相应的初等行变换.

例 1 中的消元化简过程描述如下:

$$\overline{\boldsymbol{A}}=\left(\begin{array}{ccc:c}11&-2&-1&24\\1&-6&2&-26\\1&2&-7&-24\end{array}\right)\xrightarrow{r_1\leftrightarrow r_3}\left(\begin{array}{ccc:c}1&2&-7&-24\\1&-6&2&-26\\11&-2&-1&24\end{array}\right)$$

$$\xrightarrow[r_1\times(-11)+r_3]{r_1\times(-1)+r_2}\left(\begin{array}{ccc:c}1&2&-7&-24\\0&-8&9&-2\\0&-24&76&288\end{array}\right)\xrightarrow[r_3\times\frac{1}{49}]{r_2\times(-3)+r_3}\left(\begin{array}{ccc:c}1&2&-7&-24\\0&-8&9&-2\\0&0&1&6\end{array}\right).$$

以最后一个表作为增广矩阵的方程组就是例 1 中最后一个方程组.

例 2　解线性方程组

$$\begin{cases}11x_1-2x_2-50x_3=24,\\x_1-6x_2+2x_3=-26,\\x_1+2x_2-7x_3=-24.\end{cases}$$

解　对增广矩阵进行初等行变换：

$$\overline{\boldsymbol{A}}=\left(\begin{array}{ccc:c}11&-2&-50&24\\1&-6&2&-26\\1&2&-7&-24\end{array}\right)\xrightarrow{r_1\leftrightarrow r_3}\left(\begin{array}{ccc:c}1&2&-7&-24\\1&-6&2&-26\\11&-2&-50&24\end{array}\right)$$

$$\xrightarrow[r_1\times(-11)+r_3]{r_1\times(-1)+r_2}\left(\begin{array}{ccc:c}1&2&-7&-24\\0&-8&9&-2\\0&-24&27&288\end{array}\right)\xrightarrow{r_2\times(-3)+r_3}\left(\begin{array}{ccc:c}1&2&-7&-24\\0&-8&9&-2\\0&0&0&294\end{array}\right).$$

以最后一个表作为增广矩阵的方程组就是“阶梯形”方程组，即

$$\begin{cases}x_1+2x_2-7x_3=-24,\\-8x_2+9x_3=-2,\\0=294,\end{cases}$$

显然上述方程组无解，因而原方程组也无解.

例 3　解线性方程组

$$\begin{cases}x_1+3x_2-2x_3=4,\\3x_1+2x_2-5x_3=11,\\x_1-4x_2-x_3=3,\\-2x_1+x_2+3x_3=-7.\end{cases}$$

解　对增广矩阵进行初等行变换：

$$\overline{\boldsymbol{A}}=\left(\begin{array}{ccc:c}1&3&-2&4\\3&2&-5&11\\1&-4&-1&3\\-2&1&3&-7\end{array}\right)\xrightarrow{\substack{r_1\times(-3)+r_2\\r_1\times(-1)+r_3\\2r_1+r_4}}\left(\begin{array}{ccc:c}1&3&-2&4\\0&-7&1&-1\\0&-7&1&-1\\0&7&-1&1\end{array}\right)$$

$$\xrightarrow[r_2+r_4]{r_2\times(-1)+r_3}\left(\begin{array}{ccc:c}1&3&-2&4\\0&-7&1&-1\\0&0&0&0\\0&0&0&0\end{array}\right)\xrightarrow{r_2\times\left(-\frac{1}{7}\right)}\left(\begin{array}{ccc:c}1&3&-2&4\\0&1&-\frac{1}{7}&\frac{1}{7}\\0&0&0&0\\0&0&0&0\end{array}\right)$$

$$\xrightarrow{r_2\times(-3)+r_1}\left(\begin{array}{ccc:c}1&0&-\frac{11}{7}&\frac{25}{7}\\0&1&-\frac{1}{7}&\frac{1}{7}\\0&0&0&0\\0&0&0&0\end{array}\right).$$

最后得到的最简阶梯形矩阵(即所有非零行的第一个非零元素全为 1 的阶梯矩阵)所对应的线性方程组为

$$\begin{cases} x_1-\dfrac{11}{7}x_3=\dfrac{25}{7}, \\ x_2-\dfrac{1}{7}x_3=\dfrac{1}{7}, \end{cases}$$

即上述方程组可改写为

$$\begin{cases} x_1=\dfrac{25}{7}+\dfrac{11}{7}x_3, \\ x_2=\dfrac{1}{7}+\dfrac{1}{7}x_3. \end{cases}$$

从上述方程组可以看出:只要任意给定 x_3 的值,即可唯一地确定 x_1 与 x_2 的值,从而得到方程组的一组解,因此,原方程组有无穷多组解. 而 x_3 则称为自由未知量.

从上面三个例题的求解过程中我们知道,有的线性方程组无解,有的有唯一解,有的有无穷多个解. 一个自然的问题是:是否还有其他的情况出现? 一个线性方程组在什么条件下一定有解? 在什么条件下有唯一解?

下面给出线性方程组有解的判定定理.

定理 1 线性方程组 $\boldsymbol{Ax}=\boldsymbol{b}$ 有解的充分必要条件是系数矩阵 $\boldsymbol{A}$ 的秩与增广矩阵 $\overline{\boldsymbol{A}}$ 的秩相等,即 $r(\boldsymbol{A})=r(\boldsymbol{A}\mid\boldsymbol{b})=r(\overline{\boldsymbol{A}})$.

根据定理 1,判定一个线性方程组是否有解,只需计算它的系数矩阵的秩与增广矩阵的秩. 若两者相等则方程组有解,两者不相等则方程组无解. 而矩阵秩的计算可用初等行变换来实现,并且两个矩阵的秩的计算可合并进行. 我们来看下面的例题.

例 4 判别线性方程组

$$\begin{cases} x_1-x_2-x_3+x_4=0, \\ x_1-x_2+x_3-3x_4=1, \\ x_1-x_2-2x_3+3x_4=-\dfrac{1}{2} \end{cases}$$

是否有解.

解 对增广矩阵 $\overline{\boldsymbol{A}}$ 施行初等行变换:

$$\overline{\boldsymbol{A}}=\left(\begin{array}{cccc:c} 1 & -1 & -1 & 1 & 0 \\ 1 & -1 & 1 & -3 & 1 \\ 1 & -1 & -2 & 3 & -\dfrac{1}{2} \end{array}\right) \xrightarrow[r_2-r_1]{r_3-r_1} \left(\begin{array}{cccc:c} 1 & -1 & -1 & 1 & 0 \\ 0 & 0 & 2 & -4 & 1 \\ 0 & 0 & -1 & 2 & -\dfrac{1}{2} \end{array}\right)$$

$$\xrightarrow{r_3+\frac{1}{2}r_2} \left(\begin{array}{cccc:c} 1 & -1 & -1 & 1 & 0 \\ 0 & 0 & 2 & -4 & 1 \\ 0 & 0 & 0 & 0 & 0 \end{array}\right).$$

可见 $r(\boldsymbol{A})=r(\overline{\boldsymbol{A}})$,故方程组有解.

二、线性方程组解的结构

当线性方程组有无穷多解的时候,能否用有限个解把无穷多个解全部表示出来,这就是线性方程组解的结构问题.下面首先讨论齐次线性方程组.

1. 齐次线性方程组

n 元齐次线性方程组

$$\begin{cases} a_{11}x_1+a_{12}x_2+\cdots+a_{1n}x_n=0, \\ a_{21}x_1+a_{22}x_2+\cdots+a_{2n}x_n=0, \\ \qquad\qquad\qquad\qquad\vdots \\ a_{m1}x_1+a_{m2}x_2+\cdots+a_{mn}x_n=0, \end{cases} \tag{8-14}$$

或

$$\boldsymbol{Ax}=\boldsymbol{0},$$

即

$$\begin{pmatrix} a_{11} & a_{12} & \cdots & a_{1n} \\ a_{21} & a_{22} & \cdots & a_{2n} \\ \vdots & \vdots & & \vdots \\ a_{m1} & a_{m2} & \cdots & a_{mn} \end{pmatrix}\begin{pmatrix} x_1 \\ x_2 \\ \vdots \\ x_n \end{pmatrix}=\begin{pmatrix} 0 \\ 0 \\ \vdots \\ 0 \end{pmatrix} \tag{8-15}$$

对于齐次线性方程组，$x_1=x_2=\cdots=x_n=0$ 是齐次线性方程组(8-14)的解，我们关注的是它有非零解的情况.

定理 2　n 元齐次线性方程组 $\boldsymbol{Ax}=\boldsymbol{0}$ 有非零解的充分必要条件是系数矩阵的秩 $r(\boldsymbol{A})<n$.

证明　必要性.设 $\boldsymbol{A}=(\boldsymbol{a}_1,\boldsymbol{a}_2,\cdots,\boldsymbol{a}_n)$，因为方程 $\boldsymbol{Ax}=\boldsymbol{0}$ 有非零解，所以有一组不全为零的数 $x_1,x_2,\cdots,x_n$，使

$$\boldsymbol{a}_1x_1+\boldsymbol{a}_2x_2+\cdots+\boldsymbol{a}_nx_n=\boldsymbol{0}$$

成立.从而可知，$\boldsymbol{A}$ 的列向量组 $\boldsymbol{a}_1,\boldsymbol{a}_2,\cdots,\boldsymbol{a}_n$ 线性相关，即 $\boldsymbol{a}_1,\boldsymbol{a}_2,\cdots,\boldsymbol{a}_n$ 的秩小于 n，所以 $r(\boldsymbol{A})<n$.

充分性.设 $r(\boldsymbol{A})<n$，则 $\boldsymbol{A}$ 的列向量组 $\boldsymbol{a}_1,\boldsymbol{a}_2,\cdots,\boldsymbol{a}_n$ 的秩小于 n，所以 $\boldsymbol{a}_1,\boldsymbol{a}_2,\cdots,\boldsymbol{a}_n$ 线性相关，即有一组不全为零的数 $x_1,x_2,\cdots,x_n$，使

$$\boldsymbol{a}_1x_1+\boldsymbol{a}_2x_2+\cdots+\boldsymbol{a}_nx_n=\boldsymbol{0}$$

成立.非零向量 $\boldsymbol{x}=(x_1,x_2,\cdots,x_n)^{\mathrm{T}}$ 就是 $\boldsymbol{Ax}=\boldsymbol{0}$ 的非零解.

定理 2 研究的是齐次线性方程组有非零解的条件.下面讨论齐次线性方程组的解的性质.

性质 1　若 $\boldsymbol{\xi}_1,\boldsymbol{\xi}_2$ 是齐次线性方程组 $\boldsymbol{Ax}=\boldsymbol{0}$ 的解，则 $\boldsymbol{\xi}_1+\boldsymbol{\xi}_2$ 也是 $\boldsymbol{Ax}=\boldsymbol{0}$ 的解.

证明　因为 $\boldsymbol{A\xi}_1=\boldsymbol{0},\boldsymbol{A\xi}_2=\boldsymbol{0}$，所以

$$\boldsymbol{A}(\boldsymbol{\xi}_1+\boldsymbol{\xi}_2)=\boldsymbol{A\xi}_1+\boldsymbol{A\xi}_2=\boldsymbol{0}+\boldsymbol{0}=\boldsymbol{0},$$

故 $\boldsymbol{\xi}_1+\boldsymbol{\xi}_2$ 是 $\boldsymbol{Ax}=\boldsymbol{0}$ 的解.

性质 2　若 $\boldsymbol{\xi}$ 为齐次线性方程组 $\boldsymbol{Ax}=\boldsymbol{0}$ 的解，k 为任意实数，则 $k\boldsymbol{\xi}$ 也是 $\boldsymbol{Ax}=\boldsymbol{0}$ 的解.

证明　因为 $\boldsymbol{A\xi}=\boldsymbol{0}$，所以

$$\boldsymbol{A}(k\boldsymbol{\xi})=k(\boldsymbol{A\xi})=k\boldsymbol{0}=\boldsymbol{0},$$

故 $k\boldsymbol{\xi}$ 是 $\boldsymbol{Ax}=\boldsymbol{0}$ 的解.

定义 2　若 $\boldsymbol{\xi}_1,\boldsymbol{\xi}_2,\cdots,\boldsymbol{\xi}_l$ 是齐次线性方程组 $\boldsymbol{Ax}=\boldsymbol{0}$ 的解向量，且满足

(1) $\boldsymbol{\xi}_1,\boldsymbol{\xi}_2,\cdots,\boldsymbol{\xi}_l$ 是 $\boldsymbol{Ax}=\boldsymbol{0}$ 的线性无关的解向量；

(2) $\boldsymbol{Ax}=\boldsymbol{0}$ 的任意解 $\boldsymbol{\xi}$ 可由 $\boldsymbol{\xi}_1,\boldsymbol{\xi}_2,\cdots,\boldsymbol{\xi}_l$ 线性表示，即

$$\boldsymbol{\xi}=k_1\boldsymbol{\xi}_1+k_2\boldsymbol{\xi}_2+\cdots+k_l\boldsymbol{\xi}_l,$$

则称 $\boldsymbol{\xi}_1,\boldsymbol{\xi}_2,\cdots,\boldsymbol{\xi}_l$ 为齐次线性方程组的一个基础解系.

下面来求 $\boldsymbol{Ax}=\boldsymbol{0}$ 的基础解系.

设 $\boldsymbol{Ax}=\boldsymbol{0}$ 的系数矩阵 $\boldsymbol{A}$ 的秩 $r(\boldsymbol{A})=r<n$,不妨设 $\boldsymbol{A}$ 的前 r 个列向量线性无关(这一点可以通过改变方程组中未知量的顺序来实现). 于是经过若干次初等行变换,可将 $\boldsymbol{A}$ 化为行最简形式,即

$$\boldsymbol{A}\longrightarrow\begin{pmatrix}1 & 0 & \cdots & 0 & b_{11} & \cdots & b_{1(n-r)}\\ 0 & 1 & \cdots & 0 & b_{21} & \cdots & b_{2(n-r)}\\ \vdots & \vdots & & \vdots & \vdots & & \vdots\\ 0 & 0 & \cdots & 1 & b_{r1} & \cdots & b_{r(n-r)}\\ 0 & 0 & \cdots & 0 & 0 & \cdots & 0\\ \vdots & \vdots & & \vdots & \vdots & & \vdots\\ 0 & 0 & \cdots & 0 & 0 & \cdots & 0\end{pmatrix},$$

所以,与方程组(8-14)同解的方程组为

$$\begin{cases}x_1=-b_{11}x_{r+1}-b_{12}x_{r+2}-\cdots-b_{1(n-r)}x_n,\\ x_2=-b_{21}x_{r+1}-b_{22}x_{r+2}-\cdots-b_{2(n-r)}x_n,\\ \quad\vdots\\ x_r=-b_{r1}x_{r+1}-b_{r2}x_{r+2}-\cdots-b_{r(n-r)}x_n.\end{cases}\tag{8-16}$$

在方程组(8-16)中,任给 $x_{r+1},x_{r+2},\cdots,x_n$ 一组值,将唯一确定 $x_1,x_2,\cdots,x_r$ 的一组值,从而得到方程组(8-16)的一个解,也就是方程组(8-14)的一个解,分别令

$$\begin{pmatrix}x_{r+1}\\ x_{r+2}\\ \vdots\\ x_n\end{pmatrix}=\begin{pmatrix}1\\ 0\\ \vdots\\ 0\end{pmatrix},\begin{pmatrix}0\\ 1\\ \vdots\\ 0\end{pmatrix},\cdots,\begin{pmatrix}0\\ 0\\ \vdots\\ 1\end{pmatrix},$$

在方程组(8-16),对应可得

$$\begin{pmatrix}x_1\\ x_2\\ \vdots\\ x_r\end{pmatrix}=\begin{pmatrix}-b_{11}\\ -b_{21}\\ \vdots\\ -b_{r1}\end{pmatrix},\begin{pmatrix}-b_{12}\\ -b_{22}\\ \vdots\\ -b_{r2}\end{pmatrix},\cdots,\begin{pmatrix}-b_{1(n-r)}\\ -b_{2(n-r)}\\ \vdots\\ -b_{r(n-r)}\end{pmatrix},$$

从而求得方程组(8-16)的 $n-r$ 个解,也就是方程组(8-14)的 $n-r$ 个解,即

$$\boldsymbol{\xi}_1=\begin{pmatrix}-b_{11}\\ -b_{21}\\ \vdots\\ -b_{r1}\\ 1\\ 0\\ \vdots\\ 0\end{pmatrix},\ \boldsymbol{\xi}_2=\begin{pmatrix}-b_{12}\\ -b_{22}\\ \vdots\\ -b_{r2}\\ 0\\ 1\\ \vdots\\ 0\end{pmatrix},\cdots,\boldsymbol{\xi}_{n-r}=\begin{pmatrix}-b_{1(n-r)}\\ -b_{2(n-r)}\\ \vdots\\ -b_{r(n-r)}\\ 0\\ 0\\ \vdots\\ 1\end{pmatrix}.$$

下面证明 $\boldsymbol{\xi}_1,\boldsymbol{\xi}_2,\cdots,\boldsymbol{\xi}_{n-r}$ 是方程组的一个基础解系.

由于 $\boldsymbol{\xi}_1,\boldsymbol{\xi}_2,\cdots,\boldsymbol{\xi}_{n-r}$ 的后 $n-r$ 个分量构成的向量组是线性无关的，因此由本章前面几节的讨论可知，$\boldsymbol{\xi}_1,\boldsymbol{\xi}_2,\cdots,\boldsymbol{\xi}_{n-r}$ 也线性无关.

再证明方程组(8-14) 的任一解

$$\boldsymbol{\xi}=\begin{pmatrix}\lambda_1\\\lambda_2\\\vdots\\\lambda_n\end{pmatrix}$$

可由 $\boldsymbol{\xi}_1,\boldsymbol{\xi}_2,\cdots,\boldsymbol{\xi}_{n-r}$ 线性表示. 为此，作向量

$$\boldsymbol{\eta}=\lambda_{r+1}\boldsymbol{\xi}_1+\lambda_{r+2}\boldsymbol{\xi}_2+\cdots+\lambda_n\boldsymbol{\xi}_{n-r}.$$

因为 $\boldsymbol{\xi}_1,\boldsymbol{\xi}_2,\cdots,\boldsymbol{\xi}_{n-r}$ 是方程组(8-14) 的解，所以 $\boldsymbol{\eta}$ 也是方程组(8-14) 的解. 比较 $\boldsymbol{\eta}$ 与 $\boldsymbol{\xi}$ 可知，它们的后 $n-r$ 个分量对应相等. 由于 $\boldsymbol{\xi}$ 与 $\boldsymbol{\eta}$ 都满足方程组(8-16)，从而可知 $\boldsymbol{\xi}$ 与 $\boldsymbol{\eta}$ 的前 r 个分量必对应相等，因此

$$\boldsymbol{\xi}=\boldsymbol{\eta}=\lambda_{r+1}\boldsymbol{\xi}_1+\lambda_{r+2}\boldsymbol{\xi}_2+\cdots+\lambda_n\boldsymbol{\xi}_{n-r},$$

即方程组(8-14)的任意解 $\boldsymbol{\xi}$ 可由 $\boldsymbol{\xi}_1,\boldsymbol{\xi}_2,\cdots,\boldsymbol{\xi}_{n-r}$ 线性表示.

综上所述，可知 $\boldsymbol{\xi}_1,\boldsymbol{\xi}_2,\cdots,\boldsymbol{\xi}_{n-r}$ 是方程组的一个基础解系.

上面的讨论可以总结为下面的定理.

定理 3　设 n 元齐次线性方程组为 $\boldsymbol{Ax}=\boldsymbol{0}$，有下列结论成立：

(1)当 $r(\boldsymbol{A})=r=n$ 时，方程组 $\boldsymbol{Ax}=\boldsymbol{0}$ 只有零解，方程组没有基础解系；

(2)当 $r(\boldsymbol{A})=r<n$ 时，方程组 $\boldsymbol{Ax}=\boldsymbol{0}$ 的基础解系含有 $n-r$ 个向量 $\boldsymbol{\xi}_1,\boldsymbol{\xi}_2,\cdots,\boldsymbol{\xi}_{n-r}$，该方程组的任一解 $\boldsymbol{x}$ 可表示为

$$\boldsymbol{x}=k_1\boldsymbol{\xi}_1+k_2\boldsymbol{\xi}_2+\cdots+k_{n-r}\boldsymbol{\xi}_{n-r},$$

其中，$k_1,k_2,\cdots,k_{n-r}$ 为任意实数，上式称为方程组 $\boldsymbol{Ax}=\boldsymbol{0}$ 的通解.

至此，我们易知，齐次线性方程组的一个基础解系，就是该方程组的全体解向量所构成的集合的一个极大线性无关组.

求解齐次线性方程组 $\boldsymbol{Ax}=\boldsymbol{0}$ 的关键是要求出它的一个基础解系. 上面的讨论过程，提供了一种求基础解系的方法.

例 5　求齐次线性方程组

$$\begin{cases}x_1-x_2-x_3+x_4=0,\\x_1-x_2+x_3-3x_4=0,\\x_1-x_2-2x_3+3x_4=0\end{cases}$$

的基础解系和通解.

解　对系数矩阵施行初等行变换，将其化为行最简形式，即

$$\boldsymbol{A}=\begin{pmatrix}1&-1&-1&1\\1&-1&1&-3\\1&-1&-2&3\end{pmatrix}\xrightarrow[r_3-r_1]{r_2-r_1}\begin{pmatrix}1&-1&-1&1\\0&0&2&-4\\0&0&-1&2\end{pmatrix}\xrightarrow[r_1+r_2]{\substack{r_2\div 2\\r_3+r_2}}\begin{pmatrix}1&-1&0&-1\\0&0&1&-2\\0&0&0&0\end{pmatrix}.$$

由此可得到与原方程组同解的方程组为

$$\begin{cases}x_1-x_2-x_4=0,\\x_3-2x_4=0,\end{cases}$$

即

$$\begin{cases}x_1=x_2+x_4,\\x_3=2x_4.\end{cases}$$

取

$$\begin{pmatrix}x_2\\x_4\end{pmatrix}=\begin{pmatrix}1\\0\end{pmatrix}\text{或}\begin{pmatrix}0\\1\end{pmatrix},$$

代入同解方程组得到

$$\begin{pmatrix}x_1\\x_3\end{pmatrix}=\begin{pmatrix}1\\0\end{pmatrix}\text{或}\begin{pmatrix}1\\2\end{pmatrix},$$

由此得基础解系为

$$\boldsymbol{\xi}_1=\begin{pmatrix}x_1\\x_2\\x_3\\x_4\end{pmatrix}=\begin{pmatrix}1\\1\\0\\0\end{pmatrix},\quad \boldsymbol{\xi}_2=\begin{pmatrix}x_1\\x_2\\x_3\\x_4\end{pmatrix}=\begin{pmatrix}1\\0\\2\\1\end{pmatrix}.$$

于是方程组的通解为

$$\boldsymbol{x}=k_1\boldsymbol{\xi}_1+k_2\boldsymbol{\xi}_2=k_1\begin{pmatrix}1\\1\\0\\0\end{pmatrix}+k_2\begin{pmatrix}1\\0\\2\\1\end{pmatrix},$$

其中，k_1,k_2 为任意常数.

下面用一种更为简便的方法求方程组的通解.

例 6 求齐次线性方程组

$$\begin{cases}x_1+2x_2+2x_3+x_4=0,\\2x_1+x_2-2x_3-2x_4=0,\\x_1-x_2-4x_3-3x_4=0\end{cases}$$

的通解.

解 对系数矩阵施行初等行变换，将其化为行最简形式，即

$$\boldsymbol{A}=\begin{pmatrix}1&2&2&1\\2&1&-2&-2\\1&-1&-4&-3\end{pmatrix}\xrightarrow[r_3-r_1]{r_2-2r_1}\begin{pmatrix}1&2&2&1\\0&-3&-6&-4\\0&-3&-6&-4\end{pmatrix}$$

$$\xrightarrow[r_1-2r_2]{\substack{r_3-r_2\\r_2\div(-3)}}\begin{pmatrix}1&0&-2&-\dfrac{5}{3}\\0&1&2&\dfrac{4}{3}\\0&0&0&0\end{pmatrix}.$$

由此可得到与原方程组同解的方程组

$$\begin{cases} x_1=2x_3+\dfrac{5}{3}x_4, \\ x_2=-2x_3-\dfrac{4}{3}x_4, \end{cases}$$

将它写成

$$\begin{cases} x_1=2x_3+\dfrac{5}{3}x_4, \\ x_2=-2x_3-\dfrac{4}{3}x_4, \\ x_3=x_3, \\ x_4=x_4, \end{cases}$$

再将它写成向量形式，则有

$$\boldsymbol{x}=\begin{pmatrix} x_1 \\ x_2 \\ x_3 \\ x_4 \end{pmatrix}=x_3\begin{pmatrix} 2 \\ -2 \\ 1 \\ 0 \end{pmatrix}+x_4\begin{pmatrix} \dfrac{5}{3} \\ -\dfrac{4}{3} \\ 0 \\ 1 \end{pmatrix},$$

其中，x_3，x_4 可以取任意实数. 进一步将 x_3，x_4 换成 k_1，k_2，则上式又可改写为

$$\boldsymbol{x}=\begin{pmatrix} x_1 \\ x_2 \\ x_3 \\ x_4 \end{pmatrix}=k_1\begin{pmatrix} 2 \\ -2 \\ 1 \\ 0 \end{pmatrix}+k_2\begin{pmatrix} \dfrac{5}{3} \\ -\dfrac{4}{3} \\ 0 \\ 1 \end{pmatrix}\quad (k_1, k_2 \text{ 为任意实数}).$$

这就是所求的通解.

2. 非齐次线性方程组

若将 n 元非齐次线性方程组

$$\begin{cases} a_{11}x_1+a_{12}x_2+\cdots+a_{1n}x_n=b_1, \\ a_{21}x_1+a_{22}x_2+\cdots+a_{2n}x_n=b_2, \\ \qquad\qquad\vdots \\ a_{m1}x_1+a_{m2}x_2+\cdots+a_{mn}x_n=b_n \end{cases}$$

用矩阵表示，即为

$$\boldsymbol{A}\boldsymbol{x}=\boldsymbol{b}\neq\boldsymbol{0}.$$

非齐次线性方程组可能有解也可能无解；当它有解时，可能有唯一解，也可能有无穷多组解.

下面讨论非齐次线性方程组的解的性质.

性质 3　若 $\boldsymbol{\eta}_1$ 和 $\boldsymbol{\eta}_2$ 是非齐次线性方程组 $\boldsymbol{A}\boldsymbol{x}=\boldsymbol{b}$ 的解，则 $\boldsymbol{\eta}_1-\boldsymbol{\eta}_2$ 是对应的齐次线性方程组 $\boldsymbol{A}\boldsymbol{x}=\boldsymbol{0}$ 的解.

证明 因为

$$\mathbf{A}(\boldsymbol{\eta}_1-\boldsymbol{\eta}_2)=\mathbf{A}\boldsymbol{\eta}_1-\mathbf{A}\boldsymbol{\eta}_2=\boldsymbol{b}-\boldsymbol{b}=\mathbf{0},$$

所以 $\boldsymbol{\eta}_1-\boldsymbol{\eta}_2$ 是 $\mathbf{A}\boldsymbol{x}=\mathbf{0}$ 的解.

性质 4 若 $\boldsymbol{\eta}$ 是非齐次线性方程组 $\mathbf{A}\boldsymbol{x}=\boldsymbol{b}$ 的解，$\boldsymbol{\xi}$ 是对应的齐次线性方程组 $\mathbf{A}\boldsymbol{x}=\mathbf{0}$ 的解，则 $\boldsymbol{\xi}+\boldsymbol{\eta}$ 仍是 $\mathbf{A}\boldsymbol{x}=\boldsymbol{b}$ 的解.

证明 因为

$$\mathbf{A}(\boldsymbol{\xi}+\boldsymbol{\eta})=\mathbf{A}\boldsymbol{\xi}+\mathbf{A}\boldsymbol{\eta}=\mathbf{0}+\boldsymbol{b}=\boldsymbol{b},$$

所以 $\boldsymbol{\xi}+\boldsymbol{\eta}$ 是 $\mathbf{A}\boldsymbol{x}=\boldsymbol{b}$ 的解.

定理 4 设 $\mathbf{A}\boldsymbol{x}=\boldsymbol{b}$ 是 n 元非齐次线性方程组，且 $r(\mathbf{A})=r(\mathbf{A}\,\vdots\,\boldsymbol{b})=r<n$，则该方程组的任意一个解 $\boldsymbol{x}$ 都可以表示为

$$\boldsymbol{x}=k_1\boldsymbol{\xi}_1+k_2\boldsymbol{\xi}_2+\cdots+k_{n-r}\boldsymbol{\xi}_{n-r}+\boldsymbol{\eta}^*,$$

其中，$\boldsymbol{\xi}_1,\boldsymbol{\xi}_2,\cdots,\boldsymbol{\xi}_{n-r}$ 是对应的齐次线性方程组 $\mathbf{A}\boldsymbol{x}=\mathbf{0}$ 的基础解系，$k_1,k_2,\cdots,k_{n-r}$ 是任意常数，$\boldsymbol{\eta}^*$ 是 $\mathbf{A}\boldsymbol{x}=\boldsymbol{b}$ 的某一个解.

证明 令 $\boldsymbol{\xi}=k_1\boldsymbol{\xi}_1+k_2\boldsymbol{\xi}_2+\cdots+k_{n-r}\boldsymbol{\xi}_{n-r}$，则由性质 4 知，$\boldsymbol{\xi}+\boldsymbol{\eta}^*$ 是非齐次线性方程组 $\mathbf{A}\boldsymbol{x}=\boldsymbol{b}$ 的解.

又设 $\boldsymbol{x}$ 是方程组 $\mathbf{A}\boldsymbol{x}=\boldsymbol{b}$ 的任一解，则由性质 3 可知，$\boldsymbol{x}-\boldsymbol{\eta}^*$ 是对应的齐次线性方程组 $\mathbf{A}\boldsymbol{x}=\mathbf{0}$ 的解，于是有

$$\boldsymbol{x}-\boldsymbol{\eta}^*=k_1\boldsymbol{\xi}_1+k_2\boldsymbol{\xi}_2\cdots+k_{n-r}\boldsymbol{\xi}_{n-r},$$

即

$$\boldsymbol{x}=k_1\boldsymbol{\xi}_1+k_2\boldsymbol{\xi}_2+\cdots+k_{n-r}\boldsymbol{\xi}_{n-r}+\boldsymbol{\eta}^*.$$

这里称 $\boldsymbol{x}=\boldsymbol{\xi}+\boldsymbol{\eta}^*$ 为 $\mathbf{A}\boldsymbol{x}=\boldsymbol{b}$ 的通解；称 $\boldsymbol{\eta}^*$ 为 $\mathbf{A}\boldsymbol{x}=\boldsymbol{b}$ 的特解.

根据定理 4 知，若求得非齐次线性方程组 $\mathbf{A}\boldsymbol{x}=\boldsymbol{b}$ 的一个特解 $\boldsymbol{\eta}^*$ 和对应的齐次线性方程组 $\mathbf{A}\boldsymbol{x}=\mathbf{0}$ 的通解为

$$\boldsymbol{x}=k_1\boldsymbol{\xi}_1+k_2\boldsymbol{\xi}_2+\cdots+k_{n-r}\boldsymbol{\xi}_{n-r},$$

就可得到非齐次线性方程组 $\mathbf{A}\boldsymbol{x}=\boldsymbol{b}$ 的通解为

$$\boldsymbol{x}=k_1\boldsymbol{\xi}_1+k_2\boldsymbol{\xi}_2+\cdots+k_{n-r}\boldsymbol{\xi}_{n-r}+\boldsymbol{\eta}^*,$$

其中，$k_1,k_2,\cdots,k_{n-r}$ 为任意实数.

例 7 解线性方程组

$$\begin{cases}x_1-x_2-x_3+x_4=0,\\ x_1-x_2+x_3-3x_4=1,\\ x_1-x_2-2x_3+3x_4=-\dfrac{1}{2}.\end{cases}$$

解 由方程组知，$r(\mathbf{A})=r(\overline{\mathbf{A}})=2<4$，故方程组有解，且有无穷多个解. 又因为

$$\overline{\mathbf{A}}=\begin{pmatrix}1&-1&-1&1&\vdots&0\\1&-1&1&-3&\vdots&1\\1&-1&-2&3&\vdots&-\dfrac{1}{2}\end{pmatrix}\longrightarrow\begin{pmatrix}1&-1&-1&1&\vdots&0\\0&0&2&-4&\vdots&1\\0&0&0&0&\vdots&0\end{pmatrix}$$

$$\longrightarrow\begin{pmatrix}1&-1&0&-1&\vdots&\dfrac{1}{2}\\0&0&1&-2&\vdots&\dfrac{1}{2}\\0&0&0&0&\vdots&0\end{pmatrix},$$

所以，得到与原方程组同解的方程组为

$$\begin{cases} x_1 - x_2 - x_4 = \dfrac{1}{2}, \\ x_3 - 2x_4 = \dfrac{1}{2}, \end{cases}$$

即

$$\begin{cases} x_1 = x_2 + x_4 + \dfrac{1}{2}, \\ x_3 = 2x_4 + \dfrac{1}{2}. \end{cases}$$

在上面的方程组中取 $x_2 = x_4 = 0$，得 $x_1 = x_3 = \dfrac{1}{2}$，于是得方程组的一个特解为

$$\boldsymbol{\eta}^* = \begin{pmatrix} \dfrac{1}{2} \\ 0 \\ \dfrac{1}{2} \\ 0 \end{pmatrix},$$

而对应的齐次线性方程组

$$\begin{cases} x_1 = x_2 + x_4, \\ x_2 = x_2, \\ x_3 = 2x_4, \\ x_4 = x_4 \end{cases}$$

的通解为

$$k_1 \begin{pmatrix} 1 \\ 1 \\ 0 \\ 0 \end{pmatrix} + k_2 \begin{pmatrix} 1 \\ 0 \\ 2 \\ 1 \end{pmatrix}.$$

故原方程的通解为

$$\boldsymbol{x} = k_1 \begin{pmatrix} 1 \\ 1 \\ 0 \\ 0 \end{pmatrix} + k_2 \begin{pmatrix} 1 \\ 0 \\ 2 \\ 1 \end{pmatrix} + \begin{pmatrix} \dfrac{1}{2} \\ 0 \\ \dfrac{1}{2} \\ 0 \end{pmatrix},$$

其中，k_1, k_2 为任意实数.

下面的解法更为简便.

将同解方程组写成

$$\begin{cases}x_1=x_2+x_4+\dfrac{1}{2},\\x_2=x_2,\\x_3=2x_4+\dfrac{1}{2},\\x_4=x_4.\end{cases}$$

再将其写成向量形式,并将 x_2,x_4 换成任意实数 k_1,k_2,直接写出通解

$$\boldsymbol{x}=\begin{pmatrix}x_1\\x_2\\x_3\\x_4\end{pmatrix}=k_1\begin{pmatrix}1\\1\\0\\0\end{pmatrix}+k_2\begin{pmatrix}1\\0\\2\\1\end{pmatrix}+\begin{pmatrix}\dfrac{1}{2}\\0\\\dfrac{1}{2}\\0\end{pmatrix}.$$

例 8 解线性方程组

$$\begin{cases}x_1+x_2-3x_3-x_4=1,\\3x_1-x_2-3x_3+4x_4=4,\\x_1+5x_2-9x_3-8x_4=0.\end{cases}$$

解 对增广矩阵施行初等行变换,有

$$\overline{\boldsymbol{A}}=\left(\begin{array}{cccc:c}1&1&-3&-1&1\\3&-1&-3&4&4\\1&5&-9&-8&0\end{array}\right)\longrightarrow\left(\begin{array}{cccc:c}1&0&-\dfrac{3}{2}&\dfrac{3}{4}&\dfrac{5}{4}\\0&1&-\dfrac{3}{2}&-\dfrac{7}{4}&-\dfrac{1}{4}\\0&0&0&0&0\end{array}\right),$$

得到同解方程组

$$\begin{cases}x_1=\dfrac{3}{2}x_3-\dfrac{3}{4}x_4+\dfrac{5}{4},\\x_2=\dfrac{3}{2}x_3+\dfrac{7}{4}x_4-\dfrac{1}{4},\\x_3=x_3,\\x_4=x_4.\end{cases}$$

于是方程组的通解为

$$\boldsymbol{x}=\begin{pmatrix}x_1\\x_2\\x_3\\x_4\end{pmatrix}=k_1\begin{pmatrix}\dfrac{3}{2}\\\dfrac{3}{2}\\1\\0\end{pmatrix}+k_2\begin{pmatrix}-\dfrac{3}{4}\\\dfrac{7}{4}\\0\\1\end{pmatrix}+\begin{pmatrix}\dfrac{5}{4}\\-\dfrac{1}{4}\\0\\0\end{pmatrix},$$

其中,k_1,k_2 为任意实数.

综上所述,求 $\boldsymbol{Ax}=\boldsymbol{b}$ 的解时,首先要对增广矩阵 $\overline{\boldsymbol{A}}=(\boldsymbol{A}\,\vdots\,\boldsymbol{b})$施行初等行变换,将 $\overline{\boldsymbol{A}}$ 化为行阶梯形矩阵,然后判别 $r(\boldsymbol{A})$是否等于 $r(\overline{\boldsymbol{A}})$. 若 $r(\boldsymbol{A})\neq r(\overline{\boldsymbol{A}})$,则方程组 $\boldsymbol{Ax}=\boldsymbol{b}$ 无解;若 $r(\boldsymbol{A})=$

$r(\overline{\boldsymbol{A}})$,则方程组 $\boldsymbol{Ax}=\boldsymbol{b}$ 有解.此时,需要继续将 $\overline{\boldsymbol{A}}$ 化为行最简形矩阵,再写出同解方程,最后写出通解及其向量形式.

习题 8.4

1. 填空题.

(1) 设 $\boldsymbol{x}=(2,3,7)^{\mathrm{T}}$,$\boldsymbol{y}=(4,0,2)^{\mathrm{T}}$,$\boldsymbol{z}=(1,0,2)^{\mathrm{T}}$,且 $2(\boldsymbol{x}-\boldsymbol{\alpha})+3(\boldsymbol{y}+\boldsymbol{\alpha})=\boldsymbol{z}$,则 $\boldsymbol{\alpha}$ =____________.

(2) 当方程的个数等于未知数的个数时,$\boldsymbol{Ax}=\boldsymbol{b}$ 有唯一解的充分必要条件是____________.

(3)线性方程组

$$\begin{cases}x_1+x_2=a_1,\\x_2+x_3=a_2,\\x_3+x_4=a_3,\\x_4+x_1=a_4\end{cases}$$

有解的充分必要条件是____________.

2. 选择题.

齐次线性方程组 $\boldsymbol{A}_{3\times5}\boldsymbol{x}_{5\times1}=\boldsymbol{0}$ 的解的情况是(　　).

A. 无解　　　　B. 仅有零解

C. 必有非零解　　　　D. 可能有非零解,也可能没有非零解

3. 求解下列非齐次线性方程组.

(1) $\begin{cases}4x_1+2x_2-x_3=2,\\3x_1-x_2+2x_3=10,\\11x_1+3x_2=8;\end{cases}$　　(2) $\begin{cases}2x+3y+z=4,\\x-2y+4z=-5,\\3x+8y-2z=13,\\4x-y+9z=-6;\end{cases}$

(3) $\begin{cases}2x+y-z+w=1,\\4x+2y-2z+w=2,\\2x+y-z-w=1;\end{cases}$　　(4) $\begin{cases}2x+y-z+w=1,\\3x-2y+z-3w=4,\\x+4y-3z+5w=-2.\end{cases}$

4. 问 λ 取何值时,非齐次线性方程组

$$\begin{cases}\lambda x_1+x_2+x_3=1,\\x_1+\lambda x_2+x_3=\lambda,\\x_1+x_2+\lambda x_3=\lambda^2\end{cases}$$

(1)有唯一解;(2)无解;(3)有无穷个解?

5. 非齐次线性方程组

$$\begin{cases}-2x_1+x_2+x_3=-2,\\x_1-2x_2+x_3=\lambda,\\x_1+x_2-2x_3=\lambda^2\end{cases}$$

在 λ 取何值时有解？并求出它的全部解.

6. 设 $\begin{cases}(2-\lambda)x_1+2x_2-2x_3=1,\\2x_1+(5-\lambda)x_2-4x_3=2,\\-2x_1-4x_2+(5-\lambda)x_3=-\lambda-1,\end{cases}$ 问 λ 为何值时，此方程组有唯一解、无解或有无穷多解？并在有无穷多解时求出其通解.

复习题 8

1. 填空题.

(1) 四阶行列式 $\begin{vmatrix}-1&0&0&0\\-1&-1&0&0\\-1&-1&-1&0\\-1&-1&-1&-1\end{vmatrix}=$__________.

(2) 已知三阶行列 $D=\begin{vmatrix}1&2&3\\3&1&2\\2&3&1\end{vmatrix}$，则元素 $a_{31}=2$ 的代数余子式 $A_{31}=$__________.

(3) 已知三阶行列式 D 中第 1 行的元素自左向右依次为 $-1,1,2$，它们的代数余子式分别为 $3,4,-5$，则三阶行列式 $D=$__________.

(4) 四阶行列式 $\begin{vmatrix}1&2&0&0\\0&1&2&0\\0&0&1&2\\2&0&0&1\end{vmatrix}=$__________.

(5) 若矩阵 $\boldsymbol{A}=\begin{bmatrix}1&-4&2\\-1&4&-2\end{bmatrix}$，$\boldsymbol{B}=\begin{bmatrix}1&2\\-1&3\\5&-2\end{bmatrix}$，则积 $\boldsymbol{C}=\boldsymbol{AB}$ 第 2 行第 1 列的元素 c_{21} =__________.

(6) 若三阶方阵 $\boldsymbol{A}$ 的逆矩阵 $\boldsymbol{A}^{-1}=\begin{bmatrix}1&2&3\\3&1&2\\2&3&1\end{bmatrix}$，则三阶方阵 $\boldsymbol{A}$ 的转置矩阵 $\boldsymbol{A}^{\mathrm{T}}$ 的逆矩阵 $(\boldsymbol{A}^{\mathrm{T}})^{-1}=$__________.

(7) 若线性方程组 $\boldsymbol{AX}=\boldsymbol{B}$ 的增广矩阵 $\bar{\boldsymbol{A}}$ 经初等行变换化为 $\bar{\boldsymbol{A}}\to\left[\begin{array}{ccc:c}1&0&0&1\\0&0&1&2\end{array}\right]$，则此线性方程组的解为__________ $\begin{cases}x_1=1\\x_2=c.\\x_3=2\end{cases}$

(8) 已知线性方程组 $\boldsymbol{AX}=\boldsymbol{B}$ 有解，若系数矩阵 $\boldsymbol{A}$ 的秩 $r(\boldsymbol{A})=4$，则增广矩阵 $\bar{\boldsymbol{A}}$ 的秩 $r(\bar{\boldsymbol{A}})=$ __________.

(9) 若线性方程组 $\boldsymbol{AX}=\boldsymbol{B}$ 的增广矩阵 $\overline{\boldsymbol{A}}$ 经初等行变换化为 $\overline{\boldsymbol{A}}\longrightarrow\left[\begin{array}{cccc:c}3&2&0&0\\0&0&a+1&1\end{array}\right]$，则当常数 $a=$__________时，此线性方程组无解.

2. 选择题.

(1) 若三阶行列式 $\begin{vmatrix}a_{11}&a_{12}&a_{13}\\a_{21}&a_{22}&a_{23}\\a_{31}&a_{32}&a_{33}\end{vmatrix}=1$，则三阶行列式 $\begin{vmatrix}4a_{11}&5a_{11}+3a_{12}&a_{13}\\4a_{21}&5a_{21}+3a_{22}&a_{23}\\4a_{31}&5a_{31}+3a_{32}&a_{33}\end{vmatrix}=$(　　).

A. 12　　B. 15　　C. 20　　D. 60

(2) 若三阶行列式 $\begin{vmatrix}a_1&a_2&a_3\\2b_1-a_1&2b_2-a_2&2b_3-a_3\\c_1&c_2&c_3\end{vmatrix}=6$，则三阶行列式 $D=\begin{vmatrix}a_1&a_2&a_3\\b_1&b_2&b_3\\c_1&c_2&c_3\end{vmatrix}=$(　　).

A. -6　　B. 6　　C. -3　　D. 3

(3) 若四阶行列式 $\begin{vmatrix}0&0&0&1\\x&0&0&-1\\0&2&0&-1\\0&0&1&-1\end{vmatrix}=1$，则元素 $x=$(　　).

A. -2　　B. 2　　C. $-\dfrac{1}{2}$　　D. $\dfrac{1}{2}$

(4) 四阶行列式 $\begin{vmatrix}a&b&0&0\\b&0&0&0\\0&0&c&0\\0&0&d&c\end{vmatrix}=$(　　).

A. $-abcd$　　B. $abcd$　　C. $-b^2c^2$　　D. b^2c^2

(5) 当系数(　　)时，齐次线性方程组 $\begin{cases}3x+2y=0\\2x-3y=0\\2x-y+\lambda z=0\end{cases}$ 仅有零解.

A. $\lambda\neq0$　　B. $\lambda\neq1$　　C. $\lambda\neq2$　　D. $\lambda\neq3$

(6) 若方阵 $\boldsymbol{A}$ 为二阶方阵，且二阶方阵 $\boldsymbol{A}$ 的行列式 $|\boldsymbol{A}|=-2$，则行列式 $|-2\boldsymbol{A}^{\mathrm{T}}|=$(　　).

A. -8　　B. 8　　C. -4　　D. 4

(7) 已知二阶方阵 $\boldsymbol{A}=\begin{bmatrix}2&3\\3&4\end{bmatrix}$，则二阶方阵 $\boldsymbol{A}$ 的逆矩阵 $\boldsymbol{A}^{-1}=$(　　).

A. $\begin{bmatrix}-4&-3\\-3&-2\end{bmatrix}$　　B. $\begin{bmatrix}-4&3\\3&-2\end{bmatrix}$　　C. $\begin{bmatrix}4&-3\\-3&2\end{bmatrix}$　　D. $\begin{bmatrix}4&3\\3&2\end{bmatrix}$

(8) 已知矩阵 $\boldsymbol{A}=[1\quad2\quad3\quad4]$，$\boldsymbol{B}=[1\quad2\quad3]$，则使得和 $\boldsymbol{A}^{\mathrm{T}}\boldsymbol{B}+\boldsymbol{C}$ 有意义的矩阵 $\boldsymbol{C}$ 是(　　)矩阵.

A. 1 行 3 列　　B. 3 行 1 列　　C. 3 行 4 列　　D. 4 行 3 列

(9) 已知线性方程组$\begin{cases}x_1-x_2=-1\\x_2-x_3=2\\x_3-x_4=1\\-x_1+x_4=a\end{cases}$，则当常数 $a=$(　　)时，此线性方程组有解.

A. -2　　　B. 2　　　C. -1　　　D. 1

(10) 已知线性方程组$\begin{cases}x_1+x_2+x_3+x_4=2\\2x_2+3x_3+4x_4=a-2\\(a^2-1)x_4=a(a-1)^2\end{cases}$无解，则常数 $a=$(　　).

A. 0　　　B. -1　　　C. 1　　　D. 2

3. 验证下列等式.

(1) $\begin{vmatrix}a+a_1 & b\\c+c_1 & d\end{vmatrix}=\begin{vmatrix}a & b\\c & d\end{vmatrix}+\begin{vmatrix}a_1 & b\\c_1 & d\end{vmatrix}$;

(2) $\begin{vmatrix}1 & a & a^2\\1 & b & b^2\\1 & c & c^2\end{vmatrix}=(b-a)(c-a)(c-b)$;

(3) $a_1\begin{vmatrix}b_2 & c_2\\b_3 & c_3\end{vmatrix}-b_1\begin{vmatrix}a_2 & c_2\\a_3 & c_3\end{vmatrix}+c_1\begin{vmatrix}a_2 & b_2\\a_3 & b_3\end{vmatrix}=\begin{vmatrix}a_1 & b_1 & c_1\\a_2 & b_2 & c_2\\a_3 & b_3 & c_3\end{vmatrix}$.

4. 利用行列式求解下列方程组.

(1) $\begin{cases}5x+2y=3,\\11x-7y=1;\end{cases}$　(2) $\begin{cases}x\cos\alpha-y\sin\alpha=a,\\x\sin\alpha+y\cos\alpha=b;\end{cases}$　(3) $\begin{cases}x+y-2z=-3,\\5x-2y+7z=22,\\2x-5y+4z=4.\end{cases}$

5. 计算下列行列式.

(1) $\begin{vmatrix}0 & 0 & 0 & 4\\0 & 0 & 4 & 3\\0 & 4 & 3 & 2\\4 & 3 & 2 & 1\end{vmatrix}$;　　(2) $\begin{vmatrix}4 & 3 & 2 & 1\\4 & 3 & 2 & 0\\4 & 3 & 0 & 0\\4 & 0 & 0 & 0\end{vmatrix}$;

(3) $\begin{vmatrix}5 & 0 & 4 & 2\\1 & -1 & 2 & 1\\4 & 1 & 2 & 0\\1 & 1 & 1 & 1\end{vmatrix}$;　　(4) $\begin{vmatrix}1 & 2 & 0 & 0\\3 & 4 & 0 & 0\\0 & 0 & 5 & 1\\1 & 1 & 1 & 1\end{vmatrix}$;

(5) $\begin{vmatrix}4 & 1 & 2 & 4\\1 & 2 & 0 & 2\\10 & 5 & 2 & 0\\0 & 1 & 1 & 7\end{vmatrix}$;　　(6) $\begin{vmatrix}0 & 1 & 1 & 1\\1 & 0 & 1 & 1\\1 & 1 & 0 & 1\\1 & 1 & 1 & 0\end{vmatrix}$;

(7) $\begin{vmatrix}1 & 2 & 0 & 1\\1 & 3 & 5 & 0\\0 & 1 & 5 & 6\\1 & 2 & 3 & 4\end{vmatrix}$;　　(8) $\begin{vmatrix}a & 1 & 1 & 1\\1 & a & 1 & 1\\1 & 1 & a & 1\\1 & 1 & 1 & a\end{vmatrix}$.

6. 利用行列式的性质计算下列行列式.

(1) $\begin{vmatrix} 1 & 1 & 2 \\ 2 & 1 & 1 \\ 1 & 2 & 1 \end{vmatrix}$；　　(2) $\begin{vmatrix} 1 & 1 & 1 \\ a & b & c \\ b+c & c+a & a+b \end{vmatrix}$；

(3) $\begin{vmatrix} 0 & 1 & 1 & 1 \\ 1 & 0 & 1 & 1 \\ 1 & 1 & 0 & 1 \\ 1 & 1 & 1 & 0 \end{vmatrix}$；　　(4) $\begin{vmatrix} -1 & 2 & -2 & 1 \\ 2 & 3 & 1 & -1 \\ 2 & 0 & 0 & 3 \\ 4 & 1 & 0 & 1 \end{vmatrix}$；

(5) $\begin{vmatrix} 1 & 4 & 4 & 4 & 4 \\ 4 & 2 & 4 & 4 & 4 \\ 4 & 4 & 3 & 4 & 4 \\ 4 & 4 & 4 & 4 & 4 \\ 4 & 4 & 4 & 4 & 5 \end{vmatrix}$；　　(6) $\begin{vmatrix} 2 & 201 & 1 \\ 2 & 302 & 2 \\ 4 & 403 & 3 \end{vmatrix}$；

(7) $\begin{vmatrix} 1 & 2 & -1 & 3 \\ -2 & 3 & 0 & 1 \\ 1 & 2 & 1 & 5 \\ 3 & -1 & 2 & 11 \end{vmatrix}$；　　(8) $\begin{vmatrix} 2 & 3 & -1 & 3 \\ -1 & 2 & 3 & 3 \\ 1 & 3 & 1 & 2 \\ 3 & -1 & -2 & 1 \end{vmatrix}$；

(9) $\begin{vmatrix} 0 & -1 & -1 & -1 \\ 1 & 0 & -1 & -1 \\ 1 & 1 & 0 & -1 \\ 1 & 1 & 1 & 0 \end{vmatrix}$；　　(10) $\begin{vmatrix} 1 & a & b & a \\ a & 0 & a & b \\ b & a & 1 & a \\ a & b & a & 0 \end{vmatrix}$；

(11) $\begin{vmatrix} 0 & x & y & z \\ x & 0 & z & y \\ y & z & 0 & x \\ z & y & x & 0 \end{vmatrix}$；　　(12) $\begin{vmatrix} 1 & 1 & 1 & 1 \\ 2 & 3 & 4 & 5 \\ 4 & 9 & 16 & 25 \\ 8 & 27 & 64 & 75 \end{vmatrix}$；

(13) $\begin{vmatrix} 1 & 2 & 3 & 4 \\ 2 & 3 & 4 & 1 \\ 3 & 4 & 1 & 2 \\ 4 & 1 & 2 & 3 \end{vmatrix}$；　　(14) $\begin{vmatrix} a_1 & -1 & 0 & \cdots & 0 & 0 \\ a_2 & x & -1 & \cdots & 0 & 0 \\ a_3 & 0 & x & \cdots & 0 & 0 \\ \vdots & \vdots & \vdots & & \vdots & \vdots \\ a_{n-1} & 0 & 0 & \cdots & x & -1 \\ a_n & 0 & 0 & \cdots & 0 & x \end{vmatrix}$.

7. 用克莱姆法则解下列方程组.

(1) $\begin{cases} x+y+z=1, \\ x+2y+z-w=8, \\ 2x-y-3w=3, \\ 3x+3y+5z-6w=5; \end{cases}$　　(2) $\begin{cases} x_1+x_2+5x_3+7x_4=14, \\ 4x_1+6x_2+7x_3+x_4=0, \\ 5x_1+7x_2+x_3+3x_4=4, \\ 7x_1+x_2+3x_3+5x_4=16; \end{cases}$

(3) $\begin{cases} x_1-x_2+x_3+2x_4=1, \\ x_1+x_2-2x_3+x_4=1, \\ x_1+x_2+x_4=2, \\ x_1+x_3-x_4=1; \end{cases}$ (4) $\begin{cases} 5x_1+4x_3+2x_4=3, \\ x_1-x_2+2x_3+x_4=1, \\ 4x_1+x_2+2x_3=1, \\ x_1+x_2+x_3+x_4=0. \end{cases}$

8. 求三次多项式

$$f(x)=a_0x^3+a_1x^2+a_2x+a_3,$$

使得

$$f(-1)=0,\quad f(1)=4,\quad f(2)=3,\quad f(3)=16.$$

9. 设齐次线性方程组

$$\begin{cases} x_1-x_2+x_3=0, \\ 2x_1+\lambda x_2+(2-\lambda)x_3=0, \\ x_1+(\lambda+1)x_2=0 \end{cases}$$

有非零解,求 λ.

10. 应用公式 $\boldsymbol{A}^{-1}=\frac{1}{|\boldsymbol{A}|}\boldsymbol{A}^*$ 求下列方阵的逆矩阵.

(1) $\begin{pmatrix} 0 & 2 & -1 \\ 1 & 1 & 2 \\ -1 & -1 & -1 \end{pmatrix}$; (2) $\begin{pmatrix} 1 & 2 & -1 \\ 3 & 4 & -2 \\ 5 & -4 & 1 \end{pmatrix}$; (3) $\begin{pmatrix} 1 & 1 & 1 \\ 2 & 5 & 4 \\ 2 & 1 & 2 \end{pmatrix}$.

11. 设 $\boldsymbol{B}=\begin{pmatrix} 1 & -3 & 0 \\ 2 & 1 & 0 \\ 0 & 0 & 2 \end{pmatrix}$,并且 $\boldsymbol{A}+\boldsymbol{B}=\boldsymbol{AB}$,求 $\boldsymbol{A}$.

12. 利用矩阵的逆矩阵,解下列方程组:

$$\begin{cases} x_1+2x_2+3x_3=2, \\ 2x_1+2x_2+x_3=-1, \\ 3x_1+4x_2+3x_3=4. \end{cases}$$

13. 若方阵 $\boldsymbol{A}$ 满足 $\boldsymbol{A}^2+\boldsymbol{A}-7\boldsymbol{E}=\boldsymbol{O}$,求证 $\boldsymbol{A}+3\boldsymbol{E}$ 可逆.

14. 利用矩阵的初等变换求下列方阵的逆矩阵.

(1) $\begin{pmatrix} 3 & 2 & 1 \\ 3 & 1 & 5 \\ 3 & 2 & 3 \end{pmatrix}$; (2) $\begin{pmatrix} 3 & -2 & 0 & -1 \\ 0 & 2 & 2 & 1 \\ 1 & -2 & -3 & -2 \\ 0 & 1 & 2 & 1 \end{pmatrix}$.

15. 设 $\boldsymbol{A}=\begin{pmatrix} 4 & 1 & -2 \\ 2 & 2 & 1 \\ 3 & 1 & -1 \end{pmatrix}$,$\boldsymbol{B}=\begin{pmatrix} 1 & -3 \\ 2 & 2 \\ 3 & -1 \end{pmatrix}$,且 $\boldsymbol{AX}=\boldsymbol{B}$,求 $\boldsymbol{X}$.

16. 设 $\boldsymbol{A}=\begin{pmatrix} 1 & -1 & 0 \\ 0 & 1 & -1 \\ -1 & 0 & 1 \end{pmatrix}$,且 $\boldsymbol{AX}=2\boldsymbol{X}+\boldsymbol{A}$,求 $\boldsymbol{X}$.

17. 利用初等行变换,将下列矩阵化成阶梯形矩阵.

(1) $\begin{pmatrix} 1 & 0 & -1 \\ -2 & 1 & 3 \\ 3 & -1 & 2 \end{pmatrix}$；　(2) $\begin{pmatrix} 1 & -3 & 2 \\ -3 & 0 & 1 \\ 4 & 1 & 2 \\ 6 & 0 & -2 \end{pmatrix}$；

(3) $\begin{pmatrix} 1 & -1 & 2 & 1 & 0 \\ 2 & -2 & 4 & -2 & 0 \\ 3 & 0 & 6 & -1 & 1 \\ 2 & 1 & 4 & 2 & 1 \end{pmatrix}$；　(4) $\begin{pmatrix} 0 & -1 & 3 & 0 & 2 \\ 2 & -4 & 1 & 5 & 3 \\ -4 & 5 & 7 & -10 & 0 \end{pmatrix}$.

18. 求下列矩阵的秩，并求一个最高阶非零子式.

(1) $\begin{pmatrix} 3 & 1 & 0 & 2 \\ 1 & -1 & 2 & -1 \\ 1 & 3 & -4 & 4 \end{pmatrix}$；　(2) $\begin{pmatrix} 3 & 2 & -1 & -3 & -1 \\ 2 & -1 & 3 & 1 & -3 \\ 7 & 0 & 5 & -1 & -8 \end{pmatrix}$；

(3) $\begin{pmatrix} 2 & 1 & 8 & 3 & 7 \\ 2 & -3 & 0 & 7 & -5 \\ 3 & -2 & 5 & 8 & 0 \\ 1 & 0 & 3 & 2 & 0 \end{pmatrix}$.

19. 解下列线性方程组.

(1) $\begin{cases} \frac{1}{2}x_1+\frac{1}{3}x_2+x_3=1, \\ x_1+\frac{5}{3}x_2+3x_3=3, \\ 2x_1+\frac{4}{3}x_2+5x_3=2; \end{cases}$　(2) $\begin{cases} 5x_1-x_2+2x_3+x_4=7, \\ 2x_1+x_2+4x_3-2x_4=1, \\ x_1-3x_2-6x_3+5x_4=0; \end{cases}$

(3) $\begin{cases} x_1+2x_2+3x_3+x_4=5, \\ 2x_1+4x_2-x_4=-3, \\ -x_1-2x_2+3x_3+2x_4=8, \\ x_1+2x_2-9x_3-5x_4=-21; \end{cases}$　(4) $\begin{cases} 2x_1-x_2+3x_3=1, \\ 4x_1+2x_2+5x_3=4, \\ 2x_1+2x_3=6; \end{cases}$

(5) $\begin{cases} 2x_1-x_2+3x_3=1, \\ 4x_1-2x_2+5x_3=4, \\ 2x_1-x_2+4x_3=-1; \end{cases}$　(6) $\begin{cases} 2x_1-x_2+3x_3=1, \\ 4x_1-2x_2+5x_3=4, \\ 2x_1-x_2+4x_3=0. \end{cases}$

20. 求解非齐次线性方程组

$$\begin{cases} x_1+5x_2-x_3+x_4=-1, \\ x_1-x_2+x_3+4x_4=3, \\ 3x_1+9x_2-x_3+6x_4=1, \\ x_1-7x_2+3x_3+7x_4=7. \end{cases}$$

21. 求齐次线性方程组的通解与基础解系：

$$\begin{cases} x_1+2x_2+2x_3+x_4=0, \\ 2x_1+x_2-2x_3-2x_4=0, \\ x_1-x_2-4x_3-3x_4=0, \\ -x_1-2x_2-2x_3-x_4=0. \end{cases}$$

22. k 为何值时，齐次线性方程组

$$\begin{cases} x_1+2x_2+kx_3=0, \\ -x_1+(k-1)x_2+x_3=0, \\ kx_1+(3k+1)x_2+(2k+3)x_3=0 \end{cases}$$

只有零解？有非零解？当有非零解时，求其通解和基础解系.

复习题 **8** 答案

第 9 章　概率论基础

近几十年来，概率论和数理统计被大量应用到国民经济、工农业生产等各种学科和领域. 它们是密切联系的同类学科，但是又各有它们自己所包含的不同内容.

概率论作为数学的一个分支，是根据大量同类随机现象的统计规律，对随机现象出现某一结果的可能性做出一种客观的科学判断，对这种出现的可能性大小做出数量上的描述；比较这些可能性的大小，研究它们之间的联系，从而形成一整套数学理论和方法. 在这一章中，我们将介绍有关概率论的基础概念和运算法则.

9.1　随机事件

一、随机现象

人们在自己的实践活动中，常常会遇到各种现象，例如：

(1) 在室温下，石头必不能溶化；

(2) 掷一个硬币，可能出现正面，也可能是反面；

(3) 每天早晨，太阳从东方升起；

(4) 在一天中，你的手机被呼叫的时间可能在 8:00，也可能在另一个时刻.

在这四种现象中，(1)和(3)只有确定的一种结果；(2)和(4)却有多种结果，且事前不能确定哪种结果会发生，称(1)和(3)为必然现象，(2)和(4)为随机现象. 概率论就以随机现象作为研究的主体.

二、随机试验

观测或测量一次随机现象在一定条件下出现的结果即被称为一次随机试验，用 E 表示. 例如：投掷一次骰子就是一次随机试验. 许多实践早已证明：当大量重复试验时，其结果就会出现某种固有的规律性，而这种规律性就是我们将要研究的.

若试验具有下列特征：

(1) 试验可以在相同的条件下重复进行；

(2) 试验的所有结果是明确可知的，并且不止一个；

(3) 每次试验总能出现可能结果中的一个，但在试验之前又无法肯定出现哪一个，则称为随机试验，简称试验.

三、随机事件和样本空间

先来观察两个随机试验：

(1) 掷一枚均匀的骰子，骰子有六面；

(2) 在数轴上的(0,1)区间投点.

在试验(1)中，随机试验将要出现的结果是六个，分别是点数 1,2,3,4,5,6；而试验(2)中，(0,1)区间上的点有无数个，这就意味着可能的结果有无数个.

为了更好地研究随机实验，我们将每个可能的结果称为一个基本事件，也被称为样本点，用 ω 表示，如试验(1)中令 $\omega_1=\{$掷得的点数是 1$\}$，$\omega_2=\{$掷得的点数是 2$\}$，…；而在试验(2)中，令 $\omega_x=\{$掷得的点的坐标是 $x\}$，这样就将每一种可能都列举出来，而对于试验(1)中若讨论的是"掷得的点数是偶数"这样一个事件，由于它本身有多个可能(掷得的点数可能是 2,4,6 中的一个)，也即它包含有 3 个样本点，我们称之为复杂事件，一般用字母 A,B,C 等表示，如：$A=\{$掷得的点数为偶数$\}$.

复杂事件有两个极端，一是包含了所有样本点，如："掷得的点数为 1,2,3,4,5 或 6"这样一个事件，掷一次骰子就一定会发生，故称为必然事件. 又因为它包含了所有的样本点，故又被称为样本空间，用 Ω 表示. 另一个则是不包含任一个样本点的情形，如："掷得的点数为 7"，明显不可能发生，用 $\varnothing$ 表示. 从本质上来讲，这两种极端情形都不是随机事件，但为了讨论的方便，我们还是把它们看作是随机事件.

从以上的描述中，我们可以体会到，无论样本空间是 A、Ω，还是 $\varnothing$，均是由某些特征的样本点组成的集合，所以从集合论的观点来看，一个随机事件只不过是样本空间的一个子集而已，而 $\varnothing$ 只不过是不包含任何基本事件的空集.

例 1 试给出下列随机试验的样本空间.

E_1：某个十字路口某时间段内所经过汽车的数量；

E_2：在单位圆内任意取一点，记录它的坐标；

E_3：对某工厂出厂的产品进行检查，合格的记上"正品"，不合格的记上"次品"，连续查出 2 个次品就停止检查，或检查 4 个产品就停止检查，记录检查的结果.

解 试验 E_1 的结果为经过的汽车辆数，可以为 0,1,2,…，因而

$$\Omega_1=\{0,1,2,3,\cdots\}.$$

E_2 中任取一点的坐标为(x,y)，则样本空间为

$$\Omega_2=\{(x,y)\mid x^2+y^2\leqslant 1\}.$$

E_3 中，如果设 1 表示正品，0 表示次品，则样本空间为

$$\Omega_3=\{(0,0),(1,0,0),(0,1,0,0),(0,1,0,1),(0,1,1,0),(1,1,0,0),(1,0,1,0),(1,0,1,1),(0,1,1,1),(1,1,0,1),(1,1,1,0),(1,1,1,1)\}.$$

四、事件之间的关系和运算

既然随机事件就是集合，那么，事件之间的关系和运算就和集合之间的关系和运算类似(在以下的叙述中，设 Ω 为给定的样本空间，A、B、C、A_i 等均为其中的事件)，并且也可以用文氏图来表示.

1. 包含关系(如图 9-1)

如果 A 发生,必然导致 B 发生,则称 B 包含 A,记作 $A\subset B$,从集合的角度看,就是某一样本点 $\omega\in A$,就一定有 $\omega\in B$.

例如掷骰子,令 A 表示"掷出 2 点"这一事件,即 $A=\{2\}$;B 表示"掷出偶数"这一事件,即 $B=\{2,4,6\}$,则 $A\subset B$.

2. 等价关系(如图 9-2)

如果 $A\subset B$,且 $B\subset A$,则称 A 与 B 等价,或称 $A=B$,即 A、B 为同一事件.

例如,从一副 52 张的扑克牌中任取 4 张,令 A 表示"取得至少有 3 张红桃"的事件;B 表示"取得至多有 1 张不是红桃"的事件,显然 $A=B$.

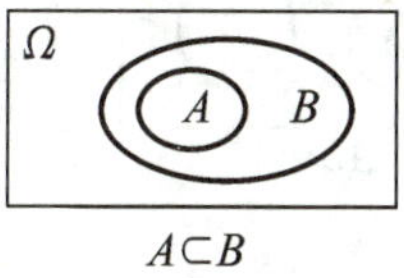

图 9-1

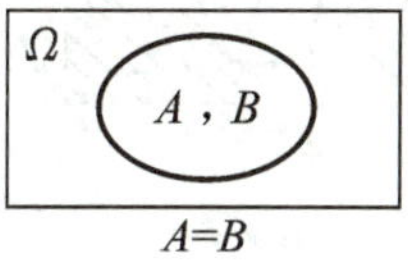

图 9-2

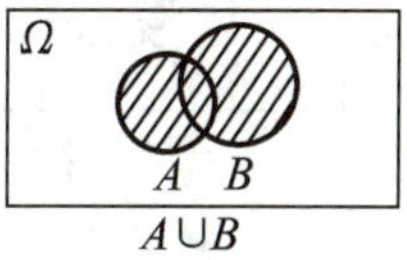

图 9-3

3. 事件的并(如图 9-3)

事件 A、B 至少有一个发生的事件被称为 A、B 的并,记为 $A\cup B$ 或 $A+B$,也称为 A、B 的和.

例如,甲、乙两人向目标射击,令 A 表示"甲击中目标"的事件,B 表示"乙击中目标"的事件,则 $A\cup B$ 表示"目标被击中"的事件.

推广:任意有限个

$$\bigcup_{i=1}^{n}A_i=A_1\cup A_2\cup\cdots\cup A_n=\{\text{至少 } A_1,A_2,\cdots,A_n \text{ 中有一个发生}\},$$

无穷可列个

$$\bigcup_{i=1}^{\infty}A_i=A_1\cup A_2\cup\cdots=\{\text{至少 } A_1,A_2,\cdots \text{中有一个发生}\}.$$

4. 事件的交(如图 9-4)

A、B 同时发生的事件被称为 A、B 的交,记为 $A\cap B$ 或 AB,也称为 A、B 的积.

例如,在 E_1 中,观察汽车通过的辆数,令 $A=\{$有偶数辆通过$\}$,$B=\{$有奇数辆通过$\}$,则 $A\cap B=\{$有 6 的倍数辆通过$\}$.

推广:任意有限个

$$\bigcap_{i=1}^{n}A_i=A_1A_2\cdots A_n=\{A_1,A_2,\cdots,A_n \text{ 同时发生}\},$$

无穷可列个

$$\bigcap_{i=1}^{\infty}A_i=A_1A_2\cdots=\{A_1,A_2,\cdots\text{同时发生}\}.$$

5. 对立事件(如图 9-5)

定义$\overline{A}$为事件 A 不发生事件，称为事件 A 的逆，或称$\overline{A}$为 A 的对立事件，即

$$\overline{A}=\{\omega \mid \omega\in\Omega,\text{但 }\omega\notin A\}.$$

若记 $B=\overline{A}$，则

$$B=\overline{A}\Leftrightarrow\begin{cases}A\cup B=\Omega,\\ AB=\varnothing.\end{cases}$$

此外，显然有$\overline{\overline{A}}=A$.

例如，从有 3 个次品、7 个正品的 10 个产品中任取 3 个，若令 $A=\{$取得的 3 个产品中至少有一个次品$\}$，则$\overline{A}=\{$取得的 3 个产品均为正品$\}$.

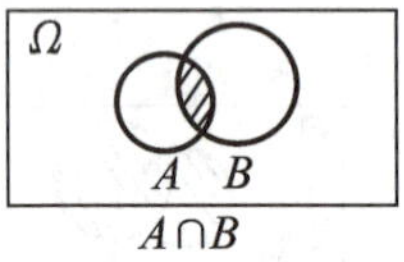

图 9-4

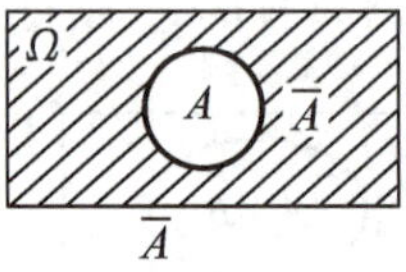

图 9-5

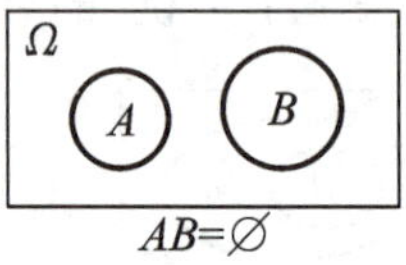

图 9-6

6. 互不相容事件(如图 9-6)

如果事件 A、B 不可能同时发生，即 $AB=\varnothing$，则称 A、B 两事件互不相容(或称互斥).

例如，观察某路口在某时刻的红绿灯：若 $A=\{$红灯亮$\}$，$B=\{$绿灯亮$\}$，则 A 与 B 便是互不相容的.

7. 事件的差(如图 9-7)

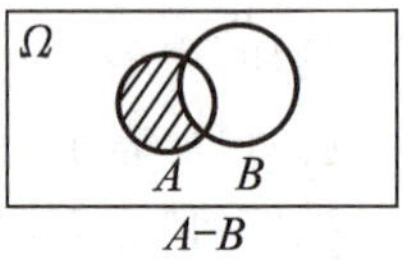

图 9-7

“事件 A 发生，但 B 不发生”也是一个事件，记为 $A-B$，称为事件 A 与 B 的差，显然

$$A-B=\{\omega \mid \omega\in A,\text{且 }\omega\notin B\},$$

同时 $A-B=A\overline{B}=A-AB$.

例如，测量晶体管的 β 参数值，令 $A=\{$测得 β 值不超过 50$\}$，$B=\{$测得 β 值不超过 100$\}$，则 $A-B=\varnothing$，$B-A=\{$测得 β 值为 $50<\beta\leqslant 100\}$.

例 2 设 A,B,C 是 Ω 中的随机事件，则

事件“A、C 发生但 B 不发生”可以表示为 $A\overline{B}C$；

事件“A、B、C 中至少有一个发生”可以表示为 $A\cup B\cup C$；

事件“A、B、C 中至少有两个发生”可以表示为 $AB\cup AC\cup BC$；

事件“A、B、C 中恰好有两个发生”可以表示为$\overline{A}BC\cup A\overline{B}C\cup AB\overline{C}$.

例 3 试验为抛一颗骰子，观察出现的点数，样本空间为 $\Omega=\{1,2,3,4,5,6\}$，设事件 $A=\{1,3,5\}$，$B=\{4,6\}$，$C=\{1,4\}$，求 $A\cap B$，$B\cup C$，$A\cup(B\cap C)$，$\overline{A\cup B}$，$C-A$.

解

$$A\cap B=\{1,3,5\}\cap\{4,6\}=\varnothing,$$

$$B\cup C=\{4,6\}\cup\{1,4\}=\{1,4,6\},$$

$$A\cup(B\cap C)=\{1,3,5\}\cup(\{4,6\}\cap\{1,4\})=\{1,3,4,5\},$$
$$\overline{A\cup B}=\overline{\{1,3,4,5,6\}}=\{2\},$$
$$C-A=\{1,4\}-\{1,3,5\}=\{4\}.$$

五、事件的运算法则

事件的运算满足下列运算法则.

(1) 交换律：$A\cup B=B\cup A, AB=BA$.

(2) 结合律：$(A\cup B)\cup C=A\cup(B\cup C), (AB)C=A(BC)$.

(3) 分配律：$(A\cup B)\cap C=(AC)\cup(BC)$,

$(A\cap B)\cup C=(A\cup C)\cap(B\cup C)$.

(4) 摩根定律：$\overline{A\cup B}=\overline{A}\cap\overline{B}\quad\overline{A\cap B}=\overline{A}\cup\overline{B}$，将其推广到 n 个事件的情形，有

$$\overline{\bigcup_{k=1}^{n}A_k}=\bigcap_{k=1}^{n}\overline{A_k},\quad \overline{\bigcap_{k=1}^{n}A_k}=\bigcup_{k=1}^{n}\overline{A_k}.$$

习题 9.1

1. 设 A、B、C、D 是四个事件，表示下列事件.

(1) 四个事件至少发生一个；

(2) 四个事件恰好发生两个；

(3) A、B 都发生而 C、D 不发生；

(4) 这四个事件都不发生；

(5) 这四个事件至多发生一个；

(6) 这四个事件至少发生两个.

2. 若事件 A、B、C 满足 $A\cup C=B\cup C$，问 $A=B$ 是否成立？

3. 同时掷两颗骰子，x、y 分别表示第一、第二两颗骰子出现的点数，设事件 A 表示“两颗骰子出现点数之和为奇数”，B 表示“点数之差为零”，C 为“点数之积不超过 20”，用样本点的集合表示事件 $B-A$，BC，$B\cup\overline{C}$.

4. 设事件 A、B、C 满足 $ABC\neq\varnothing$，将下列事件用互不相容事件的和表示.

(1) $A\cup B\cup C$；　(2) $B-AC$；　(3) $AB\cup C$.

5. 设 A、B 是两个随机事件，下面的关系在什么条件下成立？

(1) $A\cup B=A$；　(2) $AB=A$；

(3) $A-B=A$；　(4) $A-B=\varnothing$.

6. 两个事件互不相容与两个事件对立有何区别？举例说明.

9.2　随机事件的概率

在一次随机试验中，仅仅只是知道哪一些事件将可能发生，对我们是没有多大意义的，更重

要的是需要知道发生这些事件的可能性的大小.

定义 随机事件 A 发生的可能性大小的度量(数值)称为 A 发生的概率,记为 $P(A)$.

从这个定义可以看到,与一根木棒有长度、一块土地有面积一样,事件发生可能性的大小也是可以去度量的,并且这种度量是客观存在的,历史上人们曾经想出了不少的方式去度量它.

一、古典概率

在概率论发展早期,古典概率是人们用来描述这一度量的最原始方式.

以掷硬币为例,我们很容易想到,由于硬币的两面是对称的,所以出现"正面"和"背面"的可能性一样,故都是 0.5.

类似的问题也出现在掷骰子、抽中彩票等一类的问题上,它们有如下的共同特征.

(1)有限性:试验的可能结果为有限个.

(2)等可能性:各个可能结果的出现是等可能的.

我们把这类问题称为古典概型,对任意事件 A,对应的可能性的度量(即概率)记为 $P(A)$,计算公式为

$$P(A)=\frac{\text{事件 } A \text{ 包含的样本点数}(k)}{\text{样本点总数}(n)}=\frac{k}{n}.$$

例 1 一个盒子中有 10 个球,白球 3 个、红球 7 个,现按以下两种方式随机抽取两个球:

(1)有放回,即先取一个,观察后放回盒中,再任取一球;

(2)不放回,即先取一个,观察后不放回盒中,再取另一球.

试分别按这两种抽样方式求:两个都是红球的概率;第一个是红球,第二个是白球的概率.

解 设 $A=\{$两个球都是红色$\}$, $B=\{$第一个球是红色,第二个球是白色$\}$.

易知本题的试验为古典概型,先考虑放回:在两次抽取中每次都有 10 种可能,因而总的样本点数为 $n=10^2=100$. 放回时,每次抽取都有 7 种结果,因而事件 A 包含的样本点数为 $k=7^2=49$,于是

$$P(A)=\frac{7^2}{10^2}=0.49.$$

同理,事件 B 发生,第一次有 7 种选择,第二次有 3 种选择,事件 B 包含的样本点数为 7×3,所以

$$P(B)=\frac{7\times 3}{10^2}=0.21.$$

再考虑不放回的情形,第一次抽取有 10 种可能,但第二次抽取只有 9 种选择,故总的样本点数为 $n=10\times 9$,事件 A 包含的样本点数为 $k=7\times 6$,事件 B 包含的样本点数为 7×3,故

$$P(A)=\frac{7\times 6}{10\times 9}\approx 0.467,\quad P(B)=\frac{7\times 3}{10\times 9}\approx 0.233.$$

例 2 在有 $n(n\leqslant 365)$个人的班级中,至少有两个人生日在同一天的概率有多大?

解 假定一年按 365 天计算,如果把 365 天看作 365 个房间,设 $A=\{n$ 个人至少有两人生日相同$\}$,这时事件 A 所包含的情况比较复杂,但是另一方面 $\overline{A}=\{n$ 个人的生日全不相同$\}$,则简单得多.

故我们先考察$\overline{A}$，总的样本点数应这样看：n 个人中每个人的生日都有 365 种选择，即可以入住 365 个房间中的任一个，则 n 个人共有 365^n 种选择，而 n 个人生日全不相同，则第 1 个人有 365 个房间可选，第 2 个人则只有 364 个，以此类推，共有 A_{365}^n 种选择.

故
$$P(\overline{A})=\frac{\mathrm{A}_{365}^n}{365^n},$$

很明显
$$P(A)=\frac{\text{总样本点数}-\overline{A}\text{包含的样本点数}}{\text{总样本点数}}=1-\frac{\mathrm{A}_{365}^n}{365^n}.$$

对不同的 n 值，计算得相应的 $P(A)$值如表 9-1 所示.

表 9-1

n	10	20	23	30	40	50
$P(A)$	0.12	0.41	0.51	0.71	0.89	0.97

表 9-1 所列的结果令许多人很诧异，因为“一个班级至少有两个人生日相同”这一事件发生的概率，并不像大多数人想象得那样小.

例 3　m 个人抽签分配 m 张彩票，其中有 $n(1\leqslant n\leqslant m)$张彩票有奖，试求第 $k(1\leqslant k\leqslant m)$个人抽得有奖彩票的概率.

解　记 $A_k=\{$第 k 个人抽得有奖彩票$\}$，则彩票总的分配方法有 $m!$ 种，如果第 k 个人抽得有奖彩票，余下的彩票则有$(m-1)!$ 种分配方案，而有奖彩票共有 n 张. 故 A_k 包含的样本点数为 $\mathrm{C}_n^1(m-1)!$，则
$$P(A_k)=\frac{\mathrm{C}_n^1(m-1)!}{m!}=\frac{n}{m}.$$

这说明：A_k 发生的可能性只与 m，n 有关，与 k 无关，即不论你是第一个抽，还是最后一个抽，都很“公平”，这与人们直观上感到抽签分配“公平”是一致的.

二、几何概率

古典概率对概率的度量须假定试验结果为有限个，这限制了它的适用范围，所以我们有必要做一个推广：保留等可能性，而允许试验结果为无限个，这就有事件发生可能性度量的另一个方式——几何概率.

以射击为例，一个射手向一个固定的靶子射击，任意一个可能的结果(或样本点)可以用射中的位置表示. 假定击中靶子各种位置是等可能的，如果研究射手击中某一区域的可能性，我们会发现总的样本点数是无数个，而所求事件所包含的样本点数也是无穷的，无法进行计算. 为此必须用一种新的方式来度量样本点的“数目”，而不再用“个”为单位，比如用“面积”来说明样本点的“数目”就是不错的选择.

设事件 A 为“射手射中靶子的 A 区域”，S_A 为 A 的几何度量，S_Ω为 Ω 的几何度量，则有
$$P(A)=\frac{S_A}{S_\Omega}.$$

类似的做法也适用别的情形.

例 4 公共汽车站从上午 8:00 时起,每隔 10 min 来一趟车,一乘客在 8:00—8:30 间随机到达,求等待不超到 3 min 的概率.

解 先设 $A=\{$等待不超过 3 min$\}$.

由于基本事件是时间点，总的样本点数和 A 发生的样本点数都是无限个,我们就换个方式来度量基本事件的“数目”,如用时间的长度,总的基本事件时间长为 30 min,A 发生的时间段分别为 8:07—8:10、8:17—8:20、8:27—8:30,共 9 min,故

$$P(A)=\frac{9}{30}=\frac{3}{10}.$$

例 5 甲、乙两艘轮船都要在某个泊位上停靠 6 h,假定它们在24 h 内随机到达,则总有一艘船需要等待的可能性为多少?

解 不妨设甲船到达的时间为 x,乙船为 y,则两船时间间隔不超过 6 h 时,总有一船在等待,也就是 $|x-y|<6$,以 (x,y) 为坐标系中的点,如图 9-8 所示,所有 (x,y) 组成的点,均在 $x=24$, $y=24$ 以及 x,y 轴围成的正方形中,而满足 $|x-y|<6$ 的点,均在阴影部分.设“有一船在等待”为事件 A,则很容易使我们想到

$$P(A)=\frac{S_{阴}}{S_{正}}=\frac{A\text{包含的基本事件的面积}}{\text{所有基本事件所在面积}}=\frac{24^2-18^2}{24^2}=\frac{7}{16}.$$

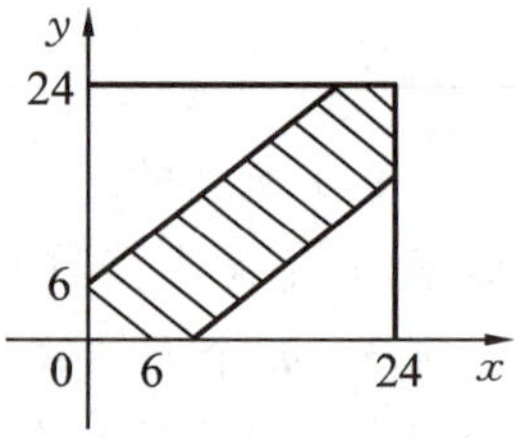

图 9-8

由于我们是用“几何”的度量值,如面积、长度来说明概率的,故此类问题也被称为几何概型.

不论是古典概率还是几何概率,对事件发生可能性的度量是通过事件 A 包含的(或所在区域面积、体积等)占总(或样本空间的面积、体积等)的比率来实现的,“基本事件是等可能的”是个基本假设,因而,对概率的描述有很大的主观色彩. 在实际问题中,往往并不知道这一假设是否成立,而只凭主观来判定是否“等可能”是站不住脚的,比如掷骰子时,我们一般主观上认为出现 1、2、3、4、5、6 六个点的可能性是相同的,但是多次抛掷的结果表明:刻有 4、5、6 点这三个面出现的可能性比 1、2、3 偏大些,这是因为骰子的重心有向 1、2、3 点处偏移的缘故. 为了克服这种主观上“等可能性”的依据不足,人们采用多次试验的方式来获得事件发生可能性的大小的度量.

三、统计概率

统计概率对可能性的度量是通过多次同等条件下的重复试验来实现的.

以掷硬币为例,为了弄清“正面”向上的可能性,我们采取重复多次试验的方式,即共掷 n 次,统计正面朝上的次数为 m 次,这时得到正面朝上的比率为 $\frac{m}{n}$. 为了更好地说明问题,我们把这种在同等条件下,多次试验事件 A 发生的比率称为频率,记为 $f_n(A)$,即

$$f_n(A)=\frac{A\text{出现的次数 }m}{\text{试验的总次数 }n}.$$

历史上不少数学家做过掷硬币这种试验，如表 9-2 所示.

表 9-2

试　验　者	抛掷次数 n	正面出现次数 m	频率 m/n
德摩尔根	2 048	1 061	0.518
蒲丰	4 040	2 048	0.506 9
皮尔逊	12 000	6 019	0.501 6
皮尔逊	24 000	12 012	0.500 5
维尼	30 000	14 994	0.499 8

这样，在古典概率中，“正面向上的可能性为 0.5”这一主观判断，在这里就可以这么描述：虽然每一次试验，频率的值并不相同，但是很明显，多次试验的频率总在一个值 0.5 周围摆动，并且抛掷的次数越多，这种摆动程度可能越小，故可以认为 0.5 也就是事件“正面向上”发生的概率.

概率的统计定义：在条件不变的情况下，重复进行 n 次试验，事件 A 发生的频率总在某一个常数 p 附近摆动，且一般来说，n 越大摆动幅度越小，则称 p 为事件 A 的概率，记作 $P(A)$.

需要说明的有以下几点.

(1)频率在概率周围摆动，并不是说频率决定了概率，概率是客观真实存在的，频率只是帮助我们找到概率的一种手段.

(2)在实际问题中，要找到事件的真实概率是无法做到的，这是因为频率围绕摆动的那个数是 0.5，还是 0.500 1，或是 0.500 000 01 是很难去确定的，这就像对一根木棍进行测量，虽然我们知道它的确有“真实”长度存在，却不可能将测量精度无限提高一样，我们所能做的只有用某个适当的频率值作为其概率(例如多个频率的平均数，或是某一个频率值).

四、概率的公理化定义

中学时，对几何学的学习使我们知道它的所有理论都建立在几个公理之上，同样，概率论作为数学的分支，也有一系列公理，而概率论的所有理论也建立在这些公理之上，这里，我们只作一个简单的介绍.

(1) 非负性：$0\leqslant P(A)\leqslant 1$.

(2) 规范性：$P(\Omega)=1$.

(3) 可列可加性：对任意一列两两相斥事件 $A_1,A_2,\cdots,A_n$，有

$$P(\bigcup_{k=1}^{n}A_k)=\sum_{k=1}^{n}P(A_k).$$

并且，我们还可以将其推广到无穷个事件：若 $A_1,A_2,\cdots$ 两两互斥，则

$$P(\bigcup_{k=1}^{\infty}A_k)=\sum_{k=1}^{\infty}P(A_k).$$

以上几个公理有广泛的适用性，但是并没有解决概率的确定问题，不过它却能直接推出一些可以应用的性质.

性质 1　$P(\varnothing)=0$.

性质 2 $P(\overline{A})=1-P(A)$.

性质 3 $P(A-B)=P(A)-P(AB)$,特别地,若 $B\subset A$,则 $P(A-B)=P(A)-P(B)$.

性质 4 $P(A\cup B)=P(A)+P(B)-P(AB)$.

推论

$$P(A+B+C)=P(A)+P(B)+P(C)-P(AB)-P(AC)-P(BC)+P(ABC).$$

下面只对性质 3 和性质 4 做出证明.

证 对于性质 3,由于

$$A=(A-B)\cup(AB),\quad 且\quad (A-B)(AB)=\varnothing,$$

故

$$P(A)=P(A-B)+P(AB),$$

即

$$P(A-B)=P(A)-P(AB).$$

若 $B\subset A$,很显然有 $AB=B$,则

$$P(A-B)=P(A)-P(B).$$

对于性质 4,

$$\begin{aligned}P(A\cup B)&=P[A\cup(B\overline{A})]=P(A)+P(B\overline{A})\\&=P(A)+P(B-BA)=P(A)+P(B)-P(AB),\end{aligned}$$

当 $AB=\varnothing$ 时,很显然有

$$P(A\cup B)=P(A)+P(B).$$

例 6 已知 $P(A)=0.8$,$P(B)=0.6$,$P(AB)=0.5$. 试求:$P(\overline{A})$,$P(\overline{B})$,$P(A+B)$,$P(\overline{B}A)$,$P(\overline{A}B)$,$P(\overline{BA})$.

解

$$P(\overline{A})=1-P(A)=0.2,$$

$$P(\overline{B})=1-P(B)=0.4,$$

$$P(A+B)=P(A)+P(B)-P(AB)=0.8+0.6-0.5=0.9,$$

$$P(\overline{B}A)=P(A-AB)=P(A)-P(AB)=0.3,$$

$$P(\overline{A}B)=P(B-AB)=0.1,$$

$$P(\overline{BA})=P(\overline{A+B})=1-P(A+B)=0.1.$$

例 7 观察某地区未来 6 天的天气情况,记 A_i 为事件:"有 i 天不下雨",已知 $P(A_i)=iP(A_0)$,$i=1,2,3,4,5,6$. 求下列各事件的概率:

(1)6 天均下雨; (2)至少有一天不下雨; (3)至多两天不下雨.

解 由于 $A_0,A_1,\cdots,A_6$ 是两两不相容事件,并且有 $\bigcup\limits_{i=0}^{6}A_i=\Omega$,从而

$$P(\bigcup_{i=0}^{6}A_i)=1=\sum_{i=0}^{6}P(A_i)=(1+1+2+3+4+5+6)P(A_0),$$

于是可求得

$$P(A_0)=\frac{1}{22},\quad P(A_i)=\frac{i}{22}\quad(i=1,2,3,4,5,6).$$

分别记(1)、(2)、(3)中事件为 A,B,C,则

$$P(A)=P(A_0)=\frac{1}{22},\quad P(B)=P(\bigcup_{i=1}^{6}A_i)=\frac{21}{22},$$

$$P(C)=P(A_0)+P(A_1)+P(A_2)=\frac{4}{22}=\frac{2}{9}.$$

习题 9.2

1. 在整数 0～9 中任取 4 个，能排成一个四位偶数的概率是多少？

2. 某外语学校 100 人中有 43 人会讲英语，35 人会讲日语，32 人会讲日语和英语，9 人会讲法语、英语和日语，且每人至少会三种语言中的一种，现任取一人，试求：

(1) 会讲英语和日语，但不会讲法语的概率；

(2) 只会讲法语的概率.

3. 考虑一元二次方程 $X^2+BX+C=0$，其中系数 B 和 C 取值是随机的，分别等于将一枚骰子连掷两次先后出现的点数，求下列事件的概率.

(1) $A=\{$方程有不同实根$\}$；

(2) $B=\{$方程有相同实根$\}$；

(3) $C=\{$方程无实根$\}$.

4. 设 A、B 为两事件，$P(A)=0.5$，$P(B)=0.7$，$P(AB)=0.3$，求 $P(\overline{AB})$，$P(\overline{\overline{AB}})$.

5. 设 A、B 为两随机事件，证明 $P(AB)=1-P(\overline{A})-P(\overline{B})+P(\overline{AB})$.

6. 把长度为 a 的线段任意分成三段，求它们可以构成一个三角形的概率.

7. 从 0～9 这 10 个数字中随机可重复抽取 4 个数字，求能组成被 5 整除的四位数的概率.

9.3　条件概率与事件的独立性

一、条件概率的定义及乘法公式

在许多实际问题中，常常需要考虑在已知一个固定试验条件下，某个事件发生的概率，这就产生了条件概率.

定义 1　A、B 为两个事件，$P(A)>0$，称已知事件 A 发生的条件下 B 发生的概率为 B 的条件概率，记作 $P(B|A)$，相应地把 $P(B)$称为无条件概率.

为了更好地说明条件概率，先来看一个例题.

例 1　某班有 40 名学生(其中包括 15 名团员)，其中第一组有 10 人(其中包括 6 名团员)，现欲从中选一名代表，试求：

(1) 既在第一组，又是团员的可能性；

(2) 在第一组选到团员的可能性 .

解　我们所面对的主要是两个问题：是否选第一组，以及是否选团员. 故设事件

$$A=\{在第一组中选\},\quad B=\{选中的是团员\},$$

则既在第一组，又是团员，即 A、B 均发生，记为事件 AB；已经定了在第一组里选，故 A 发生为条件，而此时选到团员记为事件 $B|A$.

先从事件的角度来看，AB 指 A、B 两个事件同时发生，$B|A$ 中 A 发生了没有呢？A 发生了，B 发生了没有呢？B 也一定发生了，则 $B|A$ 所包含的基本事件就应该与 AB 一致.

再来看看概率，(1)中 AB 这个事件是在全班中观察，故

$$P(AB)=\frac{\text{第一组中团员的人数}}{\text{全班总人数}}=\frac{6}{40}.$$

(2)中，$B|A$ 这个事件是在第一组中观察，故

$$P(B|A)=\frac{\text{第一组中团员的人数}}{\text{第一组的人数}}=\frac{6}{10}.$$

因而，我们可以得出如下结论.

(1) AB 与 $B|A$ 在包含的基本事件上，是一致的，但是 $P(AB)$ 与 $P(B|A)$ 所针对的样本空间是不一样的，一个是 Ω，而另一个只是 A，事实上，$P(AB)$ 也是一种条件概率，即 $P(AB|\Omega)$.

(2) 由于

$$P(AB)=P(AB|\Omega)=\frac{AB\text{ 所包含的基本事件数}}{\Omega\text{ 所包含的基本事件数}},$$

$$P(B|A)=\frac{AB\text{ 所包含的基本事件数}}{A\text{ 所包含的基本事件数}},$$

故

$$P(AB)/P(B|A)=\frac{A\text{ 所包含的基本事件数}}{\Omega\text{ 所包含的基本事件数}}=P(A),$$

所以，就有了条件概率的公式，即

$$P(AB)=P(A)P(B|A)\quad \text{或}\quad P(AB)=P(B)P(A|B).$$

上式也被称为概率的乘法公式.

例 2 一次考试中，有 10 道题目，其中有 4 道难题，3 人参加抽签(不放回)，甲先，乙次，丙最后，求以下事件的概率.

(1) 甲抽到难签；

(2) 甲、乙都抽到难签；

(3) 甲没抽到难签，而乙抽到；

(4) 甲、乙、丙都抽到难签.

解 先设甲、乙、丙抽到难签分别为事件 A、B、C.

(1) $P(A)=\frac{4}{10}$.

(2) $P(AB)=\frac{A_4^2}{A_{10}^2}$，另一方面也可看作

$$P(AB)=P(A)P(B|A),$$

而

$$P(B|A)=\frac{3}{9},$$

故

$$P(AB)=\frac{4}{10}\times\frac{3}{9}=\frac{A_4^2}{A_{10}^2}.$$

(3) $P(\overline{A}B)=P(\overline{A})P(B|\overline{A})=\frac{6}{10}\times\frac{4}{9}=\frac{24}{90}$.

(4) 对于 $P(ABC)$，先从整体来看 ABC 所包含的基本事件数为 $4\times3\times2$ 个，则

$$P(ABC)=\frac{4\times3\times2}{10\times9\times8}=\frac{A_4^3}{A_{10}^3}.$$

再从乘法公式上看，先将 AB 看作整体，则有

$$P(ABC)=P(AB)P(C|AB)$$
$$=P(A)P(B|A)P(C|AB)$$
$$=\frac{4}{10}\times\frac{3}{9}\times\frac{2}{8}.$$

将第(4)小题的结论推广得到下列公式：

$$P(A_1A_2\cdots A_n)=P(A_1)P(A_2|A_1)P(A_3|A_1A_2)\cdots P(A_n|A_1\cdots A_{n-1}).$$

二、两事件独立

在许多情形下，我们都可能要面对这样一个问题：事件 A 的发生对事件 B 有没有影响呢，如果用数学的方式又该如何去表示呢。

事实上，事件 A 的发生对事件 B 没有影响，可以写成 $P(B|A)=P(B)$，由乘法公式可知

$$P(B|A)=\frac{P(AB)}{P(A)},$$

即

$$\frac{P(AB)}{P(A)}=P(B),$$

亦即

$$P(AB)=P(A)P(B),$$

故可以如下定义两事件独立.

定义 2　对任意两个事件 A、B，若 $P(AB)=P(A)P(B)$，则称 A、B 是相互独立的，简称 A 与 B 独立.

例 3　两门高炮独立地向 1 架飞机射击，击中的概率分别为 0.6 和 0.5，求在一次射击中飞机被击中的概率.

解　令 A、B 分别表示两门高炮击中飞机这一事件，则击中飞机事件为

$$A\cup B,$$

故

$$P(A\cup B)=P(A)+P(B)-P(AB).$$

而 A、B 两事件独立，故

$$P(AB)=P(A)P(B)=0.6\times0.5=0.3,$$
$$P(A\cup B)=0.6+0.5-0.3=0.8.$$

定理　在 A、B，$\overline{A}$、B，A、$\overline{B}$，$\overline{A}$、$\overline{B}$ 四对事件中，只要有一对相互独立，则其余三对也相互独立.

证明　在此，我们只证 A、B 独立 $\Longleftrightarrow$ $\overline{A}$、$\overline{B}$ 独立.

当 A、B 独立时，$P(AB)=P(A)P(B)$，

$$P(\overline{A}\overline{B})=P(\overline{A\cup B})=1-P(A\cup B)=1-P(A)-P(B)+P(AB)$$
$$=1-P(A)-P(B)+P(A)P(B)=[1-P(A)][1-P(B)]$$
$$=P(\overline{A})P(\overline{B}),$$

即 $\overline{A}$、$\overline{B}$ 独立.

另外，当 $\overline{A}$、$\overline{B}$ 独立时，$\overline{\overline{A}}$、$\overline{\overline{B}}$(即 A、B)也是独立的.

有了这一性质，则例 3 又可以这样求解：飞机被击中的反面即没有一门高炮击中飞机$\overline{AB}$发生，而$\overline{A}$、$\overline{B}$独立，那么

$$P(\overline{AB})=P(\overline{A})\times P(\overline{B})=[1-P(A)][1-P(B)]=0.4\times 0.5=0.2,$$

$$P(A\cup B)=0.8.$$

在考察事件 A、B 是否独立时，应将 $P(AB)=P(A)P(B)$这一式子是否成立作为判断 A、B 独立的依据，但在实际应用中，往往是根据经验按事件的发生是否相互影响来判断的.

三、多个事件的独立

先看三个事件的情形.

定义 3 对任意三个事件 A、B、C，如果有

$$P(BC)=P(A)P(B),\quad P(AC)=P(A)P(C),$$

$$P(BC)=P(B)P(C),\quad P(ABC)=P(A)P(B)P(C)$$

四个式子同时成立，则称事件 A、B、C 相互独立(若仅前三个等式成立，则称 A、B、C 两两独立).

在此我们不去讨论四个式子的来历，重要的是如何去应用与推广到更一般的情形. 设 A_1，A_2，…，A_n 是 n 个事件，如果对任意 $k(1<k\leqslant n)$和任意的一组 $1\leqslant i_1<i_2<\cdots<i_k\leqslant n$，都有等式

$$P(A_{i_1}A_{i_2}\cdots A_{i_k})=P(A_{i_1})P(A_{i_2})\cdots P(A_{i_k})$$

成立，则称 A_1，A_2，…，A_n 是 n 个相互独立的事件. 由此可以看出，要想 n 个事件相互独立，则需要有 $\sum\limits_{k=2}^{n}C_n^k=2^n-n-1$ 个等式成立.

因而，对于我们而言，n 个事件独立的证明是很复杂的，在实际应用中，常常只对以下两个式子进行应用.

当 A_1，A_2，…，A_n独立时，

$$(1)P(A_1A_2\cdots A_n)=P(A_1)P(A_2)\cdots P(A_n),$$

$$(2)P(A_1+A_2+\cdots+A_n)=P(\overline{\overline{A_1+A_2+\cdots+A_n}})=1-P(\overline{A_1+A_2+\cdots+A_n})$$

$$=1-P(\overline{A}_1\overline{A}_2\cdots\overline{A}_n)=1-P(\overline{A_1})P(\overline{A_2})\cdots P(\overline{A_n}),$$

其中，后一个式子得到的与“A、B 独立，则$\overline{A}$、$\overline{B}$独立”的结论相一致，在此不做证明.

例 4 由 $2n$ 个独立工作的元件，分别组成两个系统，一种用并联方式，一种用串联方式，每个元件能正常工作的概率为 $p(0<p<1)$. 试比较，哪一个系统的可靠性要高一些？

解 设 $A_i=\{$第 i 个元件能正常工作$\}$，$A=\{$系统能正常工作$\}$.

先看并联

$$P(A)=P(\bigcup_{i=1}^{n}A_i)=1-P(\overline{A_1\cup A_2\cup\cdots\cup A_n})$$

$$=1-P(\overline{A_1}\overline{A_2}\cdots\overline{A_n})=1-P(\overline{A_1})P(\overline{A_2})\cdots P(\overline{A_n})$$

$$=1-(1-p)^n,$$

再看串联

$$P(A)=P(A_1A_2\cdots A_n)=P(A_1)P(A_2)\cdots P(A)_n=p^n.$$

当 $n=2$ 时，

$$1-(1-p)^n-p^n=2p-2p^2=2p(1-p)>0,$$

故 $1-(1-p)^2>p^2$，即并联的可靠性高于串联.

而当 $n>2$ 时，明显由 $1-p, p$ 均小于 1 知，随 n 的增大 $1-(1-p)^n$ 会增大，p^n 会减小. 即并联的元件越多，可靠性越高；串联的元件越多，可靠性越差. 并联的总体可靠性高于串联. 事实上，以上的例子为工程学中如何设计电子产品更可靠提供了依据.

例 5　一项人身意外保险有 n 个人购买，假设对每一个投保的人而言，发生意外的概率为 0.01. 试求：

(1)必须赔付的概率；

(2)将要对 10 个人赔付的概率.

解　设 $A_i=\{$第 i 个人出现意外$\}$ $(1\leqslant i\leqslant n)$，又设 $A=\{$必须赔付$\}$，$B=\{$对 10 个人赔付$\}$.

(1)$\overline{A}=\{$不用赔付$\}$，即 n 个人都没出现意外，$\overline{A}=\overline{A}_1\overline{A}_2\cdots\overline{A}_n$，

$$P(A)=1-P(\overline{A}_1\overline{A}_2\cdots\overline{A}_n)=1-P(\overline{A}_1)P(\overline{A}_2)\cdots P(\overline{A}_n)$$
$$=1-(1-0.01)^n=1-0.99^n.$$

(2)首先，并不知道被赔付的 10 个人是哪 10 个人，故在 n 个人中，应有 C_n^{10} 种选法.

其次，假设选中第 $1,2,\cdots,10$ 个人赔付，则概率为

$$P(A_1A_2\cdots A_{10}\overline{A}_9\cdots\overline{A_n})=P(A_1)P(A_2)\cdots P(A_{10})P(\overline{A}_9)\cdots P(\overline{A_n})$$
$$=0.01^{10}\times 0.99^{n-10}.$$

其余任选的 10 个人赔付率计算与这 10 个人一致，即概率相同，即为

$$P(B)=C_n^{10}\times 0.01^{10}\times 0.99^{n-10}.$$

第二个问题在实际生活特别是在保险问题的研究中很普遍，推广起来看就是：事件 A 在一次试验中成功发生的可能性设为 p，不发生的可能性为 $1-p$(为了说明的方便，也经常设为 q)，将试验独立重复进行 n 次，有 k 次成功的可能性为 $C_n^k p^k q^{n-k}$. 由于数学家贝努利在这一方面的贡献，故将这一类问题称为贝努利概型.

习题 9.3

1. 试证：如果 $P(A|B)>P(A)$，则 $P(B|A)>P(B)$.

2. 长期统计资料得知，某一地区 6 月份下雨(记为事件 A)的概率为 $\frac{4}{15}$，刮风(记为事件 B)的概率为 $\frac{7}{15}$，既刮风又下雨的概率为 $\frac{1}{10}$，求 $P(A|B)$、$P(B|A)$、$P(A\cup B)$.

3. 为防止意外，某工厂有两套报警系统 A 与 B，单独使用时，A 的有效概率为 0.92，B 的有效概率为 0.93，在 A 失灵的条件下，B 的有效概率为 0.85. 试求：

(1) 发生意外时，至少有一个系统有效的概率；

(2) 在 B 失灵的情形下，A 有效的概率.

4. 两枚导弹独立地向飞机射击，甲击中的概率为 0.8，乙击中的概率为 0.7. 试求：

(1) 都击中的概率；　(2) 甲中乙不中的概率；　(3) 甲不中乙中的概率.

5. 某一机器由 A、B 两部分构成，若使用一定的时间后，A 部分失灵的概率为 0.1，B 部分失灵的概率为 0.3，两部分是否失灵是独立的，求此机器此时不失灵的概率.

6. 三人独立地去破译一个密码，他们能够译出的概率分别是$\frac{1}{5}$，$\frac{1}{3}$，$\frac{1}{4}$，问能将密码译出的概率是多少？

7. 甲、乙、丙 3 部机床独立地工作，由 1 人照管，某段时间内，它们不需要照管的概率依次为 0.9、0.8、0.85，求在这段时间内机床因无人照管而停工的概率.

8. 证明：A、$\overline{B}$独立等价于$\overline{A}$、B独立.

9. 一猎人用猎枪射击野兔，第一枪距离 200 m，如果未击中就追到 150 m 处第二次射击，如果未击中，再追到 100 m 处第三次射击，此时击中的概率为 0.5. 如果猎人的命中率始终与距离的平方成反比，求猎人击中野兔的概率.

10. 一个系统能正常工作的概率称为该系统的可靠性. 现有两系统都由同类电子元件 A、B、C、D 所组成，如图 9-9 所示，每个元件的可靠性都是 p，试分别求两个系统的可靠性.

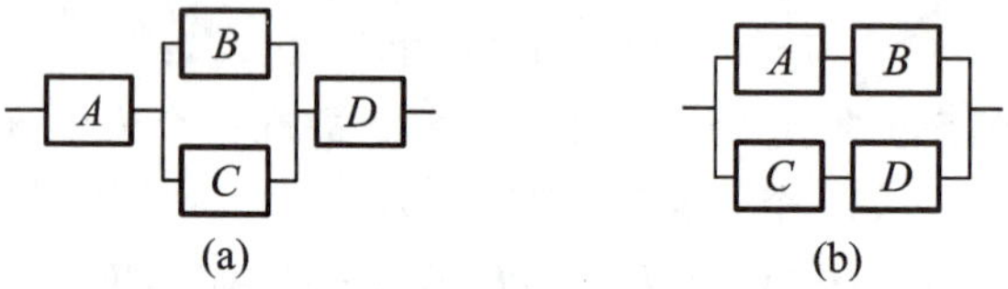

图 9-9

11. 设 $A_1,A_2,\cdots,A_n$ 相互独立，$P(A_i)=p_i(i=1,2,\cdots,n)$. 求：

(1) 所有事件全不发生的概率；

(2) 这些事件中至少发生一个的概率；

(3) 恰好发生其中一个事件的概率.

9.4 全概率公式与贝叶斯公式

一、全概率公式

先来看下面一个例题.

例 1 一个工厂有 3 个车间，其生产的产品各占总数的 50%，20%，30%，而每个车间的产品出现次品的概率依以往的经验各为 5%，4%，3%. 现拿到一件产品，问不合格的概率是多少？

解 首先，我们所面对的问题有两个：谁生产的；是不是次品.

为此，设 $A_i=\{$第 i 个车间生产$\}(i=1,2,3)$，$B=\{$产品为次品$\}$.

其次，各个数据又代表什么呢？很显然，

$$0.5=P(A_1),\quad 0.2=P(A_2),$$
$$0.3=P(A_3),\quad 0.05=P(B|A_1),$$
$$P(B|A_2)=0.04,\quad P(B|A_3)=0.03.$$

最后，求 $P(B)$.

我们来分析一下，求的是事件 B 发生的概率，那么 B 又分为多种情形：其一为第一车间生产的次品，即 A_1B；其二为第二车间生产的次品，即 A_2B；其三为第三车间生产的次品，即 A_3B. 这样就将一个较大的事件，分成几个互不相容事件的并，即

$$B=(A_1B)\cup(A_2B)\cup(A_3B),$$
$$P(B)=P(A_1B)+P(A_2B)+P(A_3B).$$

而对于每一个 $P(A_iB)(i=1,2,3)$，由条件概率的乘法公式知 $P(A_iB)=P(A_i)P(B|A_i)$，故完整的解法应为

$$P(B)=\sum_{i=1}^{3}P(A_iB)=\sum_{i=1}^{3}P(A_i)P(B\mid A_i)$$
$$=0.5\times0.05+0.2\times0.04+0.3\times0.03=0.042.$$

像例 1 这样将一个大事件划分成几个小事件，再利用条件概率的乘法公式进行概率计算的公式，称为全概率公式.

定义 1　设事件 $A_1,A_2,\cdots,A_n$ 两两互斥，且 $P(A_i)>0\ (1\leqslant i\leqslant n)$，事件 B 满足 $B=\bigcup\limits_{i=1}^{n}BA_i$，则

$$P(B)=\sum_{i=1}^{n}P(A_i)P(B\mid A_i)$$

称为**全概率公式**.

例 2　某项比赛将选手分成四等级，人数分别为 4 人、8 人、7 人、1 人，而每个等级能通过选拔进入决赛的概率分别为 0.9、0.7、0.5、0.2. 现任选一名选手，问其能通过选拔的概率为多少？

解　设 $A_i=\{$第 i 个等级的选手$\}(i=1,2,3,4)$，$B=\{$可通过选拔$\}$，

$$B=BA_1\cup BA_2\cup BA_3\cup BA_4,$$
$$P(B)=\sum_{i=1}^{4}P(BA_i)=\sum_{i=1}^{4}P(A_i)P(B\mid A_i)$$
$$=\frac{4}{20}\times0.9+\frac{8}{20}\times0.7+\frac{7}{20}\times0.5+\frac{1}{20}\times0.2$$
$$=0.735.$$

二、贝叶斯公式

还是先看上面的例 1，如果我们将最终的问题变为：现已拿到一个次品，求是第一车间生产的概率. 则首先，我们要求的是 $P(A_1\mid B)$，依乘法公式得

$$P(A_1\mid B)=\frac{P(A_1B)}{P(B)}=\frac{P(B\mid A_1)P(A_1)}{P(B)}=\frac{P(B\mid A_1)P(A_1)}{\sum\limits_{i=1}^{3}P(B\mid A_i)P(A_i)}.$$

定义 2　设事件 $A_1,A_2,\cdots,A_n$ 互斥，且 $P(A_i)>0(i=1,2,\cdots,n)$，事件 B 满足 $B=\bigcup\limits_{i=1}^{n}AB_i$ 且 $P(B)>0$，则

$$P(A_i\mid B)=\frac{P(A_i)\times P(B\mid A_i)}{\sum\limits_{k=1}^{n}P(A_k)\times P(B\mid A_k)}.$$

上式被称为贝叶斯公式.

贝叶斯公式在经营管理、投资决策、医学卫生、统计等方面有重要的应用价值.

例 3 对于某种疾病进行某项化验时，若是病人，则有 0.95 的可能性化验成功；若是正常人，也有 0.01 的可能性误化验成病人. 已知该疾病的发病率为 0.005，求已知某人化验的结果为病人，则其的确患有此病的概率为多少？

解 设事件 $A=\{$某人患病$\}$，事件 $B=\{$化验的结果显示患病$\}$，则

$$\begin{aligned}P(A|B)&=\frac{P(AB)}{P(B)}=\frac{P(AB)}{P(BA)+P(B\overline{A})}\\&=\frac{P(B|A)\times P(A)}{P(B|A)\times P(A)+P(B|\overline{A})\times P(\overline{A})}\\&=\frac{0.95\times 0.005}{0.95\times 0.005+0.01\times 0.995}\\&\approx 0.32.\end{aligned}$$

首先，这一结果大大出乎我们的意料，在大多数人看来，某项化验结果显示某人有病时，就几乎可以肯定这一结果. 但是上面的计算结果却使我们发现真实的情况却是这一化验结果并不可靠，这说明感觉往往在欺骗我们，同时为了弥补化验中的这一缺陷，常用的办法是多次化验或采用多种形式化验.

比较全概率公式和贝叶斯公式，我们会发现，前者是讨论“产品”是否为“次品”，此时是否为“次品”还不清楚，即并不知道结果，故也称其为“先验概率”；而后者是已知为“次品”追究“责任”，即结果已知，故也被称为“后验概率”.

习题 9.4

1. 某产品由三个厂家供货，三个厂家的产品不合格率分别为 0.05、0.04、0.02，供货数量分别占总数的 45%、36%、19%. 试求：

(1) 从这批产品中任取一件是合格品的概率；

(2) 如果取到的是不合格品，问哪个厂生产的可能性最大.

2. 某工厂生产的一类产品中 90%为正品，其余为废品，用某种方法进行质量检测时，正品被误认为是废品的概率为 0.2，废品被误认为正品的概率为 0.3，求检查结果为正品的产品确实是正品的概率.

3. 根据以往记录的数据分析，某船只运输某种物品损坏的情况共有三种：损坏 2%、10%、90%，其可能性分别为 0.8、0.15、0.05. 设物品件数很多，取出一件后不影响后一件是否为正品的概率. 现从已被运输的物品中随机地抽取 3 件，发现这三件都是好的，试求在此情况下，实际损坏情况为 2%的概率.

4. 要检查一批 100 件的乐器，方案如下：在该批乐器中随机抽取 3 件测试(设 3 件乐器的测试相互独立)，如果 3 件中至少有一件被认为音色不纯，则这批乐器被拒绝接受，设一件音色不纯的乐器经测试查出为音色不纯的概率为 0.95，而一件音色纯的乐器经测试被认为不纯的概率为 0.01. 如果已知这 100 件乐器中恰好有 4 件音色不纯的乐器，试求这批乐器被接受的概率.

复习题 9

1. 选择题.

(1) 某学生做了三道题，以 $A_i(i=1,2,3)$ 表示"第 i 题做对了"的事件，则该生正好做对了两道题的事件可表示为（　　）.

A. $\overline{A}_1A_2A_3 \cup A_1\overline{A}_2A_3 \cup A_1A_2\overline{A}_3$　　B. $A_1A_2 \cup A_2A_3 \cup A_3A_1$

C. $\overline{A_1A_2 \cup A_2A_3 \cup A_3A_1}$　　D. $A_1A_2\overline{A_3} \cup A_1\overline{A_2}A_3 \cup \overline{A_1}A_2A_3 \cup A_1A_2A_3$

(2) 若事件 A 与 B 相容，则有（　　）.

A. $P(A \cup B)=P(A)+P(B)$　　B. $P(A \cup B)=P(A)+P(B)-P(AB)$

C. $P(A \cup B)=1-P(\overline{A})-P(\overline{B})$　　D. $P(A \cup B)=1-P(\overline{A})P\overline{B}$

(3) 事件 A 与 B 互相对立的充要条件是（　　）.

A. $P(AB)=P(A)P(B)$　　B. $P(AB)=0$ 且 $P(A \cup B)=1$

C. $AB=\varnothing$ 且 $A \cup B=\Omega$　　D. $AB=\varnothing$

(4) 若 $P(A)>0$，$P(B)>0$ 且 $P(A|B)=P(A)$，则（　　）成立.

A. $P(B|A)=P(A)$　　B. $P(\overline{A}|B)=P(\overline{A})$

C. A，$\overline{B}$相容　　D. A，B 不相容

(5) 对于事件 A 与 B，以下命题正确的是（　　）.

A. 若 A、B 互不相容，则$\overline{A}$、$\overline{B}$也互不相容

B. 若 A、B 相容，则$\overline{A}$、$\overline{B}$也相容

C. 若 A、B 独立，则$\overline{A}$、$\overline{B}$也独立

D. 若 A、B 对立，则$\overline{A}$、B 也对立

2. 填空题.

(1) 从数字 1、2、3、4、5 中任选 3 个，组成没有重复数字的三位数，则这三位数是偶数的概率为__________.

(2) 有甲、乙、丙三人，每人都等可能地被分配到四个房间中的任一间，则三个人分在同一间的概率是__________，三个人分配在不同房间的概率为__________.

(3) 假设 A、B 是任意两个随机事件，则 $P(\overline{A} \cup B)(A \cup B)(A \cup \overline{B})(\overline{A} \cup \overline{B})=$__________.

(4) 若事件 A，B 互不相容，且 $P(A)>0$，则 $P(B|A)=$__________；若 A、B 相互独立，且 $P(A)>0$，则 $P(B|A)=$__________.

(5) 已知 $P(A)=P(B)=P(C)=\frac{1}{4}$，$P(AB)=P(BC)=\frac{1}{16}$，$P(AC)=0$，则事件 A、B、C 全不发生的概率为__________.

3. 解答题.

(1) A，B，C 为三个事件，说明下述运算关系的含义：

①A；　②$\overline{BC}$；　③$A\,\overline{BC}$；　④$\overline{ABC}$；　⑤$A \cup B \cup C$；　⑥$\overline{ABC}$.

(2) 一个工人生产了三个零件，以 A_i 与$\overline{A}_i(i=1,2,3)$分别表示他生产的第 i 个零件为正品与次品的事件. 试用 A_i 与$\overline{A_i}(i=1,2,3)$表示以下事件：①全是正品；②至少有一个零件是次品；

③恰有一个零件是次品;④至少有两个零件是次品.

(3) 袋中有 12 只球,其中红球 5 只、白球 4 只、黑球 3 只. 从中任取 9 只,求其中恰好有 4 只红球、3 只白球、2 只黑球的概率.

(4) 求寝室里的六个同学中至少有两个同学的生日恰好同在一个月的概率.

(5) 某种灯泡能用到 3 000 h 以上的概率为 0.8,能用到 3 500 h 以上的概率为0.7.求一只已用到了 3 000 h 仍未损坏的此种灯泡还可以再用 500 h 以上的概率.

(6) 两个箱子中装有同类型的零件,第一箱装有 60 只,其中 15 只一等品;第二箱装有 40 只,其中 15 只一等品.求在以下两种取法下恰好取到一只是一等品的概率:

① 将两个箱子都打开,取出所有的零件混放在一堆,从中任取一只零件;

② 先从两个箱子中任意挑出一个箱子,然后再从该箱子中随机地取出一只零件.

(7) 某市男性的色盲发病率为 7 %,女性的色盲发病率为 0.5 % .今有一人到医院求治色盲,求此人为女性的概率.(设该市性别结构为男∶女=0.502∶0.498)

(8) 一射手对同一目标进行四次独立的射击,若至少射中一次的概率为 80/81,求此射手每次射击的命中率.

(9) 已知 $P(A)=p,P(B)=q,P(A\cup\overline{B})=1-q+pq$,证明 $A,\overline{B}$相互独立.

(10) 甲、乙、丙三人同时各用一发子弹对目标进行射击,三人各自击中目标的概率分别是 0.4、0.5、0.7.目标被击中一发而冒烟的概率为 0.2,被击中两发而冒烟的概率为 0.6,被击中三发则必定冒烟,求目标冒烟的概率.

复习题 **9** 答案

第 10 章　数学建模及 MATLAB 软件简介

当我们应用数学知识开展科学研究或解决实际问题时，首先遇到的问题就是要建立相应的数学模型。数学建模就是根据实际问题来建立数学模型，然后对数学模型来进行求解，再根据结果去解决实际问题。本章简单介绍数学建模的相关知识，以及数学建模软件 MATLAB。

10.1　数学建模

一、数学建模的发展

数学模型是实际问题的一种数学简化，应用数学去解决各类实际问题时，建立数学模型是十分关键的一步。建立数学模型的过程，就是把错综复杂的实际问题简化、抽象为合理的数学结构的过程。

数学建模是在 20 世纪六七十年代进入西方国家一些大学的，中国的几所大学也在 80 年代初将数学建模引入课堂。经过 30 多年的发展，绝大多数本科院校和许多高等职业院校都开设了各种形式的数学建模课程和讲座，为培养学生利用数学方法分析、解决实际问题的能力开辟了一条有效的途径。

近年来，数学建模在科学技术发展中的重要作用越来越受到数学界和工程界的普遍重视，它已成为现代科技工作者必备的重要能力之一。

二、数学建模的教学

数学建模以学生为主，教师利用一些事先设计好的问题启发、引导学生主动查阅文献资料和学习新知识，鼓励学生积极开展讨论和辩论，培养学生主动探索、努力进取的学风，培养学生从事科研工作的初步能力，培养学生团结协作的精神，形成一个生动活泼的环境和气氛。教学过程的重点是创造一个环境去提高学生的数学素质和创新能力，培养学生的自学能力，强调的是获取新知识的能力，是解决问题的过程。

三、数学建模的过程

1. 模型准备

了解问题的实际背景，明确其实际意义，掌握对象的各种信息。以数学思想来包容问题的精髓，数学思路贯穿问题的全过程，进而用数学语言来描述问题。要求符合数学理论，符合数学习惯，清晰准确。

2. 模型假设

根据实际对象的特征和建模的目的，对问题进行必要的简化，并用精确的语言提出一些恰当的假设。

3. 模型建立

在假设的基础上，利用适当的数学工具来反映各变量常量之间的数学关系，建立相应的数学结构(尽量用简单的数学工具)。

4. 模型求解

利用获取的数据资料，对模型的所有参数做出计算(或近似计算)。

5. 模型分析

对所要建立模型的思路进行阐述，对所得的结果进行数学上的分析。

6. 模型检验

将模型分析结果与实际情形进行比较，以此来验证模型的准确性、合理性和适用性。如果模型与实际较吻合，则要对计算结果给出其实际含义，并进行解释。如果模型与实际不太吻合，则应该修改假设，再次重复建模过程。

7. 模型应用与推广

应用方式因问题的性质和建模的目的而异，而模型的推广就是在现有模型的基础上对模型有一个更加全面的考虑，建立更符合现实情况的模型。

10.2 数学建模软件 MATLAB 简介

MATLAB 与 Mathematica、Maple 并称为三大数学软件. MATLAB 是美国 MathWorks 公司开发的商业数学软件，用于数据分析、无线通信、深度学习、图像处理与计算机视觉、信号处理、量化金融与风险管理、机器人、控制系统等领域. 在数学类科技应用软件中，MATLAB 在数值计算方面首屈一指.

20 世纪 80 年代初，MATLAB 的创始人 Cleve Moler 博士采用高级语言编写程序很不方便，于是他开发了 MATLAB 软件. 后来，以 Cleve Moler 博士为首的一批数学家和软件专家组建了 MathWorks 软件公司，专门扩展并改进 MATLAB 软件.

MATLAB 软件主要面对科学计算、可视化及交互式程序设计的高科技计算环境. 它将数值分析、矩阵计算、科学数据可视化及非线性动态系统的建模和仿真等诸多功能集成在一个视窗环境中，为科学研究、工程设计等众多科学领域提供了一种全面的解决方案，并在很大程度上摆脱了传统的非交互式程序设计语言，代表了当今国际科学计算软件的先进水平.

一、MATLAB 软件的界面

以 MATLAB R2014b 为例，运行软件，进入如图 10-1 所示的 MATLAB 默认主界面.

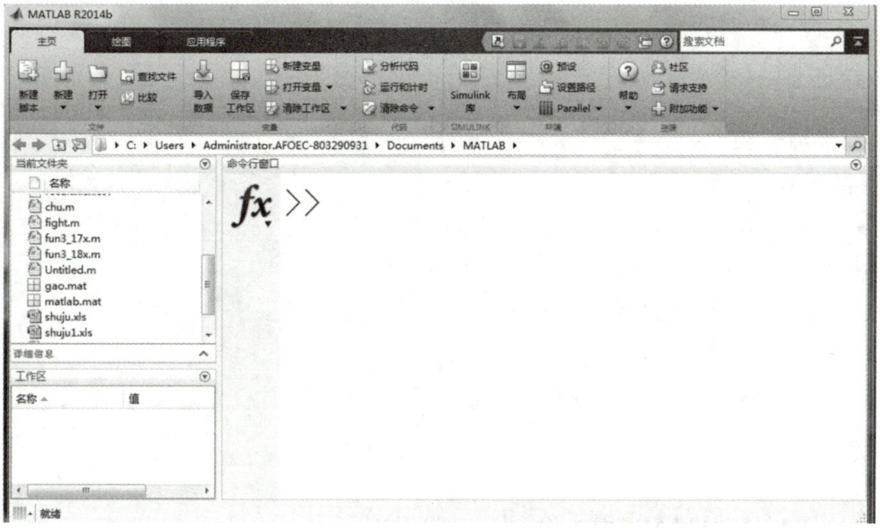

图 10-1

默认主界面右边是“命令窗口”，是主要的操作区域，在提示符号“>>”后键入命令，按回车键后就能得到相应的结果. 主界面左边上部有两个标签页：一个是“工作区”，用于显示计算过程中涉及变量的名称和数值；一个是“当前文件夹”，显示当前所处的目录位置. 主界面左边下部是“命令历史记录”，显示已经执行过的命令，便于查看和重复调用. 主界面最上方两行是菜单栏和一些快捷方式.

二、基本命令

数学运算及其符号如表 10-1 所示.

表 10-1

数学运算	加	减	乘	除	乘幂
运算符号	+	−	*	/	^

命令语法及其功能如表 10-2 所示.

表 10-2

命令语法	功　能
syms x	定义变量 x
g=solve(eq,var)	以指定的变量 var 为未知数求解方程 eq
maple	调用 maple 工具箱进行符号数学运算
ezplot(fun,[a,b])	画一元函数 $y=f(x)$在$[a,b]$上的图象
ezplot(fun2,[a,b,c,d])	画二元函数 $f(x,y)=0$ 在 $x\in[a,b]$，$y\in[c,d]$上的图象

三、求解示例

例 1 当 $x=-1, y=12$ 时，求代数式 $x^3+2y^2-2xy+6$ 的值.

解
```
>>x=-1,y=12
>>x^3+2*y^2-2*x*y+ 6
ans=317
```

例 2 解下列方程：

(1) $5x+8=0$；

(2) $x^2-x-2=0$；

(3) $(y-1)(y+8)=y^2-7y+4$.

解 (1)
```
>>solve('5*x+8=0','x')
ans=-8/5
```

(2)
```
>>solve('x^2-x-2=0','x')
ans=-1
     2
```

(3)
```
>>solve('(y-1)*(y+8)=y^2-7*y+4','y')
ans=6/7
```

例 3 解下列不等式：

(1) $2(x+5)>x$；　　(2) $x-5<7-2x$.

解 (1)
```
>>solve('2*(x+5)= x','x')
ans=-10
>>ezplot('y=2*(x+5)-x',[- 20,0])
```

图像如图 10-2 所示.

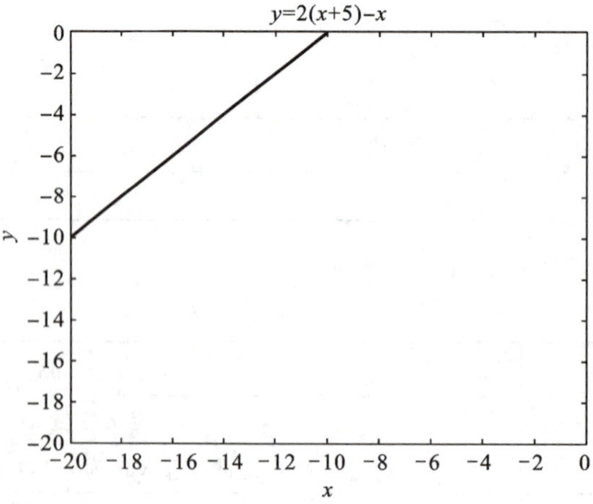

图 10-2

所以该不等式的解为 $x>-10$.

(2)
```
>>solve('x-5=7-2*x','x')
ans=4
>ezplot('y=x-5-(7-2*x)',[0,8])
```
图像如图 10-3 所示.

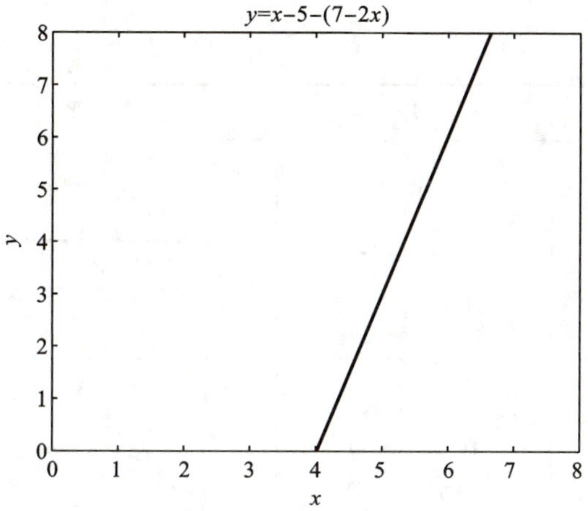

图 10-3

所以该不等式的解为 $x<4$.

例 4　绘制抛物线 $x^2=4y$ 的图像.

解
```
>>ezplot('x^2=4*y',[-10,10,0,10])
```
图像如图 10-4 所示.

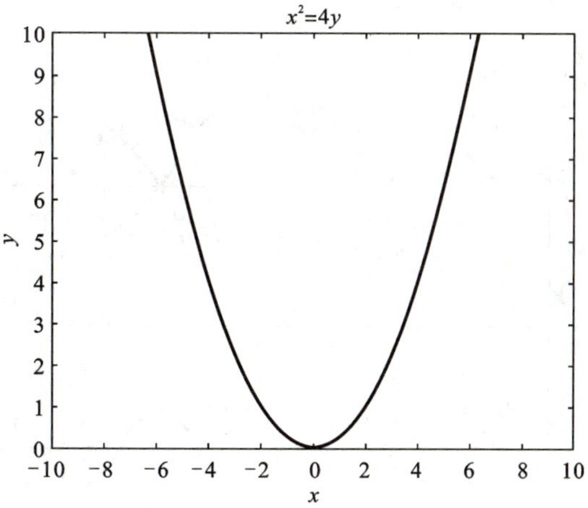

图 10-4

附录 A　基本初等函数图形及其性质

名称	表达式	定义域	图形	性质
常数函数	$y=C$	$(-\infty,+\infty)$	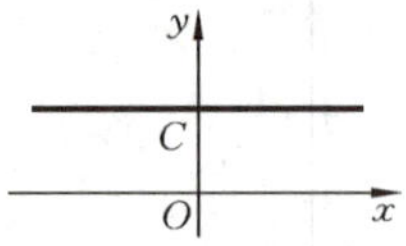	
幂函数	$y=x^{\alpha}(\alpha\neq 0)$	在$(0,+\infty)$内都有定义	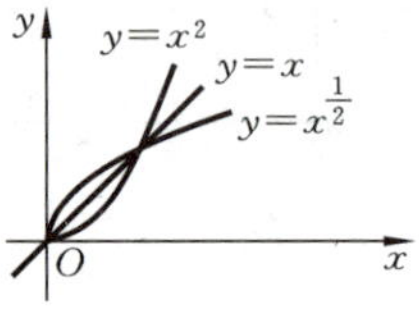	都经过点$(1,1)$，在第一象限内.$\alpha>0$，x^{α}为增函数；$\alpha<0$，x^{α}为减函数
指数函数	$y=a^x(a>0,a\neq 1)$	$(-\infty,+\infty)$	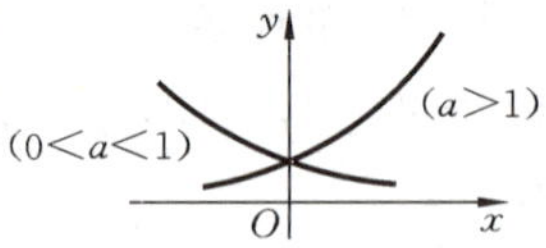	图形在x轴上方，且都通过点$(0,1)$ 当$0<a<1$时，a^x是减函数，当$a>1$时，a^x是增函数
对数函数	$y=\log_a x$ $(a>0,a\neq 1)$	$(0,+\infty)$	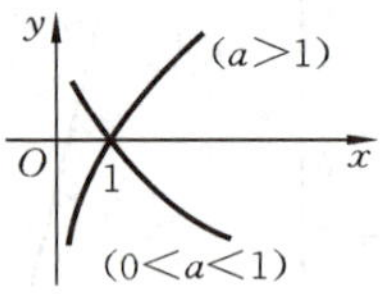	图形在y轴右侧，都通过点$(1,0)$ 当$0<a<1$时，$\log_a x$为减函数，当$a>1$时，$\log_a x$为增函数
正弦函数	$y=\sin x$	$(-\infty,+\infty)$	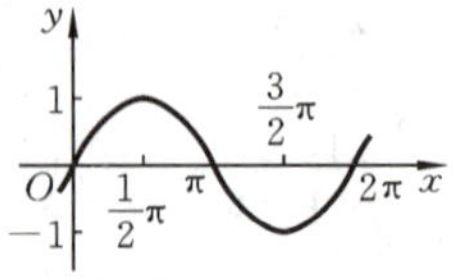	是以2π为最小正周期的奇函数，图形在直线$y=1$与$y=-1$之间
余弦函数	$y=\cos x$	$(-\infty,+\infty)$	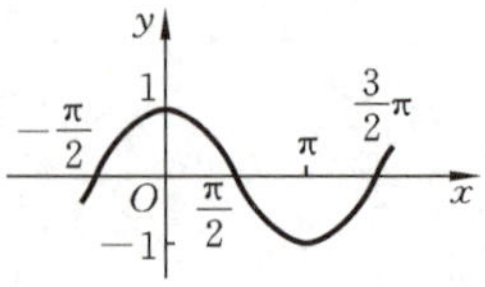	是以2π为最小正周期的偶函数，图形在直线$y=1$与$y=-1$之间

续表

名称	表　达　式	定　义　域	图　　形	性　　质
正切函数	$y=\tan x$	$x\neq k\pi+\frac{\pi}{2}$ $(k=0,\pm1,\pm1,\cdots)$	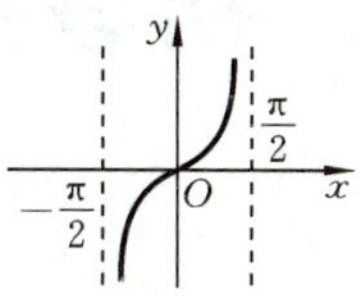	以 π 为最小正周期的奇函数，在 $\left(-\frac{\pi}{2}+k\pi,\frac{\pi}{2}+k\pi\right)$ 内是增函数
余切函数	$y=\cot x$	$x\neq k\pi$ $(k=0,\pm1,\pm1,\cdots)$	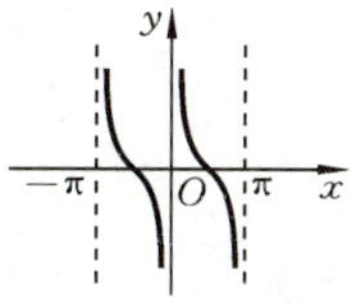	以 π 为最小正周期的奇函数，在 $(k\pi,\pi+k\pi)$ 内是减函数
反正弦函数	$y=\arcsin x$	$[-1,1]$	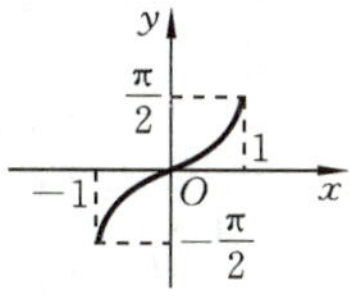	单调增加的奇函数，值域为 $\left[-\frac{\pi}{2},\frac{\pi}{2}\right]$
反余弦函数	$y=\arccos x$	$[-1,1]$	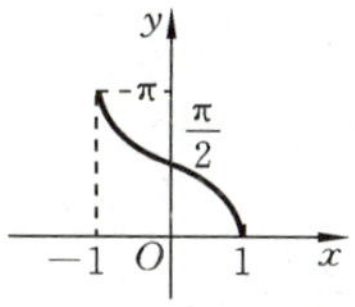	单调减少，值域为 $[0,\pi]$
反正切函数	$y=\arctan x$	$(-\infty,+\infty)$	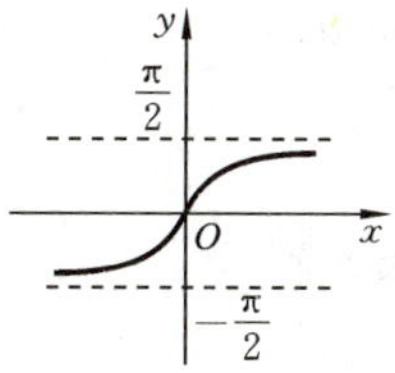	单调增加的奇函数，值域为 $\left(-\frac{\pi}{2},\frac{\pi}{2}\right)$
反余切函数	$y=\text{arccot}\,x$	$(-\infty,+\infty)$	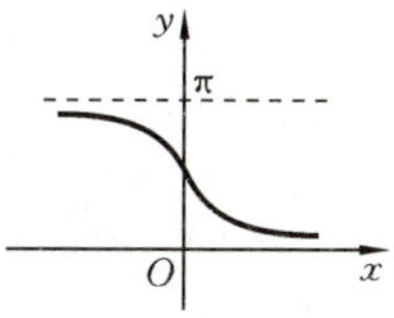	单调减少，值域为 $(0,\pi)$

附录B　初等数学中的常用公式

(一) 指数幂运算法则

1. $x^0=1$.
2. $x^{-\alpha}=\dfrac{1}{x^\alpha}$.
3. $x^\alpha\cdot x^\beta=x^{\alpha+\beta}$.
4. $\dfrac{x^\alpha}{x^\beta}=x^{\alpha-\beta}$.
5. $(x^\alpha)^\beta=x^{\alpha\beta}$.
6. $(xy)^\alpha=x^\alpha y^\alpha$.
7. $\left(\dfrac{x}{y}\right)^\alpha=\dfrac{x^\alpha}{y^\alpha}$.
8. $x^{\frac{\beta}{\alpha}}=\sqrt[\alpha]{x^\beta}$.

(二) 对数运算法则($a>0,a\neq1$)

1. $\log_a 1=0$.
2. $\log_a a=1$.
3. $a^{\log_a m}=m$　(对数恒等式).
4. $\log_a(mn)=\log_a m+\log_a n$.
5. $\log_a\left(\dfrac{m}{n}\right)=\log_a m-\log_a n$.
6. $\log_a m^n=n\log_a m$.
7. $\log_a m=\dfrac{\log_b m}{\log_b a}$　(换底公式).
8. 零和负数无对数.

(三) 指数与对数互化

$a^b=N\Leftrightarrow b=\log_a N$　($a>0,a\neq1$).

(四) 常见的三角公式

1. 同角三角函数的关系：

$\sin\alpha\cdot\csc\alpha=1$

$\cos\alpha\cdot\sec\alpha=1$

$\tan\alpha \cdot \cot\alpha = 1$

$\sin^2\alpha + \cos^2\alpha = 1$

$1 + \tan^2\alpha = \sec^2\alpha$

$1 + \cot^2\alpha = \csc^2\alpha$

$\tan\alpha = \dfrac{\sin\alpha}{\cos\alpha}$

$\cot\alpha = \dfrac{\cos\alpha}{\sin\alpha}$.

2. 和角公式：

$\sin(\alpha \pm \beta) = \sin\alpha\cos\beta \pm \cos\alpha\sin\beta$

$\cos(\alpha \pm \beta) = \cos\alpha\cos\beta \mp \sin\alpha\sin\beta$

$\tan(\alpha \pm \beta) = \dfrac{\tan\alpha \pm \tan\beta}{1 \mp \tan\alpha \cdot \tan\beta}$.

3. 倍角公式和降幂公式：

$\sin 2\alpha = 2\sin\alpha\cos\alpha$

$$\begin{aligned}\cos 2\alpha &= \cos^2\alpha - \sin^2\alpha \\ &= 2\cos^2\alpha - 1 \\ &= 1 - 2\sin^2\alpha\end{aligned}$$

$\tan 2\alpha = \dfrac{2\tan\alpha}{1 - \tan^2\alpha}$

$\cos^2\alpha = \dfrac{1 + \cos 2\alpha}{2}$

$\sin^2\alpha = \dfrac{1 - \cos 2\alpha}{2}$.

4. 和差化积和积化和差公式：

$\sin\alpha + \sin\beta = 2\sin\dfrac{\alpha+\beta}{2}\cos\dfrac{\alpha-\beta}{2}$

$\sin\alpha - \sin\beta = 2\cos\dfrac{\alpha+\beta}{2}\sin\dfrac{\alpha-\beta}{2}$

$\cos\alpha + \cos\beta = 2\cos\dfrac{\alpha+\beta}{2}\cos\dfrac{\alpha-\beta}{2}$

$\cos\alpha - \cos\beta = -2\sin\dfrac{\alpha+\beta}{2}\sin\dfrac{\alpha-\beta}{2}$

$\sin\alpha \cdot \cos\beta = \dfrac{1}{2}[\sin(\alpha+\beta) + \sin(\alpha-\beta)]$

$\cos\alpha \cdot \sin\beta = \dfrac{1}{2}[\sin(\alpha+\beta) - \sin(\alpha-\beta)]$

$\cos\alpha \cdot \cos\beta = \dfrac{1}{2}[\cos(\alpha+\beta) + \cos(\alpha-\beta)]$

$\sin\alpha \cdot \sin\beta = -\dfrac{1}{2}[\cos(\alpha+\beta) - \cos(\alpha-\beta)]$.

附录C　积　分　表

（一）含有 $ax+b$ 的积分

1. $\int \frac{\mathrm{d}x}{ax+b} = \frac{1}{a}\ln|ax+b| + C.$

2. $\int (ax+b)^{\alpha}\mathrm{d}x = \frac{1}{a(\alpha+1)}(ax+b)^{\alpha+1} + C(\alpha \neq -1).$

3. $\int \frac{x}{ax+b}\mathrm{d}x = \frac{1}{a^2}(ax+b-b\ln|ax+b|) + C.$

4. $\int \frac{x^2}{ax+b}\mathrm{d}x = \frac{1}{a^3}\left[\frac{1}{2}(ax+b)^2 - 2b(ax+b) + b^2\ln|ax+b|\right] + C.$

5. $\int \frac{\mathrm{d}x}{x(ax+b)} = -\frac{1}{b}\ln\left|\frac{ax+b}{x}\right| + C.$

6. $\int \frac{\mathrm{d}x}{x^2(ax+b)} = -\frac{1}{bx} + \frac{a}{b^2}\ln\left|\frac{ax+b}{x}\right| + C.$

7. $\int \frac{x}{(ax+b)^2}\mathrm{d}x = \frac{1}{a^2}\left[\ln|ax+b| + \frac{b}{ax+b}\right] + C.$

8. $\int \frac{x^2}{(ax+b)^2}\mathrm{d}x = \frac{1}{a^3} + \left[ax+b-2b\ln|ax+b| - \frac{b^2}{ax+b}\right] + C.$

9. $\int \frac{\mathrm{d}x}{x(ax+b)^2} = \frac{1}{b(ax+b)} - \frac{1}{b^2}\ln\left|\frac{ax+b}{x}\right| + C.$

（二）含有 $\sqrt{ax+b}$ 的积分

10. $\int \sqrt{ax+b}\,\mathrm{d}x = \frac{2}{3a}\sqrt{(ax+b)^3} + C.$

11. $\int x\sqrt{ax+b}\,\mathrm{d}x = \frac{2}{15a^2}(3ax-2b)\sqrt{(ax+b)^3} + C.$

12. $\int x^2\sqrt{ax+b}\,\mathrm{d}x = \frac{2}{105a^3}(15a^2x^2-12abx+8b^2)\sqrt{(ax+b)^3} + C.$

13. $\int \frac{x}{\sqrt{ax+b}}\mathrm{d}x = \frac{2}{3a^2}(ax-2b)\sqrt{ax+b} + C.$

14. $\int \frac{x^2}{\sqrt{ax+b}}\mathrm{d}x = \frac{2}{15a^3}(3a^2x^2-4abx+8b^2)\sqrt{ax+b} + C.$

15. $$\int \frac{\mathrm{d}x}{x\sqrt{ax+b}} = \begin{cases} \frac{1}{\sqrt{b}}\ln\left|\frac{\sqrt{ax+b}-\sqrt{b}}{\sqrt{ax+b}+\sqrt{b}}\right| + C & (b>0), \\ \frac{2}{\sqrt{-b}}\arctan\sqrt{\frac{ax+b}{-b}} + C & (b<0). \end{cases}$$

16. $\int \frac{dx}{x^2\sqrt{ax+b}} = -\frac{\sqrt{ax+b}}{bx} - \frac{a}{2b}\int \frac{dx}{x\sqrt{ax+b}}$.

17. $\int \frac{\sqrt{ax+b}}{x}dx = 2\sqrt{ax+b} + b\int \frac{dx}{x\sqrt{ax+b}}$.

18. $\int \frac{\sqrt{ax+b}}{x^2}dx = -\frac{\sqrt{ax+b}}{x} + \frac{a}{2}\int \frac{dx}{x\sqrt{ax+b}}$.

（三）含有 $x^2 \pm a^2$ 的积分

19. $\int \frac{dx}{x^2+a^2} = \frac{1}{a}\arctan\frac{x}{a} + C, a \neq 0$.

20. $\int \frac{dx}{(x^2+a^2)^n} = \frac{x}{2(n-1)a^2(x^2+a^2)^{n-1}} + \frac{2n-3}{2(n-1)a^2}\int \frac{dx}{(x^2+a^2)^{n-1}}$.

21. $\int \frac{dx}{x^2-a^2} = \frac{1}{2a}\ln\left|\frac{x-a}{x+a}\right| + C$.

（四）含有 $ax^2+b(a>0)$ 的积分

22. $\int \frac{dx}{ax^2+b} = \begin{cases} \frac{1}{2\sqrt{-ab}}\ln\left|\frac{\sqrt{a}x-\sqrt{-b}}{\sqrt{a}x+\sqrt{-b}}\right| + C \quad (b<0). \\ \frac{1}{\sqrt{ab}}\arctan\sqrt{\frac{a}{b}}x + C \quad (b>0). \end{cases}$

23. $\int \frac{x}{ax^2+b}dx = \frac{1}{2a}\ln|ax^2+b| + C$.

24. $\int \frac{x^2}{ax^2+b}dx = \frac{x}{a} - \frac{b}{a}\int \frac{dx}{ax^2+b}$.

25. $\int \frac{dx}{x(ax^2+b)} = \frac{1}{2b}\ln\frac{x^2}{|ax^2+b|} + C$.

26. $\int \frac{dx}{x^2(ax^2+b)} = -\frac{1}{bx} - \frac{a}{b}\int \frac{dx}{ax^2+b}$.

27. $\int \frac{dx}{x^3(ax^2+b)} = \frac{a}{2b^2}\ln\frac{|ax^2+b|}{x^2} - \frac{1}{2bx^2} + C$.

28. $\int \frac{dx}{(ax^2+b)^2} = \frac{x}{2b(ax^2+b)} + \frac{1}{2b}\int \frac{dx}{ax^2+b}$.

（五）含有 $ax^2+bx+c(a>0)$ 的积分

29. $\int \frac{dx}{ax^2+bx+c} = \begin{cases} \frac{1}{\sqrt{b^2-4ac}}\ln\left|\frac{2ax+b-\sqrt{b^2-4ac}}{2ax+b+\sqrt{b^2-4ac}}\right| + C \quad (b^2>4ac), \\ \frac{2}{\sqrt{4ac-b^2}}\arctan\frac{2ax+b}{\sqrt{4ac-b^2}} + C \quad (b^2<4ac). \end{cases}$

30. $\int \frac{x}{ax^2+bx+c}dx = \frac{1}{2a}\ln|ax^2+bx+c| - \frac{b}{2a}\int \frac{dx}{ax^2+bx+c}$.

(六) 含有 $\sqrt{x^2+a^2}\ (a>0)$ 的积分

31. $\int \frac{dx}{\sqrt{x^2+a^2}} = \operatorname{arsh}\frac{x}{a} + C_1 = \ln(x+\sqrt{x^2+a^2}) + C.$

32. $\int \frac{dx}{\sqrt{(x^2+a^2)^3}} = \frac{x}{a^2\sqrt{x^2+a^2}} + C.$

33. $\int \frac{x}{\sqrt{x^2+a^2}}dx = \sqrt{x^2+a^2} + C.$

34. $\int \frac{x}{\sqrt{(x^2+a^2)^3}}dx = -\frac{1}{\sqrt{x^2+a^2}} + C.$

35. $\int \frac{x^2}{\sqrt{x^2+a^2}}dx = \frac{x}{2}\sqrt{x^2+a^2} - \frac{a^2}{2}\ln(x+\sqrt{x^2+a^2}) + C.$

36. $\int \frac{x^2}{\sqrt{(x^2+a^2)^3}}dx = -\frac{x}{\sqrt{x^2+a^2}} + \ln(x+\sqrt{x^2+a^2}) + C.$

37. $\int \frac{dx}{x\sqrt{x^2+a^2}} = \frac{1}{a}\ln\frac{\sqrt{x^2+a^2}-a}{|x|} + C.$

38. $\int \frac{dx}{x^2\sqrt{x^2+a^2}} = -\frac{\sqrt{x^2+a^2}}{a^2x} + C.$

39. $\int \sqrt{x^2+a^2}\,dx = \frac{x}{2}\sqrt{x^2+a^2} + \frac{a^2}{2}\ln(x+\sqrt{x^2+a^2}) + C.$

40. $\int \sqrt{(x^2+a^2)^3}\,dx = \frac{x}{8}(2x^2+5a^2)\sqrt{x^2+a^2} + \frac{3a^4}{8}\ln(x+\sqrt{x^2+a^2}) + C.$

41. $\int x\sqrt{x^2+a^2}\,dx = \frac{1}{3}\sqrt{(x^2+a^2)^3} + C.$

42. $\int x^2\sqrt{x^2+a^2}\,dx = \frac{x}{8}(2x^2+a^2)\sqrt{x^2+a^2} - \frac{a^4}{8}\ln(x+\sqrt{x^2+a^2}) + C.$

43. $\int \frac{\sqrt{x^2+a^2}}{x}dx = \sqrt{x^2+a^2} + a\ln\frac{\sqrt{x^2+a^2}-a}{|x|} + C.$

44. $\int \frac{\sqrt{x^2+a^2}}{x^2}dx = -\frac{\sqrt{x^2+a^2}}{x} + \ln(x+\sqrt{x^2+a^2}) + C.$

(七) 含有 $\sqrt{x^2-a^2}\ (a>0)$ 的积分

45. $\int \frac{dx}{\sqrt{x^2-a^2}} = \frac{x}{|x|}\operatorname{arch}\frac{|x|}{a} + C_1 = \ln|x+\sqrt{x^2-a^2}| + C.$

46. $\int \frac{dx}{\sqrt{(x^2-a^2)^3}} = -\frac{x}{a^2\sqrt{x^2-a^2}} + C.$

47. $\int \frac{x}{\sqrt{x^2-a^2}}dx = \sqrt{x^2-a^2} + C.$

48. $\int \frac{x}{\sqrt{(x^2-a^2)^3}}dx = -\frac{1}{\sqrt{x^2-a^2}} + C.$

49. $\int \frac{x^2}{\sqrt{x^2-a^2}}dx = \frac{x}{2}\sqrt{x^2-a^2} + \frac{a^2}{2}\ln|x+\sqrt{x^2-a^2}| + C.$

50. $\int \frac{x^2}{\sqrt{(x^2-a^2)^3}}dx = -\frac{x}{\sqrt{x^2-a^2}} + \ln|x+\sqrt{x^2-a^2}| + C.$

51. $\int \frac{dx}{x\sqrt{x^2-a^2}} = \frac{1}{a}\arccos\frac{a}{|x|} + C.$

52. $\int \frac{dx}{x^2\sqrt{x^2-a^2}} = \frac{\sqrt{x^2-a^2}}{a^2 x} + C.$

53. $\int \sqrt{x^2-a^2}dx = \frac{x}{2}\sqrt{x^2-a^2} - \frac{a^2}{2}\ln|x+\sqrt{x^2-a^2}| + C.$

54. $\int \sqrt{(x^2-a^2)^3}dx = \frac{x}{8}(2x^2-5a^2)\sqrt{x^2-a^2} + \frac{3a^4}{8}\ln|x+\sqrt{x^2-a^2}| + C.$

55. $\int x\sqrt{x^2-a^2}dx = \frac{1}{3}\sqrt{(x^2-a^2)^3} + C.$

56. $\int x^2\sqrt{x^2-a^2}dx = \frac{x}{8}(2x^2-a^2)\sqrt{x^2-a^2} - \frac{a^4}{8}\ln|x+\sqrt{x^2-a^2}| + C.$

57. $\int \frac{\sqrt{x^2-a^2}}{x}dx = \sqrt{x^2-a^2} - a\arccos\frac{a}{|x|} + C.$

58. $\int \frac{\sqrt{x^2-a^2}}{x^2}dx = -\frac{\sqrt{x^2-a^2}}{x} + \ln|x+\sqrt{x^2-a^2}| + C.$

（八）含有 $\sqrt{a^2-x^2}(a>0)$ 的积分

59. $\int \frac{dx}{\sqrt{a^2-x^2}} = \arcsin\frac{x}{a} + C.$

60. $\int \frac{dx}{\sqrt{(a^2-x^2)^3}} = \frac{x}{a^2\sqrt{a^2-x^2}} + C.$

61. $\int \frac{x}{\sqrt{a^2-x^2}}dx = -\sqrt{a^2-x^2} + C.$

62. $\int \frac{x}{\sqrt{(a^2-x^2)^3}}dx = \frac{1}{\sqrt{a^2-x^2}} + C.$

63. $\int \frac{x^2}{\sqrt{a^2-x^2}}dx = -\frac{x}{2}\sqrt{a^2-x^2} + \frac{a^2}{2}\arcsin\frac{x}{a} + C.$

64. $\int \frac{x^2}{\sqrt{(a^2-x^2)^3}}dx = \frac{x}{\sqrt{a^2-x^2}} - \arcsin\frac{x}{a} + C.$

65. $\int \frac{dx}{x\sqrt{a^2-x^2}} = \frac{1}{a}\ln\frac{a-\sqrt{a^2-x^2}}{|x|} + C.$

66. $\int \frac{dx}{x^2\sqrt{a^2-x^2}} = -\frac{\sqrt{a^2-x^2}}{a^2 x} + C.$

67. $\int \sqrt{a^2-x^2}dx = \frac{x}{2}\sqrt{a^2-x^2} + \frac{a^2}{2}\arcsin\frac{x}{a} + C.$

68. $\int \sqrt{(a^2-x^2)^3}\,dx = \frac{x}{8}(5a^2-2x^2)\sqrt{a^2-x^2}+\frac{3a^4}{8}\arcsin\frac{x}{a}+C.$

69. $\int x\sqrt{a^2-x^2}\,dx = -\frac{1}{3}\sqrt{(a^2-x^2)^3}+C.$

70. $\int x^2\sqrt{a^2-x^2}\,dx = \frac{x}{8}(2x^2-a^2)\sqrt{a^2-x^2}+\frac{a^4}{8}\arcsin\frac{x}{a}+C.$

71. $\int \frac{\sqrt{a^2-x^2}}{x}\,dx = \sqrt{a^2-x^2}+a\ln\frac{a-\sqrt{a^2-x^2}}{|x|}+C.$

72. $\int \frac{\sqrt{a^2-x^2}}{x^2}\,dx = -\frac{\sqrt{a^2-x^2}}{x}-\arcsin\frac{x}{a}+C.$

（九）含有 $\sqrt{\pm ax^2+bx+c}\ (a>0)$ 的积分

73. $\int \frac{dx}{\sqrt{ax+bx+c}} = \frac{1}{\sqrt{a}}\ln|2ax+b+2\sqrt{a}\sqrt{ax^2+bx+c}|+C.$

74. $\int \sqrt{ax^2+bx+c}\,dx = \frac{2ax+b}{4a}\sqrt{ax^2+bx+c}+\frac{4ac-b^2}{8\sqrt{a^3}}\ln|2ax+b$

$+2\sqrt{a}\sqrt{ax^2+bx+c}|+C.$

75. $\int \frac{x}{\sqrt{ax^2+bx+c}}\,dx = \frac{1}{a}\sqrt{ax^2+bx+c}-\frac{b}{2\sqrt{a^3}}\ln|2ax+b$

$+2\sqrt{a}\sqrt{ax^2+bx+c}|+C.$

76. $\int \frac{dx}{\sqrt{c+bx-ax^2}} = -\frac{1}{\sqrt{a}}\arcsin\frac{2ax-b}{\sqrt{b^2+4ac}}+C.$

77. $\int \sqrt{c+bx-ax^2}\,dx = \frac{2ax-b}{4a}\sqrt{c+bx-ax^2}+\frac{b^2+4ac}{8\sqrt{a^3}}\arcsin\frac{2ax-b}{\sqrt{b^2+4ac}}+C.$

78. $\int \frac{x}{\sqrt{c+bx-ax^2}}\,dx = -\frac{1}{a}\sqrt{c+bx-ax^2}+\frac{b}{2\sqrt{a^3}}\arcsin\frac{2ax-b}{\sqrt{b^2+4ac}}+C.$

（十）含有 $\sqrt{\pm\frac{x-a}{x-b}}$ 或 $\sqrt{(x-a)(b-x)}$ 的积分

79. $\int \sqrt{\frac{x-a}{x-b}}\,dx = (x-b)\sqrt{\frac{x-a}{x-b}}+(b-a)\ln(\sqrt{|x-a|}+\sqrt{|x-b|})+C.$

80. $\int \sqrt{\frac{x-a}{b-x}}\,dx = (x-b)\sqrt{\frac{x-a}{b-x}}+(b-a)\arcsin\sqrt{\frac{x-a}{b-a}}+C.$

81. $\int \frac{dx}{\sqrt{(x-a)(b-x)}} = 2\arcsin\sqrt{\frac{x-a}{b-a}}+C\quad(a<b).$

82. $\int \sqrt{(x-a)(b-x)}\,dx = \frac{2x-a-b}{4}\sqrt{(x-a)(b-x)}$

$+\frac{(b-a)^2}{4}\arcsin\sqrt{\frac{x-a}{b-a}}+C\quad(a<b).$

(十一) 含有三角函数的积分

83. $\int \sin x\,\mathrm{d}x = -\cos x + C.$

84. $\int \cos x\,\mathrm{d}x = \sin x + C.$

85. $\int \tan x\,\mathrm{d}x = -\ln|\cos x| + C.$

86. $\int \cot x\,\mathrm{d}x = \ln|\sin x| + C.$

87. $\int \sec x\,\mathrm{d}x = \ln\left|\tan\left(\frac{\pi}{4}+\frac{x}{2}\right)\right| + C = \ln|\sec x + \tan x| + C.$

88. $\int \csc x\,\mathrm{d}x = \ln\left|\tan\frac{x}{2}\right| + C = \ln|\csc x - \cot x| + C.$

89. $\int \sec^2 x\,\mathrm{d}x = \tan x + C.$

90. $\int \csc^2 x\,\mathrm{d}x = -\cot x + C.$

91. $\int \sec x\tan x\,\mathrm{d}x = \sec x + C.$

92. $\int \csc x\cot x\,\mathrm{d}x = -\csc x + C.$

93. $\int \sin^2 x\,\mathrm{d}x = \frac{x}{2} - \frac{1}{4}\sin 2x + C.$

94. $\int \cos^2 x\,\mathrm{d}x = \frac{x}{2} + \frac{1}{4}\sin 2x + C.$

95. $\int \sin^n x\,\mathrm{d}x = -\frac{1}{n}\sin^{n-1}x\cos x + \frac{n-1}{n}\int \sin^{n-2}x\,\mathrm{d}x.$

96. $\int \cos^n x\,\mathrm{d}x = \frac{1}{n}\cos^{n-1}x\sin x + \frac{n-1}{n}\int \cos^{n-2}x\,\mathrm{d}x.$

97. $\int \frac{\mathrm{d}x}{\sin^n x} = -\frac{1}{n-1}\cdot\frac{\cos x}{\sin^{n-1}x} + \frac{n-2}{n-1}\int \frac{\mathrm{d}x}{\sin^{n-2}x}.$

98. $\int \frac{\mathrm{d}x}{\cos^n x} = \frac{1}{n-1}\cdot\frac{\sin x}{\cos^{n-1}x} + \frac{n-2}{n-1}\int \frac{\mathrm{d}x}{\cos^{n-2}x}.$

99. $$\begin{aligned}\int \cos^m x\sin^n x\,\mathrm{d}x &= \frac{1}{m+n}\cos^{m-1}x\sin^{n+1}x + \frac{m-1}{m+n}\int \cos^{m-2}x\sin^n x\,\mathrm{d}x \\ &= -\frac{1}{m+n}\cos^{m+1}x\sin^{n-1}x + \frac{n-1}{m+n}\int \cos^m x\sin^{n-2}x\,\mathrm{d}x.\end{aligned}$$

100. $\int \sin ax\cos bx\,\mathrm{d}x = -\frac{1}{2(a+b)}\cos(a+b)x - \frac{1}{2(a-b)}\cos(a-b)x + C.$

101. $\int \sin ax\sin bx\,\mathrm{d}x = -\frac{1}{2(a+b)}\sin(a+b)x + \frac{1}{2(a-b)}\sin(a-b)x + C.$

102. $\int \cos ax\cos bx\,\mathrm{d}x = \frac{1}{2(a+b)}\sin(a+b)x + \frac{1}{2(a-b)}\sin(a-b)x + C.$

103. $\int \frac{dx}{a+b\sin x} = \frac{2}{\sqrt{a^2-b^2}}\arctan\frac{a\tan\frac{x}{2}+b}{\sqrt{a^2-b^2}} + C(a^2 > b^2).$

104. $\int \frac{dx}{a+b\sin x} = \frac{1}{\sqrt{b^2-a^2}}\ln\left|\frac{a\tan\frac{x}{2}+b-\sqrt{b^2-a^2}}{a\tan\frac{x}{2}+b+\sqrt{b^2-a^2}}\right| + C \quad (a^2 < b^2).$

105. $\int \frac{dx}{a+b\cos x} = \frac{1}{a+b}\sqrt{\frac{a+b}{b-a}}\ln\left|\frac{\tan\frac{x}{2}+\sqrt{\frac{a+b}{b-a}}}{\tan\frac{x}{2}-\sqrt{\frac{a+b}{b-a}}}\right| + C \quad (a^2 < b^2).$

106. $\int \frac{dx}{a+b\cos x} = \frac{2}{a+b}\sqrt{\frac{a+b}{a-b}}\arctan\left[\sqrt{\frac{a-b}{a+b}}\tan\frac{x}{2}\right] + C \quad (a^2 > b^2).$

107. $\int \frac{dx}{a^2\cos^2 x + b^2\sin^2 x} = \frac{1}{ab}\arctan\left(\frac{b}{a}\tan x\right) + C.$

108. $\int \frac{dx}{a^2\cos^2 x - b^2\sin^2 x} = \frac{1}{2ab}\ln\left|\frac{b\tan x + a}{b\tan x - a}\right| + C.$

109. $\int x\sin ax\,dx = \frac{1}{a^2}\sin ax - \frac{1}{a}x\cos ax + C.$

110. $\int x^2\sin ax\,dx = -\frac{1}{a}x^2\cos ax + \frac{2}{a^2}x\sin ax + \frac{2}{a^3}\cos ax + C.$

111. $\int x\cos ax\,dx = \frac{1}{a^2}\cos ax + \frac{1}{a}x\sin ax + C.$

112. $\int x^2\cos ax\,dx = \frac{1}{a}x^2\sin ax + \frac{2}{a^2}x\cos x - \frac{2}{a^3}\sin ax + C.$

(十二) 含有反三角函数的积分(其中 $a > 0$)

113. $\int \arcsin\frac{x}{a}dx = x\arcsin\frac{x}{a} + \sqrt{a^2-x^2} + C.$

114. $\int x\arcsin\frac{x}{a}dx = \left(\frac{x^2}{2}-\frac{a^2}{4}\right)\arcsin\frac{x}{a} + \frac{x}{4}\sqrt{a^2-x^2} + C.$

115. $\int x^2\arcsin\frac{x}{a}dx = \frac{x^3}{3}\arcsin\frac{x}{a} + \frac{1}{9}(x^2+2a^2)\sqrt{a^2-x^2} + C.$

116. $\int \arccos\frac{x}{a}dx = x\arccos\frac{x}{a} - \sqrt{a^2-x^2} + C.$

117. $\int x\arccos\frac{x}{a}dx = \left(\frac{x^2}{2}-\frac{a^2}{4}\right)\arccos\frac{x}{a} - \frac{x}{4}\sqrt{a^2-x^2} + C.$

118. $\int x^2\arccos\frac{x}{a}dx = \frac{x^3}{3}\arccos\frac{x}{a} - \frac{1}{9}(x^2+2a^2)\sqrt{a^2-x^2} + C.$

119. $\int \arctan\frac{x}{a}dx = x\arctan\frac{x}{a} - \frac{a}{2}\ln(a^2+x^2) + C.$

120. $\int x\arctan\frac{x}{a}dx = \frac{1}{2}(a^2+x^2)\arctan\frac{x}{a} - \frac{a}{2}x + C.$

121. $\int x^2\arctan\frac{x}{a}\mathrm{d}x=\frac{1}{3}x^3\arctan\frac{x}{a}-\frac{a}{6}x^2+\frac{a^3}{6}\ln(a^2+x^2)+C.$

(十三) 含有指数函数的积分

122. $\int a^x\mathrm{d}x=\frac{1}{\ln a}a^x+C.$

123. $\int \mathrm{e}^{ax}\mathrm{d}x=\frac{1}{a}\mathrm{e}^{ax}+C.$

124. $\int x\mathrm{e}^{ax}\mathrm{d}x=\frac{1}{a^2}(ax-1)\mathrm{e}^{ax}+C.$

125. $\int x^n\mathrm{e}^{ax}\mathrm{d}x=\frac{1}{a}x^n\mathrm{e}^{ax}-\frac{n}{a}\int x^{n-1}\mathrm{e}^{ax}\mathrm{d}x.$

126. $\int xa^x\mathrm{d}x=\frac{x}{\ln a}a^x-\frac{1}{(\ln a)^2}a^x+C.$

127. $\int x^na^x\mathrm{d}x=\frac{1}{\ln a}x^na^x-\frac{n}{\ln a}\int x^{n-1}a^x\mathrm{d}x.$

128. $\int \mathrm{e}^{ax}\sin bx\mathrm{d}x=\frac{1}{a^2+b^2}\mathrm{e}^{ax}(a\sin bx-b\cos bx)+C.$

129. $\int \mathrm{e}^{ax}\cos bx\mathrm{d}x=\frac{1}{a^2+b^2}\mathrm{e}^{ax}(b\sin bx+a\cos bx)+C.$

130. $$\int \mathrm{e}^{ax}\sin^n bx\mathrm{d}x=\frac{1}{a^2+b^2n^2}\mathrm{e}^{ax}\sin^{n-1}bx(a\sin bx-nb\cos bx)+\frac{n(n-1)b^2}{a^2+b^2n^2}\int \mathrm{e}^{ax}\sin^{n-2}bx\mathrm{d}x.$$

131. $$\int \mathrm{e}^{ax}\cos^n bx\mathrm{d}x=\frac{1}{a^2+b^2n^2}\mathrm{e}^{ax}\cos^{n-1}bx(a\cos bx+nb\cos bx)+\frac{n(n-1)b^2}{a^2+b^2n^2}\int \mathrm{e}^{ax}\cos^{n-2}bx\mathrm{d}x.$$

(十四) 含有对数函数的积分

132. $\int \ln x\mathrm{d}x=x\ln x-x+C.$

133. $\int \frac{\mathrm{d}x}{x\ln x}=\ln|\ln x|+C.$

134. $\int x^n\ln x\mathrm{d}x=\frac{1}{n+1}x^{n+1}\left(\ln x-\frac{1}{n+1}\right)+C.$

135. $\int (\ln x)^n\mathrm{d}x=x(\ln x)^n-n\int(\ln x)^{n-1}\mathrm{d}x.$

136. $\int x^m(\ln x)^n\mathrm{d}x=\frac{1}{m+1}x^{m+1}(\ln x)^n-\frac{n}{m+1}\int x^m(\ln x)^{n-1}\mathrm{d}x.$

(十五) 含有双曲函数的积分

137. $\int \mathrm{sh}x\mathrm{d}x=\mathrm{ch}x+C.$

138. $\int \mathrm{ch}x\,\mathrm{d}x = \mathrm{sh}x + C.$

139. $\int \mathrm{th}x\,\mathrm{d}x = \ln \mathrm{ch}x + C.$

140. $\int \mathrm{sh}^2 x\,\mathrm{d}x = -\frac{x}{2} + \frac{1}{4}\mathrm{sh}2x + C.$

141. $\int \mathrm{ch}^2 x\,\mathrm{d}x = \frac{x}{2} + \frac{1}{4}\mathrm{sh}2x + C.$

（十六）定积分

142. $\int_{-\pi}^{\pi} \cos nx\,\mathrm{d}x = \int_{-\pi}^{\pi} \sin nx\,\mathrm{d}x = 0.$

143. $\int_{-\pi}^{\pi} \cos mx \sin nx\,\mathrm{d}x = 0.$

144. $\int_{-\pi}^{\pi} \cos mx \cos nx\,\mathrm{d}x = \begin{cases} 0, m \neq n, \\ \pi, m = n. \end{cases}$

145. $\int_{-\pi}^{\pi} \sin mx \sin nx\,\mathrm{d}x = \begin{cases} 0, m \neq n, \\ \pi, m = n. \end{cases}$

146. $\int_{0}^{\pi} \sin mx \sin nx\,\mathrm{d}x = \int_{0}^{\pi} \cos mx \cos nx\,\mathrm{d}x = \begin{cases} 0, m \neq n, \\ \pi/2, m = n. \end{cases}$

147. $I_n = \int_{0}^{\frac{\pi}{2}} \sin^n x\,\mathrm{d}x = \int_{0}^{\frac{\pi}{2}} \cos^n x\,\mathrm{d}x, I_n = \frac{n-1}{n} I_{n-2}, I_1 = 1, I_0 = \frac{\pi}{2}.$

参考文献

[1] 同济大学数学系. 高等数学[M]. 7版. 北京:高等教育出版社,2014.
[2] 李科峰. 经济数学[M]. 成都:四川科学技术出版社,2019.
[3] 朱兴萍,陈丽. 大学数学[M]. 3版. 武汉:华中科技大学出版社,2014.
[4] 朱永银. 经济应用数学[M]. 武汉:华中科技大学出版社,2010.
[5] 魏运,乔节增. 经济数学基础[M]. 上海:复旦大学出版社,2000.
[6] 刘喜梅. 经济数学[M]. 北京:中国铁道出版社,2011.
[7] 廖毕文,青山良. 高等数学[M]. 武汉:华中科技大学出版社,2019.
[8] 袁慧,张舒. 微积分[M]. 武汉:华中科技大学出版社,2019.